HISTÓRIA DA IGREJA

Dados Internacionais de Catalogação na Publicação (CIP)
(Câmara Brasileira do Livro, SP, Brasil)

Souza, Ney de
História da Igreja : notas introdutórias / Ney de Souza. – Petrópolis, RJ : Vozes, 2020. – (Coleção Iniciação à Teologia)

Bibliografia.
ISBN 978-85-326-6399-3

1. Cristianismo – História 2. Igreja – História I. Título. II. Série.

19-31893   CDD-270

Índices para catálogo sistemático:
1. Igreja : História : Cristianismo   270

Cibele Maria Dias – Bibliotecária – CRB-8/9427

NEY DE SOUZA

HISTÓRIA DA IGREJA
Notas introdutórias

EDITORA
VOZES

Petrópolis

© 2020, Editora Vozes Ltda.
Rua Frei Luís, 100
25689-900 Petrópolis, RJ
www.vozes.com.br
Brasil

Todos os direitos reservados. Nenhuma parte desta obra poderá ser reproduzida ou transmitida por qualquer forma e/ou quaisquer meios (eletrônico ou mecânico, incluindo fotocópia e gravação) ou arquivada em qualquer sistema ou banco de dados sem permissão escrita da editora.

CONSELHO EDITORIAL

Diretor
Gilberto Gonçalves Garcia

Editores
Aline dos Santos Carneiro
Edrian Josué Pasini
Marilac Loraine Oleniki
Welder Lancieri Marchini

Conselheiros
Francisco Morás
Ludovico Garmus
Teobaldo Heidemann
Volney J. Berkenbrock

Secretário executivo
João Batista Kreuch

Editoração: Leonardo A.R.T. dos Santos
Diagramação: Sheilandre Desenv. Gráfico
Revisão gráfica: Nilton Braz da Rocha / Fernando S.O. da Rocha
Capa: Editora Vozes

ISBN 978-85-326-6399-3

Editado conforme o novo acordo ortográfico.

Este livro foi composto e impresso pela Editora Vozes Ltda.

Sumário

Apresentação à segunda edição da coleção Iniciação à Teologia, 9
Prefácio, 13
Siglas, 15
Introdução geral, 17

Parte I – Fontes e metodologia para o estudo do cristianismo, 21

I – Fontes e método, 23

Parte II – Cristianismo no mundo antigo, 33

II – Origens e expansão do cristianismo, 35
III – Cristianismo e sociedade greco-romana, 40
IV – Perseguição aos cristãos e martírio, 43
V – A aliança entre a Igreja e o Império Romano, 52
VI – Os concílios do primeiro milênio, 59
VII – A vida cotidiana dos cristãos (séc. II, III, IV), 66

Parte III – Cristianismo e o mundo medieval, 79

VIII – A formação da Europa e a construção da Cristandade, 81
IX – A Igreja e o Sacro Império Romano Germânico, 91
X – Vida religiosa na Idade Média, 101
XI – Ruptura entre Ocidente e Oriente (1054), 106
XII – As Cruzadas, 115

XIII – Aspectos da Inquisição medieval, 122

XIV – As heresias, 128

XV – A Igreja e o Estado em relação às heresias, 135

XVI – A evolução geográfica da Inquisição, 149

XVII – Concílios medievais (séc. XII-XIII), 158

XVIII – Crise da autoridade pontifícia, 167

XIX – Cisma do Ocidente e seus desdobramentos, 172

Parte IV – Cristianismo e mundo moderno, 179

XX – Tempo de transição, tempo de divisões, 181

XXI – Causas e clamores da Reforma Protestante, 191

XXII – Reforma Protestante, 204

XXIII – Reforma Católica, 224

XXIV – Guerras religiosas, 247

XXV – Movimentos teológicos e espirituais, 251

XXVI – Século das Luzes, 261

Parte V – Catolicismo e sociedade contemporânea, 265

XXVII – Revolução Francesa (1789-1799) e a Igreja Católica, 267

XXVIII – Catolicismo e o processo de restauração (1814-1846), 273

XXIX – Catolicismo e o combate ao liberalismo (1846-1878), 277

XXX – Concílio Vaticano I (1869-1870), 286

XXXI – O desenvolvimento do Concílio Vaticano I, 297

XXXII – As constituições do Vaticano I, 305

XXXIII – Questão social e o catolicismo, 320

XXXIV – Condenação do modernismo e reformas intraeclesiais, 333

XXXV – Movimentos de renovação, 341

XXXVI – Catolicismo e a explosão da violência: guerras e totalitarismos, 346

XXXVII – João XXIII (1958-1963): Transição e renovação, o papa cristão, 359

XXXVIII – Vaticano II (1962-1965): A preparação, 363

XXXIX – Concílio Vaticano II: Primeiro período, 372

XL – Paulo VI, reformador e incompreendido (1963-1978), 384

XLI – Concílio Vaticano II: Segundo período, 393

XLII – Concílio Vaticano II: Terceiro período, 405

XLIII – Concílio Vaticano II: Quarto e último período, 414

XLIV – João Paulo II (1978-2005) e Bento XVI (2005-2013): O santo criticado e seu continuador, 429

XLV – Francisco de Assis, Francisco de Buenos Aires, 436

Referências, 443

Apresentação à segunda edição da coleção Iniciação à Teologia

Uma coleção de teologia, escrita por autores brasileiros, leva-nos a pensar a função do teólogo no seio da Igreja. Tal função só pode ser entendida como atitude daquele que busca entender a fé que professa e, por isso, faz teologia. Esse teólogo assume, então, a postura de produzir um pensamento sobre determinados temas, estabelecendo um diálogo entre a realidade vivida e a teologia pensada ao longo da história, e se caracteriza por articular os temas relativos à fé e à vivência cristã, a partir de seu contexto. Exemplos claros desse diálogo com situações concretas são Agostinho ou Tomás de Aquino, que posteriormente tiveram muitas de suas teorias incorporadas à doutrina cristã-católica, mas que a princípio buscaram estabelecer um diálogo entre a fé e aquele determinado contexto histórico. Como conceber um teólogo que se limita a reproduzir as doutrinas pensadas ao longo da história? Longe de ser alguém arbitrário ou que assuma uma posição de déspota, o teólogo é aquele que dialoga com o mundo e com a tradição. Formando a tríade teólogo-tradição-mundo, encontramos um equilíbrio saudável que faz com que o teólogo ofereça subsídios para a fé cristã, ao mesmo tempo que é fruto do contexto eclesial em que vive.

Outra característica que o acompanha é a de ser filho da comunidade eclesial, e como tal deve fazer de seu ofício um serviço aos cristãos. Se consideramos que esses cristãos estão inseridos em realidades concretas, cada teólogo é desafiado a oferecer pistas, respostas ou perspectivas teológicas que auxiliem na construção da identidade cristã que nunca está fora de seu contexto, mas acontece justamente na relação dialógica com ele. Se o contexto é sempre novo, também a teologia se renova. Por isso o teólogo olha novos horizontes e desbrava novos caminhos a partir da experiência da fé.

O período do Concílio Vaticano II (1962-1965) consagrou novos ares à teologia europeia, influenciada pela *Nouvelle Théologie*, pelos movimentos bíblico e litúrgico, dentre outros. A teologia, em contexto de Modernidade, apresentou sua contribuição aos processos conciliares, sobretudo na perspectiva do diálogo que ela própria estabelece com a Modernidade, realidade latente no contexto europeu. A primavera teológica, marcada por expressiva produção intelectual e pelo contato com as várias dimensões humanas, sociais e eclesiais, também chega à América Latina. As conferências de Medellín (1968) e Puebla (1979) trazem a ressonância de vários teólogos latino-americanos que, diferente da teologia europeia, já não dialogam com a Modernidade, mas com suas consequências, vistas principalmente no contexto socioeconômico. Desse diálogo surge a Teologia da Libertação e sua expressiva produção editorial. A Editora Vozes, nesse período, foi um canal privilegiado de publicações e produziu a coleção *Teologia & Libertação* que reuniu grandes nomes na perspectiva da teologia com a realidade eclesial latino-americana. Também nesse período houve uma reformulação conceitual na *REB* (*Revista Eclesiástica Brasileira*), organizada pelo ITF (Instituto Teológico Franciscano), impressa e distribuída pela Editora Vozes. Ela deixou de ser canal de formação eclesiástica para se tornar um meio de veiculação da produção teológica brasileira.

Embora muitos teólogos continuassem produzindo, nas décadas do final do século XX e início do XXI, o pensamento teológico deixou de ter a efervescência do pós-concílio. Vivemos um momento antitético da primavera conciliar, denominado por muitos teólogos como inverno teológico. Assumiu-se a teologia da repetição doutrinária como padrão teológico e os manuais históricos – muito úteis e necessários para a construção de um substrato teológico – que passaram a dominar o espaço editorial. Essa foi a expressão de uma geração de teólogos que assumiu a postura de não mais produzir teologia, mas a de reafirmar aspectos doutrinários da Igreja. O papado de Francisco marcou o início de um novo momento, chancelando a produção de teólogos como Pagola, Castillo, e em contexto latino-americano, Gustavo Gutiérrez. A teologia voltou a ser espaço de produção e muitos teólogos passaram a se sentir mais responsáveis por oferecerem ao público leitor um material consonante com esse momento.

Em 2004, o ITF, administrado pelos franciscanos da Província da Imaculada, outrora responsável pela coleção *Teologia & Libertação* e ainda responsável pela *REB*, organizou a coleção *Iniciação à Teologia*. O Brasil vivia a efervescência dos cursos de teologia para leigos e a coleção tinha o objetivo de oferecer a esse perfil de leitor uma série de manuais que exploravam o que havia de basilar em cada área da teologia. A perspectiva era oferecer um substrato teológico aos leigos que buscavam o entendimento da fé. Agora, em 2019, passamos por uma reformulação dessa coleção. Além de visarmos um diálogo com os alunos de graduação em teologia, queremos que a coleção seja espaço para a produção teológica nacional. Teólogos renomados, que têm seus nomes marcados na história da teologia brasileira, dividem o espaço com a nova geração de teólogos, que também já mostraram sua capacidade intelectual e acadêmica. Todos eles têm em comum a característica de sintetizarem em seus manuais a produção teológica que é fruto do trabalho.

A coleção *Iniciação à Teologia*, em sua nova reformulação, conta com volumes que tratam das Escrituras, da Teologia Sistemática, Teologia Histórica e Teologia Prática. Os volumes que estavam presentes na primeira edição serão reeditados; alguns com reformulações trazidas por seus autores. Os títulos escritos por Alberto Beckhäuser e Antônio Moser, renomados autores em suas respectivas áreas, serão reeditados segundo os originais, visto que o conteúdo continua relevante. Novos títulos serão publicados à medida que forem finalizados. O objetivo é oferecermos manuais às disciplinas teológicas, escritos por autores nacionais. Esta parceria da Editora Vozes com os teólogos brasileiros é expressão dos novos tempos da teologia, que busca trazer o espírito primaveril para o ambiente de produção teológica, e, consequentemente, oferecermos um material de qualidade para estudantes de teologia, teólogos e teólogas que buscam aporte para seu trabalho cotidiano.

Welder Lancieri Marchini
Editor teológico, Vozes
Organizador da coleção

Francisco Morás
Professor do ITF
Organizador da coleção

Prefácio

O estudo e a pesquisa histórica implicam relações com o entendimento e formação da identidade, seja do pesquisador, seja de um grupo étnico. E é no confronto da história com a realidade hodierna, ou mesmo das expectativas de uma pessoa com aquelas que são externas a ela, que se elabora uma identidade, sempre dinâmica e dialógica. Assim são as opções históricas tomadas pelo cristianismo que o levam a definir-se como tal; caso contrário, corremos ao erro de uma identidade essencialista e a-histórica.

Olhar para o passado nos possibilita entender processos e histórias e, no caso específico da teologia e da Igreja, nos oferece critérios para elaborarmos ideais de eclesialidade. O método histórico-crítico, assumido nesta obra, aponta para o entendimento de que uma leitura histórica nunca é imparcial e, ao mesmo tempo, possibilita uma leitura crítica e interpretativa das fontes históricas.

Ney de Souza é professor na PUC-SP e um reconhecido historiador do cristianismo. Sua atuação acadêmica busca, constantemente, dialogar com realidades eclesiais de modo a possibilitar construções que podemos chamar de identitárias. Junto à Editora Vozes empreitou a organização das obras *Medellín: Memória, profetismo e esperança na América Latina* (2018) e *Puebla: Igreja na América latina e no Caribe* (2019) que, respectivamente, buscaram fazer memória dos 50 e dos 40 anos das assembleias realizadas pelo Celam.

Na obra que aqui apresentamos Ney não busca fazer uma simples síntese da história do cristianismo, mas traz ferramentas e conceitos que auxiliam na empreitada que é o estudo da história da Igreja a partir do método histórico-crítico, comumente utilizado na leitura bíblica, mas que aqui vemos aplicado à história da Igreja. Tal perspectiva analítica foi satisfatoriamente sintetizada no subtítulo: "Notas introdutórias".

Welder Lancieri Marchini
Editor teológico, Vozes
Organizador da coleção

Francisco Morás
Professor do ITF
Organizador da coleção

Siglas

AAS – *Acta Apostolicae Sedis*

AA – *Acta et documenta Concilio Oecumenico Vaticano II apparando; series prima* (Antepraeparatoria). 4 vols. Cidade do Vaticano, 1960-1961.

AP – *Acta et documenta Concilio Oecumenico Vaticano II apparando; series secunda* (Praeparatoria). 4 vols. Cidade do Vaticano, 1962-1988.

AS – *Acta Synodalia Sacrosancti Concilii Vaticano II*. 5 vols. Cidade do Vaticano, 1970-1991.

CCL – *Corpus Christianorum Latinorum*

CivCatt – Revista *La Civiltà Cattolica*

COD – *Conciliorum Oecumenicorum Decreta*. Bolonha: Dehoniane, 1991.

Collectio Lacensis – *Acta et decreta sacrorum conciliorum recentiorum*. Herder, 1879.

DTC – *Dictionnaire Théologie Catholique*

DZ (Denzinger) – *Enchiridion Symbolorum*. Roma, 1967.

EE – *Enchiridio delle Encicliche*. Bolonha: Dehoniane, 1994, 1995, 1998.

EG – *Evangelii Gaudium*

EN – *Evangelii Nuntiandi*

EV – *Enchiridion Vaticanum – Documenti del Concilio Vaticano II* (1962-1965). Bolonha, 1996.

IOR – Instituto de Obras Religiosas

Mansi – Sacrorum conciliorum nova et amplissima collectio. Arnhem, 1923-1927. Tt. 49-53 [edição de J.D. Mansi].

PL – Patrologia Latina

Introdução geral

O livro está organizado em cinco partes, uma primeira sobre as fontes da história e seguindo uma forma didática de apresentar as temáticas da história do cristianismo: a cronológica, outras quatro partes. O método utilizado é o histórico-crítico da história, processo de continuidade e descontinuidade. A segunda parte estuda o cristianismo no Período Antigo, apresentando um grupo perseguido dentro do Império Romano e depois uma religião que realiza uma aliança com o poder temporal. Nesse período se encontra a organização dos fundamentos da fé cristã. A terceira parte trata da organização da Cristandade e seus desdobramentos no período medieval. Aqui surgirão tradições de grande importância para a história da instituição como a formação de ordens religiosas, a presença de Francisco de Assis, mas também as consequências das alianças com os diversos impérios. Devido a essa situação, um dos resultados será a Reforma Protestante. E aqui se adentra ao Período Moderno em que o Concílio de Trento (1545-1563) figura como um arcabouço de relevância para a instituição com seus decretos doutrinais e disciplinares. Na continuidade histórica, o século XVIII surge com uma força filosófica centrada na razão, o Iluminismo. Esse pensamento será a base para a Revolução Francesa (1789-1799), abrindo o período contemporâneo.

O século XIX terá diversos acontecimentos na sociedade civil, dentre eles a Revolução Industrial, que provocará um duro embate com a instituição religiosa. Os pontificados de Gregório XVI e

Pio IX serão marcantes no período com suas encíclicas, *Mirari Vos* (1832) e *Quanta Cura – Syllabus* (1864) de alerta e condenação da sociedade contemporânea. No final do século, em 1869/1870 é realizado o Concílio Vaticano I. São promulgadas duas constituições: *Dei Filius* e *Pastor Aeternus*. A última proclama o dogma da infalibilidade papal e o primado de jurisdição. Quase encerrando o século, Leão XIII publica a encíclica *Rerum Novarum* (1891) dando início à Doutrina Social da Igreja.

Ao abrir das cortinas do século XX tem-se um odor no ar de ódio, violência, intolerância e guerras. O catolicismo, sob os papas Pio X, Bento XV, Pio XI e Pio XII, estará imerso dentro desses fatos, por vezes procurando frear essas tragédias e, por outras vezes, preocupado com suas atividades internas. É período também dos movimentos bíblico, litúrgico, ecumênico e da *nouvelle théologie*. Essa produção teológica será importante para o Concílio Vaticano II (1962-1965). A assembleia conciliar será uma revolução copernicana no seu propósito de atualização e diálogo com a sociedade contemporânea. O livro é concluído com a notícia histórica do pontificado do Papa Francisco. De fato, "o amor consiste mais em obras do que em palavras" (INÁCIO DE LOYOLA. *Exercícios espirituais* 230).

Na introdução desta obra acadêmica relembro a Sally, irmã do Charlie Brown, famoso personagem dos desenhos em quadrinhos. O irmão chegou quando ela estava escrevendo uma redação para a escola intitulada "História da Igreja". A menina escreve na introdução: "Ao escrever sobre a história da Igreja, temos de voltar ao princípio. Nosso pastor nasceu em 1930". A única reação de Charlie foi revirar os olhos. Memória e identidade histórica são inseparáveis. A vida de quem sofre de amnésia é árdua, bem como os efeitos trágicos do mal de Alzheimer. Perda de memória não é apenas a ausência de fatos, é perda de identidade pessoal, familiar e relacional. É extremamente difícil atuar na sociedade se não se sabe quem se é e como se chegou até o presente, numa linha não só de informações, mas de consciência crítica. A história é uma linha que tece a identidade coletiva. O filósofo Gadamer afirmou que o indivíduo sem horizontes sobrevaloriza o presente, enquanto aqueles que os têm são capazes de perceber o significado relativo do que está perto e longe, daquilo que é grande e pequeno (1975, p. 269, 272). Assim, a finalidade desta obra é realizar, com rigor científico, um estudo do percurso histórico do cristianismo, das origens até a atualidade, numa análise crítica a partir das fontes. É urgente este movimento de estudar as fontes ao longo da história para falar, escrever, debater e assumir posturas no tempo presente. E assim, "graças ao Espírito Santo, a Igreja se manterá sempre como esposa fiel a seu Senhor e nunca deixará de ser, no mundo, sinal de salvação. Isso não quer dizer que entre os seus membros não tenha havido muitos, através dos séculos, que foram infiéis ao Espírito de Deus, tanto clérigos como leigos". E por isso, "ainda hoje a Igreja não ignora a distância que existe entre a mensagem que anuncia e a fraqueza humana daqueles a quem foi confiado o Evangelho. Devemos tomar conhecimento de tudo que a história registra a respeito dessas infidelidades e condená-las vigorosamente para que não constituam obstáculo à difusão do Evangelho". Sem dúvida "[...] a Igreja tem consciência de quanto a experiência da história contribui para amadurecer suas relações com o mundo". E, "conduzida pelo Espírito Santo, a Igreja, como mãe, 'exorta' seus filhos a se purificarem e a se renovarem, para que o sinal de Cristo brilhe cada vez mais na face da Igreja" (*GS* 43).

"A fé se nutre da memória..."
PAPA FRANCISCO. *Twitter*, 16/08/2018.

PARTE I
FONTES E METODOLOGIA PARA O ESTUDO DO CRISTIANISMO

I
Fontes e método

Introdução

O propósito deste capítulo é apresentar as fases da construção de um texto histórico. Apresentando sinteticamente as fontes e a metodologia para o estudo da história do cristianismo. As fontes são essenciais para compor um determinado contexto e, em seguida, a escolha de um referencial teórico para analisar o material coletado e elaborar o produto científico: o texto. O conhecimento crítico da história da Igreja pode evitar conflitos desnecessários e tragédias.

A história mais velha que a história

A palavra "história" tem sua origem na língua grega encontrando-se, posteriormente, o conceito em latim. Na grande maioria dos dicionários é possível encontrar a seguinte definição: Conjunto de conhecimentos adquiridos da tradição ou por documentos. Ciência e método que permitem adquirir e transmitir aqueles conhecimentos. Afirma Marc Bloch (s./d., p. 24) que a palavra "história" é velhíssima. Sua etimologia primeira remete à investigação. Durante os tempos ela passou por transformações de conceito. A investigação histórica admite, desde os primeiros passos, que o inquérito tenha já uma direção. É primordial conhecer as fontes e a metodologia utilizada para se chegar à escrita da história.

A dissecação do cadáver, ao mesmo tempo que revela ao biologista muitos segredos que o estudo do ser vivo teria deixado ocultos, fica silente perante muitos outros que só o corpo com vida poderia revelar (BLOCH, s./d., p. 72). Seja qual for a época da humanidade que o investigador se dedique a pesquisar, os métodos da observação são fundamentalmente os mesmos. É comum afirmar que os fatos falam por si. Isso não é verdadeiro. Os fatos falam apenas quando o pesquisador os aborda. É o historiador quem decide quais acontecimentos virarão fatos. O historiador é sempre um selecionador. Já "desde o existencialismo de Heidegger, desde os trabalhos teóricos de, por exemplo, Aron, Marrou, Romein e Collingwood, sabemos, pelo menos na ciência teórica da história, que é impossível e indesejável excluir a própria subjetividade do intérprete da história" (WEILER, 1970, p. 832). O fato histórico também dependerá de um problema de interpretação. A história é investigação e interpretação. Portanto, "a história é um processo de interação entre historiador e fatos, presente e passado. A ciência histórica, também aquela da Igreja, é uma ciência interpretativa" (WEILER, 1970, p. 838).

A Igreja que se estuda neste livro é aquela afirmada como Povo de Deus na constituição *Lumen Gentium* do Vaticano II. Esse concílio é o ponto-chave para a composição desta obra, vivendo no tempo presente e utilizando essa chave para analisar o passado. Esta *História da Igreja* é apresentada como lugar teológico no sentido que lhe dá Melchior Cano (1562) que ainda escreveu "que se deve considerar incultos, rudes, os teólogos em cujas elucubrações a história permanece muda" (CONGAR, 1970, p. 886). O decreto *Optatam Totius* (n. 16), recomenda "penetrar nas questões dogmáticas através de sua gênese nos níveis bíblico, patrístico, histórico (pela história dos dogmas, levando em conta sua relação com a história geral da Igreja)" (CONGAR, 1970, p. 887). E, "uma teologia que não responda a esta dupla exigência de introdução genética e de tratamento histórico e razoavelmente crítico dos documentos escriturísticos será, de agora em diante, insuficiente" (CONGAR, 1970, p. 887). O cristianismo é uma religião essencialmente histórica (BLOCH, s./d., p. 32). A história faz parte do credo. Nele se afirma que o Filho único de Deus se encarnou no seio da Virgem Maria e se fez homem. A oficialidade política está aí presente, o governador romano Pôncio Pilatos figura na profissão de fé dos cristãos para datar a crucifixão de Jesus.

> A Igreja de que trata a história eclesiástica é também sempre a Igreja dos homens vinculados aos quadros políticos, sociais, econômicos, culturais e psicológicos; assim se comprova que as ciências do homem são indispensáveis para a história da Igreja: fornecem os instrumentos necessários para a pesquisa; fornecem – o que é ainda mais importante – as perguntas de realce que o historiólogo deve dirigir à sua matéria; fornecem – o que é, talvez, o mais importante – a crítica a qualquer historiografia e também aos perigos de ideologizar e mitologizar que ameaçam a historiografia eclesiástica [...] os processos históricos não se podem repetir, ao passo que para as ciências da natureza a possibilidade de repetição é justamente um dado metódico [...] em última análise, ele (o homem) mesmo é responsável pelo seu futuro (MÖNNICH, 1970, p. 848, 854).

A história, de modo geral, sempre foi uma disciplina relegada. Um dos motivos, até pouco tempo, é que ela era estudada como a descrição de fatos (factual) e a história de grandes personalidades e instituições. A descrição era feita numa narrativa cronológica linear. O importante era memorizar nomes, datas e lugares. A análise crítica dificilmente entrava nesse contar a história. Muitas vezes se produzia uma história apologética. Na atualidade é malvista por outros motivos, um deles é a sua construção por meio de uma conjuntura ampla (processo). Impossível estudar um fato sem o seu contexto. Na história a capacidade de pensar, utilizando um juízo crítico, conta muito mais do que a capacidade de memorizar.

Não existe uma interpretação inocente da história. O historiador é aquele que procura compreender a história como um processo de continuidade e de descontinuidade. Não existe uma historiografia neutra, todas as leituras são sempre releituras. Determinadas pesquisas que afirmam ser neutras e de pura objetividade são sinais de ingenuidade epistemológica ou distorção política. Os historiadores estão percebendo que "um dos principais problemas de história da Igreja não é apenas o de superar as deformações materiais de cada fato isolado. É preciso recordar que justamente as revisões históricas que tiveram até aqui maior sucesso foram as relativas a grandes mistificações de fatos singulares". Um exemplo foi "a reconstrução de toda a controvérsia fociana, efetuada por Dvornik, teve essencialmente este significado, ou seja, repropor em seus termos efetivos – cientificamente corretos – uma questão que fora sistematicamente mistificada durante séculos em toda a vastíssima literatura" (ALBERIGO, 1970, p. 871).

Esta obra não analisará a história como um acontecimento: o fato pelo fato pode levar a tecer elogios à instituição. A ciência histórica analisa a derrota, as lacunas da instituição, o seguimento ao Evangelho, oferecendo assim possibilidades de mudar seu rumo histórico e, em sendo uma instituição religiosa, procurando a coerência com seus princípios fundantes, das origens. Ignorar e ou esconder o passado é uma péssima estratégia para uma instituição que quer ser reconhecida pelo seu testemunho, tendo desse modo credibilidade, a visibilidade nem sempre é sinal de uma instituição credível. Este texto não analisará a história numa ótica teológica, pois a finalidade não é teologizar a história. A ferramenta é a historiografia religiosa como conhecimento histórico. O historiador que analisa a história da instituição religiosa utiliza o método histórico-crítico, análise crítica das fontes (DENZLER, 1992, p. 644). Esse método, por meio do qual se procura atingir um objetivo, utiliza as categorias imanentes da continuidade, da causalidade e da relatividade. Sempre "o conhecimento da história nos abre o caminho para um sadio relativismo" (CONGAR, 1970, p. 888). Os campos são a pesquisa de fontes, a crítica, a interpretação.

Fontes

Os historiadores utilizam de variadas fontes e destas obtêm informações, pistas sobre as ideias e as realizações dos seres humanos no transcorrer do tempo. As fontes históricas são múltiplas: escritas e não escritas. As fontes escritas são registro em forma de inscrições, cartas, letras de canções, livros, jornais, revistas, documentos eclesiásticos e públicos. As fontes não escritas são registros da atividade humana que utilizam linguagens diferentes da escrita: pinturas, esculturas, vestimentas, armas, músicas, discos fonográficos, filmes, fotografias, utensílios. Há ainda uma outra fonte não histórica de grande relevância que é o depoimento das pessoas sobre uma determinada temática. As entrevistas servem para registrar a memória pessoal e coletiva de um passado recente ou do presente, é a história oral. Uma grande parte dos arquivos na atualidade, devido às novas tecnologias, facilita a pesquisa por meio de textos e imagens disponibilizados na internet e/ou microfilmando as fontes para consulta.

As fontes revelam algo sobre o passado que ao serem analisadas possibilitam a construção do texto histórico sobre a instituição religiosa. A maior quantidade e variedade de fontes enriquecem aquela determinada temática a ser analisada.

Escritas – Os manuscritos são as fontes mais recorrentes para o estudo da história da Igreja, mas não únicas. São documentos oficiais que, na maior parte das vezes, estão em arquivos (Arquivo Secreto Vaticano, Arquivo Nacional da Torre do Tombo, Arquivo dos Jesuítas e outros, religiosos e civis). As atas judiciais, documentação oficial de origem eclesiástica e civil, são de grande importância. Entre outros documentos estão as cartas, diários, testemunhos. As obras literárias da época revelam o contexto, personagens. Um dos textos que por longo tempo na história do cristianismo se destacou como fonte foi a obra de Eusébio de Cesareia, *História eclesiástica*.

Orais – São as fontes que, obtidas oralmente, oferecem conteúdos para a composição de uma temática. Fatos passados oralmente de geração em geração, ocorrido na vida das comunidades. Essa fonte é bastante utilizada na atualidade e excelente instrumento para a pesquisa. Trata-se de fontes materiais e arqueológicas: objetos antigos que informam sobre pessoas, grupos (objetos litúrgicos, ornamentos, móveis, edifícios, placas, estátuas, vitrais). Para o estudo da história da Igreja as fontes são eclesiais e extraeclesiais.

Fontes eclesiásticas gerais (alguns exemplos)

a) Documentos pontifícios – Duas séries: uma reproduz os documentos na íntegra e a outra contém breve síntese desses documentos: *Bullarium Romanum* (14 vol. Ed. Taurinensis). *Doctrina Pontificia* (5 vols. BAC, 1954-1960).

b) Atas dos concílios – São as coleções de atas e documentos conciliares: *Sacrorum conciliorum nova et amplissima collectio* (edição de J.D. Mansi); *Collectio Lacensis, Acta et decreta sacrorum conciliorum recentiorum*.

c) Legislações, símbolos e concordatas – *Acta Apostolicae Sedis. Commentarium officiale*; DENZINGER, H. *Enchiridion Symbolorum, definitionum*; MERCATI, A. *Raccolta di Concordati...*

d) Santos Padres – Testemunhos mais característicos da ação cristã: MIGNE, J.P. *Patrologiae cursus completus* (série grega e latina).

e) Fontes litúrgicas – De interesse particular são os sacramentários, rituais. É necessário conhecer a documentação sobre essa temática especialmente após a renovação litúrgica do Vaticano II: MURATORI, L.A. *Liturgia romana vetus*. 2 vols. Veneza.

f) Vida de papas e santos – Atas de mártires: *Liber Pontificalis* (de E.L. Duchesne em 2 vols., 1907-1915); *Acta Sanctorum* (iniciada por J. Bollandis em 1643) e continuada pela Companhia de Jesus, 1643-1925.

As disciplinas técnicas e os referenciais teóricos

Para o estudo das fontes o historiador necessita de outras ciências que se constituem instrumentais para o seu trabalho. Coletadas as fontes o pesquisador utilizará de outras ciências: filosofia, psicologia, antropologia, literatura, sociologia, dentre outras para interpretar o material pesquisado. A seguir uma breve apresentação das disciplinas técnicas.

a) Paleografia – Estuda as diversas classes de letras da Antiguidade e Idade Média, cujo conhecimento é vital para que se possa penetrar nos arquivos e manuscritos.

b) Diplomática – Intimamente unida a paleografia estuda os diplomas, os documentos antigos de papas, príncipes e particulares. Realiza a valoração de cada documento.

c) Cronologia – Interpreta os dados cronológicos pelo estudo das diversas maneiras de contar o tempo, usadas na Antiguidade e na Idade Média. Fixando as eras mais notáveis, como as olimpíadas, a fundação de Roma, o sistema de cônsules dentro do Império Romano.

d) Arqueologia – Fornece abundante material para o conhecimento dos primeiros séculos do cristianismo. Partes da arqueologia são a epigrafia e as primeiras manifestações da arte cristã.

e) Filologia – As linguagens antiga e medieval são de enorme importância para o conhecimento de documentos e costumes desses períodos.

f) Geografia/Atlas – Sem a geografia a história fica incompleta; é o estudo dos territórios: seu relevo, rios.

g) Numismática – É o estudo histórico, artístico e econômico das cédulas, moedas e medalhas.

h) Heráldica – É o estudo dos brasões de armas ou escudos.

"Cristianismo, religião de historiadores"

O cristianismo foi pouco notado pelos historiadores não cristãos ou pelas autoridades do Império Romano durante o século I. As fontes principais são cristãs. A mais importante de todas é o próprio **Novo Testamento**. Dentro dele, a crítica histórica distingue informações de caráter histórico e considerações de caráter mais teológico. Ambas são preciosas para o historiador, mas não podem ser confundidas. Devem ser avaliadas e usadas com discernimento, respeitando o gênero literário de cada uma. Ao lado do Novo Testamento, existem outros **escritos cristãos mais antigos**.

- **Didaqué** ou Doutrina dos Doze Apóstolos: trata-se de um pequeno livro, contendo um catecismo do "caminho reto" (cap. 1-6) e um manual de liturgia (cap. 7-15), escrito no início do século II, mas com material mais antigo.

- **Carta de Clemente Romano aos Coríntios**: escrita no ano de 95 ou pouco depois, que faz referência não apenas a divergências entre jovens e anciãos, mas contém uma ampla exortação moral e várias orações.

- **Sete Cartas de Inácio, bispo de Antioquia**: escritas ao redor de 110 (elas deram base teológica a uma organização dos ministérios, episcopado monárquico, presbitério, diáconos, que terá sucesso; hoje suspeita-se de algum retoque no texto original.

• Outros textos do século II, como a Carta de Policarpo, a Epístola de Barnabé, a Segunda Epístola de Clemente, o Pastor de Hermas (algumas delas, na realidade, não são cartas, mas sim pequenos tratados ou homilias atribuídos a um autor mais antigo).

Em autores não cristãos, as informações são muito escassas e breves. Famosos são os textos de:

• Flávio Josefo, escritor judeu, que no fim do século I escreveu, em Roma, as *Antiguidades judaicas* que falam de João Batista, de Jesus e de Tiago, "irmão de Jesus".

• Tácito, escritor romano, que nos *Annales* (ano 115-120) fala da perseguição de Nero aos cristãos após o incêndio de Roma, no ano 64.

• Suetônio (126 d.C.), outro escritor romano da mesma época de Tácito, que na *Vida de Cláudio* faz alusão a um "Cresto" que poderia ser Cristo.

• Plínio o Moço, em seu epistolário, conservou uma carta dele ao Imperador Trajano e a resposta deste, onde se trata da perseguição dos cristãos na Bitínia (hoje Noroeste da Turquia). As duas cartas foram escritas por volta de 111-113.

Numerosas são as informações sobre o ambiente em que o cristianismo se desenvolveu. Além das fontes literárias, tanto relativas ao judaísmo como ao helenismo e ao Império Romano, tem-se importantes dados arqueológicos, tanto na Palestina como em outras áreas (escavações em Jerusalém e no segundo subsolo da Basílica de São Pedro, em Roma).

PARTE II
CRISTIANISMO NO MUNDO ANTIGO

II
Origens e expansão do cristianismo

Introdução

Em todos os séculos da história do cristianismo, a comunidade primitiva exerceu sobre os cristãos um fascínio particular e se impôs, às vezes como modelo, às vezes como questionamento, sempre como ideal de genuína vida cristã. O retrato mais famoso dessa comunidade é aquele traçado pelos Atos dos Apóstolos, especialmente nos primeiros capítulos. Essa descrição suscitou, em todas as épocas, projetos de vida apostólica, comunhão de bens, liberdade cristã, fraternidade, procura dos dons do Espírito (carismas), diaconia do Evangelho. A comunidade cristã primitiva torna-se interessante pelo seu extraordinário dinamismo, que levou à fé cristã, em menos de um século, de um modesto início, numa pobre província, a uma penetração extensa e capilar em muitas áreas e no próprio coração do império (MATOS, 1997, p. 23).

O estudo da Antiguidade cristã, levará à constatação de que não existe uma comunidade primitiva, mas diversas comunidades cristãs no século I. Há uma variedade notável, um acentuado pluralismo neste período: diversos modos de compreender e organizar a vida cristã, gerando também sombra nestas comunidades tão luminosas; mas isto não diminui seu valor, antes ressalta suas qualidades e méritos. Mesmo quem busca nelas um modelo ou uma inspiração, encontrará um modelo menos ideal e mais realista, capaz de iluminar e estimular a fé no contexto das dificuldades atuais.

Os dados sobre esse período são geralmente poucos e fragmentários. Daí o perigo de ceder à tentação das generalizações. É fácil suprir as lacunas com a imaginação, pensar tudo dentro de esquemas atuais, ou seja, de outra época e contexto. Para evitar esses perigos, é preciso não se distanciar das fontes, das notícias fidedignas que daquela época chegaram até o presente. Este capítulo trata das origens e difusão do cristianismo. A religião surgiu na Palestina, região conquistada pelos romanos em 64 a.C. e anexada ao Reino da Judeia em 40 a.C. A Judeia era governada por Herodes o Grande, aliado dos romanos. Quando Herodes morreu, em 4 a.C., seus domínios foram divididos entre seus filhos: Herodes Antipas ficou com a Galileia, província onde Jesus nasceu.

O povo judeu

Os judeus eram demasiadamente apegados às suas tradições religiosas. Assim, detestavam a dominação estrangeira e a instalação de colônias não judaicas em sua terra. Numerosos grupos dividiam o mundo judaico: saduceus, fariseus, zelotes, essênios e batistas. Os saduceus formavam um verdadeiro grupo da aristocracia, dali saíam os membros do conselho, o Sinédrio. Os fariseus defendiam o nacionalismo judaico, opunham-se aos estrangeiros e levavam uma vida regulada nos mínimos detalhes. Os zelotes defendiam um Estado teocrático puro, praticando atentados contra a ordem estabelecida. Os essênios viviam à margem do Mar Morto e formavam uma comunidade monástica celibatária e ascética. Os batistas viviam no deserto e em penitência, preparando-se para a vinda do Messias.

Os judeus da Diáspora, instalados em grandes cidades romanas como Antioquia e Alexandria, tinham grande simpatia pela cultura helênica. Em geral, os judeus esperavam que o Messias viria conferir ao povo judeu o domínio de toda a terra. Seria um novo reino, o Reino de Javé e dos Justos. Sua convicção era que haviam sido eleitos por Deus para estabelecer esse reino. Isso estava escrito nas profecias e o Messias deveria vir para cumpri-las, segundo esse pensamento.

Jesus histórico

O cristianismo, enquanto religião histórica revelada, deriva da pessoa histórica do Homem-Deus, Jesus, e da sua obra redentora. Devido a isso, qualquer estudo sobre a história da Igreja necessita de um pressuposto e de um fundamento que prove a existência histórica de Jesus.

A partir dos séculos XVIII e XIX a existência histórica de Jesus foi contestada, em nome da ciência iluminista e liberal e também pela crítica histórica. Inúmeros autores (David Friedrich Strauss, Bruno Bauer, Reimarus, Baur, entre outros) apresentavam o cristianismo como uma invenção dos apóstolos, a pessoa de Jesus como uma personificação irreal, ficcional e mítica de aspirações e de representações religiosas, como uma impostura devota do círculo dos seus discípulos ou como adaptações e variações de heróis divinos dos cultos dos mistérios, oriundos do Oriente e do período helenístico. Todas essas teorias foram postas de lado e são tidas como ultrapassadas.

As análises e ataques da teologia liberal contra a autenticidade histórica dos evangelhos, elaboradas em nome da crítica textual (séc. XIX e início do séc. XX), tiveram outro valor. A exegese bíblica atual reforça os fundamentos e tem por base o trabalho exato sobre os textos bíblicos. A análise histórica que se deteve em particular sobre a expressão literária dos textos conseguiu apresentar passagens e parágrafos que são entendidos como fonte primeira para a vida do Jesus histórico. Nenhum dos quatro evangelhos constitui uma biografia histórica de Jesus. É possível apreender o Cristo histórico; sua existência histórica é indiscutível. Assim, são verificáveis o princípio e o fim da vida terrena de Jesus no seu contexto. Seu nascimento durante o reinado de Herodes o Grande, por volta dos anos 4-5 a.C. e a sua morte na cruz, sob Pôncio Pilatos entre 30 e 33 d.C.

A existência de Jesus é também comprovada por meio de fontes não cristãs. As referências em Tácito (*Annales*, XV, 44), Plínio o Jovem (carta ao Imperador Trajano) e Suetônio (*Vita Claudii*, cap. 25). Outro relato é de Flávio Josefo que deixou o seu conhecimento da personalidade histórica de Jesus (*Antiquitates*, XVIII, 5, 2 e XX, 9,1).

A vida de Jesus

De acordo com os evangelhos, Jesus nasceu em Belém, mas foi morar em Nazaré da Galileia. Com 30 anos de idade iniciou suas pregações. Arrebanhou logo um grupo de seguidores, os apóstolos, que andavam com Ele por toda a parte. Jesus se apresentava ao povo como o Messias esperado. E insistia que seu Reino era no céu e não na terra, aqui era possível a realização de sinais do Reino e não a sua concretude. Afirmava ainda que era Filho de Deus.

Para a população daquele tempo era muito difícil dissociar o poder político da religião. Para os romanos, o imperador era um deus vivo. Nesse imaginário, Jesus era uma figura suspeita para as autoridades de Roma na Judeia. Os saduceus e os fariseus o acusavam de blasfêmia ao dizer que era Filho de Deus. Para eles, o Messias esperado não seria Filho de Deus. Condenado pelo Sinédrio e com a autorização do procurador romano, Pôncio Pilatos, Jesus foi crucificado no Monte Calvário. Os evangelhos afirmam que Ele ressuscitou ao terceiro dia e quarenta dias depois subiu ao céu, foi glorificado, ascendendo aos céus.

O conteúdo do ensinamento de Jesus era universal, não se dirigia apenas ao povo judeu. Encarregou seus 12 apóstolos de ensinar a todos que ele era o Filho de Deus, que se tornou carne, foi crucificado e ressuscitou para salvar a humanidade. A sua doutrina insiste no desapego dos bens materiais, na simplicidade, no perdão às ofensas e no amor ao próximo.

Os apóstolos, após a morte de Jesus, realizavam reuniões particulares, nestas recordavam os ensinamentos do Mestre. Porém, não deixavam de frequentar o Templo, como os outros judeus. Esse grupo consistia numa comunidade especial dentro do judaísmo. Isso provocou a perseguição por parte dos saduceus, que estavam perdendo o controle sobre uma parte dos fiéis. Com a perseguição, o número dos convertidos aumentava sempre mais. Os apóstolos cuidavam somente da pregação. Para organizar a parte material da nova Igreja, escolheram alguns fiéis mais dedicados, os diáconos. Um desses, Estêvão, acusou os sacerdotes do Templo de terem condenado à morte o Messias. A partir desse fato, as perseguições aumentaram, obrigando a comunidade cristã a se dispersar.

Devido à perseguição, os apóstolos partiram para pregar o Evangelho entre os pagãos. Nesse campo missionário, destacou-se Paulo, antigo perseguidor dos cristãos, convertido por ocasião de uma viagem a Damasco. Paulo viajou pela Ásia Menor, Chipre, Atenas, Corinto. De volta a Jerusalém, foi delatado pelo Sinédrio e preso pelas autoridades romanas. Apelou para o seu direito de cidadão romano e foi mandado a Roma para julgamento. Lá foi decapitado (67 d.C.). Suas atividades missionárias foram de enorme importância na propagação do cristianismo entre os judeus e os pagãos. Escreveu várias cartas: Romanos, 1 Coríntios, 2 Coríntios, Gálatas, Filipenses, Filêmon, 1 Tessalonicenses. Paulo desenvolveu a teoria do universalismo cristão, demonstrando que o dom de Deus não era privilégio de uma raça eleita. De destaque também foi a atividade do pescador Pedro. Ele foi encarregado por Jesus de construir a sua Igreja. Pedro levou o cristianismo a Roma, onde se dedicou a converter os humildes, os pobres e os escravos, até quando da sua prisão e crucifixão (67 d.C.).

III
Cristianismo e sociedade greco-romana

Introdução

A pregação do Evangelho aos pagãos, apesar de ter sido coroada com sucesso, passou por dificuldades de diversos gêneros. Os cristãos começam a ter identidade própria, já não estão dentro dos elementos do judaísmo e não se enquadram na tipologia da sociedade greco-romana; e sofreram com inúmeros obstáculos. Este capítulo tem por finalidade apresentar um breve quadro dessa realidade.

O paganismo greco-romano

"Paganismo" (do latim *paganus*: camponês, rústico) é o termo utilizado para se referir a tradições religiosas politeístas. É aplicado num determinado contexto histórico, referindo-se à mitologia greco-romana, bem como às tradições politeístas da Europa e do norte da África antes da cristianização.

Na origem do cristianismo, a sociedade greco-romana, unificada politicamente no império de Augusto, havia encontrado a sua unidade religiosa no culto ao imperador divinizado. O culto ao soberano tem sua origem no Oriente: as cidades gregas da Ásia Menor deram aos seus senhores os títulos de *soter*, *epifanus* e *kyrios*. Crescia a ideia de que deus aparecia visivelmente no soberano. Pouco antes da era cristã começou-se a afirmar que os imperadores eram seres divinos, filhos do deus dos deuses. E ainda neste período as antigas religiões greco-romanas estavam em decadência devido à crítica filosófica e à influência das religiões orientais. Augusto tentou conter a ruína religiosa e moral de seu povo iniciando uma reconstituição geral da religião oficial (12 a.C.); assumiu a dignidade de *pontifex maximus*, implantando o culto ao soberano. A unidade político-religiosa do império não excluía a sobrevivência das antigas e multiformes manifestações do politeísmo clássico que giravam em torno das divindades olímpicas tradicionais (como Zeus, Apolo...) e às experiências dos *mistérios* (Elêusis). Os mistérios eram ritos sacros que exigiam uma longa preparação (procissões, músicas); eram ritos destinados a assegurar a fecundidade. Também se pretendia oferecer aos fiéis a segurança de uma vida além-túmulo.

A religiosidade pagã se caracterizava por uma sempre mais profunda integração dos antigos cultos com o pensamento filosófico mais exigente sobre o plano especulativo e moral (estoicismo, platonismo). A tendência sincretista da religiosidade helenística-romana termina por englobar os novos cultos provenientes do Oriente helenizado. Exemplos são aqueles que faziam referências às figuras divinas de Mitra e Cibele. Mitra era culto originário do Irã, com ampla aceitação no Ocidente. Era um culto essencialmente varonil, que conquistou a maior parte de seus seguidores nas fileiras do exército romano. Consistia no deus Mitra, deus da luz que roubou um touro que estava sob o poder da lua e, por mandato de Apolo, matou-o; foi elevado ao céu pelo deus solar Hélios; com a aspersão de sangue de touros sobre os iniciados, estes acreditavam em sua própria elevação ao céu.

Essas formas religiosas constituíam os concorrentes mais perigosos para a difusão do cristianismo (BEATRICE, 1991, p. 13). Oráculos, tratados e práticas mágicas, a fé nos milagres de Asclépio, forneceram à espiritualidade dos pagãos certezas religiosas equivalentes, sobre o plano psicológico e emotivo, àquelas que os cristãos encontravam na Escritura ou nos sacramentos. O Evangelho se contrapunha à imoralidade transmitida pelas antigas crenças greco-romanas, que havia sido, em parte, criticada e rejeitada pelos pagãos mais sensíveis e cultos. Contudo, os inimigos mais ferrenhos foram os provenientes da filosofia e da fé oriental que prometiam a salvação da alma e a vida eterna.

A *pax romana* (unidade política, econômica, militar e cultural), o sistema viário e o intercâmbio, a tolerância religiosa do Estado romano e o judaísmo da diáspora foram os fatores que favoreceram a expansão do cristianismo. Os fatores desfavoráveis que dificultaram foram as perseguições religiosas (que se estudará a seguir), os pontos obscuros da doutrina cristã e as dissensões internas da Igreja. Tendo esse pano de fundo histórico religioso destas questões e tensões, a história da difusão do cristianismo adquire contornos e significados mais definidos.

IV
Perseguição aos cristãos e martírio

Introdução

Este capítulo objetiva estudar essa temática de enorme importância para a história do cristianismo: perseguição e martírio. Os cristãos viveram os três primeiros séculos dentro do âmbito do Império Romano. Na história do cristianismo esse período será sempre lembrado como a era dos mártires. Um passado de fundamental importância e de grande testemunho de muitos cristãos. Passado que, na atualidade, é motivo de enorme reflexão para as comunidades cristãs. Serão examinados, nesta parte, os aspectos mais salientes das relações entre a Roma imperial e a Igreja primitiva. A Roma imperial era tolerante em matéria religiosa e recebia facilmente novos cultos e novas divindades. Às populações submetidas a seu poder, Roma permitia seguir livremente com suas tradições religiosas, por via do reconhecimento oficial ou por tolerância. No território imperial todos deviam prestar culto ao imperador, responsável pela religião. Esse será um dos motivos dos conflitos com os cristãos.

O estudo a seguir apresenta as acusações aos cristãos, as perseguições e o martírio. As perseguições se constituíram verdadeiras provações para a Igreja primitiva. É fundamental notar que o cristianismo que nos três primeiros séculos de sua história foi uma religião de minoria incompreendida, malvista, perseguida, passará a ser tolerada, preferida e em fins do século IV será a Igreja única e perseguidora do paganismo.

Acusações aos cristãos

No contexto do Império Romano os cristãos sofreram uma série de perseguições. As perseguições não ocorreram de uma única vez e na sequência. Havia um tempo de perseguição e outro de convivência pacífica, os períodos se alternavam. Nesse contexto a Igreja podia desenvolver publicamente suas atividades. Eram períodos de tolerância, pois a situação legal não havia mudado e o cristianismo seguia como um grupo fora da lei. Na maioria das vezes as perseguições não eram gerais, mas locais, devido a uma agitação popular num determinado território. As perseguições gerais eram aquelas que seguiram editos imperiais contra os cristãos (ORLANDIS, 2012, p. 37). O aumento do número de cristãos gerava uma desconfiança na sociedade romana. Os costumes diferentes levavam a suspeitas. O cristianismo era considerado uma seita. A sociedade romana produziu uma série de críticas aos cristãos que se diferenciavam: por exemplo, entre a população em geral circulavam ideias errôneas e, por sua vez, entre os intelectuais as críticas tinham fundamentos diferentes. As primeiras acusações contra os cristãos: agitam as cidades (At 16,20), revolucionam o mundo (At 17,6), são contra as leis do império, porque reconhecem apenas um rei, Cristo (At 17,7), e pregam novas divindades (At 17,18). A seguir serão apresentadas algumas dessas críticas tanto da população em geral quanto dos intelectuais.

a) **Cristãos são ateus** – Essa opinião se devia à não participação no culto oficial e nem no imperial, nem nas religiões orientais. Portanto, acreditavam que os cristãos não tinham uma religião, situação impensável para a sociedade da Antiguidade. Devido ao ateísmo suposto, que provocava a ira dos deuses, eram considerados culpados pelas calamidades que surgiam no império. Rejeitavam participar dos cultos ao imperador romano; o Deus dos cristãos não poderia estar sob o poder do chefe religioso romano, o imperador (SOUZA, 2010, p. 37). Havia assim uma recusa do reconhecimento da competência do Estado em questões religiosas. A religião era um elemento importantíssimo na sociedade romana, tendo o imperador como chefe supremo. Ao não aceitarem essa política religiosa, os cristãos estavam colocando em perigo a própria estrutura do Império Romano (BAUS, 1992, p. 166).

b) Cristãos são incestuosos – A tese suposta era que se reuniam em banquetes noturnos e secretos para se entregar a orgias e ter relações sexuais com qualquer um. Desse modo todos se chamavam "irmãos" devido à grande promiscuidade de todos se relacionando com todos. O incesto (BEATRICE, 1991, p. 30) é uma das práticas mais criticadas pela sociedade romana, condenadas ou proibidas pela maior parte das culturas, e assim a suposição resultava ofensiva.

c) Cristãos antropófagos – Canibalismo sempre gerou repulsa. Quando a população ouvia que os cristãos comiam a carne e bebiam o sangue entravam em pânico. A crença era que os cristãos comiam crianças dentro de uma cerimônia ritualística.

Os intelectuais compartilhavam dessas críticas da população em geral, mas muitos liam as Escrituras e conheciam a doutrina, assim eram outras as suas objeções ao cristianismo.

a) Cristãos são ignorantes e supersticiosos – Pertencem às camadas pobres, são trabalhadores, mulheres, crianças, escravos. Os dirigentes aproveitam da sua ignorância e credulidade. Renegam os valores da cultura romana, esta concede superioridade aos sábios que não necessitam trabalhar em atividades manuais. Acreditam na igualdade, que na prática corrói a autoridade dos pais, maridos e amos e atenta contra a ordem social. Encontra refúgio em um Reino por vir de justiça, igualdade, fraternidade e paz. Esta acusação era infundada, pois entre os cristãos havia pessoas de todos os estratos sociais, inclusive intelectuais, funcionários públicos e ricos.

b) **Cristãos são maus cidadãos** – Negam-se a participar do culto imperial e dos ritos vinculados aos costumes dos antepassados, não querem exercer a magistratura nem servir o exército, assim não têm interesse na conservação do Império Romano, não amam o império, não participam de seu destino comum. Para um cidadão romano essa era uma acusação gravíssima, pois sua condição de cidadão romano era motivo de orgulho.

c) **Cristãos são irracionais** – O cristianismo acredita em proposições absurdas: um Deus que se rebaixa e encarna-se, um morto que ressuscita, uma pessoa que ressuscitou cujo corpo ninguém vê, pois está nos céus; existe contradição entre o Deus guerreiro do Antigo Testamento e o Deus misericordioso do Novo Testamento, embora creiam que é o mesmo Deus suas ideias não têm uma explicação racional. Os princípios básicos do ensinamento cristão eram incompreensíveis para os que não haviam vivido a experiência da fé (cf. PEÑA, 2014, p. 62-63).

Perseguições e martírio (testemunho)

"Bem-aventurados os que são perseguidos porque deles é o Reino" (Mt 5,11-12). A razão principal das perseguições é que o cristianismo se opunha ao paganismo. Os cristãos se recusavam a adorar os deuses protetores de Roma. Quando ocorria alguma calamidade, peste, seca, fome, incêndios, inundações, os pagãos consideravam que era obra dos deuses, revoltados com a presença dos cristãos. Ao não aceitar o paganismo, os cristãos não aceitavam também a origem divina do poder do imperador negando, assim,

a prestar culto ao mesmo. Eis uma questão de poder político-religioso de enorme importância no processo das perseguições. Os cristãos também se opunham a todas as instituições imperiais, por estarem impregnadas de paganismo: a justiça, o exército, a moral, os usos e costumes.

O culto cristão era reservado aos iniciados, portanto aos catequizados e batizados, visto assim como um grupo que praticava um culto secreto. Pagãos não podiam participar. Essa prática levantava suspeita, pois a grande maioria dos cristãos era formada de pessoas pobres e escravos. Para essas camadas da população, o cristianismo era uma verdadeira consolação e a promessa de felicidade numa outra vida.

O período das perseguições na Antiguidade (64-313) ocorreu especialmente nesses dois séculos. Durante essa tragédia ocorreram perseguições judiciais e punições (violências, torturas, execuções capitais). As perseguições não são extensivas a todo o período do império. Os cristãos com o seu modo de vida e comportamento em família e na sociedade são frontalmente contra o modelo de vida romana.

Após o incêndio que devastou Roma no ano de 64, o Imperador Nero (54-68) entrega os cristãos aos suplícios para se livrar das desconfianças que pesavam sobre ele. O martírio de Pedro e Paulo estão relacionados a essa perseguição. Nero conseguiu colocar os populares contra os cristãos. São condenados e mortos cruelmente nos jardins do Vaticano. Segundo o relato de Tácito (meio século depois), eram pessoas "odiadas pelas suas atrocidades", adeptos de uma "execrável superstição" e objeto do "ódio do gênero humano". O império acolhia os mais diversos cultos, com a condição de os adeptos prestarem a Roma e Augusto um culto que garantisse a sua fidelidade ao império. A recusa dos cristãos é objeto de acusações: ateísmo, religião ilícita. A população repete aos cristãos as acusações proferidas contra os judeus: adoração de uma cabeça de asno, assassínio ritual e incesto. Para a dita perseguição (95) do Imperador Domiciano (81-96) não há fontes. No II século, durante a dinastia de Antonino (138-161), a jurisprudência fixou as modalidades das perseguições. A correspondência entre Plínio (governador da Bitínia) e o Imperador Trajano (98-117) revela que os cristãos não deveriam ser procurados, mas sujeitos a uma execução sumária quando denunciados às autoridades. O cristão que aceitasse oferecer sacrifícios aos deuses obteria o perdão. O decreto é ambíguo e Tertuliano alerta para o fato que o cristão deve ser punido não por ser culpado, mas por ser cristão. A situação dos cristãos é complexa, com uma denúncia podem ser punidos, jogados para diversão nos espetáculos romanos. Isso foi o que aconteceu com os mártires de Lião (177).

O testemunho dos cristãos de Lião

No ano 177 a comunidade de Lião passou por grandes sofrimentos. O registro deixado em carta enviada às comunidades da Ásia Menor relata o martírio a que foram submetidos alguns membros da comunidade. Os cristãos são proibidos de frequentar os banhos, o fórum e todos os lugares públicos. A multidão sequestra um certo número de cristãos, que serão jogados por terra, roubados e presos. Depois foram levados diante do tribunal e dos magistrados da cidade. Estes os interrogaram diante da multidão e depois os jogaram na prisão até a chegada do governador. O governador ordenou que fossem presos outros cristãos. Foram presos inclusive os escravos não cristãos. Estes, pressionados pelos soldados, afirmaram que os cristãos preparavam alimentos inomináveis e praticavam incestos. São sempre as mesmas calúnias contra os cristãos, baseadas em interpretações errôneas sobre a ceia eucarística e o beijo (ósculo) da paz. Os pagãos, ao fazerem essas acusações aos cristãos, eram libertados. Os cristãos ficavam presos num cárcere escuro, com correntes amarradas nos pés. A maioria morreu sufocada.

O Bispo Potino com mais de 90 anos foi apresentado diante do tribunal. Foi preso com socos e pontapés e depois jogado na prisão. Morreu depois de dois dias. Outros, como Blandina (HAMMAN, 1997, p. 154-157), uma jovem escrava, foram expostos a animais ferozes no anfiteatro. Nem mesmo os "cidadãos romanos" se salvaram. O Imperador Marco Aurélio ao ser consultado afirmou que era necessário agir inclusive contra os cidadãos romanos.

Novas perseguições

No século III se iniciou uma nova onda de perseguição. No ano 200 o Imperador Sétimo Severo (193-211) proíbe qualquer conversão à fé cristã. A perseguição é particularmente cruel no Egito (Clemente de Alexandria teve de fugir) e na África (martírio de Perpétua e Felicidade). Depois de um período de tolerância, Maximiano (235-238) visa sobretudo os chefes das Igrejas: Roma, o Papa Ponciano e Hipólito são deportados para a Sardenha. Repressão também na Capadócia e no Ponto. Décio prefere induzir os cristãos a renegar a fé. Aqueles que eram suspeitos de serem cristãos deveriam realizar ato público de adesão ao culto pagão (ano 250). Cada um receberia um certificado (*libellum*). No Oriente, Orígenes é torturado na Palestina. Em Roma, o Papa Fabiano e o Padre Hipólito são executados. Os renegados (em grego *apostatas* ou *lapsi*) são numerosos. Muitos cristãos, com medo de serem torturados, oferecem sacrifícios aos deuses pagãos. Outros se contentavam ao queimar grãos de incenso diante da imagem do imperador. Certos cristãos procuram o certificado sem mesmo terem cumprido tais gestos.

O Imperador Valeriano (252-260) a todo custo tenta tirar proveito próprio dessa situação dos cristãos. No ano 257 publica um primeiro edito proibindo o culto cristão e obriga o clero a oferecer sacrifícios aos deuses do império. No ano 258 publica um segundo edito em que ordena a execução imediata do clero que não tivesse obedecido à norma. Os leigos que ocupam posição de destaque são ameaçados de perder o cargo. Se ainda assim permanecessem na sua fé seriam condenados à morte. Por último, terão seus bens confiscados e condenados a trabalhos forçados. Nessa época foram martirizados o Diácono Lourenço e, em Cartago, o Bispo Cipriano. Uma das grandes personalidades do episcopado africano do século III. O bispo foi preso uma primeira vez em agosto de 257 e condenado ao exílio. No ano seguinte, em setembro, compareceu diante do procônsul de Cartago que o condenou à decapitação. Seu sucessor, Galiano (260), publica um edito de tolerância. É uma tentativa de conciliar com uma importante minoria cristã. Diocleciano (248-305) apegado à religião romana, só a partir de 303 se volta contra os cristãos: uma perseguição brutal. São publicados quatro editos: o primeiro proíbe o culto e ordena o confisco dos livros e a destruição das igrejas; o segundo, a detenção de todos os membros do clero; o terceiro confere a libertação àqueles que abjurarem e condena os outros à tortura; o quarto obriga a todos no império a oferecerem sacrifícios aos deuses. Com Constantino em 313 terminam oficialmente as perseguições. Esse período marcou a vida dos cristãos, o martírio tornou-se ideal da vida cristã e o culto aos mártires assume um lugar central na piedade dos fiéis.

Catacumbas

A lei romana proibia sepultar os mortos nas cidades, e os cristãos, como os pagãos, os enterravam nos lugares destinados a esse fim. A superfície disponível era limitada, assim escavavam galerias para depositar os defuntos. Naquele tempo os cristãos recusavam a cremação, pois esse era o costume dos pagãos.

O termo *catacumba* na origem designava um trecho da Via Appia, em Roma, ocupado por uma necrópole. Depois o termo foi utilizado para indicar todas as necrópoles. O sentido da palavra deriva do nome de um cemitério subterrâneo da periferia romana utilizado pela comunidade cristã durante os três primeiros séculos. As catacumbas nunca foram lugares de refúgio para os cristãos durante as perseguições e também não eram lugar normal e habitual das reuniões e do culto dos cristãos.

No decorrer dos séculos foram descobertas outras catacumbas no norte e no sul da cidade de Roma, todas com as mesmas características. Primeiramente havia uma sepultura pagã, sempre de uma família convertida ao cristianismo. Depois um conjunto de galerias escavadas tendo a altura de uma pessoa. Nas paredes foram escavados nichos destinados a receber os defuntos. Eram fechadas com uma pilastra de mármore ou de tijolos.

As catacumbas eram decoradas com pinturas semelhantes àquelas da cidade de Pompeia. A maioria das pinturas representava pássaros, flores e vasos, mas existem cenas da vida cotidiana. Cenas pagãs e em particular da mitologia são ausentes dessa decoração. Estão representados um certo número de personagens que assumiam um significado cristão. A maioria, porém, são representações de uma inspiração propriamente cristã. Por exemplo, uma pomba, um delfim, um cordeiro, um pavão, uma âncora. Essas representações possuem sempre um significado simbólico e espiritual. A pomba relembra Noé, o delfim (que salva os náufragos) indica o Cristo Salvador, o cordeiro recorda as palavras de João Batista "*Eis o cordeiro de Deus*". A âncora simboliza a esperança, o peixe junto ao cesto de pão e um recipiente de vinho é a própria Eucaristia.

V
A aliança entre a Igreja e o Império Romano

Introdução

Com a "conversão" do Imperador Constantino ao cristianismo, surgiu uma profunda transformação, que constituiu um acontecimento da maior importância na história, introduzindo uma época radicalmente nova, não só para o Estado romano, mas também para a Igreja. Uma aliança que trará benefícios econômicos e políticos para a instituição religiosa, contudo será instrumentalizada pelo império. Nos períodos seguintes a situação de dependência do temporal continuará mudando os rumos da instituição religiosa, cada vez mais distante de seu ideário fontal. O final da era constantiniana tem seu marco no Concílio Vaticano II (1962-1965).

Constantino

Com o Edito de Galério (311) oficialmente terminavam as perseguições iniciadas por Diocleciano (303). A grande novidade desse período foi a "conversão" de Constantino (312) e da publicação do Edito de Milão (313). Estes eventos mudaram radicalmente a história do cristianismo e do Império Romano. A partir deste momento temporal e espiritual entrelaçaram seus destinos.

Os séculos seguintes demonstrarão se essa aliança e as sucessivas foram a melhor estratégia da instituição religiosa ou se do martírio e das catacumbas se passou aos palácios em grande prejuízo para a vivência da fé cristã, chegando à Reforma Protestante. Para alguns historiadores "não foi o império que se converteu ao cristianismo, nos inícios do século IV; pelo contrário, o cristianismo fez suas as novas estruturas estatais, destinadas a perpetuar, de um modo mais articulado, as antigas formas de domínio de classe[...]" (DONINI, s./d., p. 164).

Constantino, filho de Constâncio Cloro e de Helena (santa), nasceu por volta de 285 em Naisso (Nich, Sérvia) e passou sua juventude na corte de Diocleciano em Nicomédia. Foi proclamado imperador em 306. Quando Constantino obteve a vitória sobre seu adversário Maxêncio, na Ponte Mílvia, em Roma (312), atribuiu seu sucesso a uma intervenção miraculosa do Deus dos cristãos. A partir desse evento, mudou sua política em relação aos cristãos. Com o Edito de Milão (313) confere liberdade religiosa a todos os cidadãos do império. No decurso do jogo de interesses dos anos subsequentes, este soube afirmar-se por meio de sua destreza política. Era verdadeiramente um político hábil e sabia que não seria possível mudar a situação em favor dos cristãos de um dia para o outro. A presença do paganismo era ainda bastante forte, presente no exército e na aristocracia senatorial. Dessa forma, seguiu a política de seu predecessor Galério, garantiu igualdade e liberdade aos cristãos e aos pagãos. Sua política pode ser considerada uma obra de arte nesse equilíbrio.

O imperador favoreceu em tudo o episcopado católico, adotando medidas de proteção e alargando os privilégios e as poderosas doações monetárias. Mesmo um ingênuo poderia perceber que esses favorecimentos tinham interesses pessoais e políticos. Sua pertença à instituição religiosa era tal que se autodefiniu "bispo de fora". Esse foi o motivo que o levou a intervir ativamente nas disputas teológicas que dilaceravam a comunidade cristã (arianismo, donatismo), motivo também de possível caos social. Ordenou a edificação de majestosas basílicas em várias cidades do império para agilizar e adornar o culto público dos cristãos. De perseguidos, os cristãos estão vivenciando a liberdade dentro do império. Apesar de tratamento igualitário com os pagãos, mandou fechar templos pagãos com a justificativa que os cultos eram imorais, ofendendo o sentimento dos cristãos. O ouro das estátuas dos templos fechados foi transformado em moedas.

Não se pode afirmar que Constantino realizou uma política persecutória contra os pagãos, pois a estes concedeu cargos públicos, assim permanecendo ligados ao seu trono. O imperador garantia plena liberdade de culto aos templos pagãos e aos seus sacerdotes. A ideologia oficial do poder constantiniano se prestava em oferecer liberdade de culto a pagãos e cristãos igualitariamente. Todavia Constantino realizou duas ações que enfraqueceram o paganismo. Não avalizou os sacrifícios cruéis que constituíam parte integrante do culto pagão. Situação mais grave foi quando nos últimos anos de seu reino transferiu a capital do império para Constantinopla, a antiga Bizâncio. Criou assim as condições de esvaziamento do poder político e cultural do senado romano, que por anos continuou sendo o baluarte das antigas tradições pagãs. Constantino foi batizado em seu leito de morte.

Os sucessores de Constantino

Constantino morreu em 337. Os seus sucessores, sobretudo Constâncio II (337-361), endureceram em sentido cristão a legislação religiosa imperial, golpeando duramente as instituições e as formas do culto pagão: esses ordenaram o fechamento dos templos e a abolição dos sacrifícios. Desta maneira, teve início a temporada dolorosa denominada de "intolerância cristã". Sobre essa temática a revista *Cristianesimo nella Storia* (11/3, 1990) apresenta um número inteiro analisando a intolerância, agora dos cristãos. Os cristãos que até poucos anos haviam sido perseguidos e eram os defensores da liberdade de consciência, aprenderam a usar as armas da repressão contra os seus adversários e perseguidores dos anos anteriores.

Particularmente no Oriente se espalham tumultos antipagãos: multidões de cristãos fanáticos, incentivados por monges e bispos, destroem altares e templos pagãos e com frequência causam vítimas mortais. Essas desordens tiveram uma breve trégua com o novo imperador, Juliano, neto de Constantino. Juliano crescido na religião cristã apostatou para abraçar a antiga fé dos deuses gregos na versão atualizada que estavam difundindo os mestres da filosofia neoplatônica. Imprimiu uma rígida política de restauração do paganismo com a instituição de um clero no formato do clero cristão. O imperador compreendeu que a força do cristianismo estava essencialmente na estrutura hierárquica da Igreja episcopal e na capacidade extraordinária de agregar fiéis por meio de corajosas intervenções assistenciais em relação aos pobres. Com um edito proibiu os mestres cristãos de ensinar nas escolas estatais uma literatura clássica cujos conteúdos não fossem concordes com os pagãos e por eles desprezados.

Com a morte de Juliano, a ofensiva cristã retomou vigorosa seus ataques. O episódio de maior destaque foi o ocorrido durante o governo de Graciano (382). O imperador ordenou retirar o altar da Vitória da Cúria Senatorial de Roma e, além disso, tomou diversas medidas de ordem financeira trazendo prejuízos aos sacerdotes pagãos. Naqueles anos a política religiosa dos imperadores católicos era grandemente influenciada pela personalidade forte do período, Ambrósio, bispo de Milão. As decisões de Teodósio foram, em grande parte, condicionadas pelo bispo.

Teodósio e a Igreja de Estado

Teodósio I (379-395), general espanhol, catolicíssimo, foi o responsável pelo ataque decisivo contra o paganismo decadente. O imperador lançou um edito (*Cunctos Populos*) em que declarava o cristianismo dos bispos de Roma e de Alexandria como a única religião do império. O cristianismo era transformado em religião lícita, religião de Estado e a Igreja se tornava Igreja imperial, uma pilastra do Estado romano. Nascia uma Igreja atrelada ao poder estatal e isso trará enormes prejuízos e graves consequências naquele momento e no futuro. As intromissões do poder temporal serão ainda maiores na condução da instituição religiosa, inclusive na convocação dos primeiros concílios e, posteriormente, nas nomeações episcopais e na escolha do bispo de Roma. Cristianismo oficializado. A história ensinará que é necessário sempre o diálogo com todas as instâncias políticas, mas nunca a aliança.

Sob o Imperador Teodósio foram emanadas duríssimas leis contra o culto pagão resistente, os templos e os seus sacerdotes. Esse corpo legislativo foi ampliado pelos sucessores de Teodósio e recolhidos, após 50 anos, no conhecido Código Teodosiano. Naqueles anos foram muito mais virulentas as iniciativas dos monges e dos bispos que se sentiam fortes sob a proteção do poder temporal na sua obra de destruição do paganismo. Obras de culto pagão foram destruídas e muitas vítimas pagãs acabaram mortas, assim como os heréticos cristãos.

De Teodósio a Justiniano

Diante de uma ofensiva massiva dos cristãos não restava outra atitude dos pagãos a não ser as armas. Contudo, a sublevação dos últimos aristocratas romanos acabou tragicamente com as esperanças dos pagãos. Os últimos intelectuais pagãos se retiraram na celebração literária das antigas glórias, iniciaram as edições dos textos filosóficos e religiosos de sua fé, os comentavam e os transmitiam a uma posteridade que será também utilizada pelos cristãos.

Ainda nessa decadência, ocorriam incidentes entre cristãos e pagãos. Em Alexandria (415), foi vítima de um tumulto a conhecida e bela Ipazia, amada e apreciada representante dos estudos filosóficos e matemáticos. Por ordem das autoridades os livros pagãos foram queimados, especialmente as obras de conteúdo anticristão como o tratado de Porfírio. A última resistência da filosofia pagã, a escola neoplatônica de Atenas, onde ainda se cultivavam sentimentos anticristãos, foi fechada por Justiniano em 529. Esse fato traumático assinala a data final do paganismo cultural e da filosofia grega antiga.

Sem dúvida, outros problemas incomodavam a Igreja a partir de dentro dela mesma: a conquista de amplos espaços por parte da hierarquia eclesiástica criou novas situações de incômodo moral. A relação de aliança íntima entre Igreja e império, por muitos tão esperada e pensada como a solução ideal para a Igreja, corria o risco de resultar sufocante e prejudicial e, por que não, impeditiva da livre-explicitação da missão da Igreja. Essa problemática de grande preocupação para a instituição religiosa teria uma saída com o nascente movimento monacal.

De perseguida, a Igreja se torna privilegiada e detentora de muitos bens patrimoniais. A simplicidade de seus ministros está em estado diferencial do início, pois são equiparados a dignitários do império e assumem seus símbolos de poder. O perigo de acomodação e de contaminação com o poder estão longe de ser imaginários. No percurso da história do cristianismo é possível verificar que o joio e o trigo estão sempre presentes. Às vezes o joio em quantidade maior, outras vezes o trigo; mas, mesmo que o trigo seja em número reduzido, é ele o responsável da continuidade do seguimento a Jesus de Nazaré nesta mesma história. Assim, neste contexto, a exemplo dos mártires, vários cristãos se retirarão dessa sociedade vista como corrupta e corruptora e buscarão viver o ideal evangélico. São os monges e as monjas (em menor quantidade devido ao contexto da época). Consagram-se à solidão e ao serviço de Deus. Esse ideário de vida no ermo ou eremitério (lugar desértico para onde essas pessoas irão com o desejo de se consagrarem e viverem isoladas) não durará muito. São procurados por diversas pessoas que querem levar uma vida cristã comprometida. Esses locais se tornarão verdadeiros centros irradiadores de uma intensa revitalização evangélica. Aí está a origem da vida religiosa consagrada que desenvolverá na Igreja formas variadas ao longo dos séculos. Pontos comuns dessa modalidade de vida são a busca incessante de Deus, a dimensão comunitária e eclesial da consagração e o empenho apostólico com missão evangélica específica.

Na origem do monacato estão personagens como Santo Antão († 358), cuja vida será descrita por Santo Atanásio por volta do ano 360, e São Pacômio († 346), que desenvolve o estilo cenobítico (vida em comunidade) dos anacoretas (retirar-se), no Alto Egito. Serão São Basílio Magno († 379), no Oriente, e São Bento de Núrsia († 547), no Ocidente, que por meio de suas regras monásticas organizarão a vida dos monges.

A vida religiosa consagrada se desdobrará ao longo da história em uma multiplicidade de manifestações: vida monástica, vida contemplativa, vida apostólica. Sempre trazendo dentro de si um inconformismo, de aspiração à radicalidade evangélica, profetismo. Dessa forma, questiona estrutura e modelos que tendem a escamotear o valor evangélico. No início a vida religiosa era leiga, mas se estenderá aos clérigos. Será no cotidiano do povo cristão que procura testemunhar a sua fé que a vida religiosa encontrará sua justa forma de existência.

VI
Os concílios do primeiro milênio

Introdução

As assembleias conciliares são de enorme importância para a Igreja. No seu início elaborarão os fundamentos da fé cristã. Foram construindo a doutrina do cristianismo. Os concílios foram órgãos do governo da Igreja. O papa ainda tinha uma atuação bastante limitada, o patriarcado do Ocidente. Alguns tiveram papel de destaque como Leão Magno, sua intervenção foi decisiva no Concílio de Calcedônia. Nesse período os quatro primeiros concílios foram convocados e financiados pelo imperador romano. O imperador teve uma enorme influência nestes concílios. Os assuntos mais relevantes dos concílios dessa época foram os problemas das heresias, controvérsias teológicas e as discussões a respeito de patriarcas. O capítulo tem por finalidade apresentar os oito primeiros concílios, os concílios do primeiro milênio, revelando sua gigantesca importância na formulação da fé cristã.

Controvérsias teológicas nos três primeiros séculos

Denominações e territórios	Descrição
Docetismo (séc. I-II) Ásia Menor, Egito.	O corpo de Cristo é apenas um corpo aparente.
Gnosticismo Principal representante: Marcião (85-160) de Sínope, no Ponto (sul do Mar Negro). Por volta de 144 surge uma Igreja marcionita sagrada. Palestina, Síria, Itália, Ásia Menor, Egito.	Há dois princípios originários (dualismo): o bem (o Deus bom, o Espírito) e o mal (demiurgo, matéria, mundo). O corpo de Cristo é apenas aparente. Rejeição de todo o Antigo e parte do Novo Testamento. Gnose (em oposição a *pistis* = fé) como conhecimento "superior" de Deus, privilégio dos perfeitos (gnósticos ou pneumáticos).
Montanismo Fundador: Montano da Frígia. Adesão de Tertuliano (160-220), na África do Norte. Frígia (Ásia Menor), Itália, Gália, África Setentrional.	Rigor ascético e fanatismo. Não há perdão para pecados capitais: homicídio, fornicação, adultério, apostasia. Proibição de segundas núpcias. Proximidade do fim do mundo. Severas práticas de jejum.
Monarquismo Representantes: Sabélio e Paulo de Samósata. Roma, Ásia Menor.	Desaparece a distinção entre as pessoas da Santíssima Trindade. Só o Pai é verdadeiramente Deus. Jesus está investido de um poder divino extraordinário (*dynamis*). Pai, Filho e Espírito Santo são três modalidades de um único Deus. Jesus é apenas Filho adotivo de Deus Pai (adocionismo).
Controvérsia sobre o Batismo dos hereges (255-257) Conflito entre o bispo de Roma, Estêvão I (254-257) e Cipriano, bispo de Cartago († c. 258). Roma, Cartago.	Questão: é válido ou não o Batismo ministrado por um herege? O papa se pronunciou em sentido positivo.

Os quatro primeiros concílios ecumênicos

O desenvolvimento da teologia cristã no século IV, de maneira particular no Oriente, mas com repercussões no Ocidente, foi determinante no combate a duas grandes heresias: maniqueísmo e arianismo.

O maniqueísmo é herdeiro do dualismo gnóstico radical dos séculos precedentes; apresentava-se como a forma autêntica da mensagem cristã com suas propostas de ascetismo absoluto. A sua espiritualidade, centrada na figura de Jesus, fascinava muitas pessoas sensíveis jogando-as dentro da doutrina da predestinação e forçando-as, assim, a aceitar uma visão integralmente negativa do mundo material. Em contraposição ao maniqueísmo, os autores ortodoxos se empenharam a afirmar o princípio da liberdade humana, do livre-arbítrio, e a defender a substancial bondade da criação proveniente das mãos do único Deus do Antigo e do Novo Testamento. Indiretamente o maniqueísmo oferecia a oportunidade de clarear esses pontos fundamentais da fé cristã.

Da crise ariana ao Concílio de Niceia

A crise ariana que atingiu todo o século IV foi particularmente grave. Dividiu a hierarquia eclesiástica, colocando bispos uns contra os outros e envolvendo a coluna central do império.

As diversas formulações da teologia trinitária que circulavam nos primeiros três séculos suscitaram discussões de maneira mais ou menos aprofundadas. Assim, entraram em conflito aberto e irreversível com o advento da era constantiniana. A intenção no império era unificar o pensamento teológico cristão, reconduzir a uma única doutrina, a uma única prática litúrgica as diferentes expressões da fé até então elaboradas.

Em torno do ano 318, o Presbítero Ário (280-336) de Alexandria (Egito), reeditando a antiga tradição alexandrina do subordinacionismo cristológico, começou a pregar que "houve um tempo que o Filho não existia". Com isso, sua intenção era afirmar que o Filho foi criado pelo Pai, porém não era da mesma natureza divina do Pai. O Pai é o único não gerado, não criado, eterno e sem princípio, o único que é a origem; é anterior ao Filho, se o Pai gerou o Filho, este começou a existir no tempo. Esta pregação o colocou em confronto direto com o seu Bispo Alexandre, iniciando uma discussão tempestuosa que durou decênios, indo além da sua morte. Ário reuniu vários seguidores e oponentes: bispos, padres e fiéis. O Imperador Constantino I, preocupado com essa situação de divergência eclesiástica e com possibilidades de se direcionar para um caos social e, possibilitando uma visão negativa para a sua política, pensou que seria oportuno convocar um concílio (assembleia geral de bispos). A palavra "concílio" tem sua origem na língua latina e significa assembleia reunida por convocação. O concílio é uma instituição tradicional na história da Igreja. O concílio ecumênico nasceu de uma iniciativa imperial, por isso os quatro primeiros são também denominados de concílios imperiais, pois foram convocados pelo imperador.

O Imperador Constantino reuniu o concílio em Niceia para restabelecer a paz perturbada pela pregação de Ário. Niceia define que o Verbo, Deus verdadeiro nascido do Deus verdadeiro, é consubstancial ao Pai. A essência de Deus é a existência. Portanto, consubstancial significa que o Pai e o Filho são da mesma essência que em Deus é a existência. Quando o Credo foi colocado em votação, somente dois bispos se recusaram a aprovar e 312 votaram a favor. Ário e seus padres também não assinaram. O imperador pronunciou a condenação dos dois bispos, de Ário e dos padres, que foram enviados para o exílio.

Constantinopla (381)

A exatos 56 anos após o Concílio de Niceia um novo concílio foi convocado. O local de sua realização foi a cidade de Constantinopla. O bispo de Constantinopla, Gregório Nazianzeno, presidiu o concílio. Nos primeiros dias os bispos analisaram o Credo Niceno e, em seguida, passaram ao caso de Macedônio, padre em Constantinopla. Esse padre começou a ensinar uma doutrina: o Espírito Santo é uma mera criatura e um anjo ministerial e, portanto, não é Deus. A doutrina recebeu o nome de macedonismo. O concílio condenou sua doutrina e formulou uma nova declaração para definir a natureza do Espírito Santo: e cremos no Espírito Santo e dispensador da vida, procedente do Pai e do Filho, que falou pelos profetas e pela Santa Igreja Católica Apostólica. Nós buscamos a ressurreição do corpo e a vida do mundo que há de vir. Assim, o Espírito Santo procede do Pai e recebe com o Pai e o Filho a mesma adoração e glória. Em seguida o concílio tratou da situação do bispo de Laodiceia, Apolinário. O bispo ensinava que Jesus não tinha alma e não era um homem, mas somente Deus. Essa doutrina foi condenada e Apolinário deveria se retratar, o que não fez.

Éfeso (431)

Este concílio foi convocado pelo Imperador Teodósio II (408-450) para tratar da principal questão: a mariológica. O concílio condenará Nestório, bispo de Constantinopla. O bispo pregava questionando a maternidade divina de Maria, afirmando que ela só havia gerado a parte humana de Cristo. Cirilo, bispo de Alexandria, tomou a defesa do título "Mãe de Deus" (*Theotókos*). Éfeso decretou que Maria é, de fato, Mãe do Filho divino encarnado e, assim, verdadeiramente Mãe de Deus.

Calcedônia (451)

Neste concílio retorna a temática sobre Cristo, agora no que se refere às duas naturezas numa única pessoa divina. Eutiques, arquimandrita de Constantinopla, defendeu o monofisismo, ou seja, no Filho encarnado há uma só natureza, sendo a humana absorvida pela divina. O concílio proclamou que Jesus é um único e mesmo Filho [...] completo em sua divindade e completo em sua humanidade [...] existindo em duas naturezas, que são, a um só tempo, inconfundíveis e inalteradas (contra Eutiques) e, por outro lado, indivisas e inseparáveis (contra Nestório). Desse modo, em

Jesus Cristo, Deus está conosco na inteireza de seu ser humano e igual a nós, exceto no pecado.

Nessas diversas controvérsias teológicas destacaram-se grandes pastores e teólogos. No Oriente: Atanásio; Basílio o Grande; Gregório Nazianzeno; João Crisóstomo. No Ocidente: Ambrósio; Agostinho de Hipona; Jerônimo; Gregório Magno. Como Padres da Igreja tiveram fecunda e decisiva influência sobre o pensamento e a vida cristã ao longo dos séculos. Quase todos foram monges antes de assumirem um cargo pastoral na Igreja (com exceção de Jerônimo, todos eram bispos).

Localização e data	Papa	Temática central
Niceia – 325	Silvestre I (314-335)	O Filho de Deus é da mesma natureza do Pai: *consubstancialis Patri* (contra Ário). Heresia ariana: nega a divindade da segunda pessoa da Santíssima Trindade, o Filho e sua igualdade com o Pai.
Constantinopla – 381	Dâmaso I (366-384)	A divindade do Espírito Santo (contra Macedônio que negava a divindade) e contra apolinaristas que negam a humanidade de Jesus.
Éfeso – 431	Celestino I (422-432)	Maria, Mãe de Deus (contra Nestório). *Theotokos*.
Calcedônia – 451	Leão I (440-461)	Duas naturezas na única pessoa divina de Jesus Cristo (contra o monofisismo).

Na sequência será realizado o Concílio de Constantinopla II (533). Este sublinha a unidade da pessoa do Verbo encarnado. Confirma as decisões de Éfeso. O III Concílio de Constantinopla (680-681) volta a tratar das duas naturezas da única Pessoa de Cristo para afirmar a existência de duas vontades: a divina e a humana. Assim, condena o monotelismo. Niceia II (787) justifica o culto das imagens: culto de "dulia" (veneração) e não de "latria" (adoração) dirigido a Deus. Aceita a veneração das imagens, que tinha sido perseguido pelos imperadores durante cem anos. Era importante rezar aos santos. O IV Concílio de Constantinopla (869-870) condena e depõe Fócio, patriarca de Constantinopla. Os ortodoxos excluem da lista este concílio e acrescentam o concílio "in Trullo" (692) que elaborou 102 cânones à maneira de complemento dos V e VI concílios ecumênicos (Constantinopla II e III). Todos esses concílios foram realizados após a queda do Império Romano (476) já no período medieval.

As verdades de fé que parecem tão simples na atualidade foram elaboradas e definidas após longas e importantes discussões antes e durante esses concílios. Naquele período havia muita diferença de vocabulário e resistência de Igrejas que não cediam diante de um vocabulário da outra Igreja. O problema também consiste nas rivalidades entre os patriarcados: entre Roma e Constantinopla, entre Constantinopla e Alexandria, entre Alexandria e Antioquia. Outra questão relevante foi a penetração de teorias da filosofia grega que aqueceram os debates e alguns intelectuais criaram complicações teóricas que se afastavam da fé tradicional.

VII
A vida cotidiana dos cristãos
(séc. II, III, IV)

Introdução

Não há escritos diretos sobre a vida comunitária na comunidade primitiva, mas alguns dados podem ser encontrados nos escritos dos autores Clemente de Alexandria e Orígenes (Egito), Tertuliano e Cipriano (Cartago), Hipólito de Roma e no *Pastor de Hermas*. Tertuliano, por exemplo, que escreveu várias obras, reunidas em três categorias: apologéticos, doutrinais e polêmicos (*Dicionário*, 2002, p. 1.348-1.349). Em sua obra *Apologeticum*, o autor faz as vezes de um advogado ao defender o cristianismo. Comenta a carta em que o Imperador Trajano ordenou a Plínio que condenasse aqueles cristãos acusados diante dele, mas que não perseguisse aqueles que não eram acusados. Tertuliano escreveu:

> Ó miserável pronunciamento, de acordo com as necessidades do caso, uma incoerência! Proíbe de irem à procura deles como se fossem inocentes, e ordena que sejam punidos como se fossem culpados. É ao mesmo tempo misericordioso e cruel; ao mesmo tempo, ignora e pune. Por que fazes um jogo de palavras contigo mesmo, Ó julgamento? Se condenas, por que também não inquires? Se não inquires, por que não absolves? (TERTULIANO, apud GONZÁLEZ, 2004, p. 168).

Um dos confrontos para os cristãos é seu modo de viver, diferente da vida cotidiana de seu tempo. Os discípulos de Jesus não se consideram habitantes provisórios da cidade, acreditam participar ativamente de toda a sua vida. Isso comporta um problema. A sociedade em que vivem é seguidora de outros preceitos, inclusive religiosos, considerados pagãos. Os cristãos devem adotar os costumes e hábitos dessa população ou assumir um estilo de vida diferente, mais coerente com a sua fé?

Um novo comportamento, nasce uma moral

No texto dos Atos dos Apóstolos (2,42-46; 4,32-34) são especificados os pontos fundamentais que alicerçam a unidade da Igreja: unidade da fé, unidade no culto e nos sacramentos e unidade no serviço da caridade. Será difícil manter esse alicerce. Em diversos aspectos os comportamentos dos cristãos não diferem daqueles comportamentos dos cidadãos não cristãos. Quanto ao vestuário, os cristãos seguem a moda da época. No entanto, o luxo exagerado é condenado, em particular as joias. O banquete e a esbórnia são altamente difundidos, porém os cristãos devem contentar-se com uma alimentação simples. Frequentar as termas romanas é um hábito bastante comum entre a população. Contudo, os cristãos devem evitar essa atitude, pois ali também ocorrem as promiscuidades, sendo um perigo para a vida cristã.

Os espetáculos são proibidos. Os jogos dos circos excitavam a crueldade e as representações teatrais frequentemente favoreciam a imoralidade. A prática do esporte era considerada útil para os adolescentes e adultos. Para as moças era proibida a luta e a corrida. Era permitido aos cristãos frequentarem a escola, mas não poderiam participar de práticas idólatras. Os pais eram incentivados a oferecer a educação religiosa para a sua família.

Comerciantes e soldados

Outro problema era a participação dos cristãos na vida econômica. Os comerciantes se organizavam em corporações, cujo patrono era o deus Mercúrio. Algumas profissões eram proibidas. A justificativa era que favoreciam ao paganismo. Por exemplo, fabricar objetos de devoção pagã e participar da decoração de templos pagãos. Sem dúvida, eram proibidas as práticas de prostituição. A participação na vida social trazia problemas delicados para os cristãos. Pagam escrupulosamente os impostos, mas são acusados de não serem bons cidadãos. Uma dificuldade é cumprir o serviço militar. Isso devido ao fato de que aqueles que servem o exército devem oferecer sacrifícios aos deuses ou ao imperador romano, considerado um deus. São frequentes as discussões. A tradição apostólica afirma que não se deve administrar o Batismo a um catecúmeno que queira ser soldado. Por outro lado, admite que os soldados podem ser batizados sem abandonar a sua profissão. Tertuliano, porém, aconselha a deserção aos soldados cristãos. Como se pode observar, surgem, nessa época, problemas que levarão as sucessivas gerações cristãs a discutir: como ser cristão em um mundo que não é cristão? Como tornar a vida cotidiana, a economia e a política, uma vida repleta de valores evangélicos? No século V se introduziu o Batismo de crianças.

Batismo

A iniciação cristã começava quando os convertidos pediam o Batismo. Havia uma preparação extensa (anos) que incluía uma preparação doutrinal e moral. O candidato era acompanhado por um membro da comunidade que atestava sua boa disposição e desejo de abraçar a fé. Aquele que era aceito para o catecumenato era instruído por pessoas da comunidade. A comunidade não queria permitir que qualquer pessoa fosse aceita para compor suas fileiras, especialmente quem fosse fraquejar diante das perseguições. Os ritos e costumes eram bem diferentes de uma comunidade para outra, mas em todas existia essa preparação prévia ou catecumenato. As crianças poderiam ser batizadas a qualquer momento, junto com seus pais, mas havia resistência ao Batismo de crianças.

Eucaristia e a vida litúrgica dos primeiros cristãos

A comunidade cristã de Jerusalém, na qual os judeus convertidos são maioria, observa o sábado. Jesus, porém, ressuscitou no primeiro dia da semana. A partir do século III, os cristãos começam a se reunir neste dia e o chamam o *dia do Senhor* (em latim *dies dominica,* daí a palavra "domingo"). Quando o império se tornou cristão, a liturgia começou a ficar grandiosa, especialmente nas cidades; começaram a aparecer as grandes festas litúrgicas que se tornaram festas públicas: Páscoa, Pentecostes, Epifania, Natal.

No século III o domingo é o dia em que se celebra a Páscoa de Cristo. Naquele dia, escreve Plínio o Jovem na sua carta ao Imperador Trajano, "eles têm o hábito de reunir-se ao amanhecer e cantar hinos de louvor a Cristo". São Justino descreve assim o domingo: No dia chamado Sol, tantos os que moram na cidade como no campo se reúnem no mesmo lugar e se faz a leitura das *Memórias dos Apóstolos* e dos escritos dos profetas. Quando o leitor termina, aquele que preside realiza um discurso para exortar a todos os presentes a seguir as boas situações vividas por aqueles que os antecederam. Em seguida, todos realizam suas orações. Encerradas as preces o presidente da comunidade recebe pão, vinho e água. Eleva orações e agradecimentos com toda sua força e a comunidade aclama dizendo Amém! A seguir se faz a distribuição do alimento consagrado e se envia, pelos diáconos, para os ausentes.

A partir do século IV passou a ser denominada missa a celebração da Eucaristia, determinando suas duas partes principais: missa dos catecúmenos, desde o começo até a pregação do Evangelho, e a segunda de missa dos fiéis, da apresentação das oferendas até o final. O canto litúrgico se difundiu nesse período. A evolução chegará à sua fórmula mais duradoura, o canto gregoriano.

Língua e vestes litúrgicas

Em geral, nas celebrações litúrgicas, é usada a língua falada pelas pessoas daquela localidade em que se celebra. No início se usava em Jerusalém o aramaico, a língua de Jesus. As comunidades são formadas de convertidos. Nessas, a língua utilizada é a grega, utilizada na liturgia tanto no Oriente como no Ocidente. Do outro lado do Rio Eufrates se usa o siríaco. No século III, o latim se torna predominante em determinadas regiões como a África do Norte. Somente depois do ano 350 é que a liturgia romana adota a língua latina e se latiniza.

Em Roma, a veste do celebrante e daqueles que o assistem é a mesma dos cidadãos de um determinado grupo da sociedade. As vestes são a túnica e sobre esta uma longa veste sem mangas, a casula. O bispo usa, embaixo da casula, uma outra veste, a dalmática. Quando os bispos e presbíteros começaram a adotar vestes monásticas, o Papa Celestino I (422-432) escreveu aos bispos da Gália (428) afirmando que os eclesiásticos deveriam distinguir-se do povo cristão pela doutrina e não pela veste, pela conduta e não pelo hábito, pela pureza de espírito e não pelo ornamento (MONDONI, 2014, p. 79).

Posições durante as orações

Os cristãos rezavam em pé. É uma posição que indica ao mesmo tempo respeito (fica-se em pé para acolher um hóspede, uma visita) e liberdade, sinal da ressurreição de Jesus. Ficar de joelhos era normalmente uma posição penitencial. Em todo caso, Lucas escreve que Paulo pregava de joelhos com os "anciãos" da comunidade de Éfeso vindos a Mileto para despedir-se dele.

Durante as celebrações os fiéis não se sentavam. Sendo assim, não havia cadeiras nos templos. A posição sentada é reservada àquele que ensina. O bispo tem uma cadeira e sentado se dirige aos fiéis. Essa cadeira é denominada "cátedra", palavra que dá origem a catedral. A catedral é a igreja em que o bispo tem sua cátedra para ensinar a fé.

A oração dos primeiros cristãos

"Estando num certo lugar, orando, ao terminar, um de seus discípulos pediu-lhe: Senhor, ensina-nos a orar, como João ensinou a seus discípulos" (Lc 11,1). Jesus ensinou o Pai-nosso. Essa oração teve lugar privilegiado na piedade dos primeiros cristãos. A comunidade usava frequentemente os Salmos, não só os convertidos do judaísmo, mas todos os cristãos. O próprio Cristo rezou com os Salmos. Neles os cristãos descobrem de maneira velada o anúncio da vinda de Jesus, seu ensinamento, sua paixão e ressurreição. Os primeiros cristãos criam espontaneamente formas diferentes de hinos e orações para dirigir-se a Deus, a Cristo e ao Espírito Santo. Encontram-se vários tipos dessas orações nas cartas de Paulo, no Apocalipse e em textos antigos. Vários padres espirituais insistem na necessidade de orar incessantemente, uns pelos outros, pelas necessidades, pela perfeição cristã. Recomendavam o Pai-nosso. O jejum e a esmola eram práticas associadas à oração.

O perdão dos pecados

Depois de São João, alguns "mestres" ensinavam que não havia possibilidade de perdoar os pecados depois do Batismo. João havia escrito: "Meus filhinhos, isto vos escrevo para que não pequeis; mas, se alguém pecar, temos como advogado, junto do Pai, Jesus Cristo, o Justo" (1Jo 2,1). Permanecia, portanto, um problema: como e quantas vezes poderiam ser perdoados os pecados cometidos depois do Batismo?

Fiel à missão dada a ela por Jesus, a Igreja procura encontrar uma resposta justa nesse campo e em outros. Inicialmente, dirá que os pecados cometidos depois do Batismo poderão ser perdoados, mas somente uma vez. Hermas, que vive em Roma por volta da metade do século II, escreve: "se alguém cede à tentação e comete pecado, é possível uma penitência, mas se recai repetidamente, por mais que faça penitência não terá resultados, a sua salvação está comprometida" (*Pastor de Hermas*, preceito 4). Sem demora será feita uma distinção entre pecados graves e leves. Estes últimos são cancelados pelos frequentes pedidos de perdão de quem se aproxima da liturgia. Os pecados graves são imperdoáveis. São pecados graves: renegar a Cristo durante a perseguição, homicídios, adultérios. Nesta época existiam aqueles que sustentavam a indulgência como forma de obter a salvação. Um dos mais convencidos era Calisto, bispo de Roma (217-222).

A reconciliação dos apóstatas

Durante as perseguições vários cristãos renegaram a sua fé. Estes são chamados de *lapsi*, palavra que deriva de verbos latinos e significa escorregar, cair. Na metade do século III os bispos da África adotam uma posição em relação aos *lapsi*. Aqueles que ofereceram verdadeiramente sacrifícios aos deuses pagãos por medo da morte não serão perdoados e reconciliados. Por outro lado, aqueles que procuraram um certificado no qual se afirmava que haviam oferecido um sacrifício, mas na verdade não o fizeram, seriam reconciliados rapidamente. Em 52, prevendo a retomada das perseguições, os bispos admitiam à reconciliação os cristãos que abandonaram sua fé (apóstatas) e que depois de terem feito o pedido de reintegração à comunidade fizeram a penitência.

Para a comunidade cristã primitiva os pecados graves deveriam ter uma penitência pública. Penitência dura, de maneira especial para os que renegaram a fé. Na eventualidade de uma nova perseguição, a Igreja tomava algumas precauções, exigia que o penitente oferecesse provas da sua mudança de vida. A duração da penitência era bastante variável. Algumas semanas, toda a vida, neste último caso a reconciliação é concedida às vésperas da morte. No século III se instaurou uma nova prática. Alguns "confessores" (são chamados assim os cristãos que confessam sua fé em Jesus Cristo apesar das perseguições e torturas) intercedem pelos penitentes. A Igreja aceita os sofrimentos que suportaram como satisfação de uma renegação ou culpa grave cometida por outro cristão. Desta prática derivam as indulgências.

A reconciliação

No século II a *Didaqué* (4,14; 14,1) convida os cristãos a confessar suas falhas cotidianas antes da oração e da Eucaristia. A reconciliação dos pecadores e sua reinserção na Igreja se cumprem uma vez por ano, na vigília pascal. Tempos depois será realizada na Quinta ou Sexta-feira Santa para que os penitentes possam comungar no Domingo de Páscoa. A celebração penitencial consiste na exortação do bispo que impõe as mãos em cada penitente. Esta reconciliação tem caráter sacramental, comporta uma reinserção oficial do pecador na comunidade cristã. O sacramento é administrado somente para os pecados graves. Ainda não existia a confissão particular (privada, auricular) que começou no século IV.

Os líderes das comunidades visitavam os enfermos e os ungiam com óleo, rogando por eles. No século VI estavam estabelecidos gestos (rituais) da extrema unção, práticas que desde o início as comunidades realizavam para seguir os gestos de cura (rituais) realizados por Jesus. O texto da Carta de Tiago (5,13-16) é um importante testemunho dessa ação. O texto bíblico serviu de base para a reflexão teológica posterior sobre o que é denominado hoje Sacramento da Unção dos Enfermos.

A organização das comunidades

Na direção de cada Igreja local se encontrava um responsável que será denominado "bispo" da comunidade cristã.

O bispo

Nos primeiros séculos do cristianismo o bispo era escolhido pelo povo. Vários textos desse período expressam a necessidade de respeitar a opinião dos fiéis e não lhes impor bispos que não fossem de seu agrado. Já no fim do século I, notava-se uma grande separação entre os membros do clero e os fiéis. Em um domingo, durante a reunião da comunidade, o futuro bispo é consagrado na presença de todo o presbitério (conjunto de padres) e dos bispos vizinhos. Um destes bispos impõe as mãos e pronuncia a oração consecratória sobre o novo bispo. Após o beijo da paz, a Eucaristia é celebrada. A partir do século III os bispos consagrantes serão três. Este costume continua até a atualidade.

Os presbíteros

Em todas as Igrejas o bispo é auxiliado por um colégio de presbíteros. Para ordenar os sacerdotes o bispo e os padres impõem as mãos sobre o candidato. Nos primeiros anos do cristianismo a função do presbítero era celebrar a Eucaristia junto com o bispo. Durante as perseguições sua função se torna mais importante. Em Cartago, na África, São Cipriano solicita aos presbíteros que celebrem a Eucaristia no seu lugar durante sua ausência, circundados pelos "confessores" e com um diácono. Sua próxima atividade será a organização das paróquias.

Diáconos

Os diáconos são encarregados da organização e distribuição de gêneros materiais às viúvas, aos doentes, aos pobres e aos viajantes.

Antes de se tornar bispo de Roma, Calisto era diácono do Bispo Zeferino que lhe havia confiado a missão de administrar os cemitérios que pertenciam à Igreja. Algumas vezes o bispo encarregava o diácono de realizar a pregação.

Outros ministérios

Quando surgem novas necessidades, surgem também novos ministérios. Eusébio, por exemplo, historiador da Igreja do IV século, apresenta os ministérios de subdiáconos, hostiários, leitores, exorcistas e acólitos. Havia o ministério de "coveiros", encarregados de sepultar os mortos. Para esses ministérios não havia nenhuma imposição das mãos. Esses ministérios denominados secundários, no decorrer dos séculos, foram recebendo novas modalidades como de sacristão e catequistas.

Os "confessores"

Juntamente com os sacerdotes, diáconos e outros ministros que serviam a comunidade, no século III, ocupavam um lugar importante os "confessores", ou seja, aqueles cristãos que, prisioneiros e torturados durante a perseguição, sobreviveram. Em Roma eram considerados iguais aos presbíteros em dignidade. Na África procuravam inserir-se na hierarquia, mas a tentativa não obteve sucesso.

Ordens femininas

Na Igreja desse período existiam três ordens femininas, as viúvas, as virgens e as diaconisas. As viúvas que Paulo cita várias vezes em suas cartas pastorais fazem parte da hierarquia, mesmo não sendo ordenadas. Aparecem imediatamente depois dos diáconos e são encarregadas de visitar os doentes. As virgens formam um grupo à parte, cuja importância crescerá na vida da Igreja, sinal do valor que o cristianismo atribui a essa forma de vida. As diaconisas substituem as viúvas a partir do II século. No século III, na Síria recebiam uma ordenação com a imposição das mãos, como os diáconos, e participam ativamente da evangelização, da liturgia, visitam os doentes e administram a unção às mulheres catecúmenas antes do Batismo. Anteriormente já havia existido nas comunidades outras diaconisas: Febe, na comunidade cristã junto a Corinto, que por volta do ano 57 levou aos cristãos de Roma a carta de São Paulo (Rm 16,1).

Ministérios e celibato

Os presbíteros desse período eram celibatários? A resposta é complexa. Um fato é certo, no século I os ministros da Igreja são homens casados. No século II se começa a encontrar registros, portanto documentos, que ministros optaram pelo celibato. No século III a situação é controversa. Hipólito reprova Calisto de admitir no clero homens casados e de não excluir os padres que se casam. Mas nesse mesmo período, na África, na época de Cipriano, existem padres casados. Cipriano escolheu o celibato para si, mas isso não era obrigação para os ministros da Igreja. Tertuliano é contrário ao matrimônio dos presbíteros, mas não faz do celibato uma condição necessária para se tornar presbítero.

A partir desse período tem início uma desconfiança na questão que se refere à sexualidade. Segundo Orígenes, os sacerdotes que desejam ser "perfeitos" devem abster-se de relações sexuais. Não se afirma que as relações sexuais são más em si mesmas, mas se pensa que carregam uma certa impureza. A impureza impede temporariamente aqueles que presidem a Eucaristia e as orações de realizá-las. Contudo, não existe nesta época nenhuma lei que exige o celibato para os sacerdotes.

No Ocidente o celibato eclesiástico foi exigido pelo Sínodo de Elvira (306), a exigência não foi seguida em toda a Espanha. De acordo com Ambrósio o matrimônio era a regra na área rural e nas pequenas cidades. Na Gália o ideal monástico, apresentado como único modelo de perfeição, e o recrutamento dos bispos junto aos mosteiros contribuíram para acelerar a obrigação da continência aos diáconos, presbíteros e bispos casados. No Oriente o costume era de não contrair matrimônio após a ordenação. O Imperador Justiniano impôs o celibato apenas aos bispos. O segundo matrimônio para o clero já casado foi vetado. O ordenado que quisesse se casar novamente deveria abdicar do ministério.

O matrimônio

Inácio de Antioquia recomenda somente aos cristãos de avisar o bispo antes de contrair matrimônio. Há uma troca de consentimentos. Segundo o Direito Romano é o consentimento que constitui o matrimônio. A fórmula varia, porém algumas vezes era esta *onde você estiver, estarei eu também.*

Em alguns casos se lê o contrato na presença de testemunhas que assinam o documento. A esposa usa um véu (de cor laranja com reflexos vermelhos) e sobre a cabeça uma coroa de flores, como o esposo. No final da celebração se dão as mãos, este é um costume antigo que chegou até a atualidade. Mesmo antes desse período a Igreja condenava a poligamia e o aborto e hesitava diante de um matrimônio misto, isto é, de um cristão com um não cristão. Não existia um ritual determinado para o Sacramento do Matrimônio. A partir do século V adquire-se o hábito de convidar o clero para a celebração familiar do matrimônio. No século VI surgiu um formulário de uma missa para os esposos e de uma forma de bênção. Com o tempo essa bênção se tornou obrigatória. No Ano Mil o matrimônio passa a ser sujeito ao poder jurisdicional da Igreja.

A arte

A arte recebeu um grande impulso e proteção do império. Os templos foram decorados com afrescos ou mosaicos, quase todos com temáticas bíblicas, e se procurava cumprir uma função pedagógica e catequética para servir aos fiéis; além de serem numerosos, podiam ser educados por meio da arte. A pintura do Bom-pastor representado por um jovem era um dos motivos mais escolhidos. Havia também uma profusão de produções literárias e manifestações coletivas de caridade, solidariedade e serviço aos pobres. A Igreja primitiva entendia a si mesma como um mistério de comunhão.

A partir do Edito de Milão, quando o império se fez cristão, muitos se tornaram cristãos por interesse, começou o relaxamento do fervor antigo. Muitos queriam ser batizados somente quando já velhos ou na véspera da morte. Assim, era mais prático pecar primeiro, para depois ser perdoado. Antes de Constantino, a comunidade cristã era marcada por uma espiritualidade martirial. A conversão dos imperadores não trouxe a adoção do Evangelho como modelo de vida diária. Queriam uma religião simples, o culto de um só Deus para todos os habitantes do império, mas não queriam a mensagem moral.

PARTE III
CRISTIANISMO E O MUNDO MEDIEVAL

VIII
A formação da Europa e a construção da Cristandade

Introdução

O cenário do século V no Império Romano, oriundo de suas questões históricas anteriores, é de decadência. Mediante migrações pacíficas ou invasões, diversas populações germânicas (que os romanos chamavam de bárbaros) foram ocupando o território imperial no Ocidente. As invasões desencadearam transformações profundas que marcaram a formação da Europa medieval. Esse longo processo histórico não significou o fim da cultura do antigo mundo romano. Pela ação da instituição religiosa cristã, a religião sobreviveu e cresceu vigorosamente. O cristianismo amalgamou os elementos da romanidade e da germanidade na formação europeia. Na Europa medieval, as pessoas convertidas ao cristianismo não se denominavam europeus, mas cristãos. Somente a partir do século XIV, lentamente, o conceito geográfico e cultural de Europa foi se firmando, substituindo, aos poucos, a noção de Cristandade. Os povos germânicos, o Império Bizantino e a religião islâmica compõem esse quadro da formação e construção da Europa e da Cristandade. Este capítulo objetiva apresentar e analisar a formação da Europa e sua intrínseca organização de Cristandade. A Cristandade é aqui apresentada como uma forma de relação entre a Igreja e a sociedade civil, relação em que a mediação fundamental é o Estado (RICHARD, 1982, p. 9). Com o passar dos anos, a sociedade medieval do Ocidente será uma mescla de cristianismo e feudalismo. Originária desse entrelaçamento será a crise que a instituição religiosa viverá nos séculos posteriores. Uma mundanização dos episcopados e das abadias e o sistema das igrejas próprias, ereção e dotação por um leigo que, por sua vez, tinha o direito de nomear o titular. Uma tragédia para a sociedade eclesiástica.

> O cristianismo, que impregnou fundamentalmente a sociedade medieval, é uma religião da história. [...]. Em muitas instituições religiosas, mosteiros ou catedrais, escreveu-se, portanto, a história, e sob diferentes formas. De maneira geral, anotavam-se simplesmente os acontecimentos marcantes ao longo do ano: em tal ano irrompeu uma tempestade extraordinária, as colheitas foram tardias, tal papa morreu, uma epidemia alastrou-se, o telhado do dormitório ruiu (DUBY, 2000, p. 16).

Crise do Império Romano

Uma grave e grandiosa crise econômica começou a estremecer o império a partir do século III. O sistema econômico baseava-se no trabalho escravo, na produção para o comércio nas cidades e no mercado internacional e na arrecadação de impostos. Estes permitiam ao Estado pagar as despesas com a manutenção do exército e dos funcionários. Esse escravismo entrou em crise devido a suspensão das guerras de conquista, que abasteciam o império de escravos; da oposição à escravidão realizada pelo cristianismo; da substituição do trabalho escravo pelo sistema de arrendamento. Os escravos e os homens livres de diversas origens entravam para o trabalho agrícola como colonos presos à terra. Essa ruralização econômica do império fez da vila o centro da produção. A vila era independente, quase autossuficiente e produzia um pouco de tudo. Foi essa a estrutura que serviu de base para a formação dos feudos medievais. A queda da produção diminuiu os recursos arrecadados com os impostos; o Estado passou a cortar as despesas para equilibrar o orçamento. A solução para diminuir os gastos foi dispensar várias legiões, mercenários "bárbaros" foram contratados, federados instalados nas fronteiras e hóspedes nas vilas.

> **Bárbaros**
>
> Os antigos gregos e romanos chamavam de bárbaros as populações que habitavam fora de seus domínios territoriais. Eram os estrangeiros, os estranhos, populações que falavam línguas diferentes do grego e do latim e tinham outro modo de ser e de viver, outra cultura. Diversos historiadores consagraram a expressão bárbaro, assumindo a nomeação dada a esses povos pelos gregos e romanos. Na antropologia são culturas diferentes, nem menos e nem mais superior uma da outra.

O Imperador Diocleciano (284-305) começou a combater a crise com numerosas reformas. Na ação política procurou melhorar a administração e evitar as crises de sucessão no poder por meio da tetrarquia. O poder político passou a ser considerado de origem divina e na corte foram criadas cerimônias minuciosas. Assim estava dividida a sociedade que não se misturava: claríssimos, perfeitíssimos, curiais e humilitores. No plano econômico, o imperador procurou diminuir a alta dos preços, estabelecendo um preço máximo para os produtos comercializados e um limite para os salários. Constantino pôs fim à tetrarquia e legalizou o cristianismo (313) e, em outra ação, fundou Constantinopla (atual Istambul, Turquia).

As invasões germânicas foram outro fator de relevância nesse processo de crise imperial. Arruinaram o império, muito menos por sua força do que pela própria fragilidade do império. Essas populações germânicas eram, na maioria das vezes, de religiões animistas. Os hunos chegaram em 375, dominaram os ostrogodos e empurraram os visigodos que haviam entrado como aliados do império. Com a morte de Teodósio (395), o império foi dividido entre seus filhos: Honório ficou no Ocidente e Arcádio no Oriente. Os visigodos cercaram Constantinopla e saquearam Roma em 410. Em seguida, dirigiram-se ao sul da Gália e à Espanha. Os burgúndios ocuparam o Ródano e o norte da África; os anglos, saxões e jutos, a Bretanha; os francos, a Gália. Os hunos, chefiados por Átila, atacaram a Gália dos visigodos, porém foram vencidos nos campos catalúnicos.

Em 476, Orestes fez sagrar imperador seu filho Rômulo Augústulo, derrubado em seguida por Odoacro, rei dos hérulos. Odoacro enviou as insígnias imperiais a Zenão, em Constantinopla, reunificando o império. E assim ocorre o fim do Império Romano do Ocidente. Em 488 Zenão, imperador do Oriente, concedeu a Itália aos ostrogodos (Rei Teodorico), com o compromisso de tomá-la aos hérulos. Em 493, com a anuência de Zenão, Teodorico destronou Odoacro. Durante o reinado de Teodorico (493-520) a cultura greco-romana foi recuperada devido à colaboração de Libério, Boécio e Cassiodoro.

A religião cristã dos romanos foi adotada por boa parte dos germanos. O latim, preservado principalmente na linguagem escrita, e as línguas germânicas, que continuaram a ser faladas, deram origem às línguas inglesa, alemã e neolatinas (francês, português, espanhol, italiano e outras).

A formação dos reinos germânicos

É necessária uma visão geral das populações formadores dos reinos germânicos para compreender a mescla com os romanos após a queda do império. Os germânicos, a romanidade unidos pelo cristianismo formarão a Europa.

Os vândalos (429-534), depois de cruzarem o império, fixaram-se na África, onde foram reconhecidos como aliados pelos romanos. Genserico, rei dos vândalos, organizou um reino poderoso, dominando as ilhas do Mediterrâneo e chegando a saquear Roma. Os vândalos eram adeptos da heresia ariana e perseguiam os cristãos fiéis à doutrina da Igreja de Roma. Os cristãos que não se submetiam eram deportados para o deserto. As divisões políticas e religiosas provocaram a decadência do reino, que não resistiu às tropas bizantinas do General Belisário. Os ostrogodos (493-553), que haviam se estabelecido na Itália com o consentimento do imperador bizantino, procuraram formar um reino duradouro. Teodorico manteve a estrutura administrativa herdada dos romanos e procurou recuperar a Itália; estimulou a agricultura e o comércio. Cerca de um terço das terras foi entregue aos ostrogodos; um dos maiores problemas do reino foi a oposição religiosa entre godos (arianos) e romanos (católicos). Depois do fracasso da tentativa de formar uma liga germânica contra o Império Bizantino, a Itália foi reconquistada pelos generais Belisário e Narses, ficando sob controle bizantino e lombardo povos vindos da Escandinávia e que haviam se estabelecido na Panônia, como aliados de Justiniano.

Os visigodos (419-711) formaram seu primeiro reino no sul da Gália, capital Toulouse; ocuparam a seguir a Espanha e transferiram a capital para Toledo. Tiveram que enfrentar os suevos, já estabelecidos na Espanha, e os bizantinos, que reconquistaram a parte meridional da península. Em seguida tomaram dois terços das terras pertencentes aos antigos romanos; depois da conversão de Recaredo I ao catolicismo, adotaram uma política de integração com os habitantes deste território. A Igreja passou a ter influência na vida do reino. Os concílios de Toledo eram também assembleias políticas e o rei devia acatar as decisões, sob pena de excomunhão. Em 711 os árabes ocuparam quase toda a Península Ibérica; os visigodos refugiaram-se nas regiões montanhosas das Astúrias, no Norte.

O reino dos burgúndios (443-534), da região do Ródano, teve curta duração. Depois de se fixarem como aliados dos romanos foram vencidos e anexados pelos francos. Os anglo-saxões e jutos fizeram uma aliança com os bretões e dominaram toda a Inglaterra; fundaram sete reinos: Essex, Wessex, Sussex, Kent, East-Anglia, Northumbria e Mércia. Os danos, povos *vikings*, conquistaram toda a Inglaterra, tornando inútil a reação dos saxões iniciada pelo Rei Alfredo (871-889). Com o rei dano Canuto o Grande (1016-1035), a Inglaterra passa a fazer parte do império marítimo dos *vikings*.

Império Bizantino

A parte oriental do Império Romano manteve-se unida após a queda de Roma. Nessa ampla área expandiu-se o Império Bizantino. Uma história de mais de mil anos e que se distinguiu por desenvolver uma civilização cuja base greco-romana foi transformada pelo cristianismo. Devido à crise que afetava o império, Constantino decidiu em 330 a transferência da capital para Bizâncio. Fundada por marinheiros gregos em 657 a.C., a cidade era importante entroncamento das rotas comerciais interligando o Ocidente e Oriente. A cidade foi reinaugurada com o nome de Nova Roma, mas para a população passou a ser chamada de Constantinopla em homenagem ao imperador. Constantinopla tornou-se oficialmente a capital do Império Romano do Oriente em 395, sua existência se prolongou até 1453 sob o nome de Império Bizantino. Seu grande imperador foi Justiniano, grande legislador. Combateu as heresias procurando dar unidade ao cristianismo, facilitando a consolidação de sua monarquia. Tentou conciliar o monofisismo com a ortodoxia da Igreja. Uma das suas conquistas de longa duração foi o Exarcado de Ravena.

No Império Bizantino, o cristianismo era a religião oficial e obrigatória. A religião exercia forte influência nos variados setores da sociedade: fundamentava o poder imperial, absorvia muitos recursos econômicos e procurava estar presente no cotidiano, do nascimento à morte. A autoridade do patriarca estava subordinada, na prática, ao poder do imperador, considerado protetor da Igreja e principal representante da fé cristã. Os bizantinos se destacaram na arte: arquitetura e mosaico. Um dos exemplos mais lembrados da arquitetura é a Igreja de Santa Sofia (sagrada sabedoria). Na construção trabalharam cerca de 10 mil pessoas entre 532 e 537. Depois da conquista de Constantinopla pelos turcos (séc. XV), a Igreja foi transformada em mesquita e recebeu quatro minaretes. Os mosaicos bizantinos, encobertos com camada de cal, só foram restaurados no século XX e a Igreja foi transformada num museu. O Estado bizantino foi dissolvido pela conquista otomana (1453), porém nem a civilização bizantina, nem todas as estruturas econômicas e sociais desapareceram no século XV.

O Islã e o Ocidente

O Islã surgiu em 630 quando Maomé unificou política e religiosamente os árabes. Maomé nasceu em Meca (570), pertencia a uma família pobre da tribo dos coraixitas. Nas suas viagens com as caravanas entrou em contato com o cristianismo e o judaísmo, que se tornaram a base do islamismo. A religião islâmica prega a crença em um só deus e prescreve cinco obrigações fundamentais: orações, jejuns, peregrinações, esmolas e guerra santa. O Alcorão e a Suna são os livros sagrados dos muçulmanos. Os árabes realizaram muitas conquistas, chegando a controlar todo o Mediterrâneo. Os grupos religiosos deram origem a partidos políticos que causaram divisões no Islã, como numerosos califados autônomos: Córdoba, Marrocos, Egito, Tunísia. A conquista muçulmana na região do Mediterrâneo teve enormes e profundas consequências na história do Ocidente. O comércio dos cristãos declinou. A decadência da economia de mercado acentuou a tendência da Europa para a ruralização, uma economia feudal. Sua influência se destaca nas artes, arquitetura, novas técnicas de cultivo agrícola, artesanato, matemática, astronomia, filosofia, química, física. A cultura muçulmana e a religião islâmica continuam sendo de enorme importância na atualidade.

Reinado dos francos

Os francos constituíram o reino mais poderoso da Europa Ocidental. No século V, penetraram na Gália do Norte, na condição de aliados dos romanos. Na formação e expansão do reino atuaram soberanos de duas dinastias: a merovíngia (V-VIII) e a carolíngia (VIII-IX).

Merovíngios (482-751) – A organização política dos francos aconteceu no século V, com a unificação de diversas tribos. Clóvis (482-511) é considerado um dos unificadores do reino. Promoveu a expansão e, devido à influência de sua esposa Clotilde, converteu-se ao catolicismo, fazendo de seu reino um forte aliado da Igreja Católica e também se beneficiando desta aliança. Os bispados serviram de base para organizar a administração do reino. Clóvis teve vários sucessores. A partir do século VII, a dinastia entrou em crise e o trono passou a ser ocupado por um alto funcionário da corte, o prefeito do palácio, também denominado de mordomo do paço, *majordomus*. Um desses prefeitos foi Carlos Martel (714-741) que conquistou prestígio e poder, principalmente por ter comandado o exército cristão que deteve o avanço dos muçulmanos sobre a Europa, na Batalha de Poitiers (732).

Carolíngios (751-887) – Após a morte de Carlos Martel, seus poderes políticos foram herdados por seu filho Pepino o Breve. Em 751, ele destronou o último rei merovíngio, Quilderico III. Com a aprovação do Papa Zacarias (741-752), o Rei Quilderico foi encerrado em um mosteiro. A coroa do reino Franco foi colocada na cabeça de Pepino o Breve que se tornou oficialmente rei. O representante do papa, Bonifácio, sagrou-o com óleo santo. Selada, mais uma vez, a aliança temporal e espiritual. A pedido do Papa Estêvão II (752-757), em 754, Pepino foi combater na Itália os lombardos que ameaçavam Roma. Em 756 realizou uma segunda campanha militar contra os lombardos. Astolfo, rei lombardo, foi obrigado a ceder o exarcado de Ravena e a Pentápole (Rímini, Pesaro, Fano, Senigalia, Ancona) a Pepino. Este doou o território ao papa, juntamente com o ducado de Roma. Esse conjunto territorial formava o **Patrimônio de São Pedro**, dando nascimento ao **Estado do Vaticano**. Esse formato geográfico durou até 1870 quando da unificação italiana. Foi quando teve início a Questão Romana, encerrada em 1929 com os Tratados de Latrão. Com esse Patrimônio, a Igreja fortaleceu seu poder temporal na Itália.

Pepino o Breve dividiu o reino entre seus filhos: Carlomano e Carlos Magno. Depois da morte do primeiro, 771, Carlos Magno passou a governar sozinho. Seu reinado foi longo (768-814) e repleto de realizações. A chamado do Papa Adriano I (772-795), em 773, Carlos Magno iniciou a ofensiva final contra os lombardos. Seu rei, Didier, foi obrigado a abdicar. Carlos anexou o Reino Lombardo ao Reino Franco. Em seguida iniciou uma ofensiva contra os saxões, na Germânia. Depois da submissão, *converteu-os* ao cristianismo, pela força das armas. O prestígio de Carlos Magno era imenso e o papado viu nele e no seu reino um grande aliado. O papa estava interessado na construção de um império forte e capaz de protegê-lo e permitir a expansão da Igreja. Isso explica a atitude do Papa Leão III (795-816) que buscou a proteção de

Carlos Magno. Ora, Pepino havia doado o Patrimônio de São Pedro e Carlos Magno havia confirmado a doação, o que obrigava a tomar uma atitude diante das ameaças de morte ao papa por uma família inimiga. Quando recebeu o apelo do papa, Carlos Magno dirigiu-se à Itália e recolocou Leão III no trono. Na noite de Natal do ano 800, o imperador recebeu do papa sobre sua cabeça o diadema dos antigos imperadores romanos e segundo a tradição disse a seguinte frase: "A Carlos, Augusto, coroado por Deus, grande e pacífico imperador dos romanos, vida e vitória". Eis o Rei Sacerdote. Ressuscitado estava o Império Romano do Ocidente, desaparecido em 476. Carlos Magno organizou o poder central confiando a administração do reino aos funcionários do palácio; o governo das províncias foi confiado aos condes, auxiliados pelos bispos.

Com a morte de Carlos Magno (814) seu único filho, Luís o Piedoso, foi sagrado imperador em Reims pelo Papa Estêvão IV. Após sua morte (840), houve uma luta armada entre os herdeiros. Eram três filhos: Lotário, o mais velho, Carlos o Calvo e Luís o Germânico. Os dois últimos se uniram contra Lotário. No ano de 843, em Verdun, Lotário aceitava a divisão do império em três reinos: França Ocidental, pertencente a Carlos; França Oriental, a Luís; França Central, a Lotário. A história da França começa em 843, separada do Império Carolíngio, com Carlos o Calvo, como primeiro rei. Na França Ocidental, os carolíngios perderam o prestígio por não conseguirem conter as invasões normandas, sendo finalmente substituídos pelos capetos. Na França Oriental, a dinastia desapareceu normalmente pela falta de herdeiros; os duques constituíram o Reino Germânico, uma monarquia eletiva.

IX
A Igreja e o Sacro Império Romano Germânico

Introdução

A tensão era contínua entre o poder temporal e o poder religioso, mas as alianças continuaram nesse período. Importante era reconhecer as competências que pertenciam à Igreja (sacerdócio) e as competências que pertenciam ao império. No decorrer dos séculos estes poderes se confundiram e, por seu lado, o poder temporal instrumentalizou o poder religioso. A ruralização da economia na Idade Média obrigou a Igreja a deslocar-se para o campo. Os bispados e as abadias passaram a se integrar perfeitamente na estrutura rural da sociedade. Os bispos e os abades se transformaram em verdadeiros senhores feudais. É o processo de feudalização da Igreja, responsável por enormes prejuízos à instituição religiosa: o principal, desviar de seu autêntico serviço e missão, o profetismo. O capítulo aborda essas questões e as relações intrincadas entre os poderes religioso e temporal. Os bispos príncipes feudais trarão um embate fortíssimo dentro da instituição que no decorrer dos séculos seguintes levará aos clamores de uma Reforma.

Igreja e sua adaptação ao contexto feudal

Analisando as sociedades da Europa Ocidental, especialmente entre os séculos X e XIII, os historiadores observaram algumas características comuns. Elaboraram conceitos para identificá-las e explicá-las, como o de feudalismo. O termo tem gerado muitos debates e recebido inúmeras definições. Neste texto será usada a definição de feudalismo elaborada por Jacques Le Goff:

> **Feudalismo** é um sistema de organização econômica, social e política baseado nos vínculos de homem a homem, no qual uma classe de guerreiros especializados – os senhores –, subordinados uns aos outros por uma hierarquia de vínculos de dependência, domina uma massa campesina que explora a terra e lhes fornece com que viver (1984, p. 29).

Nesse quadro medieval, os domínios da Igreja desfrutavam de uma situação econômica privilegiada. Dessa forma podiam ajudar os necessitados em época de grande calamidade pública. A instituição ainda detinha o monopólio da cultura. Saber ler e escrever, nesse período, era privilégio de bispos, padres, abades, monges. Os membros do clero começaram a participar da administração pública, exercendo as funções de notários, secretários e chanceleres.

A organização dos domínios da instituição religiosa atingiu um grau bastante aperfeiçoado. Os membros da nobreza leiga não conseguiam imitar esse modelo. A Igreja havia conquistado uma autoridade moral que nesse tempo exercia influência na administração financeira dos principados medievais. Isso revela como a Igreja ocupava um lugar de enorme importância na sociedade medieval. A instituição religiosa considerava que a propriedade foi dada por Deus a toda a humanidade, e que foi esta que se encarregou de dividi-la. A origem da propriedade particular era humana e não divina.

O poder do papa

O clero secular estava estruturado desde o século III, mas qual o poder do papa no conjunto da Cristandade? Em 325, o Concílio de Niceia estabeleceu a igualdade entre os patriarcas de Jerusalém, Antioquia, Alexandria e Roma. Naquele período já se atribuía uma autoridade especial ao bispo de Roma, em matéria de doutrina. A autoridade advinha de São Pedro, o apóstolo designado por Cristo para reunir e comandar a Igreja.

A palavra papa foi empregada pelo Imperador Teodósio, que havia oficializado o cristianismo como religião do Império Romano. O imperador reconhecia o bispo de Roma como autoridade suprema sobre toda a Cristandade. Com base nos decretos imperiais, foi legalizado o poder do papa, que passou a ser considerado oficialmente o sucessor de São Pedro. Entre 440 e 461, o pontífice era Leão I, o real fundador da primazia de Roma. Em 445, o Imperador Valentiniano III confirmou essa primazia do bispo de Roma no Ocidente (Itália, Espanha, África do Norte e Gália Meridional); "[...] decretamos por decreto perpétuo que os bispos galicanos ou de qualquer outra província nada intentem contra os usos antigos sem autorização do venerável papa da Cidade Eterna [...]" (BETTENSON, 1998, p. 59). O Papa Gelásio I (492-496) definiu a teoria dos dois poderes: o poder temporal e o poder espiritual. De acordo com essa doutrina, os bispos são superiores ao poder temporal. Os poderes temporal e espiritual são distintos e não podem ser confundidos. Essa doutrina, e sua aceitação por parte dos bispos, acrescentou mais um elemento à primazia da autoridade papal.

Gregório I o Magno (590-604)

O Papa Gregório Magno foi uma personalidade emblemática que assinala o fim de um período e o início de outro, mas ao mesmo tempo mantém uma continuidade: uma *traditio*. Este foi o primeiro papa monge, intitulava-se *servus servorum Dei* (servo dos servos de Deus). O tempo era de transição entre a romanidade e a construção da Idade Média. Aproveitou-se da falência do poder imperial na Itália para assumir o poder temporal. Reuniu os bens da Igreja, tornando-se o soberano da antiga Roma. Desligou-se da influência do Império Bizantino e aproximou-se dos povos germânicos da Europa Ocidental, procurando atraí-los para o cristianismo. O papa enviou numerosos monges, liderados por Agostinho, para a Inglaterra, onde converteram os anglo-saxões. Em 596, fundaram o bispado de Cantuária, sob a proteção do Rei Etelberto de Kent, submetendo saxões à jurisdição do papa.

Os escritos do Papa Gregório I tiveram grande influência na Igreja. Os textos procuravam instruir o clero e fortalecer o sentimento religioso dos fiéis. A sua Regra Pastoral escrita para servir de regra de comportamento aos padres tornou-se um manual utilizado em toda a Idade Média. Compôs hinos religiosos e introduziu o canto gregoriano, uma música calma e grave que transformou a música sacra. Seus sucessores deram continuidade a seu trabalho de expansão do cristianismo. O futuro santo, Bonifácio, converteu muitos resistentes da Germânia, formando uma Igreja submetida a Roma. Reorganizou a Igreja franca, restabelecendo a disciplina e obrigando o episcopado franco a jurarem obediência ao papa.

Poder temporal do papa

O Estado da Igreja nasceu em 756, como foi estudado anteriormente, O poder temporal do papa aumentava rapidamente. O papado justificava suas pretensões territoriais por meio de um documento falso, *Donatio Constantini*. De acordo com esse documento, Constantino teria doado ao papa não apenas as terras da Itália, mas de todo o Ocidente. O papa podia considerar-se o suserano supremo sobre essa parte do mundo. Posteriormente, nas universidades medievais será formulada a teoria monista hierocrática. Numa única linha sucessória de Deus, passando pela encarnação de Jesus, Pedro e seus sucessores são os que comandam o universo criado por Deus. A monarquia pontifícia foi se fortalecendo. Para cobrir as despesas da administração, o papa criou o fisco pontifical, espécie de tesouro da Igreja que centralizava todos os recursos arrecadados em diversas fontes. Estes eram os principais recursos: rendas proporcionadas pelas propriedades do papado; impostos pagos por estados que se reconheciam vassalos da Santa Sé; óbulo de São Pedro, cobrado em alguns países e sobretudo as numerosas taxas cobradas pela administração central da Igreja, pelos serviços que prestava.

Papado e o império

A relação Igreja e império começou no Império Romano, quando o cristianismo foi transformado em religião oficial do Estado. O temporal protegia a instituição religiosa. Por sua vez a Igreja legitimava o poder do Estado, sagrando o imperador, tendo assim um poder de origem divina. O poder temporal queria mais, queria controlar o poder da Igreja por meio da escolha do bispo de Roma. A eleição do papa se tornou um privilégio imperial. Na sociedade medieval a Igreja encontrou um reino forte para protegê-la, os francos. Essa proteção corroborava em benefícios para o poder temporal. A instituição religiosa pagava um preço alto por essa proteção. No final da Alta Idade Média a Igreja começou a libertar-se da dominação política. O poder da Igreja sobre a instituição temporal se estenderia até a Baixa Idade Média.

A formação do Sacro Império

Nesse jogo de poder entre espiritual e temporal, a dominação pelo Estado se tornou mais acentuada somente com o Sacro Império Romano Germânico. Isso porque os imperadores controlavam o papado e os bispos do império com a finalidade de terem o domínio sobre os grandes príncipes alemães. O Papa João XII sagrou em Augsburgo (962) o Imperador Oto I que protegia o papa em Roma. Nascia assim o Sacro Império (MONDIN, 1995, p. 131) que duraria até 1806. O imperador iniciou um grande processo de intervenção na instituição religiosa. A sua finalidade era controlar o poder dos grandes duques germânicos. Ampliou os domínios territoriais da Igreja na Alemanha, fundando numerosos bispados e abadias. Seus titulares, bispos e abades, recebiam do imperador o poder religioso (anel e cruz) e o poder político (báculo). Esse formato isolará cada vez mais o papa e transformará o imperador em autoridade institucional religiosa. Os condutores das dioceses e abadias eram o sustentáculo do império, fornecendo dois terços do exército e contribuindo com grande parte dos impostos. O imperador se tornou o todo-poderoso em âmbito religioso e temporal.

Os sucessores de Oto I continuaram o processo de controle do papado. Era uma política indispensável para o império, que queria continuar dominando a Igreja alemã sem a reação do papado. Os imperadores chegaram a atribuir-se o direito de proteger o Patrimônio de São Pedro, considerando-se sucessores dos carolíngios. Tem em mãos um controle do imaginário religioso, o poder temporal controla a economia, assim a instituição religiosa é instrumentalizada e vai se distanciando de seu ministério original, a vivência da fé cristã. Essas alianças, dentro do mundo feudal, levarão a instituição religiosa a uma decadência moral e religiosa de uma profundidade inimaginável.

Oto III (983-1002) procurou reconstituir o Império Romano, transformando Roma na sua capital, com residência oficial no Monte Aventino (BIHLMEYER, 1989, p. 84). Desse lugar, governava o império, que incluía a Alemanha, a Itália, a Gália (Alta Borgonha) e os países eslavos. Após a morte do Papa Silvestre II (1003), o papado "não faz bela figura". Caiu nas mãos dos senhores do Lácio e depois nas dos imperadores alemães (LE GOFF, 1995, p. 131). Esses fatores são a raiz dos graves problemas da instituição religiosa no período. Os abades e os bispos alemães levavam uma vida mundana, deixando de praticar a regra religiosa, influenciando negativamente os membros do baixo clero, monges e padres sob sua autoridade. A praga se desdobra em simonia (comércio dos bens da Igreja, das coisas sagradas, pagar para ser eleito bispo), nepotismo (nomeação de parentes para funções na cúria e no território do Estado pontifício) e concubinato (relação marital sem contrair matrimônio). Era evidente a necessidade de uma profunda reforma.

Querela das Investiduras

No século XI, o movimento reformista de Cluny havia ultrapassado os limites do clero regular e se transformado num movimento em favor de uma reforma geral da Igreja. Reformado o clero regular, tornava-se urgente e necessária a reforma do clero secular. A principal finalidade se concentrava no combate à simonia, ao nepotismo e ao concubinato. Isso seria impossível se não se atacasse a investidura leiga. A reforma ganhou força na França devido ao movimento denominado **Trégua de Deus**. O movimento procurava combater a verdadeira mania de guerra existente naquele período. Com a trégua, o número de dias permitidos aos combates ficava limitado.

O Sínodo de Sutri (1046) decretava a purificação da Igreja pelo combate à simonia e ao "casamento" dos padres. Outro fato importante nesse caminho da reforma foi dado quando seus defensores se aproximaram do papado. Dentre os defensores, destacou-se Hildebrando, reformador originário do mosteiro de Cluny. Foi durante dez anos abade de São Paulo Fora dos Muros (Roma). O abade assessorava o Papa Nicolau II (1059-1061) que criou o Colégio dos Cardeais (1059). A finalidade desse Colégio era eleger o papa, afastando a interferência do imperador e limitando o cesaropapismo. O grupo reformista procurou apoio entre os normandos que haviam se estabelecido na Sicília e no sul da Itália; junto à Condessa Matilde da Toscana; e junto à pataria. A pataria (Milão, séc. XI) era um movimento social e religioso apoiado pelo baixo clero e pelas camadas populares das vilas lombardas contra os bispos e o clero profundamente corrupto, ligados ao império. Esse nome se deve ao mercado milanês de tecidos, os seguidores do movimento foram assim chamados esfarrapados. O contexto já anunciava a Reforma Gregoriana. Iniciava uma luta longa na tentativa de reformar a instituição religiosa. A história da Igreja desse período até o Concílio de Trento (1545-1563) percorrerá essa trajetória de reforma, reforma da Igreja feudal, mas sem tocar na estrutura fundamental.

Reforma Gregoriana

Em 1073, o colégio dos cardeais elegeu Hildebrando para papa, que escolheu o nome de Gregório VII (1073-1085). Suas atitudes reformistas sobre as investiduras de bispos e abades o colocou em choque com o império e resistências dentro da Igreja. O papa proibiu o concubinato dos padres e a investidura leiga. Encarrega os seus embaixadores de aplicarem os decretos nos diversos territórios. Suspendeu, depôs e excomungou bispos: Cuniberto de Turim, suspenso; Dionísio de Piacenza, deposto – italianos; Liemaro, suspenso e excomungado; suspensos Werner de Estrasburgo, Enrico de Spira e Ermanno de Bamberg – alemães. No Sínodo de 1075 fixou duas normas por meio de um decreto bastante conhecido: (1) proibição ao poder secular, sob pena de excomunhão, de "dar" um bispado; (2) proibição aos metropolitas de consagrar quem tivesse recebido um bispado de um leigo, sob pena de deposição. Eram normas sem precedentes, que o papa pretendia cortar o mal pela raiz. Declarou no sínodo de 1078 inválidas todas as ordenações realizadas pelos excomungados.

Publicou o *Dictatus Papae* (1075), um breve escrito teológico estabelecendo os princípios fundamentais da autoridade do sumo pontífice, que é absoluta no âmbito espiritual e temporal, fundada diretamente por Cristo (n. 1). O fundamento constitui a razão da infalibilidade e da não aceitação de julgamento por ninguém (19, 22), da não rejeição de suas sentenças (18), de toda uma série de privilégios de honra (2, 8, 9, 10, 11, 23); direito de depor ou restabelecer os bispos, depor os ausentes (3,5); direito de depor o imperador e de liberar o dever de juramento de fidelidade ao soberano (12, 27). Ninguém deve ser considerado católico se não estiver de pleno acordo com a Igreja Católica (26). São 27 teses em que Gregório VII afirma a superioridade do poder papal sobre o poder do imperador. O texto definiu a natureza e competências do poder pontifício, uma "síntese luminosa e formidável" (FLICHE, 1926, p. 193).

Diante dessas atitudes reformistas, o imperador alemão Henrique IV reagiu energicamente. Considerou o papa deposto. Em resposta, o papa considerou o imperador deposto e o excomungou. Gregório VII proibiu vassalos de prestarem serviço ao imperador, sob pena de excomunhão. Os seguidores do imperador o aconselharam a reconciliar-se com o papa. Em 1077, o imperador foi em peregrinação até o castelo de Matilde de Canossa, nos Alpes italianos, onde se encontrou com o papa. Pediu perdão a Gregório VII e foi perdoado. Isso não foi suficiente para acalmar os ânimos na Alemanha. Aproveitando-se da ocasião, os inimigos de Henrique IV elegeram um novo imperador, o Duque Rodolfo da Suábia. Voltando à Alemanha, Henrique combateu seus adversários até 1080, quando Rodolfo morreu. Em seguida invadiu a Itália, sendo excomungado pela segunda vez. O papa foi defendido pelos normandos, comandados por Roberto Guiscardo. Os normandos, aproveitando também da situação, acabaram saqueando Roma e obrigando Gregório VII a refugiar-se no Castelo Sant'Ângelo.

Dali se retirou para Salerno, um exílio. Permaneceu ali até sua morte (1085), pronunciando as palavras do salmo (45,7): "Amei a justiça e odiei a iniquidade", por isso morro no exílio. Gregório é santo e doutor da Igreja.

Em Roma, Henrique IV indicou o bispo de Ravena, Guilberto, para ocupar o trono pontifício. Escolheu o nome de Clemente III. Ao mesmo tempo, no exílio era eleito Vítor III, abade de Monte Cassino (JEDIN, 1975, IV, p. 501). Portanto, um papa e um antipapa, em Roma. Essa divisão – cisma da Igreja – somente terminou em 1122 com a concordata de Worms. Assinada entre o Papa Calisto III (JEDIN, 1975, IV, p. 516-521) e o Imperador Henrique V, esse instrumento estabeleceu que o papa faria a investidura espiritual (anel e cruz) e o imperador, a temporal (báculo). Na Alemanha, a eleição dos bispos seria livre e realizada na presença do rei, seguida pela investidura espiritual e temporal. Na Itália e Borgonha, a investidura espiritual seria realizada seis meses antes da investidura temporal. O sistema implantado pelos imperadores havia chegado ao fim. O episcopado não seria mais funcionário do poder temporal. Sem o controle sobre os bispos, o imperador perderia o controle sobre os duques. Uma grande parte das terras da Igreja na Alemanha passaria para o controle da Igreja. Iniciava o poder da supremacia papal.

X
Vida religiosa na Idade Média

Introdução

Ao longo dos séculos a vida religiosa se renova e também assume outros formatos. Muitos são sinônimo de renovação naquele período e inspiração para o futuro. Outros decaem e desaparecem. Neste capítulo, sinteticamente, serão apresentados alguns desses formatos oferecendo alguns elementos para que se possa desbravar o riquíssimo mundo desse modelo de vida.

Clero regular

O clero regular é formado por aqueles que vivem de acordo com uma regra religiosa determinada. Os primeiros foram os monges que seguiam uma mesma regra formando uma ordem religiosa. O monasticismo nasceu no Egito e na Síria. O objetivo principal daqueles que se retiravam para o deserto era preservar a austeridade do cristianismo primitivo (antes de Constantino), por meio de um ideal ascético e de uma vida eremítica. Pacômio (292-346) fundou o primeiro mosteiro ou cenóbio, onde viviam os monges ou cenobitas. No século IV, o cenobitismo espalhara-se por todo o Oriente. O Concílio de Calcedônia decretou que os bispos teriam o direito de dirigir os mosteiros em suas dioceses. E ainda que os votos dos monges valessem por toda a vida.

Em 529, São Bento de Núrsia (480-543) fundou um mosteiro em Monte Cassino, Itália. Ali organizou sua ordem, construindo uma regra própria. A experiência dos monges beneditinos e sua regra deu origem ao monasticismo ocidental. As fundações monásticas surgidas no Ocidente basearam-se na Regra de São Bento que se tornou obrigatória em todo o Reino Franco a partir de 743. O exposto na Regra (534) determinava que os monges deveriam viver uma vida em comum, num mosteiro. Eram normativas: voto de pobreza, castidade e obediência ao abade; este deveria ser eleito pelos monges. Deveriam unir oração e trabalho (*ora et labora*), evitando um ascetismo exagerado. A obrigação de hospedar peregrinos e viajantes no mosteiro era outra norma. Suas ocupações eram os pobres e o ensino. Ao lado de cada mosteiro deveria existir uma escola. Os mosteiros transformaram-se nos centros culturais da Idade Média. As bibliotecas dos monges reuniam grandes tesouros em obras de escritores da Antiguidade. Sem esse cuidado, muitos textos teriam se perdido. Somente esse fator já é suficiente para quebrar o mito de Idade Média como idade das trevas.

A atividade dos monges no processo de conversão da Europa foi intensa. Mas logo surgiu um enorme problema: a interferência do poder político na escolha dos abades. A intervenção dos senhores feudais provocou o desregramento do clero regular. Eis a explicação dos movimentos reformistas entre os seguidores de São Bento. Em 817, São Bento de Aniane iniciou uma reforma monástica com o objetivo de aplicar a regra de acordo com seu espírito original. O movimento reformista de maior destaque começou no mosteiro de Cluny (80km ao norte de Lião), fundado em 910 pelo abade Vernon. Sua finalidade principal era afastar a ingerência do poder temporal nas decisões dos mosteiros. A economia monástica foi reformada e os mosteiros passaram para a jurisdição do papa. A disciplina retornou à sua austeridade original e aumentou-se a autoridade do abade. Sob a autoridade de Cluny estavam cerca de 200 mosteiros. O mosteiro foi a alma da reforma da Igreja, particularmente nos séculos X e XI. Vários papas reformadores tiveram sua origem em Cluny: Gregório VII, Urbano II, Vítor III, Pascoal II, Gelásio III.

Em 1012, Romualdo de Ravena fundou em Camaldoli (perto de Arezzo) um grupo de eremitas dando origem à Ordem Camaldulense, espírito de penitência e reforma. No ano de 1038, João Gualberto fundou o eremitério de Vallombrosa (perto de Florença). Em 1084, Bruno de Colônia fundou a ordem dos cartuxos, dentro do mesmo movimento de reforma da vida monástica. Em 1098 foi fundada por Roberto de Molesme a ordem de Cister (perto de Dijon) com os mesmos objetivos. São Bernardo, teólogo e filósofo, foi o primeiro abade de Claraval. Estêvão Harding, terceiro abade de Cister, reorganizou a ordem dos cistercienses, em 1119. Completou a Regra de São Bento por meio da *Charta Caritatis*. Estêvão estabeleceu que a autoridade suprema seria exercida por um capítulo anual de todos os abades. Os mosteiros eram supervisionados pelo mosteiro de origem, Cister, e pelos quatro mosteiros mais antigos criados pela ordem. Uma das atividades mais importantes dos cistercienses foi a colonização do Leste da Alemanha.

Na Idade Média, além da vida monástica outras formas de vida religiosa nasceram ou se renovaram: ordens cavalheirescas (templários, 1120; hospitalários, 1113, mais tarde denominados Cavaleiros de Rodes-Malta; Ordem Teutônica, 1190; trinitários, 1198; mercedários, 1222); Cônegos Regulares (premonstratenses, 1120); ordens mendicantes (franciscanos, 1209; dominicanos-pregadores, 1216; carmelitas, 1226); Ordem Terceira, para leigos, primeira, 1221; beguinas e begardos, 1233. A vida consagrada feminina somente no século XIX foi reconhecida a sua compatibilidade com o apostolado, antes era obrigada à mais estrita clausura.

Ordens mendicantes

A sociedade europeia no início do século XIII vivia uma enorme efervescência: comunas reivindicavam a independência, a burguesia conquistava mais poder político, o comércio se desenvolvia e favorecia a melhora de condição de vida da população. As artes e a intelectualidade se desenvolviam. A riqueza era geradora de materialismo e opositora da pobreza evangélica. Nesse século os religiosos lançavam-se ao mundo para a sua transformação. Protagonistas dessa atitude são as ordens mendicantes, objeto deste item. As ordens também se apresentavam como resposta aos movimentos heréticos do século XII, especialmente os cátaros.

Frades Menores (franciscanos) – Francisco de Assis (1181-1226), filho de rico comerciante, em 1208 renunciou aos bens e escolheu a vida de pobreza e pregação itinerante. O Papa Inocêncio III, em 1210, confirmou o estilo de viver de Francisco e seus companheiros e os autorizou a pregar. O papa aprovou a primeira regra da ordem em 1209. Na regra de 1221 predominavam os aspectos espiritual e ascético; a de 1223 reuniu o ideal do santo e a necessidade organizativa. Sua vida é testemunho contra os males da cultura urbana: a primazia do humano sobre o institucional, o desprezo das riquezas que coisificam a pessoa, o valor do simples e natural em face ao artificialismo do consumo. O despojamento de todo prestígio e de toda hipocrisia para se voltar à verdade original, o amor à pobreza como fonte de liberdade interior, o amor a todo ser vivo, a paz entendida como amor positivo e universal a todos. Foi uma pessoa aberta às alegrias da vida: cantou e exaltou as criaturas, sinal do amor de Deus.

Após sua morte, três grupos emergiram na ordem: (1) rigoristas: os antigos companheiros e mais tarde os espirituais; (2) os fautores de uma observância mitigada (Frei Elias); (3) moderados (Antônio e Boaventura). A controvérsia surgida em 1250 dizia respeito aos estudos e à prática da pobreza e aos métodos de apostolado. Em 1350 o Papa João XXII excomungou o ministro geral, Miguel de Cesena. O movimento da observância teve início no final do século XV. Aos poucos a ordem separou-se em dois ramos independentes: menores observantes e conventuais. Essa situação se tornou definitiva em 1517 no pontificado de Leão X. Sempre devido à tensão em relação ao ideário de pobreza, dos Menores se destacaram os capuchinhos, por obra de Matteo Bascio; em 1528 foram reconhecidos como autônomos e em 1619 conseguiram a independência completa (cf. MONDONI, 2014, p. 64; ZAGHENI, 1995, p. 44-45).

Dominicanos – A Ordem dos Pregadores tem sua origem em Domingos de Gusmão (1170-1221). Nascido em Caleruega (Castela, Espanha). Em 1215 fundou em Toulouse uma comunidade de padres dedicados à pregação, ao ensino e à conversão dos cátaros. Uma ordem da palavra. O Papa Honório III, em 1216, confirmou a regra agostiniana adotada pela ordem, adaptada com a acentuação sobre a pregação e a pobreza. No primeiro capítulo geral (1220) escolheram a forma de vida de uma ordem mendicante: com renúncia à propriedade e às rendas fixas. Sua fundação tinha por finalidade combater a heresia e, assim, os dominicanos valorizaram os estudos e orientavam-se à especulação e à busca da verdade. Sua espiritualidade teve um caráter doutrinal, contemplativo e apostólico, expresso na fórmula tomista *Contemplare et contemplata aliis tradere*.

Carmelitas – No ano de 1185 o cruzado Bertoldo da Calábria, juntamente com dez companheiros, fundou uma comunidade de eremitas junto à gruta de Elias, no Monte Carmelo, na Palestina. Entre 1207-1209 o Patriarca Alberto de Jerusalém deu-lhes uma regra de caráter rigorosamente contemplativo. O Papa Honório III aprovou essa regra em 1226. Devido à ameaça do Islã, os carmelitas emigraram para a Europa em 1238. Da primeira forma de vida de tipo eremítico no Oriente passaram para a comunitária e mendicante no Ocidente. O primeiro geral foi Simão Stock (1247-1265).

XI
Ruptura entre Ocidente e Oriente (1054)

Introdução

Se Deus era o centro do universo, o imperador, como seu representante, devia ser o centro do Estado e da religião, governando em nome de Deus os assuntos terrenos. Essa união de poderes (temporal-estatal e religioso-espiritual) é chamada de cesaropapismo, o comando do Estado e a proteção da Igreja pelo imperador. Essa íntima união entre Igreja e Estado nunca foi pacífica. Ao longo do tempo houve uma série de conflitos entre os imperadores bizantinos e os papas que culminaram com o Grande Cisma do Oriente (1054). O mundo cristão dividiu-se em duas grandes Igrejas: de um lado, a Igreja Católica do Oriente, conhecida como Igreja Ortodoxa, com sede em Constantinopla (atualmente Istambul, Turquia) e chefiada pelo patriarca da cidade; de outro lado, a Igreja Católica Apostólica Romana, com sede em Roma e comandada pelo papa. A finalidade deste capítulo é estudar as linhas fundamentais: as origens, o conflito e os desdobramentos dessa questão que levou à grande divisão da Igreja.

Cisma, origem antiga

No final da Antiguidade romana já era possível constatar dissidências entre os dois blocos do império. A base das discussões era a teologia, sendo os orientais, mais do que os ocidentais, levados a desencadear enormes debates sobre a base fundamental do dogma e da fé cristã: Cristo. Neste estudo já foi apresentada a discussão sobre o arianismo. O presbítero Ário contestou a divindade daquele que os evangelistas apresentavam como o Salvador. O bispo de Constantinopla Nestório negou que Maria fosse a mãe de Deus.

O conflito Oriente *versus* Ocidente também se desenvolveu em relação às rivalidades do primado e da precedência de Roma e de Constantinopla, tendo a segunda se beneficiado durante certo período pela presença do imperador. Com o Concílio de Calcedônia (451) ocorreu uma reviravolta importante. Era reconhecido o primado do pontífice romano, o bispo da nova Roma tinha seu poder reconhecido sobre o Oriente, tendo a prerrogativa de ordenar os metropolitas situados na parte oriental da Bacia do Mediterrâneo e, com isso, controlar as suas nomeações. Os padres conciliares admitiam uma igualdade de poder entre as duas capitais religiosas e, de certa forma, um governo duplo do mundo cristão. Essas disposições explicam por que motivo o Papa Leão Magno e os seus sucessores não deixaram de protestar contra o que consideravam um desvio inadmissível da vocação universal de Roma. O latente conflito eclodiu em 587, quando o patriarca de Constantinopla assumiu o título de "patriarca ecumênico", ou seja, universal. Sua pretensão era julgar no seu tribunal o caso de um alto dignitário eclesiástico de Antioquia. O papado protestou, sem grandes resultados. Os acontecimentos seguintes somente fizeram aumentar as dissidências e os motivos de recriminação até a ruptura definitiva.

Novos atritos

Os problemas disciplinares, a querela das imagens, o debate teológico sobre o Espírito Santo, contribuíram para o agravamento profundo das relações entre Oriente e Ocidente.

Disciplina religiosa, o Concílio Quinissexto (692)

O V e VI concílios de Constantinopla (553; 680-681) tomaram posições dogmáticas sobre a natureza de Cristo, a condenação dos três capítulos e depois sobre o monotelismo. O imperador de Bizâncio, Justiniano (685-695 e 605-711), no intuito de defender a Igreja e interessado de reerguer a vida cristã que entrara em decadência, via a necessidade de um novo concílio com objetivo unicamente disciplinar. A nova assembleia deveria dar continuidade à obra dos V e VI concílios ecumênicos, daí a denominação de Quinissexto.

Praticamente a totalidade dos participantes era oriental. O concílio pretendia impor ao mundo cristão os usos da Igreja bizantina. Nesse contexto era visível a hostilidade a Roma e aos ocidentais. A prova disso estará nas decisões tomadas: denunciou-se a lei ocidental do celibato eclesiástico. Marcou-se posição em relação aos padres casados, que estes continuassem com as suas esposas. Era admitir ou reconhecer o casamento dos padres antes de sua ordenação. A Igreja romana defendia o jejum todos os sábados da quaresma. O Quinissexto proibiu-o de maneira radical. Decretou-se também que a sede de Constantinopla tivesse os mesmos privilégios que a de Roma, isso era reafirmação do Concílio de Calcedônia (451). O Papa Sérgio I (687-701) recusou-se a ratificar as *Atas do Concílio* (MONDIN, 1995, p. 85), isto para não sacrificar os princípios e tradições da Igreja romana. Alguns cânones eram contrários à legislação eclesiástica latina.

Querela das imagens (VIII-IX)

No ano de 730, o imperador bizantino Leão III o Isáurico proibiu o culto das imagens sagradas. A decisão é prolongamento do édito do Califa Yezid que, sete anos antes, ordenara a sua destruição nos templos e igrejas. Inspirou-se na proibição das imagens decretada no Antigo Testamento. Objetivava o imperador, assim como alguns de seus precursores depois de Justiniano no século VI, subordinar a Igreja à sua autoridade e fixar os dogmas. A esta decisão seguiu-se uma ação sistemática que provocou uma réplica de Roma em 731. O Oriente seguia normalmente a sua decisão. O filho e continuador de Leão III, Constantino V (740-775), reuniu um novo concílio (754). A assembleia conciliar condenou fortemente a arte sacra e o culto das imagens, daí o nome de iconoclasta. Apoiado pelo concílio, o imperador perseguia os defensores de imagens, e assim desencadeou no final do seu reinado diversas ações violentas contra os refratários, especialmente os monges.

No novo reinado, agora da Imperatriz Irene, ardorosa defensora da paz religiosa, favoreceu, com anuência do Papa Adriano I, a iniciativa de um sétimo concílio ecumênico, realizado em Niceia – II (787). O concílio estudou a visão teológica sobre a questão da veneração das imagens e orações aos santos. Toda a assembleia concordou que era correto honrar as imagens e relíquias e importante rezar aos santos. Assim, foi elaborada uma fórmula de fé na qual o culto de *dulia* (veneração) é prestado aos santos e à Virgem Maria. O culto *latria* (adoração) é dirigido a Deus, às três pessoas da Trindade e à Palavra encarnada, Jesus. Apesar dessa decisão, o imperador bizantino Leão V (813-820) retomou as tendências iconoclastas dos seus antecedentes do século VIII. Após relativa calma, a guerra reacendeu com violência sob o governo de Teófilo (829-842). Quando da sua morte ocorreu uma mudança completa de chefia sob a regência de Teodora. No ano de 843 foi considerado legítimo o culto das imagens sagradas que foram novamente expostas e honradas. Nesse século IX, a crise iconoclasta havia terminado, mas muitas vezes separou a Igreja do Oriente da Igreja romana.

Polêmica sobre o *Filioque*

Surge mais um ponto de discordância entre os dois grupos do antigo Império Romano. O símbolo da fé proclamado em Constantinopla (381), ao desenvolver o Credo niceno de 325, afirmava: "Cremos [...] no Espírito Santo [...] que provém do Pai". O texto aponta que a origem eterna do Espírito Santo apenas se relacionava com Deus, único Pai. Esse texto foi modificado por primeiro, ao que se sabe, pela Igreja espanhola em finais do século VI, com a finalidade de combater o arianismo dos visigodos. E assim se afirmava que a terceira pessoa trinitária provinha por sua vez do Pai *e* do Filho (em latim *Filioque*). Esse acréscimo foi estendido aos territórios vizinhos, particularmente à Gália, aceito no século VIII. Essa fórmula foi muito contestada pelos orientais. No Oriente se considerava que o Espírito Santo provém do Pai pelo Filho.

Os debates se agravaram quando o poder político resolveu intervir. No final do século VIII eram tensas as relações entre o Ocidente e o Oriente. Carlos Magno resolveu impor a afirmação ocidental e derrotar os inimigos. Na assembleia de 796, depois em 809, conseguiu a chancela para a sua atitude. O imperador pensou que a melhor maneira de convencer os orientais a sair da heresia era persuadir o Papa Leão III a inserir a adição do *Filioque* no Credo. O papa, mesmo com as pressões, recusou-se em 810 a modificar os textos da fé cristã. A questão ficou esquecida por sessenta anos, retornará no tempo de Fócio.

O tempo de Fócio (séc. IX)

Inácio, patriarca de Constantinopla, foi preso (858). Tomara posição contra o tio poderoso do imperador, Miguel III Bardas, de vida pregressa. Inácio foi substituído por Fócio. Culto, descendia de uma família nobre com altos cargos no palácio. Era leigo e recebeu as ordenações necessárias para ascender à sede patriarcal. Sem dúvida, Fócio é o personagem mais conhecido que durante muito tempo ocupou o trono patriarcal de Constantinopla, um dos grandes protagonistas da história bizantina. Nenhum outro exerceu uma influência tão decisiva no que tange às relações entre a Igreja grega e o pontificado romano (ORLANDIS, 2012, p. 194). Conhecedor dos acontecimentos de Constantinopla e sabedor que seus legados haviam sido subornados, o Papa Nicolau I (858-867) enviou uma carta ao imperador bizantino onde recordava com firmeza os direitos do papado e denunciava como anticanônica a deposição de Inácio. Uma parte do alto clero já havia apelado ao papa, relatando as circunstâncias da deposição do patriarca. A divergência desse tempo não é mais de doutrina, mas de personalidades: Inácio e Fócio.

Em 863 Nicolau I realizou um sínodo na Basílica do Latrão. O resultado: deposição e excomunhão aos dois legados subornados por Fócio; decretou que Inácio era o verdadeiro arcebispo de Constantinopla e que Fócio deveria ser excomungado, caso se recusasse a entregar o bispado a Inácio. Fócio desobedeceu ao papa, tendo o imperador e o tribunal ao seu lado. Além disso, Fócio escreveu ao Papa Nicolau que, se não confirmasse sua nomeação, o imperador iria a Roma para prendê-lo e depô-lo. Silêncio total de Roma. Fócio excomungou o papa e os latinos em 867. Sendo o patriarca de Constantinopla escreveu uma encíclica em que defendia suas ações, pois os latinos e o papa jejuavam nos sábados, não começavam a quaresma somente a partir da Quarta-feira de Cinzas, não permitiam o matrimônio dos padres e adotaram o *Filioque*. Sendo assim, o papa e seus seguidores eram hereges. Uma questão importante, não compreendida neste contexto (e no atual?), é que o primado do papa não pode ser exercitado do mesmo modo sobre todas as Igrejas, sem conduzir a graves conflitos (MONDIN, 1995, p. 111).

No ano de 867, o Imperador Miguel III foi assassinado e Basílio, o macedônio, tornou-se o imperador. Fócio perdeu seu cargo e foi expulso de Constantinopla. Inácio foi reabilitado. Também nesse ano morreu o Papa Nicolau I, seu sucessor foi Adriano II (867-872). A pedido de Inácio e do novo imperador, o papa enviou três legados a Constantinopla para assistir a um sínodo. Esse sínodo se transformou no IV Concílio Geral de Constantinopla e VIII da Igreja (869). O concílio examinou e condenou todos os atos de Fócio que foi excomungado e reduzido às condições de leigo. Fócio foi ao concílio, mas não se defendeu. O concílio aprovou 22 cânones, a maioria tratava de assuntos referentes ao episcopado. O concílio foi encerrado, mas a história de Fócio não.

Exilado no mosteiro em Stenos, no Bósforo, começou a conspirar seu retorno. Escrevia a amigos e ao imperador, sempre com muitos elogios. Essas adulações fizeram com que o imperador o chamasse do exílio designando-o como tutor de seu filho. Fócio fingiu uma reconciliação com Inácio. O então exilado reencontrou os amigos e ficou extremamente popular, buscando recuperar o posto perdido. Inácio morreu em 877 e Fócio agiu rapidamente junto ao imperador que enviou uma delegação a Roma para solicitar ao Papa João VIII (872-882) que designasse Fócio para o bispado de Constantinopla. Diante de vários fatores de poder, de políticas e para evitar um cisma o papa concordou e foram retiradas todas as acusações contra Fócio. O papa enfrentava sérias dificuldades na Itália, Roma continuava a ser ameaçada pelos sarracenos, único auxílio militar seria o bizantino. Em 878 Fócio, mais uma vez, tornou-se arcebispo de Constantinopla. Essa foi uma vitória dos orientais que ficaram satisfeitos ao verem a Cristandade ocidental renunciar a alguns de seus princípios para manter essa relação com o Oriente. Neste final do século IX estava recuperada a universalidade da Igreja, por pouco tempo. Mais tarde, Fócio servirá de inspiração aos bizantinos desejosos de uma autonomia completa em relação a Roma.

> Os estudos de Dvornik sobre Fócio contribuíram para sua reavaliação: não obstante sua personalidade e seus escritos terem determinado de modo definitivo a orientação da Igreja de Constantinopla em sentido hostil a Roma, Fócio é considerado um dos maiores doutos orientais, um homem de sentimentos nobres e inspirado por um amor sincero à Igreja (MONDONI, 2014, p. 47).

Miguel Cerulário e o cisma (1054)

O Império Bizantino alcançou um ressurgimento de seu poder político entre os anos de 963 a 1025. A reconquista da Síria, a anexação da Bulgária, o domínio da Armênia, da Sérvia, da Croácia fortaleceu também sua força e prosperidade interna. Esse poderio do Estado refletiu sobre os patriarcas de Constantinopla. É nesse contexto que Miguel Cerulário se torna patriarca de Constantinopla (1043). De família senatorial, foi um personagem influente e escutado pelo soberano. Em 1052 ordenou o fechamento de locais de culto de rito latino em Constantinopla. Enviou uma carta aos dignitários eclesiásticos do Ocidente denunciando certas práticas: uso do pão ázimo na missa, comerem carnes não sagradas, o jejum no sábado, a supressão do "Aleluia" durante a quaresma. A carta era na verdade um ultimato. O Cardeal Humbert de Moyenmoutier foi encarregado de redigir uma resposta: lembrava altivamente a autoridade e a preeminência da sede apostólica, a sua infalibilidade nas questões doutrinais.

O Papa Leão IX (1049-1054) na tentativa de apaziguar o conflito enviou núncios a Constantinopla. A estratégia era negociar com o imperador e o patriarca. O pontífice, porém, faleceu em abril de 1054 e o seu sucessor não foi imediatamente escolhido. A situação delicada teve sua continuidade. Cerulário se recusou a negociar com os representantes de Roma. Os núncios depuseram no altar da Igreja de Santa Sofia (julho de 1054) uma bula de excomunhão contra o patriarca. Dias depois este respondia por meio de um edito sinodal, condenava as atitudes dos enviados de Roma e opunha-se a qualquer reconciliação. O patriarca de Constantinopla e o legado papal se ditaram mútuas excomunhões. Naquele momento não se deu a importância devida à gravidade dos acontecimentos. A cúria, o clero do Ocidente, pensava que não se tratava de uma nova separação e logo encontrariam soluções para o ocorrido. Ilusão, pois este foi um cisma entre as Igrejas grega e latina, o mais grave da história da Cristandade.

Em 1965, ao finalizar o Concílio Vaticano II, o Papa Paulo VI e o Patriarca Atenágoras firmaram uma declaração conjunta lamentando o intercâmbio de injúrias e os excessos cometidos no passado por membros de ambas as comunidades. Esse ato foi o início de um possível e longo processo de proximidade.

XII
As Cruzadas

Introdução

Este capítulo analisa esse importante momento da instituição religiosa e do poder temporal no período medieval: as Cruzadas. São tropas que foram enviadas à Palestina para recuperarem a liberdade de acesso dos cristãos a Jerusalém. São dois séculos na tentativa de retomar o território. A luta pela Terra Santa foi iniciada logo após o domínio dos turcos sobre essa região considerada sagrada para os cristãos. De 1096 a 1270 a Cristandade organizou oito Cruzadas, além de uma cruzada popular. Cada uma com características e consequências específicas. O estudo também tem por objetivo verificar se essa estratégia naquele momento histórico foi a melhor para a instituição eclesiástica tendo por base o seu texto sagrado. A instituição religiosa foi instrumentalizada pelo feudalismo?

Temporal e espiritual, uma única luta

No auge do século XI, a Palestina foi tomada pelos turcos que fecharam as portas de Jerusalém para os cristãos. Esse foi o pretexto para se iniciar as chamadas guerras santas ou peregrinações (Cruzadas, essa denominação é do século XIII). A palavra se refere ao sinal distintivo do peregrino armado: a cruz.

O Papa Urbano II (1088-1099), no Concílio de Clermont (1095), convocou a I Cruzada com o intuito de reconquistar Jerusalém. Iniciaram-se assim as Cruzadas, expedições militares que partiam da Europa cristã a fim de combater os muçulmanos no Oriente. A novidade consistia no fato de que a expedição seria comandada pelo próprio papa que ficará marcado na história por esse ato.

Diversos fatores conjugados levaram às Cruzadas, dentre eles: o sentimento religioso, as condições da Europa no Ano Mil, o aumento populacional, os interesses das elites medievais. No século X a Europa vivia um crescimento populacional ocorrido por três séculos pela implementação da tecnologia agrícola vinda do Oriente. Isso permitiu um aumento na produção, saúde melhor e aumento da fertilidade e da longevidade. Esse crescimento trouxe diversos problemas, aumento dos mendigos, dos assaltantes, do excesso de filhos para os nobres e falta de terras.

A peregrinação à Terra Santa (Jerusalém) era o grande momento do cristianismo. Havia um grande fluxo de pessoas por toda a Europa que fazia o trajeto de sua região para conhecer o Santo Sepulcro. As diversas casas reais se interessaram pela convocação do papa para a reconquista dos lugares santos. Cada grupo tinha seus interesses em relação às guerras. Havia grupos querendo tomar o ouro e as riquezas dos árabes, outros tinham interesse em novas terras, outros no controle do mediterrâneo e nas rotas comerciais por terra. A mais importante consequência das Cruzadas foi a tomada do controle das rotas do Mediterrâneo pela aristocracia italiana, aliada da Igreja e com o apoio dos exércitos cruzados. O controle do Mediterrâneo pelos italianos mudou a face da Europa e revitalizou as feiras em diversos territórios. Nesse processo, diversos grupos de artesãos uniram-se em cooperativas e sindicatos para regularizar o comércio que se tornava internacional.

Outro desdobramento das Cruzadas foi a criação da Ordem dos Cavaleiros Templários (*c.* 1120). Essa ordem foi criada pela ideia de "guerra santa". Com os exércitos cruzados foi possível ao papa retomar a Península Ibérica. Somente no século XI os cristãos conseguem avançar na península e retomar parte dela. A reconquista total se dará apenas no século XII. Em 1304, Dom Diniz pede ao papa que transforme, em Portugal, a Ordem dos Templários situada na península como Ordem de Cristo. Em 1417, o infante Dom Henrique determina que a missão da ordem é a conquista (expansão da fé) da Ásia por via marítima. Iniciam-se, assim, as grandes navegações portuguesas. O Concílio de Vienne (1312) suprimiu essa Ordem dos Templários.

As peregrinações armadas

A **Primeira Cruzada** (1095-1099) foi convocada pelo Papa Urbano II no Concílio de Clermont. Urbano convocou os cristãos para uma guerra santa contra o Islã. Os cavaleiros tomaram a cruz branca como símbolo da cruzada. Esse primeiro grupo contava com fiéis exaltados, provenientes das baixas camadas sociais, que partiram em direção a Jerusalém, sob a liderança do místico Pedro o Eremita. Sem organização, armamento ou abastecimento, a Cruzada dos Mendigos, como ficou conhecida, foi totalmente destruída na Ásia Menor.

Em 1096, partiram oficialmente os cavaleiros da Cruzada: Roberto II de Flandres, Raimundo de Tolosa, Roberto da Normandia, Godofredo de Bulhão, Balduíno de Flandres, Boemundo de Tarento e Tancredo, chefe normando do sul da Itália. Uma cruzada da nobreza, sem a participação de nenhum rei. Em Constantinopla receberam o apoio do imperador bizantino e sitiaram Niceia; tomaram o Sultanato de Dorileia, na Ásia Menor; conquistaram Antioquia e avançaram sobre Jerusalém, conquistada em 1099. Os chefes cruzados fundaram uma série de estados cristãos obedecendo o sistema da Europa, o feudalismo. A rivalidade entre os cristãos enfraquecia as suas posições. Entre os muçulmanos também havia divisões, especialmente entre os seldjúcidas e os fatímitas do Egito.

A **Segunda Cruzada** (1147-1149) foi provocada pela queda de Edessa e foi uma iniciativa do Rei Luís VII da França e lançada pelo Papa Eugênio III que assim definiu os privilégios que seriam concedidos aos cruzados: indulgências que lhes perdoariam as penitências expiatórias ligadas ao perdão dos pecados graves, a proteção de suas famílias e dos seus bens, a suspensão dos processos judiciais em que estivessem envolvidos. Essa cruzada foi pregada na Europa por São Bernardo. Ao empreenderem a ofensiva na Terra Santa, foram derrotados em Dorileia; depois tentaram inutilmente organizar expedições contra Damasco e Ascalon.

A **Terceira Cruzada** (1189-1192) foi organizada depois da conquista de Jerusalém pelo Sultão Saladino, em 1187. Conhecida como a Cruzada dos Reis. Participaram Ricardo, Coração de Leão (Inglaterra); Filipe Augusto (França) e Frederico Barba-roxa (Sacro Império). Encorajados pelo Papa Inocêncio III, partiram para a Terra Santa. Frederico atacou os muçulmanos e em seguida morreu afogado. Seu filho, Frederico da Suábia o substituiu e morreu durante o cerco de São João D'Acre. Ricardo e Filipe tomaram São João D'Acre pouco depois. Ricardo Coração de Leão assinou um armistício com o Sultão Saladino, pelo qual os cristãos eram autorizados a peregrinar até Jerusalém; Ricardo recebeu um pedaço de terra entre Tiro e Jaffa.

A **Quarta Cruzada** (1202-1204) foi convocada pelo Papa Inocêncio III, tendo como finalidade atingir o Egito. Organizada pelo imperador alemão Henrique VI, recebeu adesão de nobres franceses: Bonifácio de Montferrat e Balduíno de Flandres. Foi uma cruzada essencialmente marítima. O Doge de Veneza, Enrico Dandolo, forneceu o transporte até o Egito. A exigência dos venezianos é que os cruzados deveriam atacar Zara, no Mar Adriático, porto estratégico entre Veneza e Constantinopla. As atividades cometidas contra cristãos em Zara levaram Inocêncio III a excomungar os venezianos. Os venezianos tomaram Constantinopla de assalto, saqueando-a e matando muitos de seus habitantes.

Os cruzados formaram o Império Latino de Constantinopla, governado por Balduíno de Flandres, tutelado pelos venezianos. Esse império durou até 1261, quando Miguel Paleólogo, com o suporte dos genoveses, reconquistou a cidade. Satisfeitos com o saque realizado em Constantinopla e com a conquista do monopólio comercial para Veneza, os cruzados abandonaram seus objetivos e voltaram à Itália. A Quarta Cruzada garantiu o monopólio comercial do Oriente para a Itália e a prosperidade da Igreja na Itália.

A **Quinta Cruzada** (1217-1221) – No ano de 1212 foi organizada a denominada **Cruzada das Crianças**. Formada por jovens que deveriam reconquistar Jerusalém. Pensavam os cristãos que os jovens, inocentes e sem pecados, conseguiriam vencer os muçulmanos e recuperar Jerusalém. Embarcados em Marselha (França), aportaram em Alexandria (Egito), onde acabaram vendidos como escravos. Pela pregação do Papa Honório III, o rei da Hungria, André III, e o duque da Áustria, Leopoldo VI, chefiados pelo Barão João de Brienne, organizaram a Quinta Cruzada. Em 1217 iniciaram diversas ofensivas no Egito. Após algumas vitórias, ficaram isolados pelas inundações do Rio Nilo e desistiram da campanha militar.

A **Sexta Cruzada** (1228-1229) – Aproveitando-se da discórdia entre o sultão do Egito e o sultão de Damasco, o Imperador Frederico II conseguiu, por meio de negociações diplomáticas, que os turcos lhe entregassem Jerusalém, Belém e Nazaré. Em 1229, o imperador recebeu a coroa real no Santo Sepulcro e regressou à Europa.

A **Sétima Cruzada** (1248-1250) – Em 1239, o Papa Gregório IX convocou mais uma cruzada. Antes de iniciar a cruzada os turcos reconquistaram definitivamente Jerusalém, em 1244. O rei da França, Luís IX (depois canonizado), tomou a iniciativa de comandar a Sétima Cruzada. Após alguns êxitos militares, o exército do rei foi dizimado pelo tifo e isolado pelas inundações do Rio Nilo. Acabou cercado pelos turcos e Luís IX foi aprisionado. Seu resgate custou o abandono das posições conquistadas e o pagamento de 5.000.000 libras tornesas (moeda de ouro cunhada na França).

A **Oitava Cruzada** (1270) – Nesse período reinava a anarquia entre os cristãos no Oriente Médio. As ordens religiosas de monges cavaleiros, criados para permanecerem na região e defendê-la, viviam em conflitos contínuos. Eram estas as ordens de cavaleiros: Templários, Guardiões do Santo Sepulcro; os Hospitalários, que cuidavam dos hospitais na Terra Santa; e os Cavaleiros Teutônicos, organizados para dar atendimento aos doentes. O Rei Luís IX tomou a frente dessa cruzada de 1270, dirigindo-se a Túnis, impulsionado pela esperança de que o emir desse lugar estivesse disposto a ser batizado e entrasse em campanha contra o Egito como aliado dos ocidentais. Nas cercanias de Cartago o rei morreu de peste, em agosto de 1270. A conquista de São João d'Acre pelos muçulmanos em 1291, última fortaleza dos cristãos, encerrou o tempo das Cruzadas.

Razões do fracasso e repercussão das Cruzadas no Ocidente

Vários foram os motivos que levaram ao fracasso das Cruzadas no Oriente Médio. Uma das razões fundamentais foi o caráter superficial da conquista, que não criou raízes no meio da população conquistada. As disputas entre os cruzados tiveram efeitos desastrosos, envolvendo lutas entre senhores feudais, choques entre venezianos e genoveses e entre as ordens religiosas.

A expansão europeia iniciada com as Cruzadas não se limitou às oito expedições ao Oriente Médio. Na Península Ibérica, os reinos espanhóis cristãos iniciaram a reconquista contra os muçulmanos, realizando uma expansão territorial agrária e aristocrática. Os comerciantes das cidades italianas de Gênova, Pisa e Nápoles reconquistaram o Mediterrâneo aos árabes; essa expansão teve um caráter marítimo, mercantil e popular. A expansão europeia contribuiu para a abertura do Mediterrâneo e para a intensificação do tráfego comercial entre Ocidente e Oriente. O comércio de produtos do Oriente ampliou o mercado consumidor do Ocidente pela introdução de novos produtos. Juntamente com esse comércio foram introduzidas no Ocidente novas técnicas comerciais, agrícolas e industriais. A dinamização do comércio provocou o renascimento das cidades, o surgimento de uma classe de comerciantes, as trocas monetárias e a economia de mercado. Evidente que tudo isso trouxe importantes questões para o imaginário e discussões internas e externas para a instituição religiosa.

		As Cruzadas
	Data	Principal acontecimento
I	1095-1099	Cruzada popular (dizimada pelos turcos). Cruzada dos cavaleiros tomam Jerusalém em 1099
II	1147-1149	Reconquista turca pelo sultão Saladino
III	1189-1192	Pacto para o direito de peregrinação
IV	1202-1204	Conquista de Constantinopla e reabertura do Mediterrâneo
V	1217-1221	Sem sucesso
VI	1228-1229	Acordos diplomáticos
VII e VIII	1250-1270	Sem sucesso

XIII
Aspectos da Inquisição medieval

Introdução

Este capítulo tem a finalidade de apresentar alguns aspectos de suma relevância sobre a Inquisição medieval. Será contextualizado o cenário que deu origem e desenvolvimento a esse acontecimento, quer dizer, a situação sócio-político-religiosa que provocou a Inquisição. Essa análise procura adentrar aos problemas que originaram e agitaram a ação do Estado e da Igreja.

Inquisição, o conceito

Ao longo da história, a palavra "Inquisição" – com toda a conotação que ela representa para a humanidade – adquiriu várias definições. A palavra deriva do latim *inquirere*, que significa "investigar". Investigar e punir hereges. Inquisição também é um instituto jurídico para a preservação da fé cristã católica e, mais, do *status quo* social, com medidas anti-heréticas de aspecto punitivo. Seu período se estende do século XII ao século XIX, tendo suas origens na legislação dos imperadores cristãos da Antiguidade. Com o renascimento do Direito Romano no século XII, terá seu desenvolvimento. Sua evolução pode ser dividida em três fases: medieval, entre os séculos XIII e XV, com o objetivo de sufocar as heresias e práticas mágicas; espanhola, entre os séculos XV e XIX, na Península Ibérica, com foco nas falsas conversões de judeus ao cristianismo; e romana, entre os séculos XVI e XVIII, para conter a difusão do protestantismo na Península Italiana (BOVI, 2003, p. 393-395).

O evento da inquisição sempre causou espanto naqueles que dela tomam conhecimento. Nesse primeiro momento é necessário buscar conhecê-la em seu contexto social, político, econômico.

> A inquisição, enquanto instituição humana, nasceu e permaneceu imersa no mundo que a envolvia, que a explica e que a modelou. Logo, sem conhecer esse mundo, não poderemos julgá-la. Eram condições culturais, políticas, sociais, econômicas, religiosas, científicas, que moldavam certo estilo de vida, muito diferente do nosso (GONZAGA, 1993, p. 20).

O mundo medieval e o nascimento da Inquisição

O modus vivendi medieval

O estilo de vida na Idade Média é bastante severo. Uma série de fatores fornece um panorama da época:

- Cidades: ruas estreitas, sombrias, imundas, com mau cheiro (esgoto a céu aberto, lixo, sobra da cozinha); presença de muitos cães, gatos e ratos; doenças.
- Habitações: precárias, mal-iluminadas e pouco arejadas; sem água corrente, banheiros ou talheres para a alimentação.
- Morte: vivia-se, em média, de 30 a 40 anos (reis e senhores chegavam aos 50 ou 55 anos). Grande índice de mortalidade infantil, inclusive nos estratos superiores.
- Fome: fenômeno que dizimou populações por falta de eficientes métodos de cultivo, más condições de armazenagem, precariedade dos transportes.
- Saúde: ausência de profissionais, anestesia ou higiene; diversas epidemias por causa da desnutrição; difusão da peste negra.
- Guerras: pilhagens, saques, incêndios, roubos, violências.
- Política: enorme desigualdade social e econômica.

A presença e o papel da religião

A Idade Média era notadamente teocêntrica porque sua tríplice estrutura (social, política e religiosa) culminava num ápice comum: Deus. Esse é o mais absoluto dos valores e todas as atividades medievais, individuais, familiares e sociais se hierarquizavam em dependência dele. É dentro da predominância do fator religioso sobre os demais que se deve analisar a Idade Média. A comunidade política fundava-se sobre a unidade religiosa.

Após a queda do Império Romano (476), restou apenas a Igreja como a única instituição poderosa e universal. As ideias sobre Deus, morte, céu, inferno envolviam cada pessoa numa forte atmosfera de religiosidade (a liturgia, as festas, o calendário, a arte, a música, o sino, o clero). Era incomum uma sociedade religiosamente plural. O fator religioso não era apenas algo que expressava a relação entre a humanidade e Deus, mas também capaz de unir as pessoas de mesmo credo ou de separar os de credo diferente (GONZAGA, 1993, p. 59).

A religião sempre marcou profundamente a sociedade com suas normas, orientações e formas de organização. Com isso, havia fortes implicações em âmbitos diversos: no plano político a religião serve como instrumento político a serviço da identidade nacional, de unificação, de fortalecimento do patriotismo; no plano educativo a religião instrui, constitui meio de paz social e de freios às paixões, compelindo a todos à moralidade e à boa conduta. É inegável esse vínculo estreito entre a autoridade civil e a religiosa. Ambas, derivadas de Deus, eram aspectos da mesma realidade.

Nascimento da Inquisição

Na tentativa de formular sua doutrina, a Igreja, desde o princípio, deparou-se com cismas e heresias. Todos esses movimentos e ideias causavam uma série de "prejuízos" à Igreja – dispersão do rebanho, confusões acerca da fé e desunião. Muitos sábios e doutores viam a gravidade do problema e contribuíam fortemente para a resolução dessas questões. E, contra essas manifestações, a Igreja reagia com debates, persuasão, trabalho pastoral, sínodos. Embora com medidas incisivas da Igreja para combater os "erros de fé", continuava a propagação de heresias durante a Idade Média. Em todos os lugares, cada vez mais, surgiam desvios religiosos que conturbavam e desvirtuavam a estrutura do cristianismo, o que serviu de causa para o nascimento da Inquisição.

Frente a essas diversas e complexas situações, no III Concílio de Latrão (1179), a Igreja procurou adotar atitudes mais severas. A medida tomou uma proporção maior quando, em 1184, no Sínodo de Verona, o Papa Lúcio III (1181-1185) e o Imperador Frederico I, o Barba-roxa, unificaram a repressão na Península Italiana com a constituição decretal *Ad Abolendam* (para abolição). Essa ordenava aos bispos que procurassem (*inquisitio*), duas vezes ao ano, os hereges em suas dioceses; os culpados eram excomungados e entregues às autoridades civis para acrescentarem as penas do Direito comum. Surgiram, assim, as bases do que viria a se chamar "Inquisição": colaboração entre Igreja e poder laico; imposição aos fiéis de denunciar hereges; confisco de bens e perda de direitos civis. Essa incipiente fase é chamada "Inquisição episcopal" porque esteve centrada nos ordinários locais (bispos), primeiros responsáveis pela defesa das verdades de fé.

Em 1199, Inocêncio III (1198-1216) dirigiu aos católicos de Viterbo a célebre decretal *Vergentis in Senium*, alimentando a ideia de rigor. O papa que tornou o sistema inquisitorial mais frequente enviou monges cistercienses como legados pontifícios para disputar com os hereges nos territórios em que eles estavam mais presentes (como em Toulouse, sul da França). Por isso essa fase é chamada "Inquisição legatina", que atuou simultaneamente à "Inquisição episcopal". Em 1208, Inocêncio III organizou uma Cruzada contra os albigenses, queimando hereges e confiscando os bens dos culpados. A guerra sob a direção do Barão Simão de Monfort e do abade Arnaldo de Cister prolongou-se de 1209 a 1229.

Em 1215, o IV Concílio de Latrão determinou aos bispos franceses instalarem tribunais nas localidades mais atingidas, convidando a população a denunciar, para a Justiça, os suspeitos de heresia. Com os cânones do Sínodo de Toulouse (1229) ficava estabelecido o modo definitivo no procedimento a ser seguido para a punição dos hereges:

a) Fogueira para os hereges convictos, fautores e protetores.

b) Quem oferecesse abrigo a herege perderia sua propriedade e seria imputada uma pena corporal.

c) A casa em que fosse descoberto um herege deveria ser destruída e o local confiscado.

d) Somente aos bispos e a alguns eclesiásticos era reservado o juízo sobre as pessoas.

e) Os hereges arrependidos deveriam ser submetidos a penitência, excluídos dos ofícios públicos e trajar duas cruzes na indumentária para serem identificados.

f) Quem se retratasse apenas por medo da morte deveria ser aprisionado.

g) Os hereges relapsos seriam queimados (MONDONI, 2014, p. 82).

E em 1231 ou 1232 (LE GOFF, 2007, p. 124), por meio da bula *Excommunicamus* do Papa Gregório IX (1227-1241), a Inquisição passou a ser oficialmente assumida pela Igreja com a nomeação dos primeiros inquisidores permanentes, os quais deveriam trabalhar em estreita união com os ordinários eclesiásticos locais – os bispos – e o poder civil. Há uma consideração importante sobre essa etapa da Inquisição:

Não se prové, entretanto, a Inquisição de um tribunal especial para uma determinada categoria de crimes ou de réus – nesse sentido, por toda a Idade Média, um tribunal da Inquisição jamais existiu –, mas sim a nomeação de um juiz extraordinário, cuja competência se apoia naquela do juiz ordinário, o bispo (PAPPALARDO, 2019).

Somente em 21 de julho de 1542, por meio da bula *Licet ab Initio*, de Paulo III (1534-1549), é que um tribunal é instituído a partir da reorganização do sistema inquisitorial medieval, com a criação da Congregação da Sacra Romana e Universal Inquisição, ou Santo Ofício. Em dezembro de 1965, Paulo VI (1963-1978), por meio do *motu proprio* intitulado *Integrae servandae,* muda o nome dessa instituição para Sagrada Congregação para a Doutrina da Fé, em 1980 com o documento *Pastor Bonus*, o Papa João Paulo II (1978-2005) muda novamente o seu nome para Congregação para a Doutrina da Fé.

Os legados pontifícios geralmente eram constituídos pelos dominicanos e, a partir de 1238, pelos franciscanos (GONZAGA, 1993, p. 95). Por meio dessa bula, de Gregório IX (1227-1241), a inquisição recebeu seu regulamento sistemático. Aqueles condenados deveriam ser executados dentro de oito dias pelo braço secular. Durante o processo os acusados não se beneficiavam de nenhuma assistência jurídica. O Tribunal do Santo Ofício começou na França e passou depois a outros países. Daí a necessidade de o Papa Urbano IV (1261-1264) nomear João Caetano Ursino para as funções de inquisidor geral, ou seja, criar um órgão superior, que centralizasse os trabalhos, decidisse os recursos e tirasse dúvidas. O inquisidor era um verdadeiro juiz, beneficiado de jurisdição estável, era nomeado pelo superior da ordem.

XIV
As heresias

Introdução

Apresentar uma conceituação de heresia e as principais desse período é a finalidade deste capítulo. A compreensão dessa temática no contexto é fundamental para a compreensão do imaginário religioso e institucional na Idade Média. Outro objetivo é verificar a diferenciação das heresias e da bruxaria. A instituição equiparou as duas questões?

Para entender as heresias

Conforme sua etimologia, a noção de heresia pode ser estendida além das condições religiosas propriamente ditas até as ideologias que, apesar de serem totalmente profanas no seu objetivo e na sua finalidade, comportam um engajamento total do ser humano, o doar-se a uma causa de maneira tão absoluta como se se tratasse de um destino supremo. A palavra é de origem grega, "*haireses*", e significa "escolher, escolha", "erro", "opinião diferente". Na Idade Média, em matéria de fé não havia escolha. O cristianismo era a única religião aceita oficialmente. Ficar fora desse único elemento religioso, de suas normas, dos dogmas ou das doutrinas estabelecidas equivalia a cair em heresia.

A insatisfação geral dos cristãos em relação ao comportamento da maior parte do clero: apegado às riquezas, vida luxuosa do alto clero, mais preocupado com o acúmulo dos bens materiais do que com a pregação evangélica, despreparo de grande parte dos sacerdotes, desatentos às necessidades espirituais dos fiéis, e a aprovação da Igreja a um sistema social feudal que explorava a maioria da população. Tudo isso favoreceu o aparecimento de pensamentos contrários à ortodoxia (reta opinião), os ensinamentos oficiais da Igreja. A partir do Ano Mil, pulularam heresias ligadas aos dogmas ou aos costumes, seja da parte dos populares, seja dos eruditos, num clima de choque entre as tendências de clericalização e de laicização da Igreja. Sem proteção dos governantes, os sectários passaram a praticar seus cultos secretamente, o que criou uma nova demanda: descobrir tais práticas, criando-se, para tanto, a Inquisição medieval. As heresias foram na Idade Média ideias ou movimentos de contestação religiosa. A diversidade religiosa não era considerada pela Igreja, fora do cristianismo tudo era heresia e, portanto, uma das principais preocupações da instituição religiosa era a unidade, sem pluralismos.

> A Idade Média foi o momento de um fervilhar de heresias no interior de um sistema homogêneo, que era o cristianismo. A Igreja preocupou-se em destruir estes desvios, e com violência. [...] O que ocorria, sobretudo, eram movimentos de resistência ou de revolta com relação à instituição eclesiástica. E é nisso que as heresias, apresentadas sob um aspecto inteiramente negativo, constituem também um sinal de vitalidade daquela época, na qual fermentava, irreprimível, a liberdade de pensamento (DUBY, 1998, p. 133).

A heresia atacava a Igreja e a sociedade no seu bem mais essencial, que era a fé. Nesse sentido, não se pode entender a Inquisição fora do seu contexto sociológico. É na cidade que os hereges – com suas ideias inovadoras – encontravam seus adeptos, por conta de nelas se encontrarem as mentes mais abertas. É o caso, por exemplo, de Joaquim de Fiore, que aspira por uma "era do Espírito" e uma "nova Igreja" (CHENU, 1973, p. 954). A

Igreja procurou nomear as heresias, muitas vezes rotulando os hereges como "maniqueus". O nome é originário de Mani, mestre religioso do século III (Mesopotâmia). O líder tentou conciliar o cristianismo com antigas ideias persas e interpretar o mundo como um campo de batalha entre duas forças poderosas, o bem e o mal, a vida do espírito e a vida da carne.

Esses grupos não representavam novidade para a instituição religiosa. A Igreja antiga necessitou combater diversas heresias como já foi apresentado no início deste estudo (arianismo, monofisismo, nestorianismo). Na Idade Média se tornaram verdadeiras seitas.

Principais grupos heréticos

Cátaros

Os grupos mais célebres de hereges na Idade Média foram: os cátaros (puros) e os valdenses. Os cátaros (ou albigenses, cidade de Albi, no Languedoc – França, principal centro do grupo) condenavam o direito da propriedade privada e a abolição do matrimônio, pois estas seriam coisas vindas de satanás. Dos bogomilos (movimento nascido na Bulgária, séc. X), receberam o dualismo entre o Deus bom e o princípio do mal e, por isso, acreditavam que na matéria do corpo, na sexualidade residia todo princípio maligno, portanto maniqueístas. Era necessário manter um forte exercício ascético (ascese severa), de abstinências e jejuns, para se livrar dessa força destruidora (LENZENWEGER, 2006, p. 193). Aprovavam e adotavam a *"endura"*, isto é, o suicídio voluntário e obrigatório por meio de jejuns ou envenenamento. Deveriam renunciar à atividade sexual, especialmente quando se tratava de procriar. A prática do vegetarianismo e a recusa de cumprir obrigações seculares eram regras do grupo. O bogomilismo defendia que a Igreja de Roma fora corrompida pela riqueza e que o verdadeiro cristianismo existia apenas na pobreza e na vida simples.

Combatiam o culto à Virgem Maria, aos santos e às imagens que havia nos templos.

A doutrina cátara tinha uma Igreja organizada e atraíram milhares de seguidores que não aceitavam a riqueza e a opulência da Igreja Católica. O catarismo estava localizado geograficamente no sul da França, o rei tinha interesse em conquistar o território. Diversos bispos aderiram ao dualismo. O movimento cresceu em grandes proporções que chegou a reunir, em 1167, um concílio herético em Caraman (França). A Igreja enviou seus legados na tentativa de acabar com a heresia, mas no condado de Toulouse a situação ficou drástica, pois o conde Raimundo VI apoiava os albigenses. Em 1208 o legado papal foi assassinado e, assim, o Papa Inocêncio III convocou os senhores do norte da França a pegar em armas contra os heréticos. Os cátaros foram massacrados na primeira metade do século XIII na Cruzada dos Albigenses, organizada pela Igreja em acordo com o rei da França, Luís VIII.

Valdenses

Os valdenses eram um grupo liderado por Pedro Valdo (ou Valdés), um rico comerciante de Lião. Ele desprendeu-se de todos os seus bens e os entregou aos pobres e, por isso, esse grupo era conhecido como "os pobres de Lião". Afirmavam ser a Bíblia, particularmente o Novo Testamento, "a única regra de fé e prática: o que não tenha garantia nas Escrituras não é justificado na Igreja" (WALKER, 2006, p. 356). Valdo pregou a pobreza e a imitação de Cristo e criticou os pecados do clero. Seu movimento teve seu início em 1170.

O arcebispo de Lion proibiu Pedro Valdo de continuar a pregação do Evangelho, considerando que ele e seu grupo eram propagadores da heresia, e o baniu. Revoltou-se dizendo que obedecia somente a Deus e não à Igreja. Diante dessa situação, Pedro Valdo partiu para Roma com o intuito de falar com o Papa Alexandre III (1159-1181), a fim de defender sua iniciativa no III Concílio de Latrão (1179), lançando um anátema sobre os cátaros e pedindo a formação de uma Cruzada para combatê-los. Devido à oposição à autoridade eclesiástica, foram excomungados por Lúcio III (1181-1185), no Sínodo de Verona (1184).

Após a excomunhão, os valdenses começaram a viver na clandestinidade. Ordenaram bispos, presbíteros e diáconos. Rejeitavam a autoridade da Igreja, os sacramentos (admitiam o Batismo, a Eucaristia e a Penitência) e o culto aos santos. A Sagrada Escritura se tornou a norma doutrinal e um código jurídico. O centro do movimento era a França e a Lombardia. Os lombardos lutavam pela eleição e ordenação dos próprios pastores e a sua ideia era conservar suas associações de trabalhadores. A ruptura entre os franceses e lombardos ocorreu em 1210. Os valdenses da França mantiveram certa ligação com a Igreja e participavam de sua liturgia. Os lombardos eram oposição. Negavam a validade dos sacramentos e instituíram serviços litúrgicos próprios. Sua expansão ocorreu pelo Piemonte, Saboia, Alemanha Meridional e Oriental, Boêmia, Morávia, Polônia, Hungria e Itália Meridional. No século XV os da Boêmia fundiram-se com os hussitas; no século XVI os de língua neolatina uniram-se aos calvinistas.

Espirituais franciscanos ou "irmãos do livre espírito"

Aqui o conflito é entre o ideal e a realidade. Esta situação ocorria desde a fundação nos séculos XIII e XIV, as controvérsias sobre a pobreza. Na Ordem Franciscana foram identificados alguns grupos heréticos, pois os seguidores do franciscano Joaquim de Fiore (os joaquimitas) e os franciscanos "espirituais" ou *fraticelli* (da extrema pobreza) foram condenados pelos próprios confrades e por João XXII, na bula *Cum inter nonnullos*. Algumas das afirmações dos espirituais: Nem o papa poderia mudar a regra franciscana, com sua radicalidade da pobreza, não poderiam ter igrejas de pedra, nem conventos. Só poderiam usar hábito de saco. O anticristo viria em 1248 e depois outras datas. Haveria um castigo e grande parte da humanidade seria eliminada, ficando um pequeno grupo que formaria o reino do Espírito Santo. A lei de Deus seria abolida instaurando a lei do amor. Essas e outras teorias dos espirituais foram condenadas pelo Papa Alexandre IV em 1255.

Alguns movimentos heréticos neste período

Nome	Período	Líderes	Motivo	Condenação
Valdenses	1173	Pedro Valdo (sul da França)	Adoção da pobreza absoluta. Proibição dos juramentos e da pena de morte. Qualquer leigo poderia realizar o ritual da missa. A Igreja romana não era considerada a Igreja de Cristo.	Excomungados em 1184, os valdenses sobreviveram durante muitos séculos na clandestinidade.
Cátaros	1140-1330	Vários (sul da França)	O mundo foi criado por satanás. Só os puros podem chegar a Deus, espírito pleno de bondade. Negavam a matéria adotando a pobreza absoluta.	Condenados em diversos concílios no século XII. Em 1209, o Papa Inocêncio III decretou uma cruzada para exterminá-los. Foram perseguidos pela Inquisição por um século.
"Irmãos do livre espírito"	1200-1500	Vários (Alemanha, França)	Adeptos da pobreza absoluta. Parte direta com Deus.	Condenados em 1209 e perseguidos pela Inquisição.

A bruxaria

O Papa João XXII (1316-1334) fez uma pesquisa entre teólogos e inquisidores em 1320 e, em 1326, admitiu a equiparação da bruxaria com a heresia, o que abria caminho para os processos na Inquisição. A presença atuante do demônio passou a ser associada à magia. Essa comparação, portanto, não adveio somente da religiosidade popular, mas também da camada culta, foi fruto da investigação racional. Procurou-se ver nas bruxas um bode expiatório para as desgraças da época (MARINI, 1991, p. 178-182).

Inocêncio VIII, pela *Summis Desiderantes Affectibus* (1484) e, sobretudo, fazendo uso de um manual chamado *Malleus maleficarum* (1486), travou uma repressão impiedosa, considerando heréticos a todos os bruxos. *O martelo das bruxas* foi elaborado pelos alemães Kramer e Sprenger, dominicanos, em 1487. Conta-se 103 bulas papais contra bruxos e bruxas, tornando a bruxaria o ato mais detestável e secreto. Mas o efeito foi contrário: devido à insistência dos papas, muitos passaram a acreditar nos reais poderes da magia. Difundiu-se na Europa a suspeita generalizada de atos de magia e qualquer coisa era razão para iniciar processos no tribunal e, consequentemente, torturas e condenações. Como os cátaros, o satanismo foi um movimento de subversão não somente aos dogmas, mas à ordem social constituída. Participavam aqueles que eram seduzidos pela melhora mágica das condições de vida.

XV
A Igreja e o Estado em relação às heresias

Introdução

Com a difusão e fortalecimento da fé cristã, os soberanos são batizados e Cristo reconhecido Senhor das nações. O poder secular tornou-se o ministro de Deus para a conservação do maior de todos os bens: a religião. A majestade do Cristo, representada pela autoridade que Ele prepôs depositar sua verdade e sua lei, devia ser respeitada mais que a majestade real, pois a unidade de fé era uma necessidade de ordem pública, de modo que não se podia perturbá-la sem atentar contra o repouso e a honra da sociedade que se gloriava de ser cristã. E a heresia, que ultrajava a verdade de Cristo e perturbava a unidade de fé, era sujeita às penalidades sancionadas pelas leis do Estado. Aos soberanos feitos súditos pelo Batismo, a Igreja pedia apoio contra os hereges. Quem era cristão havia realizado no Batismo o compromisso de conservar a fé, de ser membro da Igreja e da Cristandade até a morte, assumira supremas obrigações diante das autoridades, às quais davam o direito de urgir o fiel cumprimento. Apostatando, o cristão tornava-se perjuro, réu de um crime considerado como o maior de todos. O capítulo retrata e discute esta temática que é importante para ambas as instituições: Estado e Igreja.

Primórdios do enlace Estado-Igreja

Em relação ao enlace entre a Igreja e o Estado, pode-se entender a Inquisição – no seu sentido mais lato – em três grandes fases. A primeira vai desde a fundação do cristianismo até Constantino Magno (313 d.C., Edito de Milão). Foi confiada aos bispos a missão de vigilância. Nos primórdios, com a "inquisição episcopal", as penas aplicadas eram somente de caráter espiritual, especialmente a excomunhão. Um pouco mais duras eram as penitências dadas aos excomungados, na tentativa de alcançar a reconciliação com a Igreja. Somente mais tarde surgiu a legislação civil, com penalidades temporais. Os papas Anastácio I (389-402), Inocêncio I (402-417), Leão Magno (440-461), Hormisda (514-523), Gregório Magno (590-604) e diversos outros opuseram-se energicamente aos hereges.

A segunda fase vai até a constituição dos povos germânicos (até o VI Concílio Ecumênico, em 680-681, Constantinopla III). Período em que o cristianismo, sob os imperadores Constantino e Teodósio, tornou-se a religião permitida e oficial no Império Romano. Os imperadores acreditavam ser um dever cooperar com a Igreja na extirpação das heresias. Isso porque, sendo a religião base e fundamento da sociedade, os erros contra sua doutrina (da Igreja) eram considerados um atentado para o Estado, pois colocavam em xeque a sua unidade. O Imperador Teodósio II, em 407, assim se exprimia: "Queremos que (a heresia dos maniqueus) seja considerada crime público, pois a ofensa que se faz à religião divina é feita igualmente a todos" (RICHTMANN, 1960, p. 11). Daí os castigos para os hereges: prisão, exílio, confisco dos bens e, às vezes, a pena capital (dirigida a alguns adeptos do maniqueísmo, donatismo, priscilianismo). A heresia era até mesmo considerada como o maior crime social.

A terceira fase vai desde a constituição dos povos germânicos até a organização do Tribunal da Inquisição (séc. XIII). Devido à enorme influência que exerce o direito romano, como à união mais íntima entre o Estado e a Igreja, continuavam, contra os hereges, os mesmos castigos das épocas anteriores. Muitas vezes, o povo fazia justiça com as próprias mãos contra os hereges (linchamento).

Ordem religiosa e ordem político-social

Na sociedade europeia marcada pela mentalidade católica, os soberanos consideravam a religião católica como o maior bem da sociedade e a aliança entre a Igreja e o Estado não era apenas uma questão de direito (*de jure*), mas *de facto*. Qualquer desobediência à religião já era por si punível segundo as leis civis. A ordem religiosa e a política estavam tão unidas que se confundiam. Um violador da lei religiosa, que era uma lei orgânica do Estado, tornava-se ao mesmo tempo um violador da ordem pública e passível de severa punição.

O pensamento que predominava no campo ideológico e intelectual era teológico. Doutrinas de pensamento diferente da época eram consideradas heresias. A Igreja e o Estado estavam presentes para punir tais grupos ou doutrinas que contradiziam os valores fundamentais da fé. A Igreja e o Estado não estavam simplesmente na perseguição de heréticos em questões teológicas e intelectuais, mas também no campo prático, a fim de identificar atitudes antissociais ou antipatriotas. Tais grupos abalavam os dogmas, a moral da Igreja e a ordem social, subvertendo com ensinamentos imorais, instituições de direito natural, como o matrimônio, a família, a autoridade civil. Portanto, a Inquisição deve ser situada dentro dessa mentalidade de Cristandade em que a fé se torna uma força capaz de manter a ordem e a unidade no império.

Insistência dos reis

Igreja e Estado viam-se na necessidade de agir diante da ameaça real das heresias, já que elas atacavam o seu poder. Os reis, muitas vezes, obrigavam os papas a agir com veemência diante das heresias praticadas pelos infiéis. Uma carta de Luís VII da França, enviada em 1162 ao Papa Alexandre III, ilustra muito bem a posição que tomavam a Igreja e o Estado:

> [...] prestai atenção toda particular a esta peste (maniqueus em Flandres) e a suprima antes que se possa agravar. Eu vos suplico, pela honra da fé cristã, dai nesta causa toda a liberdade ao arcebispo (de Reims); ele destruirá aqueles que assim se levantam contra Deus, sua severidade justa será louvada por todos os que, nesse país, estão animados de genuína piedade. Se vós agirdes de outro modo, os murmúrios não se aquietarão e desencadeareis contra a Igreja romana as veementes censuras da opinião (RICHTMANN, 1960, p. 15).

No mesmo caminho, Frederico II (Imperador do Sacro Império Romano) introduziu a pena de morte na fogueira para alguns hereges (1220). O mesmo fez Luís IX na França (1229). O imperador do Sacro Império tinha a pretensão de dominar o papado, pois manifestava um zelo excessivo na repressão da heresia e procurava ganhar o prestígio dos fiéis. Apoiava-se em ambos os direitos, civil e eclesiástico, e planejava lançar na mesma fogueira os hereges e os seus inimigos pessoais e políticos.

Com isso, criava-se a necessidade de a Igreja intervir diante de tais abusos, arbitrariedades e crueldades, motivados pela ignorância, vingança ou interesses de algumas autoridades. O Papa Gregório IX percebeu interesses escusos do Imperador Frederico II e cortou sua iniciativa, tomando-lhe as leis e fazendo-as valer em todos os principados cristãos, deixando claro que o juízo a respeito das heresias cabia à Igreja, restando ao poder temporal aplicar as penas. É o embate entre temporal e espiritual. Quando a aliança é realizada, aos poucos, o temporal vai se apossando da instituição religiosa e a instrumentaliza.

Diante das grandes desordens causadas pelas heresias e da pressão popular ante elas, o papa insistia com os príncipes em remediar os males. O princípio político era de unir o Direito Penal à religião, a fim de cimentar a nação num todo coeso e uniforme. Buscava-se, por meio de uma fé comum, unificar o povo e fortalecer-lhe o patriotismo. A religião se converteu em instrumento político a serviço da identidade nacional.

A Inquisição torna-se, desse modo, um sinal da aliança entre o poder eclesiástico e o poder civil na perseguição aos hereges cuja existência era considerada perigosa para a sobrevivência da sociedade, de tal modo que o Estado via nos movimentos heréticos um berço de revolucionários e traidores em potencial, que poderiam minar a fé da Cristandade e, consequentemente, a ordem social. A heresia passou a ser vista como uma força destrutiva da unidade do reino temporal e espiritual. Cabia à Igreja a investigação dos casos de heresia; e aos juízes eclesiásticos, após o acordo do Papa Lúcio III e Frederico Barba-roxa, em 1184, entregar os hereges ao "braço secular". Foi uma simbiose entre Igreja e os poderes econômicos para defenderem o seu privilégio.

O argumento teológico era sumamente fiável: "Deus não podia permitir que uns juízes que andavam perseguindo seus detratores, os adoradores do diabo e da superstição, caíssem no erro" (*Enciclopédia do Ocultismo*, 1987, p. 56). Santo Tomás de Aquino afirmava que todo aquele que tem o direito de mandar, tem também o de punir, e a autoridade que tem o poder de fazer leis, também tem de lhes dar a sanção conveniente. O direito eclesiástico infringiu penas aos que cometiam certos crimes, seja multas, confisco dos bens ou prisão.

A autoridade pública tinha o direito de punir com a pena capital aqueles que prejudicam gravemente o bem geral, seja para amputar do corpo social um membro que o contaminava, seja para desviar os outros de imitarem seu exemplo. Era, portanto, considerado justíssimo que a pena de morte fosse aplicada aos que, propagando a heresia com obstinação, comprometiam a fé.

O processo inquisitório

O direito comum

Eis algumas características vigentes no sistema jurídico secular:
- "Depósitos humanos": ausência de prédios adequados para os prisioneiros, que eram muitas vezes privados de alimentação, saúde e higiene.
- Trabalhos forçados em minas, embarcações, em outros territórios.
- "Morte civil": morto para a política, a família, a sociedade.
- Pelourinho: nele o malfeitor permanecia em público, atado os pés e as mãos, com um cartaz que revelava sua falta.
- Sanções patrimoniais: com multa e confisco de bens que passava para o Tesouro real.
- Penas corporais: privavam o condenado da integridade física e até mesmo da vida; havia açoites, mutilações (dos dentes, olhos, orelhas, lábios, línguas, pés, pernas, braços).

Na Itália: o sofrimento (para a morte) era estendido em quarenta dias, quando dia após dia retirava-se uma parte do corpo. Também havia o "*atenazamento*": arrancavam-se porções do corpo do condenado e as cobriam com chumbo derretido, piche ou cera fervente.

Na França: praticava-se o esquartejamento (prendia-se o condenado pelas pernas e braços a quatro cavalos, que se lançavam ao mesmo tempo em diferentes direções); fogo (imersão do acusado em chumbo fundido, água ou azeite fervente); roda (amarrava a pessoa a uma roda de carro e o algoz, com uma barra de ferro, golpeava a região dos rins, os braços e as pernas do condenado em dois lugares); decapitação (uso do machado ou espada) e forca.

Em geral, aceitavam-se as punições repressivas (e públicas) como algo necessário para o controle e ordenamento da sociedade. O "terror" era o meio mais indicado para conter as manifestações ou mau comportamento e a justiça incentivava as denúncias secretas. Depois, o juiz buscava a confissão do suspeito mediante a tortura.

O direito penal e a religião

O Direito Penal tinha por missão a tutela dos valores considerados fundamentais para uma sociedade que estava em contínua transformação. Desde os tempos primitivos, ele manteve vínculos estreitos com a religião, chegando, em alguns momentos, a confundir crime com pecado. Isso se devia ao sistema teocrático. Nessa concepção, o "faltoso" ofendia a divindade, a qual, por sua vez, respondia com ira, pestes, fomes, secas, doenças, terremotos. Carlos VII, da França, em 1460, impôs o corte do lábio superior e inferior, em caso de reincidência, para aqueles que blasfemavam. Assim também foi na Inquisição: "extirpando os hereges e os blasfemos, contava-se atrair as bênçãos do céu. Isto é, admitindo que a tolerância ante tais pecados poderia acarretar padecimentos para o povo, cabia à autoridade pública o dever de evitá-los, mediante o sacrifício dos culpados" (GONZAGA, 1993, p. 81).

Direito canônico

A Igreja, na medida em que foi tomando corpo, necessitou de um Direito próprio, ou seja, de um conjunto harmônico de normas que regessem seus preceitos. Daí o surgimento do Direito Canônico com o objetivo de incentivar a "perfeição espiritual" da sociedade cristã. Os ilícitos penais se distribuíam em várias partes:
- Delitos contra a fé: heresia, judaísmo, islamismo, mais tarde protestantismo e outras práticas religiosas não cristãs e, no século XVIII, a maçonaria, cisma, apostasia, simonia, perjúrio,

magia, pacto com o demônio, superstição, bruxaria, astrologia, defesa de teses contrárias à doutrina, atuação contra o Santo Ofício (compra de testemunhas).

- Delitos carnais: adultério, estupro, rapto, bigamia, concubinato.
- Delitos comuns: homicídio, furto, calúnia, incêndio, usura.
- Delitos contra a hierarquia religiosa e contra a Igreja: usurpação de funções e direitos eclesiásticos; ofensa à autoridade eclesiástica.
- Livros inconvenientes do ponto de vista doutrinal e religioso eram censurados. Sua produção e leitura era um delito.
- Por último, o capítulo das violações, por clérigos, de deveres inerentes ao seu estado, como por exemplo o concubinato e o crime de solicitação.

Dos crimes religiosos mencionados acima, alguns merecem maior destaque: os de heresia (negação ou dúvida pertinaz, após a recepção do Batismo, de qualquer verdade divina e católica); cisma (recusa de sujeição ao sumo pontífice ou de comunhão com os membros da Igreja a ele sujeitos); proselitismo contra a religião do Estado; sacrilégio; blasfêmia; profanação de coisas sagradas; ultraje ao culto; perjúrio (emissão de um julgamento falso); simonia (compra ou venda por bens econômicos de coisas intrinsecamente espirituais) – a Tradição aponta essa prática em At 8,18); violação de sepultura; simulação de sacerdócio; feitiçaria; bruxaria; magia.

O Direito Canônico evoluiu paralelamente à justiça comum, ambos se influenciando mutuamente. Tanto um quanto o outro se ocupavam dos mesmos assuntos, prevendo iguais crimes, comuns e religiosos. Cabia à Igreja julgar se a doutrina era ou não herética; mas, ao Estado, os castigos previstos pela legislação.

A Inquisição nunca foi um tribunal meramente eclesiástico. Sempre houve a participação do poder régio, pois os assuntos religiosos eram assuntos de interesse do Estado. Quanto mais o tempo passava, mais o poder régio se ingeria no Tribunal da Inquisição e servia-se dele para fins políticos. Esse é o caso dos templários, com a injunção de Filipe IV o Belo (1268-1314) e Joana d'Arc, com a ação da Coroa da Inglaterra, ambos julgados por tribunais ditos inquisitoriais. Interessante a situação de Joana no seu contexto e nos desdobramentos da sua vida. Nesse período a identidade francesa ganha forma (séc. XV), com vitórias militares comandadas por Joana d'Arc. As lutas eram contra as forças anglo-borgonhesas, que tinha por objetivo entregar o trono da França para a Inglaterra. A Joana estava reservado o seu destino, mártir nas fogueiras da inquisição. Sua morte ocorreu em 1431, em seguida cresceu um imaginário dos franceses que inspirou óperas, romances, peças de teatro e filmes, gerou polêmicas e, 489 anos depois, foi canonizada santa pela Igreja Católica que a condenara.

Procedimentos da Inquisição

O tribunal inquisitorial caracterizava-se por extrema sobriedade, sem ostentar pompa alguma. Era composto de um inquisidor, assistentes, um conselheiro espiritual, guardas e um escrivão. Para executar os meios normatizados pelo Santo Ofício, deveria levar em consideração sete pontos extremamente importantes.

1) começava por um manifesto ou pregação, os culpados de heresia deveriam comparecer espontaneamente;

2) determinava-se o "tempo da graça", era entre quinze a trinta dias. Quem se apresentava durante este período recebia uma penitência leve e poderia voltar a sua vida normal, desde que não voltasse a cometer outros erros;

3) os suspeitos ou denunciados eram citados diante do tribunal na presença de todo o povo;

4) procedia-se o interrogatório dos acusados; nesse processo era relatado os motivos pelos quais o réu estava sendo acusado;

5) ouviam-se os acusadores e testemunhas – segundo a lei antiga, era sujeito a castigo quem não conseguisse provar a sua acusação – um falso acusador era tratado com o mesmo rigor do que um herege;

6) quando a obstinação do réu exigia, seguia a vexação, constituída por prisão preventiva e dura; quando esta não surtia efeito algum, podia-se usar a tortura como meio para arrancar as verdades veladas;

7) por fim, sentença e auto de fé (sentenças lidas em público) – para garantir uma sentença justa, os inquisidores não podiam decretar penas graves com prisão perpétua ou relaxamento (entrega do condenado à morte ao braço secular) sem a presença e a cooperação do bispo local.

Diante do quadro exacerbado sobre as práticas caracterizadas como heresias, podem-se destacar duas naturezas extremamente punitivas: a natureza contra a fé cristã e a outra contra a moral. Os crimes contra a fé eram considerados mais graves do que os crimes contra os costumes e a moral; suas penas eram muito mais severas. Os hereges tinham quase sempre os bens confiscados e recebiam sentenças leves, raramente, pena de morte. A tortura era aplicada sempre que se suspeitasse de uma confissão incompleta ou quando essa se mostrasse incongruente. Quanto mais débil era a confissão do réu, maior a tortura. Segundo o tribunal a finalidade da tortura era a realização de um bem medicinal e não vingativo. O importante, sempre segundo o Santo Ofício, era que o acusado pudesse alcançar a sua salvação.

Dentre os tipos de torturas, existiam: o *potro*, uma espécie de cama onde ficava o réu, amarrado pelos pulsos e pelas pernas. Essa prática era adotada no intuito de fazer o herege se arrepender e realizar a confissão de seus erros. O outro era o *polé*, uma roldana própria para tortura. O supliciado ficava amarrado pelas mãos e era suspenso por corda até certa altura. Envolto aos seus pés fixava-se um peso, em um dado momento o réu caía em queda livre sem tocar o chão. A pena de morte só era usada em última instância e somente após ter dado todas as possibilidades ao delinquente de se retratar. A condenação ao fogo foi "aceita" pela Igreja, mas ela nunca compactuou com essa prática. Deixava para o poder comum tomar o parecer a respeito de punir, ou não, com o fogo. Sem dúvida, não realizava, mas não impedia.

O sistema penitenciário da inquisição

Para o tribunal, o objetivo das penas mostrava-se nem tanto como repressão ou vingança, mas como remédio para a alma, a fim de expiá-la e salvá-la por meio do arrependimento e penitência. Eram previstas penas diferenciadas para culpas leves – jejuns, orações, obras de caridade – e para culpas graves – castigos, exílio, penas humilhantes e prisão, com privação dos direitos civis a começar da data do delito, estendida até a segunda geração do condenado. A pena de morte era exclusivamente praticada pela justiça laica. Diferente do procedimento do poder laico, cabia ao magistrado decidir sobre agravar, diminuir ou suspender a pena. Muitas vezes ela era atenuada.

Os modos mais comuns da pena de morte eram o enforcamento; a decapitação (aos nobres), o esquartejamento e a fogueira (heresia e bruxaria). Era proibido aos eclesiásticos assistir às penas capitais. Em grande parte dos casos, a Igreja procurava fazer o possível para levar o acusado ao arrependimento. Mas caso ele teimasse ou fingisse, era entregue ao Estado que, não suportando ter súditos contrários à Igreja, condenava-o à morte.

A princípio, a Igreja procurava declarar o herege excomungado. Depois, concedia a *debita animadversione puniendum* (devida punição), para que a pessoa sofresse as penas previstas na lei comum para crime de heresia. Mais tarde, não sem hipocrisia, o inquisidor entregava ao magistrado leigo o acusado pedindo que o tratasse benignamente, resguardando-lhe a vida e o corpo no que fosse possível – *relicti curiae saeculari* (abandonado ao braço secular). As execuções eram raras, mas mantinham seu caráter aterrorizante – o que popularizou a imagem da fogueira. O suplício começava um dia após o *sermo generalis*, a fim de que o condenado tivesse um último tempo para arrepender-se. Em outro momento, ele era conduzido pela cidade com uma corda no pescoço, com hábitos penitenciais, recebendo castigos ao passar em frente de cada igreja. Atrás deles iam também efígies representando os condenados já mortos e seus ossos que deviam ser queimados.

A população já era acostumada com a crueldade da justiça secular, que conduzia o condenado por longo caminho até o lugar do crime, cortando-lhe partes do corpo, derramando óleo quente sobre as feridas e expondo as vísceras depois da morte. O povo assistia os atos de morte e, muitas vezes, insultava os condenados.

Nos casos estritos de heresia, mudava-se um pouco o procedimento à pena. Eles eram considerados moribundos e procurava-se salvar sua alma, com a prática comum de colocar brasas em suas mãos para mostrar o terror do inferno. Eram acompanhados por ladainhas e orações por parte das irmandades do capuz negro – que recebiam indulgências pelo ato. Seu corpo era amarrado a um tronco e geralmente tinha a boca tapada. Colocavam-lhes lenha e palha até a altura da cabeça. Em alguns casos, como no de minoridade, o condenado gozava do direito de ser estrangulado antes de o carrasco acender o fogo. As cinzas eram jogadas ao vento. Até o último momento o condenado poderia salvar sua vida com a confissão do erro, inclusive se a fogueira já estivesse acesa – ficaria preso o resto da vida, mas era comum a substituição da pena.

As prisões tinham o objetivo de propiciar a reconciliação e isolar os acusados da sociedade. Eram destinadas aos que não confessavam antes da declaração das testemunhas e não revelavam os seus cúmplices. Compunham-se de dois tipos: *murus largus*, para acusados à espera do julgamento, com celas espaçosas e arejadas – com permissão de receber visitas, dinheiro e comida, embora quase ninguém ajudasse, por medo do confisco dos bens –; e *murus strictus durus* ou *arctus*, para crimes graves e caluniadores, com celas subterrâneas, solitárias e sem luz, em meio a ratos e insetos.

As prisões comandadas pelos clérigos costumavam ser mais "humanas" do que as laicas. O inquisidor podia conceder vários benefícios, como redução ou substituição das penas e, até mesmo, férias. Os detidos, em geral, deviam pagar as próprias despesas. Caso não pudessem, o inquisidor deveria ocupar-se dessa situação e tomar as medidas cabíveis de acordo com a pena. No entanto, qualquer tentativa de fuga era considerada crime gravíssimo e condenável à fogueira, pois, para a Inquisição, o acusado renegava o "remédio salvífico". Muitas vezes os fugitivos eram submetidos, porém, ao *murus strictus*.

As penitências se diversificavam de acordo com o grau do delito. O porte das cruzes era uma penitência infamante (teve seu primeiro caso em 1206), o que poderia ser por um tempo curto ou para a vida inteira. As cruzes eram de várias formas: vermelhas ou amarelas, costuradas na roupa ou colocadas sobre o cabelo. Podiam ser substituídas por outros símbolos: línguas de fogo, martelos, discos e escadas. Também eram comuns, sobretudo na Espanha, os sanbenitos (*sacco bendito*): eram uma espécie de dalmática de cores vistosas cobertas de cruzes e outros símbolos, conforme a pena. Havia também chapéus em forma de mitra.

Havia peregrinações que duravam anos a santuários romanos ou à Terra Santa. Ao final, o penitente deveria apresentar os vistos das autoridades por onde passou. Em alguns casos, um terceiro poderia fazer a peregrinação. Alguns foram obrigados a participar de Cruzadas. As penitências de flagelação tinham um caráter de humilhação pública.

A única pena puramente temporal que frequentemente era ordenada pela Inquisição era a destruição das casas onde habitavam ou se reuniam hereges (a primeira aconteceu em 1166). Inocêncio IV ordenava que até as casas vizinhas e outras de propriedade do herege deveriam ser destruídas. Mas, como houve muito impacto econômico, Alexandre IV suavizou a regra. Livros também eram destruídos. As penas pecuniárias asseguravam que o dinheiro recolhido do réu deveria ser destinado às obras de caridade ou objetivos gerais; foram particularmente destinadas aos cristãos-novos (vindos do judaísmo). Apesar do voto de pobreza dos inquisidores, houve abusos na administração desse dinheiro (SOUZA, 2011, p. 76).

O confisco era previsto no direito romano. Na Inquisição, sob a autorização do poder secular, os bens eram sequestrados assim que houvesse suspeita de heresia. A família do condenado era submetida à mendicância. Embora não pudesse confiscar diretamente os bens, os inquisidores pediam restituições por despesas de processos, pois geralmente o Estado tomava os bens dos leigos e a Igreja, dos clérigos suspeitos. Essa estratégia foi um dos meios de o Santo Ofício garantir o apoio do braço secular.

XVI
A evolução geográfica da Inquisição

Introdução

O capítulo apresenta como foi o desdobramento e evolução da inquisição nos territórios da Europa Ocidental: Itália, Espanha, Alemanha, Portugal. A finalidade é constatar a peculiaridade deste instrumento inquisitorial em cada uma destas culturas. Objetiva o capítulo a verificar se a inquisição foi motivada por forças políticas no interior destas sociedades. Em que território foi mais forte? Oscilou no seu desdobramento de fraca para forte ou ao contrário? São indagações que serão estudadas a seguir.

Na Itália

Na Idade Média, a Itália estava fragmentada em várias repúblicas. Vivia-se num ambiente conturbado e marcado por conflitos sociais, políticos e econômicos. A sociedade dividia-se em grandes blocos de crenças, assinaladas como as mais fiéis seguidoras do Evangelho. Os tribunais diocesanos não eram suficientes para controlar tal crescimento, como também não havia meio eficaz para combater todas as heresias. Somente com Gregório IX (1245-1254) e os dominicanos foi possível armar uma barreira contra as heresias. Depois, seguidos pelos demais pontífices, a Inquisição encontrara uma trégua, com a punição de muitos rebeldes (GONZAGA, 1993, p. 142-143).

Destaca-se, nesse período, Pedro de Verona. O religioso dominicano fora destinado a agir contra os abusos religiosos. Pedro lutou com muito zelo e garra contra os hereges, mas não conseguiu se livrar de suas ferocidades. Do século XII ao XIV notou-se um acentuado extermínio de hereges, mas também a morte de muitos inquisidores, perseguidos pelos condenados; a luta contra os cátaros foi longa e violenta. Estes tinham poder e contavam com o apoio dos nobres. Havia também o interesse político que disseminava esta situação. Entre os séculos XII e XIII, armou-se um conflito entre o papado e o império germânico (GONZAGA, 1993, p. 144-145).

A Igreja continuava seu papel evangelizador e o Santo Ofício disseminava seu domínio e investigação sobre as heresias. O catarismo, assim como o maniqueísmo, perdia forças diante do poderio de Roma. Outra força de grande destaque nesse período foi o surgimento dos franciscanos. Francisco, com o seu estilo de vida simples e humilde, logo conquistou adeptos. Sua ordem divulgava o Evangelho com total e perfeita ortodoxia e, dessa forma, combatia as seitas heréticas (GONZAGA, 1993, p. 145-146). No século XVI, a inquisição italiana não obtivera o mesmo sucesso. O Papa Paulo III tentou organizar uma nova inquisição, mas, sob ameaça protestante, obteve recusa de cidades como Milão, Veneza e Roma. A Inquisição peninsular não atingiu os judeus. Na Itália, diferente de países como a Alemanha, a Inglaterra e a Espanha, eles não sofreram perseguições. A sabedoria judaica era considerada um instrumento basilar da vida intelectual.

Com a corrente dos espirituais (desejosos da pureza original) e dos conventuais (abertos às inovações), no século XIII, põe-se em perigo a unidade dos franciscanos. Os rebeldes sustentavam uma vida radicada na pobreza, de fundamentação evangélica, e, por isso, "passavam a sustentar que o papa não dispunha de autoridade para contrariar os evangelhos; mas, se o fizesse, se tornaria herético" (GONZAGA, 1993, p. 150). Com essa postura, abria-se uma organização para cuidar dos rebeldes. Entra em cena a Inquisição. No início do século XIV, no sul da Itália e em Nápoles, muitos acusados foram condenados. Em 1350, os espirituais, sob o pontificado de Clemente VI, foram ordenados a se reunirem em conventos próprios e sob obediência à Santa Sé.

Na França

O século XIII marca a degradação da instituição religiosa no sul da França: a região era rica, os judeus atuavam em funções públicas e os cátaros dominavam grande parte das famílias poderosas. As heresias eram combatidas, fundamentalmente, com a retórica. Mas logo os papas passaram a organizar as Cruzadas sob o comando de São Bernardo. Em 1198 Inocêncio III toma medidas mais eficientes, pois os hereges tomavam conta da situação, os poderosos incentivavam as práticas contra a Igreja e o clero reduzia-se nos seus tribunais diocesanos (GONZAGA, 1993, p. 152-153).

A partir de 1231, Gregório IX cria a Inquisição como órgão diretamente ligado à Santa Sé, mas com independência perante as autoridades locais. Roberto Le Bougre (dominicano), em 1233, dá início a uma queima de inúmeros hereges. Mas, por revolta dos bispos, Bougre é condenado à prisão perpétua e a Inquisição passa a vigorar sobre o poder da justiça diocesana. No sul da França, a heresia continuava presente. Os tribunais foram instalados e centenas de hereges condenados à fogueira.

O Conde Raimundo VII pediu maior moderação dos inquisidores, mas como não obteve respostas, expulsou os dominicanos da região (muitos foram assassinados). Depois da morte de Gregório IX os dominicanos retornaram à guerrilha contra os hereges. E, com o árduo trabalho de dominicanos e franciscanos, as heresias foram desaparecendo e quase tornando-se nulas em 1300 (GONZAGA, 1993, p. 154-155).

Na França, a Inquisição também foi motivada pela situação política da sociedade. A Ordem dos Cavaleiros Templários, fundada em 1119, era destinada à proteção dos peregrinos que se dirigiam à Terra Santa. A ordem tinha uma organização fechada e usufruía de um elevado patrimônio. Como o rei da França, Filipe IV o Belo, precisava de recursos financeiros, abriu uma condenação aos templários e condenou à fogueira seu grão-mestre, Jacques Demolay, em 1313. Também Joana d'Arc, depois da Guerra dos Cem Anos que destruíra a França, julgava-se enviada a salvar a pátria, pois descrevia visões e vozes celestes que destinara sua missão. Logo o povo começou a segui-la e se lançar à guerra. No entanto, Joana foi acusada de feiticeira e condenada pela Inquisição em 1431, com 16 anos de idade (GONZAGA, 1993, p. 155-158).

Na Alemanha e em outros países

No século XIII foram notificadas várias heresias nas províncias germânicas. Dentre as seitas que surgiam, destacam-se os luciferanos (que honravam a lúcifer) e os Irmãos do Livre Espírito (que defendiam o panteísmo). Neste período de conflitos morais e religiosos, a Santa Sé outorga poder a Conrado de Marburgo para agir contra as heresias. Conrado atuou como inquisidor geral por muito tempo.

Em 1231, já havia uma corporação eficaz que combatia as manifestações de heresias. Conrado atuava até contra os nobres, mas ao acusar o conde de Sayn, foi absolvido e logo retirado para outra localidade e depois assassinado. Inconformado, Gregório IX procura organizar uma cruzada a fim de estabelecer a ordem. Mas ainda encontrava problemas frente ao poderio dos nobres.

Como a Igreja germânica era muito forte, protegida e dominada pelos seus bispos, houve muita resistência para a implantação da Inquisição. No século XIII quase não existira a ação inquisitória.

Somente em 1261, com o Concílio de Maiença, a Inquisição voltou a imperar sobre a autoridade dos tribunais ordinários em detrimento da presença dominicana, que reaparece um século depois (GONZAGA, 1993, p. 160-161).

Em 1325 vários hereges foram eliminados pelos bispos. Em 1347, Carlos VI aliou-se ao bispado. Depois, é reavivado o Santo Ofício por Clemente VI (1349), Inocêncio IV (1352) e Urbano V (1367). As autoridades diocesanas não reagiam bruscamente contra os hereges. Estes, por sua vez, atuavam com todo vigor. A Inquisição exterminou muitos hereges na Alemanha Central, na Silésia, nos Países Baixos e na região do Reno.

A Inquisição ainda teve um novo revigoramento no Concílio de Constança (1414-1418), que afirmava o poder inquisitório por meio dos bispos e dos príncipes. Mas como não havia instabilidade na luta contra as heresias, a crise leva à Reforma: "somam-se conflitos religiosos com graves problemas políticos, sociais, econômicos e, no momento em que a vaga protestante se precipita, a Igreja nada mais pode fazer, não dispõe de forças para bloqueá-la" (GONZAGA, 1993, p. 161). Os problemas do papado frente às hierarquias nacionais também estiveram presentes na Boêmia, Hungria e Polônia.

Na Espanha

Na Espanha, a Inquisição caracterizou-se pela resistência com o poderio papal. Durante os séculos XIII e XIV, alguns estados cristãos como Astúrias, Castela, Aragão, Barcelona e Navarra foram se tornando independentes. Jamais a Inquisição papal atuou em Castela. Nos demais reinos ainda obtiveram notáveis aberturas para o Santo Ofício. "Em regra, os trabalhos de repressão a desvios religiosos ficaram a cargo do poder secular e dos tribunais episcopais" (GONZAGA, 1993, p. 171). Nicolau Eymerich foi o principal inquisidor espanhol, enviado para Catalunha, Aragão, Valência e Maiorca. Depois de trinta anos de ofício, foi exilado. Sobre a tortura, o inquisidor assim se manifestava:

> [...] Pode-se torturar, conforme as decretais de Clemente V (Concílio de Viena), desde que o decidam conjuntamente. Não existem regras concretas para determinarem em que caso pode-se proceder à tortura. Na falta de jurisprudência específica, eis aqui sete regras orientadoras: (1) Tortura-se ao acusado que vacila nas respostas, e umas vezes afirma uma coisa e outras o desmente, ao mesmo tempo que nega os principais cargos de acusação. Em tal caso se supõe que o acusado oculta a verdade e que, fustigado pelos interrogatórios, se contradiz [...] (2) O difamado, ainda que tenha contra ele somente uma testemunha, será torturado [...] (3) O difamado contra o qual conseguiu-se estabelecer um ou vários indícios graves deve ser torturado. [...] (5) Aquele contra quem pesem vários indícios veementes ou violentos será torturado, mesmo que não conte com nenhuma testemunha de acusação [...] (PEÑA, p. 241-242).

Ao contrário dos cátaros, que não representavam perigo, os judeus e os mouros traziam ameaça aos inquisidores, principalmente pela suspeita de apostasia. Em 1391, cerca de 400 judeus foram assassinados em Sevilha, pois "para escapar da morte, judeus em massa procuraram voluntariamente o Batismo", e, "uma vez convertidos ao catolicismo os judeus podiam gozar de todos os direitos, como os cristãos, e as restrições solicitadas pelos concílios não tinham nesse caso nenhum vigor" (NOVINSKY, 1990, p. 25-26). Em suma, "tornava-se, pois, incandescente a paixão pela natureza da fé, que alimentava o patriotismo, e toda heterodoxia que a pusesse em risco devia ser exterminada" (GONZAGA, 1993, p. 171).

Em Castela, sob o poderio de Fernando III, os hereges eram sacrificados com duras penas, exilados e tinham os seus bens confiscados. Também, com seu filho, Afonso X, prosseguia-se tal postura. Este chegou a ordenar a prisão de todos os hereges dos reinos para destituí-los dos cargos públicos e dos seus bens. A total rigidez se estendia até a condenação à morte. O Santo Ofício obteve grande atuação em Aragão, no ano de 1242, coordenado por São Raimundo de Peñaforte. No século XV constatou-se um avanço na perseguição contra os hereges, e muitos destes foram condenados. Esse período se caracterizará, principalmente, pelo rigor inquisitório movido por fatores políticos em busca da unidade nacional.

A Inquisição espanhola ainda teve novas ações. A Coroa e a Igreja uniram-se para enfrentar os opositores. Pois, na Espanha, foi muito comum unir o poder civil ao eclesiástico" (CAPPA, 1888, p. 45). Em 1480, em Sevilha, foi dado o passo inicial dessa intensa atividade. Os "conversos", que mantinham às ocultas suas crenças tradicionais, foram condenados a morrer queimados vivos. A partir daí o conselho superior retirou alguns inquisidores para aliviar a situação de crueldade. Há o surgimento de novos tribunais em várias cidades da Espanha e sempre sobre a autoridade local. Com isso, também aumentava a crueldade. O Papa Sisto IV (1471-1484) havia intervindo e ameaçado os reis católicos de perderem o mando nas suas localidades. Mas, com a reação dos nobres, Roma voltou a conceder independência à Inquisição espanhola (CAPPA, 1888, p. 183-184).

Em suma: "a Inquisição medieval espanhola se mostrou quase sempre fraca, ocasional, e ficou muito longe da importância assumida por suas congêneres da Itália, França e Alemanha" (GONZAGA, 1993, p. 171). Pois "não restam dúvidas de que desde seu início a Inquisição respondeu a imperativos políticos" (NOVINSKY, 1990, p. 31). Para Bernard, "a Inquisição espanhola teve efeitos muito benéficos. Ela conseguiu manter a unidade da fé e afastar da Espanha o temido sincretismo judeu-islâmico-cristão"

(p. 47). Segundo Gonzaga, a inquisição não foi um obstáculo, mas sim o fomento da ciência, literatura e cultura". E prossegue afirmando que a Inquisição espanhola "era uma instituição eclesiástica, mas a serviço de um Estado que queria ele mesmo arvorar-se em Igreja" (p. 37).

Em Portugal

Em Portugal havia muitos judeus ancorados pelos seus conhecimentos tecnológicos e científicos. Estes eram acusados de reter as atividades lucrativas e de conservar sua identidade. Eram considerados como um grupo à parte, isto é, fora do "espírito" que caracterizava o grupo cristão (SARAIVA, 1985, p. 39). Logo houve revoltas contra a presença dos judeus em Portugal. Embora houvesse várias tentativas de expulsão, os judeus conseguiam permanecer no país. Observa-se, então, que "paradoxalmente, o rei precisava da burguesia e se apoiava nela e, muitas vezes, em troca de serviços lhes outorgava títulos e honrarias, mas também se apoiava na Inquisição, que impedia a expansão dessa mesma burguesia" (NOVINSKY, 1990, p. 39).

Por força do rei, os judeus mais novos eram batizados no cristianismo. Depois, tal medida passou a ser usada para todos os hebreus. Em 1498 constata-se que todos os judeus haviam sido batizados. Mas ainda estes "cristãos-novos" insistiam, às ocultas, manter suas antigas crenças. "O povo, a Igreja e a Casa reinante portuguesa não podiam, todavia, aceitar tão afrontoso fingimento, de sorte que começou a nascer a ideia de seguir o exemplo espanhol, fundando uma Inquisição" (GONZAGA, 1993, p. 228).

Dom Manuel, em 1515, deu o ponto de partida para a implantação da Inquisição. Sem nenhum sucesso. Dom João III, depois da morte do pai, iniciou uma longa batalha contra os "revoltosos", em especial aos judeus. Tanto o povo, os nobres e o clero apoiavam tal ação. Criou-se uma relação conflituosa entre Lisboa e Roma, pois o rei queria total independência para agir na Inquisição, mas o papa recusava-se em aceitar.

Dom João chegou a inventar uma possível invasão de heresias luteranas em seu território. Com isso, o Papa Clemente VII, em 1531, mandou um representante para Portugal. Em 1533, o inquisidor (enviado de Roma) constata abusos e anula muitas condenações. Essa medida provocou a ira do rei, que prometeu separar-se de Roma; não muito adiante, solicitou ao papa a retirada do núncio de Lisboa (GONZAGA, 1993, p. 128, 129).

Depois, com o Papa Paulo III, "continuavam as negociações, conduzidas por paixão por parte do rei" (GONZAGA, 1993, p. 50). Dom João insistia pela independência inquisitória, confiando a si a autoridade de nomear inquisidores. Em 1539, ele nomeou seu irmão Henrique como inquisidor-mor. Sem muitas alternativas, em 1547, o papa cedeu a Dom João III a autorização da Inquisição portuguesa. Dessa forma, tribunais foram instalados em Lisboa, Évora e Coimbra. A jurisdição de Coimbra se estendeu ao Brasil e Angola (GONZAGA, 1993, p. 129-130). No século XVII o rei possuía controle total sobre a Inquisição. O rei tinha o domínio de todas as atividades promovidas pelos inquisidores, como também dos bens confiscados, paralelamente divididos com o tribunal (cf. NOVINSKY, 1990, p. 42).

Conhecer e, sobretudo, reconhecer os acontecimentos históricos é um passo importante para qualquer ser humano e instituição. Somente ao reconhecer os acertos e erros do passado é que se pode entender em profundidade o presente e modelar um futuro mais honroso e evangélico, com novas práticas a partir do presente. É urgente conhecer para conviver.

XVII
Concílios medievais (séc. XII-XIII)

Introdução

Do período do cisma das Igrejas oriental e ocidental iniciado no século XI e as sucessivas divisões no interior da Igreja ocidental ocorreram dez concílios ecumênicos e gerais da Igreja Católica Romana: Latrão I (1123), Latrão II (1139), Latrão III (1179), Latrão IV (1215), Lião I (1245), Lião II (1274), Vienne (1311-1312), Constança (1414-1418), Basileia-Florença (1431-1445) e Latrão V (1512-1517). Este capítulo tratará do conteúdo e da importância desses concílios no período medieval dos séculos XII e XIII. Assembleias, discussões e promulgação de decretos, especialmente os disciplinares para a organização da instituição religiosa. Os concílios dos séculos XIV e XV serão tratados no capítulo sobre o Grande Cisma do Ocidente.

Tempo de transformações

É essencial assinalar a grande mudança entre o último Concílio Niceia II (787) e o Latrão I (1123). Um período longo sem as assembleias gerais da Igreja. Enquanto os concílios de Niceia I (325) ao de Niceia II (787) foram realizados no interior da Igreja oriental, todos os concílios do Latrão I (1123) ao Latrão V (1512-1517) foram celebrados na Europa Ocidental: os cinco concílios lateranenses na Basílica de São João de Latrão, em Roma; dois em Lião na França; um em Vienne, um feudo papal no interior do Sacro Romano Império, que fazia parte da França Meridional; um em Constança, no sul da Alemanha; um celebrado em parte na Basileia, suíça e a outra parte realizada em Florença, na Itália. Evidente que o perfil dos participantes desses concílios medievais será mudado, a grande maioria são de bispos originários da Europa Ocidental. Outra mudança ocorreu com a língua, nos concílios anteriores a língua principal e os decretos foram promulgados em grego, língua da Igreja oriental. A partir do Latrão I todos os concílios serão em latim. Se os concílios da Antiguidade primaram por seus decretos doutrinais em destaque, nos concílios medievais foi o contrário, os decretos disciplinares são os de grande relevância (TANNER, 1999, p. 56). Na Antiguidade realizou-se a formulação da fé cristã; na Idade Média, especialmente a organização institucional e disciplinar de seus membros. Os primeiros sete concílios gerais desse período podem ser descritos como concílios papais, pois a convocação, a presidência e a promulgação dos decretos era obra do papa em pessoa ou por meio de seus delegados.

Do **Latrão I (1123)**, participaram em torno de 300 padres conciliares (bispos e abades – *Conciliorum*, p. 187). O concílio durou um mês, de 18 de março a 27 de abril. A temática da reforma da Igreja era um assunto de enorme importância, além dos estatutos dos monges peregrinos e cruzados e da administração romana. O Papa Calisto II (1119-1124) convocou o concílio. A instituição religiosa estava realizando a continuidade da reforma do Papa Gregório VII. No final do século XI, o papa proibira a recepção de uma igreja ou abadia das mãos de um leigo, foi a condenação das investiduras. Em 1121 o Papa Calisto II apoderou-se da fortaleza de Sutri e aprisionou o antipapa Gregório VIII, entronizado pelo Imperador Henrique V em 1118. Calisto enviou ao imperador uma carta de conciliação em 1122 e convocou o concílio para 1123.

A Dieta de Worms (1122) estabeleceu a primeira concordata da história: Henrique V renunciou à investidura com báculo e anel e empenhou-se em respeitar a eleição canônica e livre dos bispos pelo clero; o papa aceitou que a eleição episcopal ocorresse na presença do imperador e concedeu-lhe o direito de conferir antes da sagração os direitos reais, atribuição de benefício, por meio do cetro (BETTENSON, 1998, p. 187). O concílio teve como centro de seus debates a concordata, ratificando-a no que se referia aos acordos que concediam os direitos ao clero e se opôs a qualquer desejo de investidura leiga (*Conciliorum*, cânones 3 e 8).

O Lateranense I, dentre diversos decretos, estendeu a competência dos bispos: apenas o ordinário pode absolver os excomungados por ele (cânon 2), somente a ele compete a atribuição dos benefícios eclesiásticos referentes à cura de almas e à administração de bens (cânon 4); a sua autoridade estende-se às atividades pastorais dos mosteiros (cânon 16). As ordenações efetuadas pelo antipapa Gregório VIII ou conferidas por bispos sagrados por ele foram declaradas nulas (cânon 5). A sagração episcopal e a promoção eclesiástica devem ser isentas de simonia. Os decretos disciplinares sempre revelam o que a maioria estava realizando em seu cotidiano, assim é possível ter um quadro da instituição religiosa neste momento. O concílio estabeleceu a continência para as ordens maiores (a partir do subdiaconato) e proibiu a coabitação de clérigos com concubinas. O cânon 9 proibiu as uniões consanguíneas e excluiu de qualquer herança seus descendentes. O concílio, portanto, tratou de questões extremamente delicadas para a instituição: simonia, nepotismo, concubinato. A raiz de todos os problemas era a prática da investidura leiga de bispos e abades. Estes se tornaram vassalos de uma forma totalmente sem mérito. Uma total dominação do poder temporal. O I Concílio de Latrão aprovou 22 cânones.

Do II Concílio de Latrão (1139), participaram em torno de 500 bispos e abades. O antecedente imediato do concílio foi o cisma derivado entre famílias nobiliarcárias italianas. O Papa Honório II morreu no ano de 1130, o Cardeal Gregório Papareschi (família Frangipani), tornou-se Inocêncio II (escolhido por dezesseis cardeais, na maioria franceses); o Cardeal Pierleone (escolhido por vinte cardeais, tornou-se Anacleto II e estabeleceu-se em Roma. Inocêncio II recebeu adesão da Alemanha e da França, onde se refugiou. Quando Anacleto II faleceu (1136), elegeu-se Gregório (Vítor IV) que, abandonado, se submeteu em 29 de maio de 1136. Toda essa situação durou 14 anos, levando uma tragédia para a instituição religiosa.

Em 1139 Inocêncio II convoca o concílio para tratar dos temas debatidos no I Concílio de Latrão, sinal de que o mal ainda existia. O propósito do concílio era principalmente punir os inimigos de Inocêncio II. Do concílio participaram mais de 500 bispos e igual número de abades. A grande quantidade de abades mostrava a expansão da vida monástica começada em Cluny pelos monges cistercienses. O papa presidiu o concílio. A assembleia conciliar leu e aprovou todos os cânones do I Concílio de Latrão e acrescentou outros. O cânon 30 invalidou as ordenações realizadas por Anacleto II, e Inocêncio II despojou do báculo, do anel e do pálio os bispos que apoiaram o antipapa. O cânon 25 condenou qualquer espécie de investidura leiga e pediu restituição das Igrejas próprias aos bispos. Os bens dos bispos falecidos devem permanecer a serviço da Igreja (cânon 5). Nesse concílio o matrimônio dos clérigos foi declarado inválido e não mais simplesmente ilícito (cânons 6, 7, 8). O cânon 16 extirpou a possibilidade aos filhos dos padres de serem sucessores em seus cargos (cânon 21). A agressão a padres e monges torna-se um anátema (cânon 15). Proibia-se aos monges o exercício da medicina e da advocacia em vista de ganho material (cânon 9). Os que cometiam usura estavam excluídos dos sacramentos (cânon 18). Os hereges, Arnoldo de Bréscia, Pedro de Bruys e seus seguidores foram condenados por causa de seus ensinamentos contra a Eucaristia, Batismo infantil, sacerdócio e Matrimônio. Aqueles que defenderam ou deram abrigo a estes hereges deveriam ser excomungados.

Do **III Concílio de Latrão (1179)** participaram 291 bispos e muitos abades, a estes foram concedidos vários privilégios. A finalidade principal era pôr fim ao conflito político-eclesiástico e aos vinte anos de cisma (conflito e paz com Barba-roxa). Entre 1143, morte do Papa Inocêncio II, e 1179 houve sete papas e três antipapas. Nesses quarenta anos a interferência do imperador nos assuntos eclesiásticos aumentou enormemente. Os imperadores tentaram dominar toda a Itália. Papados mais fracos abriram caminho para essa dominação. A única esperança dos papas eram os lombardos do norte da Itália. O Imperador Frederico Barba-roxa invadiu a Itália (1158) e nem os lombardos conseguiram detê-lo. O Papa Adriano IV morreu (1159) durante uma missão de mediação para os lombardos.

Em Roma, os cardeais se reuniram para eleger o sucessor de Adriano IV. O Cardeal Rolando Bandinelli obteve vinte e dois votos e seu oponente somente quatro. Rolando foi eleito e escolheu o nome de Alexandre III como papa. O imperador não gostou da eleição e convocou os seus cardeais, horas depois, para a eleição de um novo papa. Esses cardeais elegeram Vítor IV. Os dois papas foram consagrados no dia seguinte, construída a calamidade. Frederico sugeriu um congresso de bispos em que os papas apresentariam seus argumentos. Alexandre se recusou e Vítor aceitou, obviamente, a proposta. Congresso não realizado e a divisão na sede romana durou 18 anos. Quando da morte de Vítor, Pascoal III e depois Calisto III se tornaram antipapas e governadores de Roma. Alexandre III não pôde se estabelecer na cidade, viajou para França, Espanha e Itália. Sempre realizou sínodos em Pisa e Clermont.

Em 1167, Frederico e sua esposa foram coroados em Roma pelo antipapa. Nesse tempo a peste tomou conta da cidade levando vários à morte e uma revolta contra o imperador. Frederico, disfarçado, fugiu para a Lombardia e ali foi derrotado (1176, na Batalha de Legnano). O imperador pediu paz ao Papa Alexandre III, mas o papa permaneceu firme. Em 1177 um congresso se reuniu em Veneza para tratar a questão do imperador. Frederico compareceu e se submeteu ao papa. Alexandre III entrou triunfante em Roma. O antipapa se submeteu e foi designado como governador no norte da Itália. O papa convoca um concílio para tratar das questões relativas à eleição dos papas. Nesse concílio foi condenada a heresia dos valdenses. O concílio publicou 27 cânones de disciplina eclesiástica. Dentre esses cânones estão estas definições: Somente os cardeais têm o direito de eleger o papa numa eleição com uma maioria de dois terços: ninguém deveria ser ordenado bispo e padre antes de completar respectivamente 30 e 25 anos; os bispos não deveriam onerar os padres durante as visitas canônicas; não deveria ser cobrada taxa de sepultamento, bênção de matrimônios ou para a celebração de qualquer outro sacramento; toda catedral deveria estabelecer uma escola para o clero pobre; bispos deveriam estabelecer asilos para leprosos.

O **IV Concílio de Latrão** (1215) foi convocado pelo Papa Inocêncio III. Este foi o grande concílio do período com 1.200 representantes. Revela a celebração do poder do Papa Inocêncio III sobre toda a Cristandade. O concílio tinha como finalidade a reconquista da Terra Santa, a reforma da Igreja, a luta contra a heresia e o fortalecimento da fé. Foram aprovados 70 cânones fundados na tradição jurídica da Igreja. O conjunto da legislação conciliar é resultado da ideia romana de unidade de jurisdição e hesita entre o reconhecimento das Igrejas orientais unidas ao primado romano e na sua absorção no rito, na disciplina e na jurisdição romana (cânon 9). A Igreja romana tem o primado de poder ordinário sobre todas as Igrejas (cânon 5). O papa assumiu a responsabilidade e a direção da Cruzada. Formulou-se um estatuto para os judeus, vistos como perigo para a fé (cânones 68, 69), devem trajar uma veste especial e ser excluídos de cargos públicos.

À diferença dos lateranenses anteriores, o IV Concílio de Latrão elaborou uma constituição dogmática (cânon 1) redefinindo os pontos contestados pelos cátaros: a Trindade, a encarnação, a Igreja (fórmula *extra ecclesia nulla salus*), a criação do nada, a retribuição das obras após o juízo final, os sacramentos (aparece o termo transubstanciação – mudança de substância do pão e do vinho na Eucaristia – utilizado anteriormente por Alain de Lille, Étienne Langton e pelo Papa Inocêncio III) e a diversidade das vias de salvação. O cânon 2 condenou a doutrina sobre a Trindade de Joaquim de Fiore e a doutrina de Amaury de Bène, que ensinava em Paris uma espécie de panteísmo. Outros decretos conciliares apresentam a preocupação do concílio: necessidade de sínodos provinciais e diocesanos a cada ano (cânon 6); vários cânones (14-20) relativos ao clero: penas para os incontinentes, combate à bebedeira e à caça, proibição de ofícios seculares, dever de participar do ofício divino, condenação do luxo do vestuário, não abusar do vinho. É preferível ter um pequeno número de bons ministros do que multiplicar os maus (cânon 27). Impôs-se a obrigação pascal da confissão e comunhão anuais (cânon 21).

O **I Concílio de Lião** (1245) contou com 150 participantes. O principal motivo da convocação foi o julgamento do Imperador Frederico II, rei da Sicília e imperador da Alemanha. Por mais de trinta anos o imperador lutou contra os papas Honório III, Gregório IX e Inocêncio IV que convocou o concílio. O conflito era típico da Idade Média entre os imperadores e os papas. Inocêncio IV desde sua eleição deixou bem claro para o imperador que era um mandato de Deus que estava recebendo e que deveria reger de forma absoluta e universal. Para o papa seu poder era supremo no âmbito espiritual e temporal.

Ao iniciar o concílio, Inocêncio IV fez uma pregação usando estes termos para descrever as cinco feridas da Igreja: a vida pecadora do clero, a reconquista da Terra Santa pelos sarracenos, a ameaça que os gregos representavam ao Império Latino de Constantinopla, a devastação da Hungria pelos tártaros e a perseguição de Frederico à Igreja. A situação do imperador foi analisada no concílio perante seu legado. Foram dados nove dias para que Frederico comparecesse ao concílio, mas jamais se apresentou. Lião I aprovou a sentença de excomunhão e a sua deposição. Além disso, o concílio aprovou 22 cânones. A maioria era referentes à eleição do papa e bispos. Durante cinco anos Frederico continuou seu governo de perseguição à Igreja. Em 1250 morreu o imperador e quatro anos mais tarde Inocêncio IV.

O **II Concílio de Lião** (1274) foi convocado pelo Papa Gregório X (1271-1276). Participaram cerca de 1220 bispos; um único rei, Tiago de Aragão. Colaboradores: Boaventura, Humberto de Romans e Alberto Magno. No discurso de abertura o papa esboçou os seguintes problemas a serem tratados no concílio: a reunificação com os gregos; os problemas da Terra Santa; a necessidade de uma reforma moral na Igreja, especialmente na vida do clero e do episcopado. Mencionou três bispos que estavam no concílio. Devido às suas vidas escandalosas, foram depostos. Gregório advertiu que se os bispos não reorientassem suas vidas, as punições seriam semelhantes.

O concílio elaborou três constituições: (a) *Zelus Fidei*, um programa de libertação da Terra Santa; (b) *Ubi Periculum*, regulamentação do conclave e da eleição pontifícia para assegurar a liberdade dos eleitores, impedindo o contato com o exterior. Deveriam se reunir dez dias após a morte do papa; após cinco dias as refeições seriam reduzidas a pão, água e vinho; (c) *Fideli ac Devota*, constituição dogmática sobre a processão do Espírito Santo. O Espírito procede das duas pessoas segundo um único princípio, por uma única espiração, noção tomada da síntese teológica de Tomás de Aquino. Lião II também foi palco de decisões políticas:

o conflito pela coroa real germânica entre Alfonso de Castilha e Rodolfo de Habsburgo foi decidido a favor de Rodolfo. O rei de Aragão queria ser coroado pelo papa, porém partiu irritado em razão da exigência da homenagem e do tributo feudal.

Esses concílios apresentados neste capítulo reuniram-se para resolver questões disciplinares e apoiar a ação transformadora dos papas. Testemunharam o aumento do poder pontifício. Os concílios do século XIV e XV refletiram sobre o poder das nações e o retrocesso do papado. As nações têm peso na convocação e organização das assembleias conciliares. Um grande problema para a instituição religiosa será o conciliarismo; elaborada pelos teólogos era a doutrina da supremacia do concílio sobre o papa.

XVIII
Crise da autoridade pontifícia

Introdução

Assim como no século X, a Igreja atravessou, nos séculos XIV e XV, um período de obscurantismo. O rei da França, Filipe IV o Belo (1285-1314), conseguiu impor seu poder à Santa Sé. Durante sessenta anos, o papado foi obrigado a abandonar Roma e instalar-se em Avinhão. A situação foi tão crítica que nesse momento ocorreu o Grande Cisma do Ocidente, reinando vários papas ao mesmo tempo. Crise da autoridade pontifícia, os papas estavam dominados pelo poder temporal. Para retornar à autoridade foi um processo histórico longo. Os problemas estavam resolvidos? Não. Em todos os níveis da hierarquia se constatava uma crise do clero e os fiéis, na sua maioria, numa grande confusão. Era a crise da transição da Idade Média para a Modernidade.

Os conflitos entre Bonifácio VIII e Filipe IV o Belo

Filipe, o rei francês, de caráter autoritário, estava determinado a enriquecer ainda mais o poder que receberá no final do século XIII. Junto a ele estavam legistas, juristas formados em Direito Romano. Estes desenvolveram a ideia da soberania do Estado representada pelo rei, inclusive sobre o clero. A Sé Apostólica não renunciara aos princípios tradicionais da teocracia pontifícia, encarnados pelos papas Inocêncio III e Inocêncio IV. Nesse período o papado atravessava uma fase de declínio por conta das longas vacâncias no trono de Pedro. Após a morte do Papa Nicolau III (1280), foram necessários seis meses para eleger um novo pontífice; em 1287, foram precisos dez meses e meio para encontrar um sucessor de Honório IV. Após a morte de Nicolau IV (1292), a sede ficou vacante por 27 meses. Eleito Celestino V (1294), Pedro Morrone um eremita de 85 anos. Era um administrador inepto, incapaz, que renunciou após alguns meses. Seu pontificado foi um autêntico desastre para a Igreja. Um sinal visível do enfraquecimento do papado. Seu sucessor, Bonifácio VIII (1294-1303), por seu temperamento autoritário e violento, quis voltar às pretensões de um domínio universal. O novo papa não havia percebido que os tempos eram outros e que o rei da França obtivera mais poder. Papa e Rei estavam com duas vontades semelhantes, interesses opostos, era inevitável o confronto e seria violento (WOLTER, 1993, p. 387-390).

Em 1296 Filipe aumentou os impostos reais sobre o clero e os bens da Igreja. Com a bula *Clericis laicos*, o papa proibiu os príncipes de se imporem às Igrejas sem autorização da Santa Sé. Bonifácio VIII defendia as imunidades eclesiásticas num tom incisivo e brutal. O rei vetou a exportação de metais preciosos e expulsou do reino os coletores pontifícios e os banqueiros italianos. No ano seguinte o papa voltou atrás, preocupado e incomodado com a oposição interna de dois cardeais da família Colonna. Realizou um sinal de paz canonizando São Luís, avô de Filipe. No final de 1301 o papa suspendeu os privilégios régios e convocou um sínodo de bispos franceses para salvaguardar as liberdades eclesiásticas.

Em 1302 Bonifácio VIII publicou a bula *Unam Sanctam* e ameaçou o rei de excomunhão. O documento utiliza fórmulas que expõem o conjunto da doutrina pontifícia sobre as relações da Igreja com o poder temporal. Há apenas uma Igreja, um único corpo com um só chefe, Cristo e seu vigário, fora dessa Igreja não há salvação; as duas espadas (espiritual e temporal) estão em poder da Igreja, reis estão submetidos ao comando do sacerdócio. O papa não pode ser julgado por nenhum homem, o poder espiritual tem autoridade para instituir e julgar o poder temporal. A obediência ao pontífice romano é necessária à salvação. Um dos documentos mais discutidos do governo pontifício no período medieval. Em si a bula não contém nada de novo. Sua teologia política foi professada por todos os papas do século XIII.

O conselheiro do Rei Guilherme de Nogaret considerava Bonifácio VIII usurpador, cismático e herege; persuadiu Filipe IV a convocar um concílio para depor o papa. Em junho de 1303, diante de uma assembleia composta de 40 bispos, o jurista Guilherme de Plaisians enumerou 29 motivos de acusação contra o papa, dentre eles, heresia, simonia, sodomia, idolatria. O papa preparou uma bula de excomunhão do rei. Spalleggiato da Sciarra Colonna, irmão dos cardeais, invadiu o palácio pontifício de Anagni (residência de verão dos papas nesse período), pois Filipe, indignado com as pretensões do papa, manda prendê-lo e esbofeteá-lo. Em toda a história da Igreja nunca havia acontecido esse tipo de ação. O papa foi libertado pela população local. Em meio à pilhagem, Nogaret notificou o papa a respeito do concílio. Bonifácio faleceu no dia 11 de outubro de 1303. Anagni é um acontecimento importante, na figura do papa, a Igreja fora humilhada pelo poder temporal. Anagni está na origem de um declínio do poder espiritual que não conseguirá se reerguer por um longo tempo. O evento é também o fim das grandes pretensões teocráticas, em certo sentido é o fim da estrutura da Igreja medieval. Era o outono medieval e Bonifácio procurava, em vão, frear o curso da história.

O Concílio de Vienne (1311-1312) e a supressão dos Templários

Bento XI (1303-1304) foi o sucessor de Bonifácio VIII, pontificado rápido, oito meses. Este dominicano de caráter humilde, flexível e conciliar não teve tempo de exercê-lo. Excomungou os Colonna, Nogaret e todos que participaram do ato de Anagni. Retirou a excomunhão do rei e de sua família. Retratou as diversas medidas de Bonifácio VIII em relação à França, como a proibição de concessão de graus acadêmicos por parte das universidades francesas. Foi enterrado na Igreja de São Domingos, em Perugia. Ali foi eleito um bispo que não pertencia ao colégio cardinalício, Bertrand de Got, arcebispo de Bordeaux (França), que escolheu o nome de Clemente V (1305-1314). No mês seguinte criou dez novos cardeais, nove franceses. O novo papa foi morar em Poitiers, França e somente em 1309 se transferiu para Avinhão.

Em 1307, Filipe IV decretou a prisão da Ordem dos Templários e também o confisco de seus bens, alegando crimes de heresia e de imoralidade. O papa demorou mas protestou contra a prisão; no entanto, no mês seguinte ordenou a prisão deles e o sequestro de seus bens, reservando a si o processo. Nesse período tramava-se um plano de feudalização da Santa Sé: convocação de um concílio, condenação dos templários, instrução de um processo contra Bonifácio VIII, canonização de Celestino V, absolvição de Nogaret e estabelecimento do papa na França. Em 1308 a maior parte dos templários haviam reconhecido seus crimes sob tortura. O papado cedeu e abandonou os templários nas mãos do rei, vários já haviam sido queimados.

De outubro de 1311 a abril de 1312 mais de 150 bispos participaram do Concílio de Vienne. Em abril de 1312, com a bula *Vox in Excelso*, os templários foram supressos; a motivação foi que a ordem havia ficado difamada pela heresia. Os bens dos templários na França seriam usufruídos pelo rei por cinco anos, além do direito aos dízimos por quinze anos. O processo dos dignitários dos templários, Tiago de Molay e Godofredo de Charnay, foi confiado a três cardeais. Ao final o rei mandou queimá-los (março de 1314). Clemente V morreu em abril desse ano e o rei, em novembro. O povo interpretou o acontecido como castigo de Deus.

Avinhão (1309-1377), uma tragédia anunciada

Diante da queda do poder pontifício e da ascensão de Filipe IV o Belo e por sua imposição, o papado foi transferido de Roma para Avinhão. Cidade situada no condado da Provença, sul da França. Esse período é retratado na história como exílio e ou cativeiro. Clemente V, que se encontrava numa situação de dependência do rei francês e devido aos conflitos violentos em Roma, fixou sua residência em Avinhão. Depois de Clemente, sucederam-se seis papas: João XXII (1316-1334); Bento XII (1334-1342), que construiu o palácio pontifício; Clemente VI (1342-1352), que adquiriu o terreno da Rainha Joana de Nápoles; Inocêncio VI (1352-1362); Urbano V (1362-1370), que voltou a Roma por três anos (1367-1370); e Gregório XI (1370-1378). Devido não somente às súplicas da dominicana Catarina de Sena, mas também da necessidade da Igreja, pelo início da Guerra dos Cem Anos (1339-1453, França e Inglaterra) e pelo resultado da obra do Cardeal Egídio Albornoz, que restabelecera a ordem no Estado Pontifício, Gregório XI voltou para Roma em 1377.

O período do cativeiro, não percebido pelos papas, trouxe consequências negativas para a instituição religiosa. Os sete papas eram franceses e sofreram o influxo da monarquia francesa. O primeiro, Clemente V, submeteu-se ao rei: reabilitou adversários de Bonifácio VIII, revogou a *Unam Sanctam* para a França, abriu um processo contra Bonifácio, suspendendo somente quando da tragédia dos templários. Embebidos pelo pretenso poder, os papas não perceberam que estavam enterrando a própria autoridade e ao mesmo tempo o nacionalismo crescia e diminuía o caráter universalista do papado.

XIX
Cisma do Ocidente e seus desdobramentos

Introdução

Em 1378 começa o denominado Grande Cisma do Ocidente que durará 37 anos, os cardeais não se entendem, se dividem e escolhem dois papas. A Cristandade se divide e escolhe dois papas. Durante o século XIV o prestígio do papa entrou em declínio. Nasce a doutrina conciliarista, que pretendia o concílio superior ao papa. A doutrina não prevaleceu, mas preparou as divisões do século XVI. Este capítulo objetiva apresentar esse período grave para a instituição religiosa e visto como transição para o mundo moderno.

Roma e Avinhão, a quem seguir?

Transferido para Roma em 1377, o papado continuou também em Avinhão. Em 1378 foram eleitos Urbano VI (1378-1389) em Roma e Clemente VII (1378-1394) em Avinhão. Era o início do Grande Cisma que terminaria em 1417. Essa situação provocou um movimento reformista que exigia uma mudança geral *in caput et membris* da Igreja. Não era somente o papa (cabeça), mas toda a comunidade de fiéis (o corpo, os membros) que representava a vontade de Deus e que a assembleia dos bispos deveria comandar a instituição religiosa, eis a teoria conciliar. Esses fatos e essa teoria são importantes para se compreender a crise do papado, pois o desenvolvimento dessa teoria culminou numa luta pelo exercício do poder na Cristandade: o papado contra o concílio. Essa situação crítica destinava-se a durar: cada papa dispunha de uma capital, do seu governo próprio e, o mais grave, do seu colégio de cardeais. No interior das dioceses os religiosos opunham-se. Disputavam episcopados, abadias e paróquias. Até 1409, em Roma e em Avinhão o cisma perpetuou-se. Bonifácio IX (1389-1404), Inocêncio VII (1404-1406), Gregório XII (1406-1415) continuaram a tradição sucedendo Urbano VI. Em Avinhão, Clemente VII teve um sucessor, Bento XIII (1394-1417), eleito mesmo com as tentativas do rei francês, Carlos VI, de impedir um novo domínio.

Os acontecimentos que se seguiram fortaleceram a teoria conciliarista. Em 1409 nove cardeais abandonaram Gregório e entraram em negociação com os cardeais de Avinhão. Os eclesiásticos chegaram a um acordo sobre a necessidade de reunir um concílio geral para terminar com a situação. A assembleia deveria acontecer em Pisa. Cerca de quinhentos foram os participantes do evento. Rapidamente se chegou a um acordo: um processo canônico em relação aos dois papas, que foram convocados, mas não apareceram. A 5 de junho de 1409, Bento XIII e Gregório XII foram depostos e declarados cismáticos e hereges por não terem respeitado a unidade da Igreja pretendida pelo Credo. Para substituir os dois papas um conclave elegeu Alexandre V (1409-1410). Um detalhe: a assembleia de Pisa não combinou com os outros dois papas as decisões tomadas e os dois não aceitaram o resultado da deposição. Isso agrava ainda mais a situação, agora são três papas legítimos ao mesmo tempo. Após a morte de Alexandre V, sucedeu-o João XXIII (1410-1417). Era de vida escandalosa, um homem violento e de guerra, pouco de Igreja.

Solução? Diante dessas tragédias e fracassos o poder temporal chamou a si a autoridade para aplicar medidas que levassem à solução dessa tríplice encrenca. Sigismundo de Luxemburgo (Império Germânico 1410-1437) quis recuperar os tempos carolíngios e restituir à Igreja a sua unidade. Exigência do imperador foi a convocação de um novo concílio que deveria ser realizado em Constança, cidade imperial.

Constança (1414-1418), um único papa

O concílio contou com a participação de 500 padres conciliares, dos quais 185 bispos e vários teólogos. O Imperador Sigismundo desempenhou um papel importantíssimo nos desdobramentos dessa assembleia. João XXIII prometeu demitir-se caso seus rivais tomassem idêntica atitude. Vários padres conciliares viram nisso uma estratégia e foram hostis com o eclesiástico. Em março de 1415, ele fugiu disfarçado tornando a situação mais difícil. Receavam que esse fato pudesse pôr fim à assembleia. O concílio elaborou um famoso decreto, *Haec Sanctam*, que afirmava a autoridade conciliar. O concílio, afirmavam, representa toda a Igreja Católica, retirava todo o seu poder diretamente de Cristo e que todos, inclusive o papa, deviam obediência ao concílio em matéria de fé, de cisma e de reforma da Igreja. Em seguida o Papa João XXIII foi deposto em maio de 1415, sob a acusação de simonia, má administração e indignidade de vida.

Gregório XII declarou que estava preparado para renunciar. Em julho de 1415 foi lida a bula do papa contendo sua abdicação. Foi nomeado bispo do Porto e núncio. Restava Bento XIII, de Avinhão. Sigismundo encontrou-se com ele em Perpignan no outono de 1415, mas não obteve resultado positivo. Em dezembro, em Narbona, Sigismundo conseguiu que os estados ibéricos, que o apoiavam, assinassem acordos por meio dos quais se comprometiam a renegar a sua obediência a Bento. Retirado na fortaleza de Peñiscola (Espanha), considerou-se, até a sua morte em 1423, o único e verdadeiro chefe da Cristandade. Da diplomacia às medidas enérgicas: instruiu-se o processo de Bento. Em julho de 1417 o concílio votava a sua deposição, como cismático, herético e incorrigível. A sede pontifícia estava vacante. Em outubro de 1417, o concílio publicou um decreto, *Frequens*, que previa a periodicidade dos concílios: o próximo dali a cinco anos, outro depois de sete anos e regularmente de dez em dez anos.

Com a eleição de um novo papa, Martinho V (1417-1432), estava encerrado o cisma. O Concílio de Constança, apesar de sua importância, não realizou nenhuma reforma da Igreja. Impôs uma doutrina conciliar, a superioridade do concílio sobre os papas. Os decretos *Haec Sanctam* e *Frequens* com o tempo resultaram um perigo para a autoridade pontifícia. O concílio condenou os erros de João Wiclif e João Hus.

Papas do Período do Cisma do Ocidente		
Local		
Roma	Pisa	Avinhão
Urbano VI 1378-1389		Clemente VII 1378-1394
Bonifácio IX 1389-1404		Bento XIII 1394-1417
Inocêncio VII 1404-1406	Alexandre V 1409-1410	
Gregório XII 1406-1417	João XXIII 1410-1417	

Conforme as decisões de Constança, Martinho V convoca um novo concílio em Pavia, e devido a epidemia e somente um pequeno número de padres conciliares, encerra-o sem nenhuma decisão. O novo Papa Eugênio (1431-1447) convoca o Concílio de Basileia. Após quatro meses há uma tentativa de dissolvê-lo devido às ameaças de reduzir o poder papal. O concílio é transferido para Ferrara (1437), parte dos padres ficou em Basileia. Os gregos chegaram para negociar a união. Estavam sob a direção do Imperador João VIII Paleólogo, do patriarca de Constantinopla José II, dos metropolitas de Niceia e de Kiev. Em 1439 o concílio foi transferido para Florença. Os gregos reconheceram o *Filioque*. Por falta de apoio do clero grego, a união acaba com a conquista de Constantinopla pelos turcos (1453). A Rússia, terceira Roma, assume a herança da ortodoxia. O final do Concílio de Basileia proclamou que a preeminência do concílio sobre o papa é de fé e decide depor Eugênio IV. O novo eleito, Felix V, constata seu isolamento após a concordata de Viena (1448, fortifica a posição do papa com relação ao concílio) e se demite em 1449. Em 1447, Nicolau V, o papa legítimo, inicia a série de papas da Renascença.

Transformações culturais na sociedade medieval

A instituição religiosa cristã tem um papel de grande relevância na construção da cultura medieval. As divisões e o enfraquecimento institucional estão no mesmo contexto de elevados momentos da cultura e da construção do cristianismo ao longo da história. Um setor do clero, nesse período, possuía o monopólio da cultura: sabiam ler e escrever, tinham bibliotecas e mantinham escolas. O grau de cultura da maioria da população e do clero eram mínimos. As transformações econômicas e sociais do século XII trouxeram novas preocupações intelectuais, acentuadas pelo desejo de conhecer textos sagrados por causa das heresias. O crescimento populacional e o desenvolvimento das atividades comerciais tornavam indispensável o aparecimento do ensino leigo, voltado para as necessidades do nascente capitalismo. Surgiram assim as corporações de professores e estudantes que se reuniam para estudar, dando origem às universidades. As principais eram formadas por quatro faculdades: Artes, Direito, Medicina e Teologia. A Faculdade de Artes ministrava um curso básico, composto pelo *trivium* (Gramática, Retórica, Dialética) e pelo *quadrivium* (Aritmética, Música,

Geometria e Astronomia). Após esse curso, os estudantes podiam ingressar nas outras faculdades. As universidades, assim como as catedrais e os parlamentos, são um produto da Idade Média. Os gregos e romanos não tiveram universidades no sentido em que a palavra foi usada nos últimos sete séculos (HASKINS, 2015, p. 17). A maior universidade do período foi a de Paris.

As universidades foram surgindo nesta ordem cronológica: Bolonha (1080), Oxford (1096), Paris (1170), Cambridge (1209), Salamanca (1218), Montpellier (1220), Pádua (1222), Toulouse (1229), Sena (1240), Valladolid (1241), Coimbra (1290), Roma (1303), Florença (1321), Praga (1348), Heidelberg (1386).

O principal ramo do conhecimento humano continuava a ser a teologia. Mas os principais intelectuais da época dedicavam-se muito mais à filosofia. Os grandes mestres foram: Tomás de Aquino, Pedro Abelardo, Duns Scotus, Alberto o Grande e, mais tarde, Roger Bacon e Guilherme de Ockham. A filosofia ensinada na escola, escolástica, nada mais era do que uma filosofia aplicada à teologia, com a utilização de métodos racionais de indução criados por Aristóteles. A produção intelectual foi imensa: a obra de maior destaque foi a *Suma Teológica*, de Tomás de Aquino, manual básico de todos os estudos da formação clerical. Bacon e Ockham introduziram as principais novidades na filosofia escolástica: insistiam no estudo crítico das autoridades eclesiásticas e no uso da experiência e de métodos de observação e experimentação para chegar à verdade.

A arte medieval passou por uma notável evolução a partir do século XI, com o desenvolvimento dos estilos românico e gótico. O românico apresentava como características o emprego do arco redondo, apoio dos arcos sobre colunas que terminavam em capitéis e janelas pequenas e redondas. A planta das igrejas se baseava na forma da cruz, segundo o modelo das antigas basílicas romanas. Eram decoradas com simplicidade, para não enfraquecer as paredes que sustentavam a construção. Os únicos ornamentos eram os capitéis e o tímpano. No século XIII surge o estilo gótico, resultante do desenvolvimento das cidades e do "progresso" da fé. A necessidade de construir templos imensos para abrigar um número grande de fiéis levou à melhoria das técnicas de construção e à adoção de arcos ogivais para sustentar o teto, dando maior solidez ao edifício. Os enormes vitrais coloridos davam uma fulgurante iluminação no interior da Igreja, decorada com muitas imagens, imagens de pedra guarneciam as paredes laterais da porta. As pequenas torres características do estilo românico foram substituídas por torres afiladas, que davam uma sensação de leveza no conjunto.

PARTE IV
CRISTIANISMO E MUNDO MODERNO

XX
Tempo de transição, tempo de divisões

Introdução

O capítulo propõe conhecer e debater a situação de transição dos séculos XV-XVI. A contextualização oferecerá uma quantidade de informações sobre a economia, a sociedade, a política, a religião e o Renascimento. São fatores que estão neste tempo histórico de mudança de época. É um modo de produção em agonia, o feudalismo, e o despontar de outro modo de produção, o pré-capitalismo. Ao explorar esses eventos se poderá apresentar uma opinião rigorosa, científica e consistente sobre os acontecimentos e os seus desdobramentos: as reformas Protestante e Católica.

Contextualizando a transição

A Europa nos séculos XV e XVI foi palco de grandes transformações, convencionalmente consideradas marcos da Modernidade. Na política, ocorreu a centralização do poder, que acompanhou a formação dos estados modernos. Na cultura, houve o desdobramento do movimento humanista e o Renascimento. Na religião, quebrou-se a unidade cristã com a Reforma Protestante (1517). Na economia, com o capitalismo nascente, romperam-se muitas relações feudais.

Nesse período, a expansão marítimo-comercial europeia levou à conquista de outros continentes, como a América. A expansão europeia permitiu que esses eventos históricos fossem se articulando numa escala mundial. Impérios coloniais foram fundados. Colônias e estabelecimentos comerciais foram organizados na Ásia. O trânsito entre a Europa e as colônias reverberou em choques culturais e em mudanças antropológicas. Não havia somente um sistema econômico, um sistema político, uma organização social e uma religião única e poderosa dirigindo o destino das populações, controlando seu corpo e sua alma. A conquista da América mudou o rosto do mundo de então e seus esquemas mentais. Surgiram diversas questões antropológicas que influenciarão nos desdobramentos desse período, deixando sua marca nos séculos posteriores. Importante destacar que aqui nascerá um questionamento que também ultrapassará esses movimentos do início do mundo moderno: cristianismo é igual a civilização cristã europeia? A discussão continua no presente sobre eurocentrismo e etnocentrismo.

Entre o final da Idade Média e o início da Modernidade, a lenta desestruturação do feudalismo e o reaquecimento do comércio, assim como a conquista da América, trouxe mudanças para o modo de pensar e viver de muitas pessoas de diversas cidades e regiões europeias. É evidente que essas expansões têm como fator determinante o econômico. A Europa estava passando por uma crise econômica nesse período. O sistema de produção feudal já não mais se adaptava às necessidades das cidades grandes. O abastecimento estava comprometido, não se conseguindo produtos agrícolas em quantidade suficiente. Para alimentar a Europa era necessário que a produção aumentasse, mas aconteceu justamente o contrário: houve um século de secas e guerras (esp. a dos Cem Anos).

Mal alimentada, a população ficou mais fraca e com dificuldades para resistir às doenças, principalmente a peste negra, trazida do Oriente por mercadores em meados do século XIV. A população foi reduzida a um terço. A mortandade estava relacionada com a questão de higiene e de disseminação de doenças. Devido ao grande fluxo comercial no Mediterrâneo, os navios que iam da Itália para o porto de Bizâncio não tinham praticamente parada nem manutenção ou limpeza. Isso ocasionou a peste negra. Essa enfermidade é a transmissão da peste bubônica por meio da urina do rato nos alimentos estocados nos navios. A peste foi uma pandemia durante o século XIV (1346-1353) que dizimou entre 25 a 75 milhões de pessoas. A alta hierarquia da Igreja e grande parte de seu corpo se afastou da população, reforçando a aliança com os ricos. A maior parte dos membros da instituição religiosa fechou as portas aos pobres e doentes, causando uma terrível fome em toda a Europa. Essa atitude e outras trarão consequências graves não só para a população, mas também para a própria instituição.

A população da Europa a partir do século XV voltou a crescer, porém surgiram novos problemas econômicos. O comércio rendoso das especiarias (palavra do latim *especia*, substância ativa e valiosa) apresentava graves problemas: os nobres, principais compradores, estavam empobrecendo; o Mar Mediterrâneo, rota por onde os comerciantes de especiarias (cravo, pimenta, noz--moscada, canela, gengibre) passavam, agora era monopólio dos italianos e dos árabes. O preço do produto subia cada vez mais e, se isso continuasse acontecendo, a população não teria dinheiro para comprar, desse modo, era necessário encontrar outros mercados abastecedores. Outro problema era o abastecimento interno de produtos agrícolas, a dificuldade não era nova, e por isso era necessário encontrar novos mercados abastecedores também nessa área. Se o resultado nesse comércio internacional se efetivasse, as cidades sofreriam as consequências dos altos e baixos da exportação. Isso sem contar com os efeitos de fatores naturais (secas, pragas, enchentes) sobre a produção local. A transição da sociedade medieval para a moderna se encontrava numa crise de mercado.

O fator econômico é de grande relevância, mas não é o único nessa transição. Houve uma ascensão social de uma camada da sociedade, a dos comerciantes e artesãos (burguesia mercantil). Esse grupo também possibilitou a expansão comercial e marítima da Europa. Na sociedade, das maiores necessidades eram a segurança e a paz para o bom andamento dos negócios. Assim, a burguesia favorecia a centralização do governo e o fortalecimento do poder do rei. Nesse quadro há um aumento das rendas e isso possibilita ao Estado armar seu exército e aos comerciantes expandir seus negócios, contribuindo também para as explorações marítimas. Estas expansões estavam no ideal missionário em Portugal e na Espanha. Esses dois territórios haviam lutado contra os muçulmanos. O espírito de Cruzada adquirido favorecia o pretexto e a justificativa para a expansão europeia em territórios dominados por membros de outras religiões. O ideário era econômico-político travestido de expansão da fé para a salvação dos infiéis.

Nas artes, nas ciências e na filosofia, destacavam-se novas ideias e valores. Em vez de exaltar excessivamente a fé religiosa, os intelectuais desejavam explicações mais racionais. Em vez da ênfase no mundo de Deus (teocêntrico), desenvolveram o antropocentrismo, valorizando a obra humana. O ser humano se redescobre como criatura e criador do mundo em que vive. Isso levou ao racionalismo e ao humanismo. A sociedade entrou num período de inquietações e necessidade de mudanças, transformações (cf. ZAGHENI, 1995, p. 11-29).

Nos fins da Idade Média, a palavra "reforma" era usada com o significado de purificação interior do fiel e de busca da regeneração da Igreja Católica. Os reformadores religiosos que com ela romperam passaram a empregar "reforma" para designar o movimento geral de transformação religiosa – não só na Igreja Católica como também, e até principalmente, fora dela. O termo hoje abrange tanto a Reforma Protestante como a Católica, se bem que na historiografia uma corrente aponta a Reforma Católica como Contrarreforma. O movimento reformista já existia na Igreja bem antes da Reforma Protestante. Esse foi o grande estopim para que a Igreja Católica resolvesse, embora lentamente, devido a vários fatores, encaminhar a sua reforma, efetivada teoricamente no Concílio de Trento (1545-1563).

Renascimento, nova proposta de ser e viver

Renascimento (renascer) é o nome do grande movimento de mudanças culturais, que atingiu as camadas urbanas da Europa Ocidental entre os séculos XIV e XVI, caracterizado pela retomada dos valores da cultura greco-romana (cultura clássica). Esse momento é considerado como um importante período de transição envolvendo as estruturas feudo-capitalistas. Com a desestruturação do feudalismo e o reaquecimento do comércio e a conquista da América levaram a população a mudanças no seu modo de pensar e viver. Nas artes, nas ciências, na filosofia e na cultura em geral surgem novas ideias e valores. Uma grande liberdade no pensar e agir, nunca aceitos pela instituição religiosa que controlava toda a vida, do nascimento ao *post-mortem*. O berço do movimento renascentista é a Península Itálica, especialmente Florença (séc. XV), Roma e Veneza (séc. XVI). Havia nessas regiões muitos elementos preservados da Antiguidade.

O alicerce desse movimento era proporcionado por uma corrente filosófica, o humanismo, que descartava a escolástica medieval, até então predominante, e propunha o retorno às virtudes da Antiguidade. Platão, Aristóteles, Virgílio, Sêneca e outros autores greco-romanos começam a ser traduzidos e rapidamente difundidos. No início, o termo "humanista" estava ligado aos intelectuais preocupados em reformular o ensino (centrado em direito, medicina e teologia). A partir disso surge a proposta: novos estudos de humanidades (filosofia, história, poesia...). Assim, o termo logo foi ampliado para humanistas. Sendo todos aqueles que criticavam as concepções sobre a sociedade e a natureza desenvolvidas pelos teólogos católicos medievais. A atitude crítica é uma das características mais notáveis do movimento humanista. O humanista era aquele que refletia sobre o mundo terrestre concreto em luta constante com a natureza, buscando um maior controle do próprio destino, muito diferente do pensamento teológico medieval. Os valores humanistas estimularam a investigação intelectual. O movimento marcou a transformação da mentalidade europeia.

O movimento renascentista desenvolveu uma nova sociedade e relações sociais em seu cotidiano. A vida urbana passou a implicar um novo comportamento: o trabalho, a diversão, o tipo de moradia, os encontros nas ruas, contavam com um novo comportamento da população. Isso significa que o Renascimento não foi um movimento de alguns artistas, mas uma nova concepção de ser e viver adotada por uma parcela da sociedade, e que será exaltada e difundida nas obras de arte e na produção cultural urbana.

Apesar de recuperar os valores da cultura clássica, o Renascimento não foi uma cópia, utilizava-se dos mesmos conceitos, porém aplicados de uma nova maneira a uma nova realidade. Assim como os gregos, a população desses tempos modernos valorizava o antropocentrismo. O entendimento do mundo passava a ser feito a partir da importância do ser humano, o trabalho, as guerras, as transformações, os amores, as contradições humanas tornaram-se objetos de preocupação, compreendidos como produto da ação do ser. Outra característica marcante foi o racionalismo: a convicção de que tudo pode ser explicado pela razão e pela ciência, a recusa em acreditar em qualquer coisa que não tenha sido provada, recusa em tudo que até o momento era explicado na crença no transcendente; dessa maneira o experimentalismo, a ciência, conheceram grande desenvolvimento. O individualismo também foi um dos valores renascentistas e refletiu a emergência da burguesia e de novas relações de trabalho. A ideia de que cada um é responsável pela condução de sua vida, a possibilidade de fazer opções e de manifestar-se sobre diversos assuntos acentuaram gradualmente o individualismo. Foi acentuada a importância do estudo da natureza; o naturalismo aguçou o espírito de observação. O hedonismo representou o "culto ao prazer", ou seja, a ideia de que a pessoa pode produzir o belo, pode gerar uma obra apenas pelo prazer que isso possa lhe proporcionar, rompendo com o pragmatismo. O universalismo foi uma das principais características do Renascimento e considera que o ser humano deve desenvolver todas as áreas do saber; Leonardo da Vinci é o principal modelo de "homem universal", matemático, físico, pintor e escultor, estudou inclusive aspectos da biologia humana. Dessa forma, o Renascimento é individualista, racionalista, hedonista e humanista. Ao mesmo tempo, não exalta a fé e deseja, para todas as situações, explicações racionais.

Se na Idade Média havia uma hierarquia social – servo/senhor, vassalo/suserano, mestre/aprendiz, uma estrutura rígida, estratificada, estamental –, nessa transição para a sociedade moderna começa a despontar o rompimento desses laços. Emerge o indivíduo, do mundo coletivo cristão medieval para as manifestações do individualismo (economia, ciências, artes). Uma reação ao dualismo corpo/espírito, aparência/essência, bem/mal. Esses fatores eram ressaltados na religiosidade medieval.

Não obstante todas essas informações, o Renascimento não é a total ruptura com a Idade Média, afinal a história é um processo de continuidades e descontinuidades. A historiografia do francês Jean Delumeau apresenta uma assertiva na direção que não houve um corte radical entre os dois períodos (DELUMEAU, 2011). O historiador inglês Peter Burke apresenta essa mesma linha de raciocínio quando destaca a presença das tradições medievais no processo de adaptação criativa das formas e valores clássicos aos novos contextos culturais e sociais renascentistas, não só na Itália, mas em vários outros pontos da Europa (BURKE, 2008, p. 9-16). Contudo, esse movimento cultural, econômico e social moldou a Europa.

Produção cultural urbana

Acontecimento importante nessa época foi a invenção da imprensa (1450). Graças a Johannes Gensfleisch zur Laden zum Gutenberg (1398-1468), inventor e gráfico alemão que introduziu a forma moderna de impressão, que possibilitou a divulgação e cópia de livros e jornais. Desenvolveu o processo de impressão com tipos móveis, assim acelerou a maior produção e divulgação de ideias. Sua invenção iniciou a Revolução da Imprensa e é considerada o evento mais importante do período para a transição da Idade Média para a Idade Moderna. O alemão teve um papel fundamental no desenvolvimento da Renascença, na Reforma e na Revolução Científica. Essa imprensa é responsável pela impressão da Bíblia, de diversos livros e dos textos de Martinho Lutero. Impressão mais rápida e maior rapidez na circulação de ideias. E, "para o clero, a tipografia causou problemas porque o novo meio de comunicação permitiu que a gente comum estudasse os textos religiosos por sua própria conta e não dependesse daquilo que as autoridades lhes dissessem" (BURKE, 2000). Essas interpretações dos textos cristãos nem sempre estavam em harmonia com os ensinamentos da Igreja.

Além disso, ganhou força uma corrente religiosa que, buscando apoio na obra de Santo Agostinho, afirmava que a salvação era alcançada, sobretudo, pela fé. Essas ideias contrariavam a posição dominante entre os líderes da Igreja, baseada em Santo Tomás de Aquino, segundo a qual a fé e as boas obras conduzem à salvação eterna.

De enorme relevância é a ação dos mecenas. O mecenatismo é a ação de estimular e principalmente patrocinar economicamente o trabalho de artistas e intelectuais. Os mecenas eram os monarcas, os papas e os banqueiros. Havia famílias poderosas que exerciam o mecenato: Médici (Florença) e Sforza (Milão), Gonzaga (Mântua), dentre outras. No Renascimento artístico e científico surgem personagens por quase toda a Europa. Na Itália: Dante Alighieri, Francesco Petrarca, Giovanni Boccaccio, Leonardo da Vinci, Nicolau Maquiavel, Michelangelo Buonarroti, Galileu Galilei. Na França: François Rabelais, Michel de Montaigne. Na Inglaterra: Thomas Morus, William Shakespeare. Em Portugal: Luís Vaz de Camões. Na Holanda: Hubert e Jan van Eyck, Erasmo de Roterdã. Na Alemanha: Albrecht Durer, Hans Holbein, Johannes Kepler. Na Espanha: Miguel de Cervantes e Miguel de Servet. Na Polônia: Nicolau Copérnico. Esses são alguns que movimentaram esse período de mudança de época.

Papas da Renascença

Encerrando o capítulo será apresentado um quadro dos papas da Renascença com uma síntese de seu pontificado. Praticamente todos são mecenas e a maioria leva uma vida de corte, luxuosa, luxuriante, de concubinas, simoníaca e nepotista, com filhos e netos. É o período de transição da Idade Média para a Idade Moderna. Note-se que o término do Concílio de Constança, de cunho conciliarista, e o primeiro papa desse período, Martinho V, se situam no ano de 1417, exatamente um século antes da Reforma Protestante de Lutero de 1517. Na cronologia histórica é um tempo curto, porém repleto de eventos e de desgastes para a instituição religiosa. Na maior parte das vezes, muitos membros da hierarquia escolheram a vida mundana e desligada dos pobres, para viver a vida das cortes. Das catacumbas do martírio inicial se passou aos palácios dos negócios feudais e, nesse tempo de um pré-capitalismo, como sempre, o trigo conviverá com o joio.

Papas da Renascença

Data	Papa	Ação
1417-1431	Martinho V	Término do Cisma do Ocidente.
1431-1447	Eugênio IV	Quebra do poder conciliar e luta contra os Colonna.
1447-1455	Nicolau V	Intrigas para aumentar seu poder político na Itália.
1455-1458	Calisto III	Nepotista, da família Bórgia.
1458-1464	Pio II	Honesto e sério e com breve pontificado.
1464-1471	Paulo II	Amante inveterado – transforma a corte em prostíbulo.
1471-1484	Sisto IV	Interessado em artes; nepotista e corrupto.
1484-1492	Inocêncio VIII	Filhos ilegítimos. Autoriza a venda de indulgências.
1492-1503	Alexandre VI	Bórgia: auge da corrupção – traição, assassinatos e guerras.
1503	Pio III	Reformador, morre 26 dias após a eleição.
1503-1513	Júlio II	Prossegue em guerras para aumentar o poder; promove artistas como Michelangelo e Rafael – Capela Sistina e Vaticano.
1513-1521	Leão X	Continua ampliando o poder por meio de guerras, termina a construção da Basílica de São Pedro com a venda de indulgências.

XXI
Causas e clamores da Reforma Protestante

Introdução

Em 1517 teve início um dos momentos mais importantes e marcantes da Época Moderna. Trata-se da questão envolvendo Martinho Lutero e o Papa Leão X, da qual resultou a excomunhão do primeiro, que apoiado por príncipes alemães, constituiu uma nova religião, abrindo profunda brecha no poderio até então incontestável da Igreja Católica. No entanto, não se pode compreender a Reforma Luterana apenas pelos fatos ocorridos em 1517. O movimento teve causas e clamores profundos. O objetivo principal deste capítulo será o de apresentar as causas e os clamores, levando em conta que se trata de vários fatores que, somados, levarão à Reforma. A resposta da Igreja Católica virá com o Concílio de Trento (1545-1563), que será objeto de outro capítulo.

Causas da Reforma Protestante: teses

É essencial compreender que a Reforma Protestante, além de ser declinada no plural, ou seja, são reformas protestantes, tem causas provenientes de um conjunto de fatores que, isolados, não possibilitariam o evento do século XVI. Portanto, nessa pluralidade está um conjunto de elementos que levaram à Reforma.

O primeiro consiste numa tese tradicional (MARTINA, 1990, p. 37-41) que afirma ser a causa principal a situação deplorável da maioria do clero (papa, cardeais, bispos, padres, religiosos). Abusos e desordens difusas por toda a instituição religiosa, especialmente, nepotismo, concubinato e simonia. Erasmo de Roterdã, na sua obra *Elogio da loucura* (1501) indicou o remédio para sanar essa grave situação: sacerdotes bons, pios e eruditos. Sua crítica é extremamente mordaz ao clero. O trecho abaixo não somente revela sua análise, mas o contexto do final do século XV e início do século XVI. Retrato de um dos elementos causadores da Reforma.

> Mas os príncipes não são os únicos que levam essa vida desagradável: os papas, os cardeais e os bispos vêm há muito se esforçando para imitá-los. Que triste vida levaria um bispo, se resolvesse pensar que a sobrepeliz que veste, de um branco reluzente, o adverte a ter uma conduta impecável; que a mitra que lhe cobre a cabeça, e cujas duas pontas estão ligadas por um único nó, significa que deve reunir dentro dele a ciência do Antigo e do Novo Testamento; que as luvas em suas mãos mostram que estas devem ser puras e isentas do contágio do mundo na administração dos sacramentos; que seu báculo é o símbolo do cuidado contínuo que deve ter com o rebanho que lhe foi confiado, e sua cruz, o signo da vitória que deve ter conquistado sobre as paixões! Os bispos de hoje não são tão bobos; pensam em apascentar-se eles mesmos, deixando a Jesus, aos vigários e aos frades mendicantes o cuidado de apascentar seu rebanho; esquecendo facilmente que a palavra bispo significa trabalho, solicitude, vigilância, mas lembrando-se muito bem disso quando se trata de arrecadar dinheiro (ERASMO, 2010, p. 105).

Os reformadores protestantes afirmavam que a razão do contexto em que estavam vivendo dizia respeito à decadência doutrinal da escolástica medieval. A reflexão desses pensadores afirmava que a teologia não tocava mais a essência da vida e da fé dos fiéis, ou seja, aquela teologia era importante, porém foi elaborada dentro de um outro cenário histórico. A teologia não ajudava a pensar e/ou responder questões desse tempo de transição e crises. Lortz (1987, p. 100) constatava que a incerteza teológica levaria à revolução eclesiástica. Nesse período não se via como positivo "o valor do pluralismo nas formulações teológicas, nas manifestações da mesma vida religiosa, na organização da Igreja; a valorização do laicato ou, mais propriamente, do sacerdócio universal dos fiéis, a retomada de um contato geral por parte dos cristãos com a Escritura", e "a força expansiva que a libertação de tantas energias, efetuada pela ruptura, gerou e que se exprimiu na enorme expansão missionária dos séculos posteriores remontam em larga medida ao patrimônio de ideias, exigências, experiências que no século XVI se havia manifestado com tempestuosa intensidade" (ALBERIGO, 1970, p. 883).

Outra tese, oposta à tradicional, indicava um outro motivo, o político. A relação entre a Igreja e os estados nacionais emergentes. A centralização do poder econômico e político nas mãos da instituição religiosa e daí seu controle político desagradava uma política que vivia uma transição do feudalismo para o capitalismo. A concentração econômica revela o portador de poder político.

Situação do clero (episcopado)

A maioria dos bispos vivia numa situação não condizente com a ocupação hierárquica que deveriam exercer: ausência total de seu empenho no cuidado com os fiéis (*cura animarum*). Na atualidade esse pensamento ficaria assim: ausência total de ação pastoral no exercício de seu ministério episcopal. Essa situação era devida a outra: estavam ocupados nos setores mundanos da sociedade, atividades políticas e o cuidado com suas famílias (concubinas, filhos, muitas vezes ilegítimos). Eram verdadeiros príncipes feudais, membros da nobreza ou dependentes dela. O feudalismo os converteu e não o contrário, a inserção do Evangelho em meio àquela sociedade.

A escolha dos bispos e a criação de cardeais na maioria das vezes era baseada não em critérios do cuidado das almas e do bem da Igreja, mas a avaliação era se o candidato pertencia à nobreza. Os cargos eclesiásticos muitas vezes eram comprados. Outras formas de ascensão na carreira eclesiástica, pois foi isso que a atividade se tornou, eram por nepotismo e/ou simonia.

Uma das grandes pragas registradas nesse contexto em que estava envolvida essa mesma maioria de bispos era a não residência. O bispo, na maior parte das vezes, não morava no território geográfico de sua diocese. Era comum que cada bispo acumulasse várias dioceses ao mesmo tempo. No exercício da ação episcopal, o serviço ficava totalmente abandonado e assim também as ovelhas. Esse transtorno e malefício para a instituição religiosa será discutido no Concílio de Trento e os bispos reunidos aprovarão uma norma disciplinar para resolver essa complexa situação que vinha se arrastando por um longo período: a praga da não residência juntamente com o acúmulo de benefícios eclesiásticos. O problema ainda ficava maior no que se refere ao controle para a provisão das paróquias. Somente um exemplo para constatar a gravidade da situação. A Diocese de Tournai (Bélgica) contava com um número de 506 paróquias, destas 452 eram providas independente do bispo.

O historiador Guido Zagheni relata a situação da minoria do clero que exercia o cuidado das almas. Alguns bispos que viviam seu ministério com grande zelo pastoral. Esse é o caso do bispo de Pádua, Pietro Barozzi (1441-1507). Residia na sua diocese, realizava visitas pastorais, celebrava a Eucaristia todos os dias (alguns bispos não a celebravam se quer aos domingos) e vivia na pobreza, prova disso que quando morreu não possuía bens, não tendo dinheiro para o seu próprio funeral (1995, p. 38).

Situação do clero (padres e religiosos)

A situação da maioria dos padres e dos religiosos não era tão diferente em relação à do episcopado, no que se refere ao relaxamento disciplinar, na pobreza (muitos privilégios) e no pouco ou nenhum conhecimento teológico. A formação que deveria preparar o futuro padre não era homogênea, ou seja, não havia programas formativos comuns para todas as regiões territoriais. O mais grave é que a maioria não estudava necessariamente teologia e vários tinham uma formação intelectual e espiritual insuficiente ou nenhuma. Não existiam seminários, esta será uma normativa tridentina. As escolas catedrais ou um pároco exerciam o papel dessa formação. O exame para aprovação da ascensão ao ministério ordenado era de conhecimento mínimo. O que se verificava era se o candidato lia e pronunciava adequadamente o latim para as celebrações litúrgicas; se conhecia a matéria e a forma dos sacramentos; a explicação do Credo e do Decálogo. Um conhecimento assaz modesto para a função que exerceria após sua ordenação.

Nesse contexto as críticas a certas práticas e comportamentos do clero cresceram enormemente. Para ganhar dinheiro, o alto clero iludia a boa-fé de muitos cristãos por meio da simonia, o comércio das relíquias sagradas, em geral falsas. Eram vendidos espinhos que coroaram a fronte de Cristo, palhas da manjedoura de Jesus, panos embebidos pelo sangue do rosto do Salvador, objetos pessoais dos santos. Ao lado desse comércio, membros da Igreja passaram a vender também indulgências, o perdão dos pecados. Mediante determinado pagamento, destinado a financiar obras da Igreja, os fiéis poderiam comprar a "salvação eterna". Uma maioria dos padres desconhecia a própria doutrina católica e demonstrava falta de preparo para exercer as funções religiosas. A ignorância e o mau comportamento do clero representavam problemas de acordo com a doutrina católica.

Os concílios gerais e provinciais, os sínodos, com frequência lançavam decretos sobre a vida pregressa desse clero. A maioria vivia de maneira concubinária, simoníaca e uma enorme insuficiência espiritual, uma crise moral. Decretos, papéis que ficaram na teoria, com poucas mudanças. E, assim a situação foi tomando vultos maiores. Na parte dos decretos disciplinares tridentinos se poderá verificar a proporção dessas deficiências e, por isso são também fatores que levaram à Reforma Protestante e, posteriormente à Reforma Católica.

Situação da religiosidade popular, entre o bem e o mal

A formação religiosa crítica da população de fiéis é vital para a instituição religiosa, mas muitas vezes deixou e deixa a desejar. Os resultados seguem os caminhos frequentes, numa religiosidade vazia e somente uma piedade exterior dessa prática religiosa. Apesar disso, vivem com sinceridade e profundidade dentro de seu horizonte inadequado que foi a sua formação, ou a ausência dela. A outra parte minoritária dos fiéis segue um outro sistema. É o caso da nova espiritualidade que surgiu em 1380 e adentrou o século XVI: a *devotio moderna*. Era uma corrente de revitalização cristã que se espalhou na sociedade em diversos grupos. Seu caráter era cristocêntrico, uma espiritualidade de vida simples, o oposto da vida faustosa da maioria do clero. Os leigos intelectuais desejavam uma renovação espiritual por meio da purificação e acesso às fontes do cristianismo. Um padre holandês, Thomas de Kempis, elaborou um texto, que continua sendo lido na atualidade, *Imitação de Cristo*. São quatro tratados apresentados nessa espiritualidade. O livro, depois da Bíblia, é o mais lido. Logo no início afirma que "vaidade é, pois, buscar riquezas perecedoras e confiar nelas. Vaidade é também ambicionar honras e desejar posição elevada" (cap. 1, n. 4). E, em outro trecho, esclarece àqueles que vivem em mosteiros: "aprende a abnegar-te em muitas coisas, se queres ter paz e concórdia com os outros [...] bem-aventurado é aquele que aí vive bem e termina a vida com um fim abençoado!" (cap. 17, n. 1). O texto apresenta uma proposta bem diferente daquela vivida pela maioria no interior da instituição religiosa. É evidente que o texto é bem adequado para aquele contexto histórico.

Ao lado desse movimento de espiritualidade e refontalização se encontra o temor do fim do mundo. Tema muito incentivado pela Igreja e que depois trouxe enormes problemas, levando o V Concílio de Latrão (1512-1517) a proibir as predições da vinda do anticristo e do juízo final, pois inculcavam nos fiéis uma consciência de medo. O concílio utiliza de palavras duras denominando essa ação de mentirosa e escandalosa para a Igreja (*Conciliorum*, 1991, sessão XI, n. 15-40). Constata-se com isso que a evangelização fora realizada de maneira superficial ou inexistente. Jean Delumeau apresenta em seu estudo sobre o catolicismo nos séculos XVI-XVII a enorme dificuldade para a evangelização diante desta situação contextual (1976): como cristianizar no mundo paganizado e maniqueísta? E em outro texto, *O cristianismo vai morrer?* (1978), o mesmo historiador afirma que se na atualidade há uma descristianização é necessário perguntar como foi a cristianização, certamente repleta de lacunas. Sempre é necessária a realização de uma autoanálise para que a instituição religiosa reveja as suas atividades. Algumas vezes, o péssimo resultado da evangelização pode estar em estratégias provenientes da própria instituição.

A situação econômica da grande maioria da população na Europa era de extrema miséria (cf., p. ex., os camponeses na Alemanha). É nesse contexto que atua e se desenvolve uma religiosidade supersticiosa, mágica e animista. Enquanto está vigente uma vida de luxo e de luxúria de grande parte do clero, a população de fiéis fica à mercê de determinados tipos que a ludibriavam e jogavam com esses pobres. Qual era a causa da miséria, da fome, da doença? O mal. Este contexto é campo propício para a crença no demônio e em seres superiores ligados a ele que assombram e causam malefícios para a população.

Os poucos missionários relatam a ignorância dos fiéis no meio rural. O grande missionário e pregador catalão São Vicente Ferrer (1350-1419) relatava que era necessário ensinar o sinal da cruz à população – mas não haviam sido evangelizados? De tantos outros exemplos este é um deles: festas juninas. Nestas festas os gatos eram jogados nas fogueiras porque eram tidos como pertencentes ao maligno, eram diabólicos. Outra crença do período era que aqueles que tomassem banho durante a noite de São João ficariam imunizados da febre (doenças) o ano inteiro.

Nesse imaginário medieval às portas da Modernidade era interessante o capítulo referente às almas do purgatório, temidas aquelas que não tinham sepultura, os exemplos eram aqueles que haviam morrido em naufrágios e o corpo não havia sido encontrado. Os santos eram portadores do bem ou do mal e, assim, sofriam represálias dos devotos insatisfeitos pelo não cumprimento dos pedidos realizados. É, a fantasia humana não conhece limites, sua criatividade é imensa quando está assolada pelo medo.

As bulas pontifícias muitas vezes contribuíam para instigar esse tipo de ignorância popular. Possivelmente se pensava que fosse mais fácil deixar as consciências amortizadas para um domínio maior e melhor, ledo engano. A própria instituição preparava uma armadilha para si mesma. Exemplos desses textos são as bulas de Sisto IV, *Summis Desiderantes* (1484) e de Inocêncio VIII, *Malleus Maleficarum* (1487), que exaltavam o poder de lúcifer. O Catecismo de São Pedro Canísio (1521-1597), muito divulgado no século XVI, citava o nome de satanás 67 vezes e de Cristo 63. Assim se constata a importância dada ao tema dentro de um contexto de exacerbada crise, inclusive religiosa.

Pregadores e missionários

No quadro da minoria estão os pregadores e os missionários nesse largo período de mudança de época. Um dos mais conhecidos e notáveis pregadores é Girolamo Savonarola (Ferrara, 1442, nascimento / Florença, 1498, falecimento), italiano, excomungado, condenado e executado como herege com aprovação do Papa Alexandre VI. O frade foi enforcado e em seguida incinerado. Suas cinzas foram espalhadas pelo Rio Arno. Frade dominicano, em agosto de 1490 iniciou a fase de pregação de seus sermões no Convento de São Marcos (Florença). Seus sermões fizeram sucesso e exercia forte influência sobre a população. Pregava contra a imoralidade e a vida dos prazeres dos florentinos. Realizou fortes críticas contra os abusos dos eclesiásticos, vida imoral do clero e de muitos na Cúria Romana, criticou os príncipes, os cortesãos. Com o tempo seus sermões apresentavam uma crítica violenta contra o papa e a sua cúria. Foi proibido de fazer suas pregações, mas o dominicano não obedece e ataca violentamente o que denominou de crimes do Vaticano.

São Francisco Xavier (1506-1552) foi um missionário nesse tempo de caos eclesiástico. Nascido Francisco de Jasso Azpilicueta Atondo y Aznáres, foi um missionário do padroado português e apóstolo navarro. Pioneiro e cofundador da Companhia de Jesus, realizou um trabalho incansável, convertendo muitos ao cristianismo. Recebeu a denominação de Apóstolo do Oriente. Exerceu sua atividade especialmente na Índia portuguesa e no Japão. Acalentava um sonho: missionar na China, onde era proibida a entrada de estrangeiros. Em 1552 convencido de que conseguiria entrar secretamente e cativar chineses, desembarcou na Ilha de Sanchoão. Ali foi atacado por febres violentas. Morreu nesse mesmo ano e, primeiramente, foi ali sepultado. Em 1553 os seus restos mortais foram transportados para a Igreja de São Paulo em Malaca. Em

1553 seu corpo é levado para Goa, onde hoje está sepultado na Basílica do Bom Jesus de Goa. Foi beatificado com o nome de Francisco Xavier pelo Papa Paulo V em 25 de outubro de 1619 e canonizado pelo Papa Gregório XV em 1622. O Papa Pio XI em 1927 proclamou Francisco Xavier, juntamente com Santa Terezinha do Menino Jesus, padroeiro universal das missões.

Durante o Concílio de Trento havia mais bispos residentes em Roma do que nas sessões conciliares. Na Europa se contava em torno de 500 bispos e 113 moravam em Roma. Vários bispos concebiam a direção da sua diocese mais de maneira administrativa econômica e política do que espiritual e pastoral. Grande parte do clero envolvida em deficiências intelectuais e morais, vivendo como "funcionários clericais".

Antes da Reforma Protestante é possível constatar essa ignorância religiosa não só da população de fiéis, mas também de um número significativo do clero. Há um profundo deslocamento dos fundamentos do cristianismo. Não resta dúvida que esse panorama, em grande parte negativo, é devido sobretudo às falhas na estrutura eclesiástica (comportamento do alto e baixo clero) e um grande desinteresse pastoral por parte da maioria do episcopado. O feudalismo sedutor havia ganho enormemente esse setor da instituição. A preocupação, como visto, estava no campo econômico e político particular e na busca desenfreada pelo poder eclesiástico. O joio quase venceu o trigo, mas este é guiado pelo Espírito. O clericalismo levou a Igreja às profundezas do poço, como sempre na história contando com uma minoria que busca o seguimento a Jesus de Nazaré.

Sentimento nacionalista

Havia conflitos políticos entre autoridades da Igreja e alguns governantes das monarquias europeias, que representavam a unidade nacional e viam na autoridade do papa uma barreira para o fortalecimento de seus poderes. Os reis passaram a entender a

Igreja, que tinha sede em Roma e cujo idioma oficial era o latim, como entidade estrangeira que interferia em seus estados. O papa e os outros membros do clero insistiam em apresentar a Igreja como instituição universal (católica = universal) que unia, culturalmente, o mundo cristão.

Em regiões da Europa que hoje correspondem ao norte da Alemanha, Dinamarca, Noruega, Suécia, Suíça, Holanda, Inglaterra e Escócia, os estados procuravam afirmar sua independência em relação à Igreja. A Reforma Protestante, de certa forma, atendeu a esses interesses. A doutrina cristã dos reformadores foi divulgada na língua nacional de cada país e não em latim.

Clamores por reforma

Diante dessa situação analisada anteriormente, havia um clamor imenso e intenso de exigências por reforma. Essa ideia de reforma/conversão (história/teologia) é natural na vida cristã. Alertava Paulo "[...] e não vos conformeis com este mundo, mas transformai-vos, renovando a vossa mente, a fim de poderdes discernir qual é a vontade de Deus, o que é bom, agradável e perfeito" (Rm 12,2). A reforma necessitava ser de ordem pessoal, espiritual, ascética e comunitária. E o que se entende por reforma é o retorno ao estado inicial, voltar às fontes do cristianismo, situado na realidade histórica do tempo presente.

Os clamores têm um longo histórico anterior: a Reforma Gregoriana, o Concílio de Vienne (1311-1312) que suprimiu a Ordem dos Templários, decretos do IV Lateranense (1215) (*Conciliorum*, 1991, sessão XI, n. 30-45). É fácil constatar que se pensava num programa de reforma, porém com pouquíssimas atuações. Essa temática foi dominante no interior da instituição religiosa, na organização eclesiástica durante nos séculos XIV-XVI. E qual é a reforma eficaz? É aquela que começa do alto, pelo chefe, pela cabeça, pelos cardeais e toda a cúria e, assim seguindo pelos bispos, clero religioso e secular. É a reforma do tipo *reformatio tam in capite quam in membris*. Quem deve ser agente reformador deve primeiro reformar-se tirando a trave do próprio olho. A lei não é elaborada para os outros, mas para todos, do contrário, não funciona. E essa necessidade de reforma terá respostas: protestante(s) e católica. Essas reformas devem ser vistas no arco das aspirações e tentativas anteriores que tiveram, na grande parte das vezes, ilusões e desilusões (CONGAR, 1972, p. 267-407).

Sinais precursores de reforma

As atividades de alguns bispos revelam uma atitude reformista antes da publicação de qualquer tipo de decreto por parte da instituição. Exercem um ministério de grande zelo pastoral: visitas pastorais, realização de sínodos, escolas para crianças pobres, reformas para a vida do clero, cuidado particular da religiosidade popular. Alguns deles vivendo numa pobreza testemunhal.

Em relação à vida religiosa havia uma grande necessidade de reforma: ignorância (alguns eram analfabetos), avareza, superstição, ambição, procura de riqueza, concubinato. Essa situação era causa de enorme escândalo para os fiéis. Lutero fará críticas à vida religiosa em seu texto *De votis monasticis*. Se já era difícil, com o texto a vida religiosa entrou em colapso nos territórios protestantes. Ao mesmo tempo são fundadas novas ordens religiosas masculinas e femininas, sinal positivo em meio a essa tragédia da instituição.

Fundação de novas ordens

Masculinas
1524 – Teatinos – Clérigos Regulares (Caetano de Thiene)
1530 – Barnabitas – Clérigos Regulares de São Paulo (Antônio Maria Zaccaria)

1540 – Companhia de Jesus, Jesuítas (Inácio de Loyola)

1540 – Somascos – Clérigos Regulares de Somasca (Jerônimo Emiliani)

1590 – Camilianos – Ordem dos Clérigos Regulares Ministros dos Enfermos (Camilo de Lellis)

Femininas

1535 – Sociedade das Angelinas de São Paulo (barnabitas)

1535 – Ursulinas (Ângela Mérici)

Se são renovadas e criadas novas ordens há uma semente que germina e poderá oferecer mudanças positivas num processo de descontinuidade com o trágico e a continuidade com o Evangelho num processo de longa duração. É trigo em meio ao joio, renovando o seguimento a Jesus de Nazaré nesse contexto histórico.

XXII
Reforma Protestante

Introdução

Este capítulo tem por finalidade apresentar a vida e o pensamento de um dos grandes personagens da Reforma Protestante, Martinho Lutero. O estudo apresenta os embates entre Lutero e a Cúria Romana e seus desdobramentos culminando na sua excomunhão e no processo de separação no interior do cristianismo. Ao longo da história, houve grandes divisões entre os seguidores do cristianismo. No século XI, deu-se a separação entre a Igreja de Roma e a Igreja Ortodoxa; outra grande ruptura da Cristandade, desta vez na Europa Ocidental, ocorre no século XVI, conhecida como Reforma Protestante. A palavra "reforma" era utilizada no final da Idade Média com o significado de purificação interior do crente e de busca de regeneração da instituição religiosa cristã. Os reformadores que romperam com a Igreja Católica utilizavam o termo "reforma" para designar o movimento geral de transformação religiosa. O termo na atualidade abrange tanto a Reforma Protestante como a Reforma Católica. Uma vertente historiográfica denomina a Reforma Católica de Contrarreforma e outra vertente de Reforma Católica, pois o movimento reformista já existia bem antes da Reforma Protestante. Este texto apresentará a expansão da Reforma na Europa.

Lutero, vida e pensamento

Martinho Lutero nasceu em 10 de novembro de 1483 em Eisleben, na Saxônia. De família com discreta posição social, recebeu dos pais uma rígida educação. Filho de Hans Luder e Margarete Lindemann. Mudou-se ainda criança para Mansfeld, onde seu pai, minerador, dirigia algumas pequenas minas de cobre. Apesar de não ter se tornado rico, Hans Luder alcançou uma vida financeiramente estável, podendo assim propiciar estudos ao ainda muito jovem Martinho. Hans Luder, filho e neto de pequenos agricultores, matriculou seu filho aos cinco anos de idade em uma escola de latim em Mansfeld, já pensando em seu futuro: gostaria que continuasse com a ascensão social da família, como um bom advogado ou talvez até mesmo conselheiro de algum príncipe (DREHER, 2014, p. 24).

Realizou uma experiência breve com os Irmãos da Vida Comum de Magdeburgo, estes seguiam a *devotio moderna*, uma forma subjetiva e pessoal de piedade, fundada na meditação da Sagrada Escritura. Depois ingressou na Universidade de Erfurt, seguindo a vontade paterna, se dedicou primeiro aos estudos das artes liberais, obtendo o título de *magister artium* e depois o título de direito. Em 1505 um acontecimento mudará toda a sua vida. Durante o seu regresso à casa paterna para um período de descanso, foi surpreendido por um terrível temporal. Um raio o espantou e ficou temendo a morte. Diante dessa situação fez uma promessa a Sant'Ana, jurando se saísse vivo dessa tempestade entraria para um mosteiro.

Dias depois, apesar da oposição de seu pai, entrou para a Ordem dos Agostinianos Reformados. Ao terminar o noviciado (1507) foi ordenado sacerdote. Em seguida continuou os estudos em teologia em Erfurt, onde a temática daquele tempo era a via moderna, a filosofia ocamista (Guilherme de Ockham 1285-1347). Em 1509 obteve o bacharelado em Sagrada Escritura na Universidade de Wittenberg e em 1512 o título de doutor em teologia. Imediatamente foi nomeado professor de Sagrada Escritura, função que exerceu até a sua morte. Quando cursava teologia, seu superior ordenou que fosse a Roma para levar documentos da ordem. A viagem ocorreu em 1510. Voltou decepcionado devido ao ambiente romano: grande parte do clero corrupto, avaro e a ignorância reinava nos confessionários.

As temáticas lecionadas na universidade, ano a ano, revelam o que seria seu pensamento no futuro: Salmos (1513-1515); Carta aos Romanos (1515-1516); Carta aos Gálatas (1515-1517); Hebreus (1517-1518). Nas aulas sobre a Carta aos Romanos sustentava repetidamente a *iustitia Dei passiva*. Lutero terá consciência da justiça de Deus não como uma justiça julgadora e punitiva (*iustitia activa*), mas uma justiça em que Deus nos faz justos e que nos é dada gratuitamente (*iustitia passiva*): aquela justiça em que o ser humano vive pela fé (*iustus antem meus ex fide vivit* – Rm 1,17). Ele a descobriu na experiência da torre/iluminação (1513) no Mosteiro de Wittenberg, onde estava a sua sala de estudos. Seu quarto estava num setor do convento em formato de torre (ZAGHENI, 1995, p. 73-74). Esse versículo de Paulo lhe pareceu de fundamental importância e dele extrai essa conclusão: A pessoa corrompida pelo pecado original só poderia se salvar pela fé em Deus. A fé e não as obras seria o único instrumento de salvação, graças a misericórdia divina.

Lutero vivia em constante tensão espiritual. Não era uma pessoa de meias-palavras, atitudes, mortificações, oração e estudo, mas tudo isso numa grande radicalidade. Nem o estudo da Sagrada Escritura e de Santo Agostinho deram a ele o que buscava na vida consagrada: a certeza absoluta, profundamente enraizada no sentimento e na convicção pessoal de que estaria salvo. A experiência da torre porta a resposta libertadora ao seu questionamento: Como pode o pecador ser justificado por Deus? Sua descoberta é expressa na doutrina da *Sola Fides*. A fé e somente a fé é capaz de salvar o pecador, é gratuidade de Deus e dom imerecido. O ser humano não pode participar no processo da sua salvação. Tudo o que faz, inclusive as boas obras, é pecaminoso (pecado original). Dessa doutrina deriva a da predestinação, a segunda coluna do luteranismo, segundo a qual Deus, com total liberdade, predestina a pessoa à glória ou à condenação (VENEMA, 2017, p. 209-243). A Reforma é fruto de uma situação contextual, mas também da angústia de Lutero. Dois pensadores, entre outros, são de grande relevância na construção do pensamento de Lutero: (1) Johannes Tauler (1330-1361), dominicano, pregador e diretor espiritual. A centralidade de seu pensamento: Deus é tudo, a verdade, o ser. A pessoa não é nada. E ainda: o ser humano deve oferecer-se à ação de Deus em sua pura passividade. (2) Jean Gerson (1363-1429), chanceler da Universidade de Paris, teólogo e conciliarista. Afirma que o pecado tem raiz dentro da pessoa e esta não pode oferecer nada a Deus.

Diante da descoberta de Lutero sobre a salvação como dom de Deus se encontrava, da outra parte, o modo como os pregadores falavam das obras merecedoras das indulgências, exaltando o aspecto exterior.

Em 1507 o Papa Júlio II deu impulso aos trabalhos de construção da nova Basílica de São Pedro. Devido a isso, havia concedido indulgências a quem oferecesse esmolas para a obra. Em 1514 o Papa Leão X repetiu a iniciativa de seu antecessor. Na Alemanha a situação se complicava. Havia uma importante e complexa questão: O Arcebispo Alberto de Brandemburgo (1490-1545), aos 13 anos de idade, era administrador apostólico de Halberstadt e nomeado bispo de uma terceira diocese, Mogúncia (Mainz), no Reno. A tradição era que o bispo de Mogúncia tinha direito de participar da eleição imperial. O cargo o tornou eleitor e presidente do colégio de príncipes eleitores. Para tomar posse dessa diocese, o bispo deveria desembolsar uma quantia em dinheiro em favor da Câmara Apostólica, quantidade que não possuía. A dificuldade foi superada: a família Fugger, um dos maiores bancos da Europa, antecipou ao prelado 29.000 ducados (MARTINA, 2014, p. 130). Assim o bispo fez pregar em sua diocese as indulgências: as esmolas recolhidas seriam devolvidas metade ao banco e a outra parte destinada a Roma para a construção da nova Basílica de São Pedro.

Indulgências

Etimologicamente, o termo se originou a partir do latim *indulgentia* que significa "bondade", "para ser gentil" ou "perdão de uma pena". No âmbito religioso é a remissão dos pecados e castigos cometidos por um indivíduo, cuja culpa já tenha sido perdoada pela Igreja, pela misericórdia.

A fundamentação teológica das indulgências, aplicadas desde a Antiguidade, só veio por volta do século XII, por intermédio de teólogos Huguccio e Hugo de San Caro, com a doutrina do *Thesaurus Ecclesiae*, que era formada pelos méritos acumulados pelos monges, mártires e santos durante a história e sobre os quais a Igreja poderia dispor em favor dos penitentes. A concessão das indulgências seria atributo exclusivo dos papas que detinham as chaves da Igreja (JEDIN, 1972, p. 93). As indulgências para a remissão da penalidade temporal dos pecadores foi imposta pela Igreja como forma de compensar uma pesada pena, substituindo essa pena por um ato em favor da Igreja ou por uma soma em dinheiro.

De acordo com o *Manual das indulgências* aprovado pela Santa Sé e publicado em 1990 pela CNBB (p. 15-19), "indul-

> gência é a remissão, diante de Deus, da pena temporal devida pelos pecados já perdoados quanto à culpa, que o fiel, devidamente disposto e em certas e determinadas condições, alcança por meio da Igreja, a qual, como dispensadora da redenção, distribui e aplica, com autoridade, o tesouro das satisfações de Cristo e dos santos" (cf. PAULO VI. *Indulgentiarum Doctrina*, Norma 1) (*Catecismo da Igreja Católica*, 1997: § 1032, 1471, 1472, 1478, 1479, 1498).

Quem pregou as indulgências em 1517 foi o dominicano Johannes Tetzel (1465-1519). Ele afirmava que a alma do defunto seria libertada do purgatório assim que a moeda oferecida para obter as indulgências tocasse o fundo da caixa de esmolas. A pregação das indulgências se transformou num grande negócio comercial envolvendo muitas pessoas: bispos, banqueiros, o papa e o próprio imperador. O arcebispo publicou uma tabela de instruções para pregar as indulgências (BETTENSON, 1998, p. 278-279). Como reação aos abusos relacionados com a pregação e doutrina das indulgências, Lutero na vigília de Todos os Santos (1517) enviou a Alberto de Brandemburgo uma carta dura, convidando a tomar providências contra os abusos e junto enviou as 95 teses, com a finalidade de uma discussão sobre o assunto. Seu objetivo era de evitar os exageros nos discursos dos pregadores. Não obteve nenhuma resposta. Comentou o fato com seus amigos que, sem que ele soubesse, imprimiram e distribuíram as teses (BETTENSON, 1998, p. 281-290).

Por muito tempo e, por vezes, na atualidade, se afirmou que Lutero tivesse afixado as teses na porta de entrada da catedral, como sustentava Iserloh, porém Lutero não realizou esse ato desafiador à hierarquia que ainda respeitava.

> A Igreja Católica já solicitou o perdão dos reformados no Concílio Vaticano II (1962-1965). E proclamou um princípio afirmado por Lutero: "a justa liberdade de investigação e de pensamento, bem como a justa liberdade de exprimir as suas ideias com humildade e firmeza, nos assuntos de sua competência" (*GS* 411).

As 95 teses de Lutero

As teses estão inseridas num contexto local e concreto: pregação de Tetzel e a instrução de Alberto de Brandemburgo. A publicação das teses não resultou de imediato em debate público, como Lutero desejava. Sua divulgação por escrito fez com que toda a Alemanha pudesse tomar conhecimento das novas ideias. Houve enorme entusiasmo. Sua proposta ia ao encontro das ideias reformistas de muitos cristãos. Reforçava sentimentos nacionalistas na Alemanha que detestava a política centralizadora de Roma em relação ao pagamento de tributos. Lutero virou herói nacional e a boa acolhida o levou a prosseguir no caminho iniciado. Quanto à forma, as 95 teses eram organizadas para o debate acadêmico, mas o contexto dessa disputa era pastoral. Posteriormente escreveu Lutero: "[sou] um doutor juramentado da Escritura Sagrada e, além disso, um pregador diário. Por conta desse encargo, dessa posição, desse juramento e desse ofício, minha função é destruir ou minimizar doutrinas falsas, corruptas e anticristãs" (LUTERO, apud LINDBERG, 2017, p. 100).

Henry Bettenson foi um editor que publicou uma coletânea de documentos eclesiásticos dentre estes as 95 teses. Somente para ilustrar a conflitividade naquele contexto serão apresentadas algumas a seguir:

> O papa não pode perdoar dívida, senão declarar e confirmar aquilo que já foi perdoado por Deus; ou então faz nos casos que lhe foram reservados. Nesses casos,

se desprezados, a dívida deixaria de ser em absoluto anulada ou perdoada (n. 6).

Pregam futilidades humanas quantos alegam que, no momento em que a moeda soa ao cair na caixa, a alma se vai do purgatório (n. 27).

Deve-se ensinar ao cristão que procede melhor quem dá aos pobres ou empresta aos necessitados do que os que compram indulgências (n. 43).

Comete-se injustiça contra a Palavra de Deus quando, no mesmo sermão, se consagra tanto ou mais tempo à indulgência do que à pregação da Palavra do Senhor (n. 52).

Eis um exemplo: por que o papa não tira de uma só vez todas as almas do purgatório, movido por santíssima caridade e em face da mais premente necessidade das almas, que seria justíssimo motivo para tanto, quando em troca de vil dinheiro para a construção da Basílica de São Pedro, livra um sem-número de almas, logo por motivo bastante insignificante? (n. 82).

Entre os anos de 1517-1521 há uma radicalização do pensamento de Lutero. O ataque local se torna global. Há uma mudança nos ataques no que se refere à questão das indulgências e se dirige para um ataque em relação à eclesiologia e aos sacramentos e, em seguida para questionamentos à autoridade jurídica dos concílios, do papa e do magistério da Igreja. O que era local se torna elemento central de discussão da vida da Igreja e da política europeia.

Disputa de Lípsia (1519)

Em Lípsia ocorreu um debate entre Lutero e o renomado teólogo Johannes Mayer di Eck (1486-1543). A centralidade da discussão era sobre a autoridade doutrinal da Igreja. Dentre as várias assertivas de Lutero estão estas: afirmou que o poder eclesiástico (papa-concílio) eram instituições puramente humanas; a obediência não se baseia no direito divino, mas em ordenações de homens e do imperador; somente a Bíblia podia ser reconhecida como fonte de autoridade (*Sola Scriptura*). Pedro não foi o chefe dos apóstolos, seu chefe autêntico é Cristo; pela Sagrada Escritura não se prova a existência do purgatório. Esse pensamento foi desenvolvido em três escritos reformistas.

Escritos reformistas (1520)

Dentre os diversos escritos de Martinho Lutero serão apresentados estes três textos curtos, dois em alemão e um em latim. O pensamento reformista aflora por todas as vertentes nesses textos.

O primeiro recebeu o seguinte título: *Sobre a liberdade cristã* (*De libertate christiana*), escrito em alemão. Lutero afirma que a liberdade é fruto da fé, uma característica fundamental do cristão. É a exaltação da liberdade da pessoa justificada pela fé; Cristo dá a graça e, livres para ganhar a salvação, o ser humano é capaz de fazer o que agrada a Deus. O texto afirma que a autoridade é somente da Escritura. Nada ou ninguém, diz Lutero, tem o direito de se colocar entre o fiel e Deus. A verdadeira Igreja é invisível e nela todos são iguais, são sacerdotes. A Igreja visível de Roma é o anticristo.

Apelo à nobreza germânica é o segundo texto reformador, escrito em alemão. De maneira enfática, sustenta a necessidade de destruir três importantes bastiões que impedem a reforma da Igreja: o poder eclesiástico, o direito exclusivo do papa sobre a exegese e sobre a possibilidade de convocar concílios. Afirma o sacerdócio universal dos fiéis (com diferença de funções) e que qualquer cristão pode entender a Escritura. A comunidade elege o pároco e o bispo e pode demiti-los se forem indignos. Prega a supressão do celibato, reforma da cúria, exegese pessoal e que o magistério não é necessário. Numa emergência qualquer cristão pode convocar um concílio. Os mais indicados para isso são os que detêm a autoridade civil. Conclama os nobres a facilitar a pregação do Evangelho e propõe a criação de escolas para a leitura da Bíblia (BETTENSON, 1998, p. 291-298).

O terceiro escrito, *O cativeiro babilônico da Igreja* (*De captivitate babylonica*), escrito em latim e, portanto, dirigido a um público restrito, os teólogos. É o mais radical dos três textos. Por avareza, o papa e seus seguidores reduziram o povo cristão ao cativeiro, convertendo os sacramentos em cadeias. Nega os sete sacramentos, é um ataque ao sistema medieval dos sacramentos. Aceita o Batismo e a Eucaristia. A Eucaristia deve se libertar de três correntes. A Comunhão deve ser administrada sob as duas espécies (corpo e sangue de Cristo). Nega a transubstanciação afirmando que não é fundamentada na Sagrada Escritura e sim é fruto da teologia latino-tomista com referencial aristotélico, assim afirma a consubstanciação. A missa não é sacrifício, mas testamento e recordação da cruz e necessita ser em alemão para a compreensão dos fiéis.

Bula *Exsurge Domine* (1520)

Diante dessa situação, o Papa Leão X solicita aos teólogos e canonistas Caetano, Eck e Accolti a elaboração de um texto que será a bula *Exsurge Domine*. O texto apresenta as afirmações de Lutero em 40 proposições. Estas são reprovadas como heréticas, falsas e escandalosas. Os livros de Martinho Lutero serão condenados à fogueira e é requerida a submissão do reformador num prazo de 60 dias. Não o fazendo estaria excomungado.

A bula na Alemanha encontrou grande resistência da parte do episcopado e das universidades. Alguns chegaram a pensar que era falsa. Lutero teve uma reação violenta: escreveu o texto *Adversus execrabilem bullam antichristi*. Sabendo que seus livros foram queimados em Colônia, queimou a bula papal em Wittenberg e afirmou: o papa é o anticristo e a Santa Sé está possuída por satanás.

Bula *Decet Romanum Pontificem* (1521)

Após a publicação da bula de 1521 (excomunhão) Lutero se tornou ainda mais popular e a excomunhão teve pouco efeito na

Alemanha. A atitude papal estava dentro do horizonte da Cristandade medieval, porém se estava em um período de transição e a estratégia romana não surtiu o mesmo efeito que na Idade Média.

O recém-eleito Imperador Carlos V (1519-1556) deveria executar a condenação: banimento do império. Nobres que eram amigos de Lutero, entre eles Frederico III (1486-1525), o sábio, da Saxônia obtiveram para Lutero o direito de se defender-retratar na Dieta de Worms (1521). O imperador tinha interesse nesta Dieta temendo uma divisão religiosa do império.

Dieta de Worms (1521)

Na Dieta de Worms (BETTENSON, 1998, p. 301-304), a acusação do papa foi apresentada e a Lutero se deu ocasião de se retratar. Ele não cedeu. Defendeu calorosamente as suas doutrinas e refutou qualquer possibilidade de retratação. Diante dessa postura o imperador confirma sua aliança com o Papa Leão X. O Edito de Worms colocou Lutero sob o banimento imperial e proibiu a impressão de suas obras bem com a proclamação e defesa de suas teses.

> A menos que seja convencido pelo testemunho das Escrituras ou por uma razão clara [...], sou limitado pelas Escrituras que citei e por minha consciência, cativa à Palavra de Deus. Não posso me retratar de nada, nem mesmo o farei, uma vez que não é nem seguro, nem correto, agir contra a consciência. Não posso agir de outra forma: esta é a minha posição, que Deus me ajude. Amém (LUTERO, apud LINDBERG, 2017, p. 116).

No caminho de volta para Wittenberg Lutero foi "sequestrado" a mando de Frederico da Saxônia e foi levado para o Castelo de Wartburg. Ali ficou um ano trabalhando na elaboração de sua doutrina e na tradução para o alemão do Novo Testamento. Com a difusão desse texto em alemão, realizou uma contribuição para a formação de uma língua alemã unitária. Foi nesse período que escreveu o comentário ao *Magnificat* (LUTERO, 2016). Vários príncipes apoiaram Lutero, desejosos de liberar-se dos domínios do papa e do imperador (católico). Tomaram terras da Igreja e as passaram para o Estado. O luteranismo se expandia. Para a continuidade da elaboração de seu pensamento Lutero contou com a competência de um grupo de teólogos, dentre estes o mais conhecido foi Filipe de Melâncton (1497-1560).

A concepção luterana sobre o Estado

As bases – Sua visão sobre a pessoa humana é pessimista, daí concebia o Estado como aquele que poderia garantir uma vida ordenada e pacífica, por isso capaz de permitir ao cristão dedicar-se ao culto a Deus e à vida espiritual. Há uma incomunicabilidade entre ordem espiritual e política. Nada se pode ou se deve fazer contra o triunfo do mal na política. A autoridade se reveste durante a época do absolutismo. Há em Lutero uma exaltação do Estado.

Estado e Igreja – Lutero considera absurda a colocação do problema das relações entre Estado e religião, colocada pelos defensores da Igreja e pelos membros do Estado durante séculos. Existem, era esse o pensamento vigente, duas sociedades (civil e eclesiástica) ambas com hierarquia. Para Lutero existe somente uma sociedade, que é organizada pelo Estado. Essa sociedade age somente na terra. A Igreja de Cristo é invisível, uma espiritual união das almas, não é uma sociedade, mas a fusão de espíritos. A organização eclesiástica é tarefa do Estado. O estado em seu pensamento se caracteriza por cinco situações: garante a ordem; seu poder não tem limites; submissão da Igreja ao Estado; separação do príncipe em relação ao povo; visão sagrada do príncipe.

Matrimônio de Lutero

Após a temporada no castelo de Wartburg, Lutero se estabeleceu em Wittenberg, no convento dos agostinianos que já estava vazio. Em 1523 ainda usava o hábito religioso, que abandonou em 1524. Conhece a então monja cisterciense Catarina von Bora (27 anos), 15 anos mais jovem do que Lutero (42 anos). Com ela se casa em 1525. O casamento teve lugar no mosteiro de Wittenberg cedido pelo príncipe para usofruto e depois propriedade de Lutero. O casal teve seis filhos. Suas justificativas para o matrimônio foram: dar exemplo, satisfazer seu pai e para molestar o demônio e o papa.

> **Síntese dos pontos doutrinais fundamentais em Lutero**
>
> *Sola Fides*: justificação unicamente pela fé; justiça imputada e fé fiducial. A pessoa nasce no pecado e não pode nada fazer que não contenha o pecado. A salvação depende única e exclusivamente de Deus.
>
> *Sola Gratia*: Deus salva a pessoa diretamente, sem a mediação da Igreja. Nenhum esforço humano pode salvar a pessoa, mas somente a graça e a misericórdia de Deus: única certeza da paz.
>
> *Sola Scriptura*: infalibilidade da Escritura, única fonte da verdade. Somente a Escritura constitui a autoridade infalível (exclusão da tradição e do magistério). A expressão "livre-exame" data do séc. XVIII).
>
> Verbalizou o desejo da renovação religiosa, retorno às fontes de maneira radical.
>
> Recusa da Igreja hierárquica, relação direta com Deus.
>
> Em condições extremas, um cristão pode convocar um concílio, de maneira especial o chefe de Estado.
>
> Sacerdócio universal dos fiéis. Sacerdócio de todos os cristãos e distinção de funções na comunidade.

> Recusa da missa como sacrifício, a Eucaristia recorda a morte de Cristo, que remiu os pecados. Admite a consubstanciação, presença real de Cristo no pão, apenas durante o culto.
>
> Um sacramento: a promessa da remissão dos pecados. E três sinais sacramentais: Batismo, Eucaristia e Penitência.

Expansão da Reforma na Alemanha

Com a morte de Leão X (1521), o sucede um flamengo (somente em 1978 será eleito um não italiano, João Paulo II, polonês), foi professor em Louvain e preceptor de Carlos V. O novo Papa Adriano VI era arcebispo de Utrecht. Morreu treze meses após sua eleição. Era um papa reformador com a intenção de reconhecer e confessar as culpas dos papas, bispos e padres que com seu comportamento causavam uma rebelião na Igreja. Havia dado instruções neste sentido ao seu enviado à Dieta de Nuremberg (1522) e iniciaria uma reforma na Igreja, porém não teve tempo. Seu sucessor, um Médici, Clemente VII, estava mais preocupado com as alianças políticas e militares e com a centralização do Estado Pontifício do que com problemas religiosos e pastorais.

Todos esses eventos somente fortaleciam a reforma em curso na Alemanha. A pequena nobreza alemã aproveitou a oportunidade para tentar a unificação da Alemanha sob a liderança de Von Hutten e Von Sickingen. Os camponeses também aproveitaram a ocasião, mas não para se revoltarem em 1524 (Guerra dos Camponeses). O líder, Thomas Müntzer, foi capturado no ano seguinte, porém a revolta continuou, com algumas interrupções, até 1536. Os camponeses afirmavam que sua base de ideário era o pensamento de Lutero. Este, por sua vez, sustentado pelos príncipes, condenou os revoltosos.

Em 1529 reuniu-se a segunda Dieta de Spira, a primeira ocorreu em 1526. Nessa Dieta se tentou impor o catolicismo aos príncipes luteranos. Como estes se rebelaram com um grande protesto, passaram a ser chamados de "protestantes". Em 1530 na Dieta de Augsburgo, os teólogos protestantes, guiados por Melâncton, preparam a *Confissão de Augsburgo*. Nela se encontram os fundamentos do luteranismo: a salvação não se alcança pelas obras, mas sim pela fé, pela confiança na bondade de Deus, pelo sofrimento interior. O culto religioso, somente salmos e leituras da Bíblia, é considerado o contato direto entre Deus e o fiel, sendo dispensável o clero como intermediário. Lutero conservou dois sacramentos, Batismo e Eucaristia ou Comunhão. Na Eucaristia acreditava na presença de Jesus no pão e no vinho, e não na transubstanciação (católicos). Anos depois, em 1555, a questão iniciada em Spira foi resolvida pela Dieta de Augsburgo (Augusta). Os príncipes obtiveram o direito de decidir que religião adotar em suas terras de acordo com a sua convicção religiosa: "*cuius regio, illius religio*". Nesse momento a Reforma já havia se dividido em várias ramificações.

De Augsburgo a Lund

A *Confissão de Augsburgo* (1530) representou a maior tentativa de união por parte dos protestantes. O documento foi estudado do ponto de vista ecumênico em 1980, 450 anos depois de sua formulação. Em Augsburgo no dia 31 de outubro de 1999, a Igreja Católica Apostólica Romana e a Federação Luterana Mundial assinaram a *Declaração conjunta sobre a doutrina da justificação*. A declaração é um consenso que não elimina as diferenças, porém aproxima os cristãos naquilo que é comum a ambos nesta temática.

Em 2017, católicos e luteranos, assinaram um documento *Do conflito à comunhão*. Os autores são o Pontifício Conselho para a Promoção e Unidade dos Cristãos e a Federação Luterana Mundial, assim sendo um testemunho comum da fé. O documento descreve a trajetória do diálogo católico-luterano internacional que em 2017 completou 500 anos. O texto traça os avanços alcançados, identifica os pontos em que o diálogo deve se aprofundar e, sobretudo, faz pela primeira vez uma leitura conjunta do evento da Reforma, ainda que com ênfases específicas católicas e luteranas e coloca parâmetros para uma comemoração conjunta da Reforma em 2017. Esclarece que não se tratará de comemorar a divisão da Igreja, mas o testemunho comum à salvação em Cristo. O Papa Bento XVI, na Alemanha (2011), em seu discurso no encontro com os representantes do Conselho da Igreja Evangélica, assim se expressou sobre Martinho Lutero: "para ele a teologia não era meramente uma busca acadêmica, mas a luta por si mesmo, que por sua vez era a luta com Deus [...] Quem ainda está preocupado com isso nos dias atuais, mesmo entre cristãos? O que representa a pergunta por Deus em nossas vidas?" Em 31 de outubro de 2017, o Papa Francisco participou, na Suécia (Lund), junto com vários representantes da Igreja Luterana, de uma cerimônia em comemoração aos 500 anos da Reforma. Um evento ecumênico excepcional ao se olhar para a história europeia nos últimos cinco séculos. É a primeira vez na história que um papa participa publicamente da celebração da Reforma, que, por Roma, durante mais de quatro séculos foi condenada como herética e julgada, até o Concílio Vaticano II, como desviante da verdade cristã.

Expansão da Reforma Protestante na Europa

Reforma Calvinista – Quando em 1534 João Calvino (1509-1564), leigo francês, começou a se preocupar com os problemas religiosos na França, já havia no país inúmeros adeptos de uma reforma dentro da própria Igreja, tanto da parte dos luteranos como dos humanistas que eram muitos na França. Estudou teologia e direito. Nele estava o desejo de retornar à Igreja antiga. Foi considerado herege e perseguido pelas autoridades católicas francesas devido à sua pregação. Convidado a morar na cidade de

Genebra (Suíça), implantou as *ordenações eclesiásticas*, leis rígidas e intolerantes baseadas na sua crença. Organizou a Igreja calvinista em termos de fiéis, pastores e um conselho de anciãos. Sua maior contribuição foi a sistematização das teses dos reformadores.

Em 1536 Calvino publicou sua obra principal *Instituição da religião cristã* (escrita em latim). Defendia que o ser humano estava predestinado a merecer o céu ou o inferno (Ele nos predestinou para sermos seus filhos adotivos – Ef 1,4-5). Explicava que algumas pessoas haviam sido eleitas por Deus para serem salvas, enquanto outras seriam condenadas à maldição eterna. Apresentou reformas mais radicais do que as de Lutero. Acreditava que a salvação é conquista pela fé. Ter fé não depende da pessoa, mas de Deus, Ele a dá aos seus eleitos. Somente a Sagrada Escritura é a base da crença (sem a tradição e o magistério, válidos para católicos). Simplificou o culto: sem órgão, altar, círio, crucifixo; comentários à Bíblia, feitos por pastores (encarregados do ensino) sem paramentos, em igrejas sem imagens; os anciãos, que velam pela disciplina; os diáconos, encarregados das obras de caridade. Somente os sacramentos do Batismo (é adepto ao Batismo de crianças) e da Ceia (Comunhão) foram conservados, sendo que para os calvinistas Cristo se encontra presente apenas em espírito na Eucaristia, uma presença espiritual. Luteranos e calvinistas consideravam a Igreja útil à salvação. Sua eclesiologia é cristocêntrica, Cristo é o único bispo da Igreja.

De 1541 a 1560, Calvino governou a cidade de Genebra, submetendo seus moradores a um governo que mesclava política e religião. Condenava as seguintes atitudes: jogo, culto às imagens de santos, as danças, uso de roupas luxuosas, joias. A pessoa que descumprisse as normas ou se rebelasse contra a doutrina era duramente punida (uma inquisição). Houve condenação à morte, como aconteceu com o médico Miguel de Servet (1511-1553), que foi queimado vivo por negar o pecado original; ele foi o precursor da dissecação de cadáveres. O trabalho era intenso e constante, recompensado pela prosperidade econômica, que foi interpretada pelos seus seguidores como um sinal da salvação predestinada. Ao pregar o estímulo ao trabalho, a condenação ao desperdício e a legitimidade do lucro, suas ideias iam ao encontro dos interesses da burguesia. Acumular não é mal (ética). O calvinismo se espalhou pela França, Inglaterra, Escócia, Polônia, Itália, Escandinávia e Holanda.

Reforma Anglicana – O anglicanismo será muito diferente nas suas origens em relação ao luteranismo e ao calvinismo. Não há um grande teólogo, a Reforma na Inglaterra está relacionada às questões contextuais: centralismo romano, crescimento da Igreja no país e, uma questão pontual: a pressão da monarquia sobre a Igreja que tinha uma longa tradição de autonomia. Os verdadeiros motivos da ruptura foram políticos (escapar à influência do papa) e econômicos (tomar os bens e as terras da Igreja). Portanto, na Inglaterra a Reforma não foi uma questão prioritariamente religiosa, mas uma questão político-eclesiástica. O estopim para o rompimento com o papado se deve à questão solicitada ao Papa Clemente VII pelo Rei Henrique VIII (1509-1547) – que fora honrado pelo Papa Leão X com o título de defensor da fé. O Papa Clemente VII negou ao rei o pedido de nulidade matrimonial com Catarina de Aragão. Queria romper o matrimônio devido à origem espanhola da esposa (o governo da Espanha era inimigo do governo inglês) e por ela não ter gerado um herdeiro do sexo masculino para o trono e para poder casar-se com Ana Bolena. Catarina teve 7 filhos, três meninos e 4 meninas. Os meninos morreram, sobreviveram as meninas. Com a negativa do papa, o rei nomeia Thomas Cranmer como o novo arcebispo de Cantuária e, este reconhece a nulidade e abençoa o casamento com Ana Bolena. É excomungado pelo papa, o rei se faz proclamar pelo parlamento como o único chefe supremo da Igreja na Inglaterra. Em 1534, o parlamento votou o *Ato de supremacia*. Nasce a Igreja anglicana, sem grandes modificações em termos de doutrina e culto em relação à católica.

O rei ordena a execução daqueles que resistem a essa nova configuração eclesiástica inglesa. São executados o Bispo John Fisher e Thomas Morus, antigo chanceler. Henrique VIII somente se aproxima das posições luteranas quando necessita da aliança com os príncipes protestantes alemães. Segue a *Lei dos seis artigos* (1539), votada no parlamento. Esta impõe um catolicismo sem papa: configura um cisma, mas não uma heresia. O sucessor de Henrique foi Eduardo VI (1547-1553), seu filho com sua terceira esposa, Joana Seymour; são adotadas as teses reformadas: o *Livro de oração* (*Prayer Book*), de 1552, e a confissão de fé em *Quarenta e dois artigos* (1553); é negada a presença real e essencial do corpo e sangue de Cristo, a ideia de sacrifício eucarístico, admitindo-se a doutrina calvinista da predestinação.

A nova rainha, Maria Tudor (1553-1558), filha de Henrique e Catarina, restaura o catolicismo e restabelece relações com Roma. Após sua morte, lhe sucede Isabel, filha de Ana Bolena (1558-1603). Sistematicamente hostil ao papado que a considera ilegítima. É difícil a relação com os reformados radicais, a sua organização democrática poderia desestabilizar a monarquia. Adota o título de chefe supremo da Igreja na Inglaterra (1559). Com uma única exceção, os bispos recusam o novo *Ato de supremacia* da rainha. Isabel estabelece uma nova hierarquia, consagrada segundo o ritual de Eduardo VI, que o Papa Paulo IV havia declarado inválido. É o episódio que dá origem à questão da validade duvidosa das ordenações anglicanas. Este novo episcopado publicará em 1563 uma confissão de fé em *Trinta e nove artigos* que situam a Igreja a meio-caminho entre o catolicismo e o calvinismo. A estrutura hierárquica, a liturgia e a forma de piedade continuam próximos da tradição católica. Entretanto, a confissão de fé mantém somente dois sacramentos e afirma, como Calvino, a presença real espiritual de Cristo na Eucaristia; concede aos padres e bispos o direito de casar-se e recusa a Roma qualquer jurisdição sobre a Igreja na Inglaterra. A Reforma Inglesa se enquadra no grande movimento do tardo Medievo, assujeitar a jurisdição eclesiástica ao absolutismo.

As reformas protestantes		
Reforma	Local	Motivações/objetivos
Luterana [Lutero]	Norte da Alemanha e países escandinavos	Apoio dos príncipes alemães. Pretexto para tomar os bens do clero e impedir o rei espanhol-católico Carlos V.
Anabatista [Thomas Müntzer]	Alemanha	Revolta camponesa antifeudal. Bíblia como motivadora de um comunismo primitivo e utópico. Massacrado pelos príncipes feudais.
Calvinista [Calvino]	Suíça Inglaterra Holanda França	Igreja Católica condenava o lucro dos burgueses. Calvino defendia o trabalho duro e a acumulação de capital.
Anglicana [Henrique VIII]	Inglaterra	Reforço do absolutismo inglês. O divórcio de Henrique com Catarina de Aragão foi o estopim para romper com o papa e a Espanha.

XXIII
Reforma Católica

Introdução

A Reforma Católica realizada por meio do Concílio de Trento (1545-1563) foi um dos eventos religiosos mais desejados da história da Igreja no período. Seria um meio de buscar soluções para a situação catastrófica naquele contexto do século XVI da Reforma Protestante. Apesar disso, foram muitas as dificuldades para a sua convocação. Inúmeras vezes Martinho Lutero apelou para um concílio. O intuito principal deste capítulo é apresentar o Concílio de Trento e ainda apresentar outros antecedentes e as dificuldades antes e durante este evento que também é denominado de Reforma Católica. O rigor do conhecimento histórico torna a sua revisitação importante para distinguir o que lhe pertence e o que são criações da sua posteridade.

Dieta de Nuremberg

Na Dieta de Nuremberg (1522) (JEDIN, 1996, p. 127), os estados alemães, tanto católicos como protestantes solicitaram a realização de um concílio. Contudo, as motivações para a realização desse evento assustavam a Cúria Romana: concílio livre, em território alemão, composto também por leigos e fiel a um único critério de fé, a Escritura. Não se deve esquecer que o Papa Adriano VI (1522-1523) (MONDIN, 1995, p. 309-313;

JEDIN, vol. VI, p. 124-133) encarregou seu legado nessa Dieta de prometer a convocação de um próximo concílio, reconhecendo as arbitrariedades do clero e da cúria (MATOS, 1992, p. 91), mas morreu após curtíssimo pontificado e, assim, os planos desceram junto com ele à tumba. O novo papa, Júlio de Médici, Clemente VII (1523-1534), oscilante, sempre à distância dessa difícil situação, teme o ressurgimento da teoria conciliarista, confiava na diplomacia e acreditava que sozinho resolveria a questão de toda uma longa época. Estava mais interessado em aumentar o poderio da casa Médici (DREHER, 1996, p. 122). Não rejeitou os pedidos do Imperador Carlos V em prol de um concílio, mas multiplicou as desculpas, sendo sempre adiada a convocação da assembleia conciliar. De outra parte, o contexto externo não era nada favorável à efetivação de um concílio. As guerras entre a Casa de Augsburgo e a França, entre 1521 a 1559, impediam a realização deste evento religioso de grande porte. Como garantir a segurança dos bispos no trajeto e durante o concílio em período de guerra? Como seria vista a possível neutralidade do papa nesta guerra? Desse modo, as possíveis tentativas de convocar um concílio fracassaram. Essa é uma questão importante para entender o adiamento do Concílio de Trento.

Tentativas de convocação do concílio

Em 1536, o Papa Paulo III (1534-1549) comunicou oficialmente que o esperado concílio se reuniria em 1537 na cidade de Mântua. Um papa pai e avô, saindo da marca renascentista buscava a convocação de uma assembleia conciliar. Várias foram as dificuldades que surgiram desta feita: o duque de Mântua exigiu um forte aparato armado para proteger a assembleia conciliar e, ao mesmo tempo, um novo conflito entre Carlos V (Carlos de Habsburgo, V imperador do Sacro Império Romano Germânico e I da Espanha) e Francisco I (França), obrigaram a transferência para Vincenza, território veneziano. O início ficou agendado para

1538; mas, devido à guerra, poucos bispos conseguiram chegar e, novamente, o concílio foi adiado. Nessa situação bastante complicada foi sugerida a cidade de Trento. Era um enclave imperial na Itália, podendo ser considerado território alemão. Finalmente, em setembro de 1544 houve um acordo entre Carlos V e Francisco I: uma espécie de trégua.

Em novembro de 1544, o Papa Paulo III, por meio da bula *Laetare Jerusalem*, marcou a abertura do concílio para o dia 15 de março de 1545. Os objetivos do concílio estão fixados nessa bula: reconstituição da unidade religiosa (da Igreja), reforma da Igreja, cruzada contra os turcos, condenação dos erros em matéria de fé. Tiveram direito a voto os cardeais, os bispos residenciais, os gerais das ordens religiosas e os representantes das congregações monásticas. A ausência de muitos bispos e outras dificuldades retardaram mais uma vez a abertura que foi postergada para o dia 13 de dezembro de 1545, com a presença de somente 31 bispos e 5 superiores gerais de ordens religiosas. Durante o concílio estiveram presentes, sem direito a voto, vários teólogos, representantes das diversas correntes teológicas e os embaixadores dos príncipes católicos. As atividades conciliares estavam organizadas no seguinte formato: as congregações dos teólogos (reuniões privadas e consultivas), as sessões solenes, que sempre ocorreram na catedral de Trento, votando-se ali definitivamente os decretos.

Questões para o concílio responder

O historiador alemão Hubert Jedin que publicou entre 1949-1975 quatro volumes de estudo sobre Trento, constatou que o concílio deveria responder a sete questões: (1) frente ao axioma *Sola Gratia* de Lutero acentuou-se que é possível uma certa disposição do ser humano para receber a graça; (2) não é o perdão dos pecados que leva à santificação; a santificação inclui o perdão dos pecados; (3) as boas obras são fruto da graça divina, mas também devem ser exigidas; (4) a vontade humana participa da dádiva da graça, ao aceitá-la e ao produzir frutos de justiça; (5) as boas obras são fruto da graça divina e, como tais, são mérito, mas como também são obra humana até certo ponto pode-se dizer que são mérito humano; (6) os sacramentos são o único meio normal para conseguir a justificação; só eles mudam a qualidade do ser humano; (7) o sacramento age *ex opere operato*, por isso a justificação não precisa ser uma experiência humana.

As três fases do Concílio de Trento (1545-1563)

Serão dezoito anos não consecutivos desta grandiosa assembleia conciliar. Grandiosa pelo seu conteúdo, mas pequena no número de participantes no quadro do episcopado do período. O concílio seguirá, portanto, uma cronologia irregular. Sua agenda era gigantesca e complexa em tempos perigosos. Da primeira para a segunda fase serão 3 anos de intervalo e, da segunda para a terceira fase, serão 10 anos.

O longo trajeto do concílio foi motivo de ironias tanto de católicos como de protestantes. Os seus documentos finais estão repletos de tecnicismos teológicos e canônicos, oferecendo assim possibilidades de má interpretação por aqueles que não são especialistas nas sutilezas do direito canônico e do escolasticismo medieval (cf. O'MALLEY, 2018, p. 75).

Primeiro período (1545-1548), Paulo III: sessões I-VIII, em Trento e IX-X, em Bolonha (de 65 a 70 padres conciliares)

Neste primeiro período foram realizadas dez sessões solenes, oito em Trento e duas em Bolonha. Foram enfrentadas, ao mesmo tempo, as questões dogmáticas e disciplinares. Contudo, devido ao medo de uma invasão de príncipes protestantes e às ingerências do imperador, o Papa Paulo III suspendeu o concílio. Temas tratados foram a Escritura e a Tradição como fontes da fé, o pecado original, a doutrina da justificação, dos sacramentos em geral e do Batismo e Confirmação em particular. Os titulares de benefícios eclesiásticos (bispos, cardeais, abades, padres) são obrigados a residir onde tinham sido nomeados.

Os protestantes reagiram negativamente, Lutero publicou um novo opúsculo contra o papado e contra o concílio, neste predominam os insultos (contra o papado romano fundado pelo diabo). Houve momentos em que se temia um ataque armado a Trento. O concílio foi também atrapalhado pelas dificuldades internas, tudo deveria começar do zero, faltava um regimento e um plano concreto de trabalho. Os textos seriam preparados por comissões específicas de teólogos e canonistas. Discutiu-se muito se primeiro deveriam ser tratadas as questões dogmáticas ou disciplinares. O Imperador Carlos V insistia que se desse preferência aos temas disciplinares, enquanto o papa preferia as questões dogmáticas. Fez-se um acordo que se trabalharia paralelamente os dois setores, a cada decreto dogmático corresponderia um disciplinar.

Conteúdo doutrinal

Por muito tempo os historiadores afirmaram que a obra de maior importância de Trento era a doutrinal. Certamente porque esta foi admitida imediatamente pela Igreja. A disciplinar levou séculos para ser colocada em prática. A obra doutrinal é basicamente uma resposta às teses protestantes. Vários temas que não foram contestados pelos reformadores não foram tratados: Trindade, ressurreição, encarnação. O concílio produziu uma verdadeira síntese católica, em particular sobre três temas fundamentais.

Decretos dogmáticos
Fontes da revelação: Sagrada Escritura e tradição

A primeira questão a ser definida foi a posição frente ao princípio formal da Reforma Protestante: a Sagrada Escritura. A preocupação de definir a autoridade do texto bíblico. Aceitou-se a Sagrada Escritura, declarada inspirada, e com ela e a ela equiparada à tradição apostólica oral, não toda e qualquer tradição, como fontes da doutrina cristã. O concílio fixou os livros canônicos, juntamente com aqueles que eram rejeitados pelos protestantes: Tobias, Baruc, Macabeus (1 e 2), as epístolas de Tiago, Judas e Neemias (3 e 4). Fixou-se, portanto, o cânon bíblico, e a Vulgata foi reconhecida como texto autêntico na IV sessão conciliar (08/04/1546). O texto foi reconhecido como fonte da verdade revelada, a Tradição Apostólica, autenticidade jurídica. Vulgata (comum, usual) foi o nome recebido no século XIII pela versão latina feita por São Jerônimo por ordem do Papa Dâmaso (382). Jerônimo revisou o Antigo Testamento. Após a morte do papa, deixou Roma (384), sendo que o Novo Testamento e as cartas foram revistos por outros. A tradução não havia recebido sanção oficial até Trento. No reinado de Carlos Magno, o literato Alcuíno de York foi um grande promotor desta versão.

A edição do texto da Escritura foi confiada ao papa e a Igreja foi proclamada norma para a interpretação da Bíblia. Não se precisou quem era essa Igreja. Também não se discutiu a tradição, pois isso implicaria abordar todo o complexo da doutrina papal. Mesmo assim, a tradição sempre foi invocada nas resoluções tomadas, e a *Professio fidei tridentinae* exige sua aceitação.

O concílio frisou a continuidade da história da Igreja dando a definição das fontes da fé. À rígida *Sola Scriptura* dos protestantes respondeu-se colocando a Bíblia e a Tradição lado a lado (o testemunho dos Santos Padres, concílios aprovados), ou seja, o juízo e consenso da Igreja. Afirmada a autoridade da Bíblia, o concílio rejeitou que todo o conteúdo da fé estava na Escritura. A Escritura deve ser acompanhada da Tradição (a Igreja é sua depositária). O impulso do concílio no sentido de aproximar-se da Bíblia, expresso em diversas disposições pastorais, ficou despercebido no período posterior ao concílio, devido, muitas vezes, à polêmica com os protestantes. O estudo, a exegese e seus desdobramentos nos séculos posteriores foram realizados pelos protestantes.

Trento não proibiu nem a leitura, nem a tradução da bíblia em língua vernácula. Cada fiel podia servir-se, para o uso pessoal, de traduções existentes, mas nas leituras públicas, disputas, pregações e obras teológicas deveria ser usada a Vulgata. Somente mais tarde, com o *Index* de 1559 e de 1564 a língua popular foi excluída na leitura escriturística.

Pecado original e justificação

A essa temática foram dedicadas, na V sessão (17/06/1546), 44 congregações particulares e 61 congregações gerais.

Lutero via no cristão uma pessoa fundamentalmente pecadora. O concílio, depois de ilustrar o projeto de salvação do criador (Deus, criando o ser humano, também o constituiu de muitos dons gratuitos, o mais importante deles é a participação à vida íntima da Trindade. Depois do pecado de Adão, não o abandonou no mal, mas o salvou mediante Cristo.), afirma que nos batizados não há nada que descontente a Deus e não há condenação para aqueles que, no Batismo, são mortos para o pecado juntos a Cristo. A concupiscência permanece presente no batizado, mas é somente uma inclinação/atração ao pecado, que pode ser combatida com sucesso. Não é, pois, um verdadeiro pecado. A doutrina do pecado original foi discutida, orientando-se em Tomás de Aquino. Rejeitaram-se as formulações que procuravam aproximar-se de

Martinho Lutero. O pessimismo luterano afirmava que o pecado original permanecia mesmo após o Batismo. A formulação conciliar é contra o pelagianismo.

> Pelágio, nascido na Grã-Bretanha (354), viveu em Roma como monge de 384 a 410 (invasão de Alarico). Refugiou-se na Sicília e lá redigiu o tratado *Sobre a natureza*. Santo Agostinho será seu grande adversário.
>
> No Tratado ele expõe as bases de seu sistema teológico: uma antropologia otimista, negação do pecado original transmissível e a afirmação da suficiência da pessoa, sem o auxílio da graça para a salvação. Tudo depende da pessoa. A heresia afirmava que a liberdade não ficou prejudicada pelo pecado. O pensamento de Pelágio foi duramente combatido por Santo Agostinho e condenado nos concílios de Cartago (411) e Éfeso (418 e 431).

A justificação (VI sessão – 13/01/1547) é descrita nestes termos: É a graça de Deus, diante da qual uma pessoa de injusta que é se torna justa. Consiste não somente na remissão dos pecados, mas na santificação e renovação da pessoa, renovação interior, obtida pela recepção voluntária da graça e dos dons. Assim a pessoa injusta se torna justa, e de inimiga se torna amiga, por ser herdeira, segundo a esperança, da vida eterna (cf. Rm 8,15). A justificação é uma transformação profunda graças à qual o ser humano, enriquecido pelo dom de Deus e por uma aceitação voluntária da graça e dos dons, se torna justo, amigo de Deus, herdeiro da vida eterna. Ele é justificado não por uma imputação extrínseca dos méritos de Cristo, mas por uma justiça que lhe é própria e que o Espírito Santo difunde nos corações segundo o seu beneplácito e segundo a disposição e colaboração de cada pessoa. Essa justiça permanece nele como um princípio permanente, implica a presença das três virtudes sobrenaturais: fé, esperança e caridade. Sem a esperança e a caridade, a fé sozinha não pode justificar o ser humano nem o fazer um membro vivo de Cristo. Com a doutrina da justificação, Trento manteve uma forma de cooperação da pessoa com a obra da própria salvação.

Lutero por sua vez sustentava que a justificação é simplesmente imputada, ou seja, externa à pessoa. Para ele a pessoa, também quando é um eleito de Deus, permanece uma pecadora. As discussões foram longas no concílio. Isso demonstra a incerteza doutrinal diante do tema. Uma prova disso foi que os bispos italianos (ao menos aqueles provenientes do clero secular) constatavam com surpresa que nem mesmo eles sabiam bem o que pensar sobre o tema da justificação pela fé.

Nessa sessão, portanto, foi aprovado o decreto sobre a justificação, estruturado em 16 capítulos. O texto expõe a doutrina a ser aceita como verdadeira e, em 33 cânones, a condenação dos erros. Esse é um dos decretos mais importantes do Concílio de Trento. É a resposta do magistério da Igreja à doutrina da graça e da justificação de Lutero e enfatiza que, na obra da justificação, a vontade humana atua juntamente com a graça divina.

Atualmente há um consenso entre católicos e protestantes quanto ao significado da justificação: esta é obra de Deus, não do ser humano, e a resposta adequada a essa obra é a fé no que Deus realizou; essa fé é acompanhada de boas obras, e embora não sirvam para justificar o fiel, essas obras são essenciais para a vida moral dos que são justificados pela graça de Deus.

Sacramentos em geral, Batismo e Confirmação (Crisma)

Na questão relativa aos sacramentos, outro ponto controverso em razão das colocações dos reformadores evangélicos, o concílio, na VII sessão (03/03/1547), manteve os sete sacramentos, reacentuando sua eficácia *ex opere operato*. Os sacramentos são sinais eficazes da graça; são eficazes por si mesmos e não em função da fé de quem o administra ou recebe, *ex opere operandis*. À tese luterana de exclusiva eficácia da fé (*Sola Fides*), Trento coloca o princípio do sinal eficaz. Se alguém disser que pelos mesmos sacramentos da nova Lei não se confere a graça só pela sua recepção, mas que para receber a graça basta só a fé na promessa divina, seja excomungado. Não se tolerou liberdade em questões do rito litúrgico; a necessidade de sua uniformidade foi acentuada. Negou-se o sacerdócio de todos os crentes, enquanto capacitação de todos os crentes para a administração dos sacramentos. A liberdade cristã, tão acentuada por Lutero (LUTERO, 1997), foi negada, pois a pessoa batizada tem o compromisso de cumprir todos os mandamentos eclesiais.

O Concílio de Trento estabeleceu doutrinas que até então não haviam tido uma fixação dogmática. Isso tudo era necessidade daquele momento, mas também demonstrações antiprotestantes. Para a própria Igreja Católico-romana significaram a perda de liberdade cristã. É importante, por outro, lado, verificar que o concílio acentuou a graça tanto quanto foi possível para manter o princípio da cooperação do ser humano com Deus. Se tal formulação já houvesse sido feita antes de 1515-1520, a Reforma teria andado de maneira diferente. Ao ser formalizada nos dias do Concílio de Trento, já haviam sido dados outros passos e os acontecimentos históricos não podiam mais ser refeitos.

O concílio definiu que são sete sacramentos. A confirmação é sacramento e o bispo é seu ministro ordinário. Portanto, nesta fase, Trento se ocupou no campo doutrinal de esclarecer conceitos a respeito da Sagrada Escritura e da Tradição, pecado original e justificação, número dos sacramentos e definição do Batismo e Confirmação.

Decretos disciplinares

No campo disciplinar tratou sobre a obrigação da residência dos bispos, ou seja, o bispo deve residir em sua diocese e não acumular benefícios eclesiásticos, e de ensinar (pregação) a Sagrada Escritura nas catedrais e nos mosteiros, assim proporcionando também uma melhor formação do clero. Tratou-se também das qualidades do candidato ao ofício episcopal. A obrigação de pregar (ao menos aos domingos e festas) e de residência é também para os párocos.

Suspensão e transferência do concílio

A instabilidade devido ao não reconhecimento por parte dos protestantes de reconhecer Trento como concílio livre e cristão e a ameaça da liga de Esmalcalda de invadir o Tirol dificultavam o prosseguimento das atividades conciliares. Outra dificuldade era o medo da peste que desde algum tempo ameaçava a cidade de Trento. Em agosto de 1546, Paulo III concedeu plenos poderes aos legados para a transferência do concílio.

No dia 11 de março de 1547, os legados papais estavam temerosos de uma intervenção imperial no concílio e conseguiram que este fosse transferido para Bolonha, nos estados pontifícios. Havia a esperança de subtrair-se à ingerência imperial e acelerar os trabalhos do concílio que deveria preocupar-se das questões doutrinais em vez de tentar uma reconciliação com os protestantes. Quando o papa convocou o concílio não tinha mais em mente essa intenção da unificação. O trágico desse temor dos legados papais é que a transferência ocorreu justamente no momento em que o imperador teve poder suficiente para forçar os protestantes a participarem do concílio. Em Bolonha houve reuniões de teólogos que prepararam um amplo material que mais tarde seria utilizado, mas não se chegou a promulgar nenhum decreto. O imperador se manifestara radicalmente contra a transferência (14 prelados o apoiaram, ficando em Trento) e, em outubro de 1549, o Papa Paulo III, por medo de um novo cisma, suspendeu as sessões conciliares.

Quando Paulo III morreu (1549) foi sucedido por Júlio III, Giovanni Del Monte (1550-1555), que fora o primeiro presidente do concílio. O novo papa era rude, amante das diversões. Não demonstrou interesse pela reforma, mas dela não se descuidou. Teve o mérito de reabrir o concílio.

Segundo período (1551-1552), Júlio III: sessões XI-XVI (de 65 a 70 padres, no início eram 15 padres conciliares)

O Papa Júlio III reabriu a assembleia conciliar. Compareceram os delegados de três príncipes e seis cidades protestantes alemãs (Wartenberg, Saxônia, Estrasburgo), exigindo a anulação da sessão anterior e a proclamação da superioridade do concílio sobre o papa. Pelo temor de ataques militares, o concílio foi novamente suspenso. Temas tratados: a Eucaristia e os sacramentos da Penitência e Extrema-unção.

No dia 1º de maio de 1551, o concílio foi reinstalado em Trento. Não havia presença francesa, mas alemã: bispos católicos e enviados dos territórios evangélicos. Suas exigências conciliaristas e a suspensão das decisões até então tomadas não foram aceitas. Uma situação de guerra levou à suspensão do concílio em abril de 1552. Esse foi um dos momentos mais trágicos na história deste concílio. Um bispo espanhol comentou: "o concílio está falido" (ZAGHENI, 1999, p. 186). Contudo, decretos haviam sido aprovados a respeito dos sacramentos da Eucaristia, Penitência e Extrema-unção. Acentuaram-se a transubstanciação e a Festa de *Corpus Christi*.

Decretos dogmáticos
Eucaristia

Trento reafirma a doutrina católica da transubstanciação tratada no Lateranense IV.

> Pela consagração do pão e do vinho se efetua a conversão de toda a substância do pão na substância do corpo de Cristo, Nosso Senhor, e de toda a substância do vinho na substância do seu sangue. Essa conversão foi com muito acerto e propriedade chamada, na Igreja Católica, de transubstanciação (sessão XII, cânon 2).

O concílio confessou sua fé na contínua presença real do Senhor, depois da consagração, mediante as partículas não consumidas na comunhão, conservadas no tabernáculo. E afirma "se alguém disser que não é lícito conservar no tabernáculo a sagrada Eucaristia, mas que imediatamente após a consagração deve ser distribuída pelos circunstantes, ou que não é lícito levá-la honrosamente aos enfermos, seja excomungado" (sessão XII, cânon 7). Rejeitaram opiniões contrárias à tradição católica. A presença eucarística é definida como substancial. A missa é a atualização do sacrifício de Cristo na cruz. Esse decreto alimentou a piedade contemplativa das adorações eucarísticas e inspirou o esplendor das procissões do Santíssimo Sacramento. Manteve-se a comunhão sob uma espécie. Trento afirma que a comunhão na espécie do pão é completa, mas não fecha a possibilidade de concessão da parte do papa da comunhão com o cálice que os alemães e o imperador solicitavam.

Penitência e Extrema-unção

Trento defendeu a confissão auricular, o caráter jurisdicional da absolvição e da satisfação. Afirmou que a Penitência restitui a graça perdida: é o sacramento que reconcilia os fiéis que pecam após o

Batismo. É útil confessar os pecados veniais. Mas não obrigatório. Estes podem ser perdoados por outros meios; o sacramento é apropriado para os pecados mortais. Tratou da Extrema-unção, afirmando que este sacramento confere a graça, apaga os pecados e alivia a enfermidade. O sacramento necessita do sacerdote para a absolvição.

Decretos disciplinares

Os decretos disciplinares trataram sobre questões como, a autoridade episcopal, os costumes do clero e o conferimento de benefícios eclesiásticos. As normativas conferiram maior autoridade aos bispos nas visitas pastorais e reforçaram o peso de suas sentenças. Em relação aos costumes do clero, recomendou-se a decência do traje. Os religiosos, afirma o decreto tridentino, só podem conferir benefícios eclesiásticos aos próprios membros. Ao clero recomendou-se decência no vestuário. A necessária reforma da Cúria Romana permaneceu intacta.

O Papa Júlio III faleceu em maio de 1555. Após o breve pontificado de Marcelo II, Cardeal Cervini (22 dias), que lutando contra o nepotismo ordenou que o dinheiro destinado a ser gasto na cerimônia de coroação fosse destinado às necessidades da Igreja e dos pobres, foi eleito Paulo IV (1555-1559), Gian Pietro Carafa. Rigorista e nepotista. Contrariando os propósitos reformistas, privilegiou sua família, criando cardeal e secretário de Estado seu sobrinho. O novo papa tentou reformar a Igreja sem o concurso do concílio. A inquisição aterrorizou muitos em seu pontificado, durante o qual inclusive cardeais como Reginald Pole e Morone foram postos na prisão. Por meio desse instrumento inquisitorial criou o *Index librorum prohibitorum* (1559). Nesse mesmo ano, por meio de bula, declarou destituídas de suas funções todas as pessoas que haviam apostatado a fé católica: sacerdotes, leigos, príncipes e seus súditos. Além disso, determinou o sequestro de todos os seus títulos e bens. Forçou a partida de bispos e giróvagos de Roma. Ainda sem o concílio, o papa reformulou a Dataria, o Índice, o Breviário e o Missal. Faleceu em 1559. Após sua morte o povo romano, indignado, assaltou e depredou o edifício do Santo Ofício.

Mais conciliador foi Pio IV (1559-1565), sucessor de Paulo IV, que reconvocou o concílio em 1561. Originário de Milão, Angelo Médici (nenhuma relação com a família de Florença), conciliador e diplomata, porém não foi isento de nepotismo. Nomeou seu sobrinho, Carlos Borromeu (1538-1584) cardeal com apenas 21 anos de idade e, logo em seguida, foi promovido a arcebispo de Milão. A ironia da história é que foi exatamente esse sobrinho que ajudará o papa a dar continuidade à reforma.

Terceiro período (1561-1563), Pio IV: sessões XVII-XXV (no encerramento, 236 participantes)

Na terceira e última fase do concílio, que se estendeu de 1561 a 1563, houve uma crise profunda. Era desejo de muitos que a atuação do bispo ficasse restrita à sua diocese, o que teria impedido sua utilização fora da mesma. Pio IV observou que poderia ocorrer uma diminuição do poder de seu primado: também sua jurisdição ficaria reduzida à função de bispo de Roma. Discutiu-se muito sobre esse tema do episcopado: Como conciliar os direitos dos bispos com o primado papal? Os bispos foram instituídos por Cristo ou são representantes do papa? A situação ficou mais complicada quando os franceses se uniram ao imperador alemão para aprovar essa proposta de resolução. Devido a negociações do legado pontifício Morone não se mexeu nas prerrogativas papais. Um período marcado pela figura emblemática e enérgica do Papa Pio IV, auxiliado pelo sobrinho Carlos Borromeu.

Decretos dogmáticos

Os padres conciliares definiram que a missa é memorial do único sacrifício da cruz e fonte de graça na Igreja. Trento declarou que Jesus não é apenas dado aos fiéis como alimento, mas também é imolado misticamente. A missa instituída pelo Salvador (o que fora negado na Confissão de Augusta) aplica a virtude salutar do sacrifício da cruz à remissão dos pecados. Beneficia os vivos como os que morreram em Cristo e que não estão plenamente purificados.

Apesar de parecerem favoráveis à maioria dos teólogos, os padres se posicionaram contrários a concessão aos leigos da comunhão sob as duas espécies que, naquele preciso momento histórico, se tornara um símbolo da emancipação dos leigos e da cisão confessional. Foi afastada a total possibilidade de comercialização da missa.

Conservou-se o uso da língua latina, tanto na missa como na administração dos sacramentos. Nessa ocasião, insistiu-se sobre a conveniência e até da necessidade de explicar aos fiéis em vernáculo as várias partes da missa e dos sacramentos. A eficácia prática, no entanto, era mínima e um dos motivos foi exatamente a falta de uma adequada preparação litúrgica por parte do clero.

A eclesiologia que surge das definições conciliares é clerical. Trento apresenta a Igreja como hierarquia de clérigos e a eles os fiéis são subordinados. Clero e leigos formam duas ordens distintas e inconfundíveis. O concílio estabelece que os bispos devem conhecer as almas a eles confiadas. Fica na sombra a questão sobre a origem divina ou eclesiástica do episcopado. A temática será retomada no Concílio Vaticano II.

Decretos disciplinares

A temática sobre a residência dos bispos entra novamente nas discussões conciliares. A discussão causou controvérsia e quase levou a assembleia ao fracasso. Vários eram aqueles que se sentiam lesados em seus interesses particulares. Pensou-se em declarar que se tratava de um mandamento divino e não apenas de preceito eclesiástico. Após a chegada do Cardeal Carlos de Lorena a discussão se deslocou para a natureza do **poder dos bispos**. O episcopado é fruto de uma evolução histórica ou é desejado e estabelecido pelo próprio Cristo? Seus poderes derivam de Deus ou são transmitidos pelo papa? Como harmonizar o primado pontifício com os direitos dos bispos sem recair na teoria conciliarista de Constança?

As fortes pressões das potências católicas colocaram novamente em perigo o concílio. A decisão de Pio IV foi a de designar um novo legado em Trento, o Cardeal Giovanni Morone. Com muita habilidade este soube conquistar a confiança do Cardeal Lorena e dissipar desavenças com o imperador por meio de contatos pessoais. Chegou-se a uma conciliação dos dois partidos mediante um compromisso aprovado em 15 de julho de 1563. O decreto, em clara oposição à Reforma Protestante, esclareceu a função essencial do ministério sacerdotal, ou seja, a capacidade de oferecer sacrifícios, e afirmou a existência na Igreja de diversos graus hierárquicos. Nessa mesma sessão de julho foi aprovado o decreto sobre a criação de seminários em cada diocese; sobre a obrigação da residência, sob pena de perder os rendimentos e a seleção dos candidatos ao seminário.

Em novembro foi aprovada a celebração anual de sínodos diocesanos e de três em três anos de sínodos provinciais. A visita pastoral de dois em dois anos. A entrega da pastoral paroquial aos sacerdotes idôneos por meio de concursos. A proibição de acumular benefícios, válida também para os cardeais. Esse ponto provocou diversos protestos.

Foram aprovados dois decretos sobre o matrimônio. Definia como dogma a sacramentalidade do matrimônio e afirmava explicitamente sua indissolubilidade. Outro decreto declarava nulos os matrimônios clandestinos, sem a presença de testemunhas. Válido é somente o matrimônio concluído diante do padre e de testemunhas, registrado oficialmente nos livros paroquiais. O matrimônio só é válido, portanto, quando realizado pela Igreja, à qual compete estabelecer os impedimentos matrimoniais. O consenso matrimonial tem que ser expresso na presença de um sacerdote e de duas ou três testemunhas.

Nas últimas quatro semanas foram tratados apressadamente decretos sobre o purgatório, veneração dos santos, indulgências, religiosos. O interessante é a questão sobre as indulgências que fez eclodir a Reforma Protestante, foi tratada apenas de passagem. O concílio ensina e ordena que o uso das indulgências, que é grandemente salutar para o povo cristão e que foi aprovado pela autoridade dos concílios, deve ser conservado na Igreja.

Trento, nesse período, fixou a obrigatoriedade de o bispo residir em sua diocese. Para os sacerdotes tornou-se obrigatório o ensino do catecismo. A Cúria Romana foi incumbida de sua redação. Decidiu-se também que o Breviário e o Missal Romano deveriam ter uma redação uniforme. No seu todo, as medidas tomadas recuperaram o caráter ministerial da função sacerdotal. O sacerdote passava a ter função de cura d'almas. Desaparecia sua função de administrador de prebenda. Fundamental, a partir disso, passou a ser a função poimênica, pastoral. As indulgências que haviam sido o estopim para a explosão da Reforma Luterana foram mantidas. Proibiu-se, no entanto, a indulgência em troca de dinheiro. No dia 4 de dezembro de 1563, após a leitura das solenes aclamações em homenagem ao papa e ao imperador, preparadas pelo Cardeal Lorena, o Legado Morone encerrou a assembleia com as palavras *post actas Deo gratias, ite in pacem*. Fazia 18 anos que o concílio tinha iniciado suas atividades.

Síntese do Concílio de Trento			
Período			
	Primeiro período	Segundo período	Terceiro período
Papa	Paulo III	Júlio III	Pio IV
Decisões	Regras de Vida e outras Atitudes a serem observadas A Profissão de Fé As Sagradas Escrituras O Pecado Original A Salvação (A Justificação) Os Sacramentos do Batismo e da Crisma	O Santíssimo Sacramento da Eucaristia Os Sacramentos da Penitência e da Extrema-unção	A comunhão sacramental O Sacrifício Eucarístico da missa O Sacramento da Ordem O Sacramento do Matrimônio Os bispos e cardeais O purgatório A invocação e veneração das sagradas relíquias dos santos e das sagradas imagens Os religiosos e as monjas As indulgências A mortificação
Observação	Transferência para Bolonha por conta de um surto de tifo e pelo interesse de afastar a influência do Imperador Carlos V	Retorno para Trento	O concílio determinou os parâmetros da fé católica

Pós-concílio

A longa realização do Concílio de Trento (1545-1563) revela as dificuldades presentes na instituição religiosa para enfrentar os questionamentos e problemas levantados pelo movimento da Reforma e também as dificuldades políticas decorrentes de uma nova realidade: uma Europa dividida pela questão religiosa.

Após o Concílio Tridentino é possível constatar uma Igreja mais romanizada, mais disciplinada e mais clerical. Essa foi a resposta encontrada pelos padres conciliares para responder aos desafios internos e externos de uma instituição que viu sua autoridade, influência e abrangência reduzidas em tão curto espaço de tempo. Do ponto de vista doutrinal, Trento não apresentou novidades: reafirmou a doutrina tradicional e a equiparação da Sagrada Escritura com a Tradição e manteve a concepção eclesiológica centrada no modelo Igreja sociedade perfeita. Do ponto de vista jurídico, as grandes orientações contidas nas decisões e nos decretos aprovados no concílio, embora sem serem publicadas, foram as principais fontes do direito até o início do século XX, quando foi aprovado o Código de Direito Canônico (1917).

O Concílio de Trento desencadeou um processo de criação de uma nova identidade para o catolicismo que tem influências até a atualidade. Essa identidade configurou o *modus vivendi* dos católicos e da estrutura eclesiástica. São três, como afirma o teólogo João Batista Libanio (1983, p. 38-71), os pilares desta configuração.

O primeiro é o imaginário social-religioso. O imaginário é o responsável por garantir a reprodução da identidade a partir da consciência das pessoas, a instituição eclesiástica tinha um papel de eixo estruturador e os sacramentos tinham o papel de perpetuar essa centralidade e a moral, a tarefa de reproduzir na conduta individual a obediência entendida como obediência às diretrizes da instituição eclesiástica. "Esse imaginário compreende as verdades dogmáticas, ensinamentos morais, comportamentos práticos em relação ao universo da piedade, da liturgia, dos sacramentos e repletos de atitudes decorrentes de uma disciplina e organização eclesiástica" (LIBANIO, 1983, p. 85). Nesse sentido a ação pastoral será uma pastoral sacramentalizadora e moralizadora. A ameaça constante da condenação estava sempre no horizonte das pessoas e os sacramentos são vistos como condição para a salvação.

O segundo e o terceiro pilares da configuração tridentina são o clero e os fiéis. São esses os sujeitos de reproduzir a identidade.

A celebração dos sacramentos e a ação catequética eram os canais por onde se firmava a identidade tridentina baseada na disciplina e numa moral legalista. Para não deixar que se contaminassem com ideias consideradas adversas à doutrina católica a vida eclesial era caracterizada pelo controle do clero, dos religiosos e dos leigos num sistema rígido de disciplina e de submissão.

A estratégia era enquadrar todos os segmentos da vida eclesial: criação de seminários, visando preparar intelectualmente o clero de forma adequada ao espírito do concílio. Trento marcou o surgimento da Igreja Católica moderna. Ela é distinta da Igreja medieval, tão criticada pelos reformadores protestantes. Era algo novo, surgido na discussão com a Reforma Protestante. As decisões de Trento e suas formulações antiprotestantes dificultaram o reconhecimento por quase quatro séculos do fato de que muitas decisões do protestantismo tinham profundas raízes na tradição cristã antiga. Mesmo que tardiamente, esse reconhecimento veio no século XX, por ocasião da realização do Concílio Vaticano II (1962-1965) (SOUZA, 2004, p. 17-67).

O Concílio Tridentino (*Conciliorum*, 1991, p. 657-799), revelou-se um outro divisor de águas entre a Igreja e a nascente Modernidade. Trento foi decisivo para uma melhor compreensão de diversos problemas teológicos e também para o aperfeiçoamento de sua formulação. O evento conciliar desencadeou um processo de rejeição que misturou aspectos teológicos e culturais. Agindo dessa maneira, a Igreja deixou de ser uma componente ativa no processo que iniciava o pensamento e o mundo moderno. A Igreja fica fora de um período decisivo da história da humanidade, a gestação da Revolução Industrial. Giuseppe Alberigo, historiador italiano, elaborou um valioso estudo para se entender a dinâmica do Concílio de Trento e a sua importância na história (1998, p. 543-564).

A atitude defensiva do concílio pode ser constatada em duas frentes: a primeira, a uniformização da liturgia, na língua e nos ritos. A segunda, a uniformização da formação do clero, centrada de maneira predominante no pensamento medieval e realizada numa língua morta. A dinâmica realizada de maneira homogênea procurava garantir, ilusoriamente, a unidade universal.

A realização desta mentalidade tridentina coincidiu com a expansão marítima e comercial europeia. O "descobrimento", conquista de novas populações e continentes fez a Igreja compactuar com os colonizadores a atitude moderna da superioridade ocidental. Aliada a essa atitude foi impondo formas rituais e expressões religiosas europeias, destruindo as tradições locais de enorme herança cultural, como foi o caso da China, Índia, as populações americanas, maia, asteca e inca. A força da uniformização foi aplicada de maneira rápida, assim como rápida foi a rejeição de tentativas missionárias, como de Ricci e de Nobili, de evangelizar as populações da China e Índia a partir de elementos da própria cultura. Tudo deveria ser remodelado nos moldes ocidentais. Todos esses fatores serão de grande importância para a Modernidade e a crise atual.

A uniformização do clero trouxe também as suas consequências. Por um lado, aprofundou o fosso entre a instituição e o mundo científico, o laicato. Por outro lado, ignorou o quadro cultural das populações encontradas e as reorganizou a partir do mundo europeu, ocidental cristão, assim como fez com o clero nativo. A consequência desse duplo aspecto foi uma perda de uma possível linguagem entre clero e laicato. Desse fator, consolidou-se a ideia de que a Igreja é o clero.

A produção teológica e filosófica nos séculos XVII, XVIII e XIX foi relativamente baixa na Igreja. As ciências naturais e o pensamento filosófico, por sua vez, viviam um momento de extrema criatividade. O conhecimento foi aplicado e gerou uma nova tecnologia e esta originou a indústria. O processo de modernização estava sendo forjado, tudo sem a Igreja. O período foi marcado por um insistente desejo na igualdade dos direitos individuais e na superação das estruturas políticas absolutistas. A instituição religiosa tinha responsabilidade nisso?

Tridentinismo

A expressão não será encontrada no dicionário, mas é usada por Alberigo. Serve para designar o sistema ligado ao prestígio do concílio que, na Igreja, fez depender tudo: governo, teologia, disciplina e o poder absoluto do papado romano e da sua cúria. Em nome da unidade religiosa e da obediência ao pontífice, reprimia o que o pudesse pôr em causa, considerando a emancipação política, cultural e religiosa do mundo moderno apenas um somatório de erros que o envenenava. Zagheni comenta que com o tempo prevaleceu uma interpretação dos cânones conciliares que parecia trair a sua essência, eis o tridentinismo (1995, p. 200). Estudar histórica e teologicamente o Concílio de Trento evita distorções na atualidade.

XXIV
Guerras religiosas

Introdução

As guerras religiosas na Europa moderna foram travadas a partir de 1524 até 1648. Por vezes desconexas, todas estas guerras foram fortemente influenciadas pela mudança religiosa do período e o conflito-rivalidade que se produziu após a Reforma Protestante. Isso não significa que os combatentes possam ser categorizados por religião. Alguns destes episódios violentos: Guerra dos camponeses (1524-1525), Guerra de Kappel na Suíça (1531), Guerra de Esmalcalda (1546-1547), Guerra dos Oitenta Anos (1568-1648), Noite de São Bartolomeu (1572), Guerra dos Trinta Anos (1618-1648), entre outras. O capítulo apresentará dois episódios ocorridos um no século XVI e outro no século XVII. São situações de extrema violência envolvendo o elemento religioso.

Noite de São Bartolomeu (1572)

A trágica Noite de São Bartolomeu foi o dia em que o Rei Carlos IX (França) ordenou o assassinato de líderes protestantes huguenotes em Paris. O evento desencadeou uma onda de conflitos e mortes que resultou no massacre de dezenas de milhares de huguenotes em todo o território francês. O acontecimento fez parte das guerras religiosas, que ocorreram na Europa nos séculos XVI-XVII. No dia 22 de agosto de 1572, dois dias antes da

Festa de São Bartolomeu, Catarina de Médici, mãe de Carlos IX, ordenou o assassinato do Almirante Gaspard de Coligny, líder huguenote que ela acreditava estar levando seu filho à guerra com a Espanha. Coligny ficou somente ferido e o rei prometeu investigar a tentativa de assassinato para aplacar os huguenotes enfurecidos. Catarina convenceu seu filho de que os huguenotes estavam à beira de uma rebelião e o rei autorizou o assassinato de seus líderes pelas autoridades católicas. A maioria desses huguenotes estava em Paris, celebrando o casamento de Henrique de Navarra (protestante) com a irmã do rei, Margarida (Margot, católica).

Quando a tragédia dos assassinatos dos huguenotes começou, milhares de católicos parisienses aderiram à matança. Carlos IX emitiu uma ordem real em 25 de agosto para suspender o massacre, mas seus pedidos de nada adiantaram. As mortes continuaram até outubro, atingindo as cidades de Rouen, Lião, Bourges, Bordeaux e Orleans. Calcula-se que cerca de três mil protestantes tenham sido mortos em Paris e até setenta mil em toda a França. Essa página horrenda e nada cristã foi retratada no filme *Rainha Margot*.

Guerra dos Trinta Anos (1618-1648)

No século XVII, a disputa econômica gerada pelo mercantilismo envolvia grandes potências como Países Baixos, Inglaterra, França, Portugal e Espanha. A coroa espanhola tinha grande destaque, pois estava sob seu domínio a coroa portuguesa, regiões da Península Itálica e algumas partes dos Países Baixos. No decorrer dos anos, a hegemonia espanhola foi confrontada por outras nações auspiciosas em ampliar seus territórios e riquezas. A guerra teve início com a denominada Defenestração de Praga, momento em que membros da nobreza tcheca lançaram representantes do rei católico Fernando II pela janela. O ato era uma reação contra a severa política dos reis católicos que proibiram os cultos protestantes em diversas partes do Sacro Império Germânico. Nesse período a dinastia dos Habsburgos procurava unificar os vários territórios germânicos sob a força de um mesmo reinado.

Utilizando a perseguição religiosa dos Habsburgos como pretexto, vários príncipes da Europa se uniram em torno de uma força militar e religiosa chamada Liga Evangélica. Apesar de católica, a França incentivou levantes dos protestantes nas regiões em que os Habsburgos imperavam. Em 1619, quando a guerra completava seu primeiro ano, os protestantes cercaram a cidade de Viena (Áustria), e determinaram que a coroa da Boêmia fosse entregue a Frederico V, da União Evangélica. Em 1620 a Liga Sagrada, composta por nobres católicos, foi organizada com o objetivo de recuperar os domínios anteriormente perdidos. Na Batalha da Montanha Branca, os católicos, sob a liderança de João T'Serklaes Von Tilly, venceram e expropriaram todos os protestantes localizados nas regiões de língua tcheca. O rei germânico Fernando II, tempos depois, contou com o apoio da Espanha para transformar a Boêmia em domínio dos Habsburgos.

Entre 1624 e 1629, os reinos da Noruega e da Dinamarca entraram para esse cenário na tentativa de conseguir reaver os territórios perdidos para os protestantes. Mesmo tendo o apoio dos soldados holandeses, esses reinos nórdicos não obtiveram êxito e, o mais complicado, foram obrigados a ceder parte de seus domínios ao Rei Fernando II. Com isso, os Habsburgos alcançavam o auge de seu poder na Europa. A França passou a ter seus interesses políticos ameaçados pelos Habsburgos. Procurando reverter essa situação, o cardeal e ministro Richelieu incitou a organização de um levante militar sueco contra a recém estruturada força territorial e política do Sacro Império. Após alguns êxitos, entre 1630 e 1632, o reino da Suécia passou a sofrer diversas derrotas para os alemães. Mediante o resultado, o governo francês decidiu organizar suas tropas para barrar o crescimento da influência econômica e política dos germânicos na Europa.

Com um exército de quase 100 mil homens, os franceses e seus aliados renovaram a luta contra a hegemonia católica dos Habsburgos. Entre 1635 e 1644, os franceses conseguiram impor significativas derrotas que colocaram a hegemonia do rei germânico Fernando II em completa crise. A partir de 1645, as negociações para a assinatura de um tratado de paz conseguiram um resultado mais eficaz. Em 1648, a Paz de Westfália colocou um ponto-final nessa extensa guerra. Nesse acordo, os holandeses finalmente tinham sua independência reconhecida pelos espanhóis. O poderoso e ameaçador Império Germânico ficou reduzido a apenas um conjunto de pequenos estados autônomos. Sob o ponto de vista religioso, esse mesmo acordo determinou a liberdade religiosa nos países e territórios assolados pelo gigantesco conflito.

XXV
Movimentos teológicos e espirituais

Introdução

Este capítulo estuda importantes movimentos teológicos e espirituais que surgiram após a realização do Concílio de Trento. São de relevância no seu período e alguns se desdobram para períodos seguintes. O estudo tem início com o jansenismo, fenômeno histórico teológico mais importante do período. A seguir serão estudados os seguintes movimentos: galicanismo, quietismo e febronianismo.

Jansenismo

A denominação é derivada do nome do bispo de Ypres (Bélgica), Cornelius Jansen (1585-1638). A doutrina está exposta na sua obra póstuma *Augustinus* (1640). Obra em três tomos, 1.300 páginas em duas colunas. A temática central é a controvérsia sobre a graça, debate que continuou após o Concílio de Trento. A intenção era conciliar a eficácia da graça divina com a liberdade do cristão. É uma discussão difícil sobre os papéis respectivos da graça de Deus e da vontade humana na obra da salvação. Em contraposição aos protestantes, Trento afirmara tanto o papel da fé como das obras, mas não determinara o respectivo nível de intervenção.

Essa problemática tem uma longa história no cristianismo. Santo Agostinho de Hipona, por razões de polêmica contra a heresia pelagiana, insistira particularmente numa graça toda poderosa e na miséria e decadência do ser humano. Martinho Lutero e Calvino aderiram a essa ideia. Trento absteve-se de definir as relações entre o livre-arbítrio e a necessidade da graça. Jansen propenso ao entendimento protestante, endureceu as teses agostinianas: depois do pecado original, a graça é necessária para qualquer boa obra, o ser humano está profundamente corrompido. Deus, por sua vez, nem a todos dá a sua graça; somente aos predestinados, por Ele escolhidos. Ainda afirma que é possível recusar a graça eficaz, mesmo aquele que reza. Quem se beneficia dessa graça gratuita deve praticar uma ascese estrita, em ordem à concretização da salvação.

A controvérsia na França

O debate é grandioso na França e neste os jesuítas intervêm. Influenciados pelo humanismo, afirmando que a salvação cabe à vontade humana. A Companhia consegue do Papa Urbano VIII a condenação do *Augustinus* em 1642 por meio da bula *In eminenti*, publicada em 1643. A obra é condenada por não ter respeitado o silêncio imposto pelo Papa Paulo V em relação às discussões sobre o tema. Apesar de tudo isso, por influência de um amigo de Jansen, Jean Duvergier de Hauranne, abade de Saint-Cyran, a abadia cisterciense de Port-Royal, reformada pela Madre Angélica, tornou-se um foco de ascese e de jansenismo. Pessoas ilustres, "os solitários" parentes próximos das religiosas vão morar perto da abadia, viviam em comunidade, praticando uma vida de estudo e orações, sem os votos religiosos. Estes espalham a doutrina jansenista, aplicando-a à pastoral, à moral e a todos os comportamentos práticos. O irmão da Madre Angélica, Antoine Arnauld, teólogo da Sorbonne, chamado o Grande Arnauld, publicou em 1643 um tratado que condena a comunhão frequente, *De la frèquente communion*.

O tratado de Arnauld apresenta o costume da Igreja antiga de apenas administrar a comunhão aos pecadores após o cumprimento de uma longa e severa penitência e defende a necessidade do retorno a esse uso. O texto expõe a forma de penitência anterior à comunhão: enquanto os jesuítas defendiam que bastava a confissão para comungar logo a seguir, Arnauld defendia que se devia exigir do penitente uma verdadeira contrição prévia à comunhão. A obra ainda trata dos frutos da comunhão: receber a Eucaristia deve resultar sempre em uma união mais perfeita com Deus; a comunhão não é remédio dos fracos e pecadores; alimento para conservar a vida da alma, mas prêmio de uma vida santa. A conclusão era que a comunhão frequente era fonte de grandes males, sendo os responsáveis os jesuítas. É evidente que o texto provoca a hostilidade dos jesuítas. Também despertou a atenção de Blaise Pascal que os ridiculariza.

Diante dessa situação e devido à preocupação da grande maioria dos bispos franceses, o Papa Inocêncio X condena em 1653, por meio da constituição apostólica *Cum Occasione*, cinco proposições atribuídas a Jansens, como hereges, difamatórias, falsas.

Proposições condenadas

- Alguns preceitos são impossíveis de serem observados pelos justos, por faltar-lhes a graça.
- No estado de natureza decaída, nunca se resiste à graça.
- Para o mérito e o demérito não se requer liberdade interior, basta a externa ou a ausência do constrangimento.
- Os semipelagianos admitem a necessidade de uma graça interna proveniente para todos os atos, mesmo para o início da fé; sua heresia consiste em julgar que essa graça é de tal natureza que a vontade pode espontaneamente resistir-lhe ou obedecer-lhe.
- É semipelagiano afirmar que Cristo morreu e derramou seu sangue por todos os homens.

Antoine Arnauld e outros doutores da Sorbonne não quiseram reconhecer a sentença das proposições condenadas. Estes foram expulsos da universidade. O Papa Alexandre VII renova a condenação em 1656 com a constituição *Ad Sanctam Beati Petri Sedem*. Declara que as proposições estão efetivamente contidas no *Augustinus* e tinham sido condenadas no sentido entendido pelo autor. Em assembleia o clero francês decidiu redigir uma fórmula de juramento de fé contra o jansenismo, o formulário, que deveria ser assinada por todos os eclesiásticos. A controvérsia continua, não é um decreto que resolve a situação. Depois da morte de Mazarino (1661), Luís XIV decide eliminar o jansenismo; nele vê o núcleo de uma nova fronde. O arcebispo de Paris dispersa por várias casas as religiosas de Port-Royal que se recusam terminantemente a assinar o formulário. As autoridades enviam-nas para Port-Royal-des-Champs.

A controvérsia não termina e o novo papa, Clemente IX (1667-1669), consegue firmar um compromisso de paz por trinta anos por meio da assinatura do breve *Pax Clementina*. Durante esse tempo o jansenismo propagou a sua influência entre os magistrados e os párocos, sensíveis à vida austera de Port-Royal e hostis à "moral relaxada" dos jesuítas.

A questão retorna em 1701 após as diversas publicações de seguimento do pensamento jansenista. Convencido de que o jansenismo é um verdadeiro partido de oposição, Luís XIV decide destruí-lo, impondo às religiosas de Port-Royal a bula *Vineam Domini* do Papa Clemente XI. O texto exige a submissão interior às condenações do jansenismo. Em 1709, dispersa as religiosas que se recusam a assinar se submetendo à bula. Em seguida tem uma atitude radical mandando destruir a abadia de Port-Royal-des-Champs. O rei obtém do Papa Clemente XI a bula *Unigenitus* (1713) que condena 101 proposições extraídas das *Reflexões morais*, obra jansenista do oratoriano Pasquier Quesnel, que estudou com os jesuítas e na Sorbonne. Em 1717, nessa longa controvérsia, quatro bispos apelam da bula num concílio geral. Estes "apelantes" foram excomungados e, em 1730, a bula *Unigenitus* torna-se lei de Estado. Os seguidores de Jansen refugiam-se na clandestinidade e as curas que acontecem entre 1730-1732 no túmulo do Diácono Paris, um dos "apelantes", não conseguem impedir o seu declínio. A mentalidade jansenista, porém, tem sua continuidade e se difunde em outros países. Esse pensamento não era das massas, mas de pequenos grupos que buscavam uma reforma da Igreja sobretudo no culto e na liturgia. Na Holanda, chega-se mesmo a um cisma, o da Pequena Igreja de Utrecht. Em fins do século XIX os jansenistas, na Holanda, uniram-se aos Velhos Católicos, União de Utrecht.

Sínodo de Pistoia (1786)

Na Itália o principal expoente do jansenismo foi o bispo de Pistoia, Scipione de Ricci, que em 1786 convocou um sínodo no qual deveriam participar todos os bispos da região da Toscana. Tendo o patrocínio do Grão-duque Pietro Leopoldo, o sínodo apresentou suas considerações sobre a facilidade das indulgências, condenação da devoção ao Sagrado Coração, dos exercícios espirituais, das missões populares, da esmola para a celebração das missas e dos assim denominados "direitos de estola", ofertas recebidas pelas celebrações dos batismos, matrimônios e funerais. Adotou: o italiano como língua oficial da liturgia; a reforma do Breviário; a leitura em voz alta do cânon; um único altar para cada igreja com a supressão dos altares laterais; a distribuição da Eucaristia somente durante a celebração da missa. Além de ter aumentado o poder dos bispos em detrimento à autoridade pontifícia (TRAMONTIN, 1992, p. 52-53).

Pouquíssimos bispos participaram desse sínodo e também pouco se aplicou daquilo que foi deliberado, fato também devido à eminente proximidade da Revolução Francesa (1789). Em

1794, o Papa Pio VI, por meio da bula *Auctorem Fidei* deu por proscritas todas as deliberações desse sínodo, devido a seu caráter jansenista dogmático e à sua eclesiologia.

Galicanismo

O termo galicanismo surgiu no século XVIII, indicando a oposição doutrinal e disciplinar às decisões do papa. O choque entre as tendências antagônicas se dará no século XIX com o movimento, também nascido na França, ultramontanismo. O auge deste último será no Concílio Vaticano I (1869-1870) com a política restauradora do Papa Pio IX.

As suas raízes se encontram em momentos anteriores, como na disputa entre o Papa Bonifácio VIII e o rei francês Filipe IV o Belo; no papado em Avinhão; nas ideias conciliaristas inseridas na *Pragmática Sanção* de Bourges (1438) e todos os desdobramentos da teoria conciliarista, sempre uma ameaça ao poder pontifício. O galicanismo sustenta uma independência da Igreja da França perante Roma. As polêmicas revelam conteúdos diferentes da palavra galicanismo: quando trata do rei ou do parlamento (galicanismo político) ou dos bispos e do clero (galicanismo doutrinal).

O galicanismo político pretende colocar sob o controle do Estado, o clero, que se torna funcionário e seus bens. A Santa Sé sempre afirmará que tudo está sob sua dependência. O galicanismo tem autonomia para nomear os seus bispos sem a interferência do papa; cobrar impostos do clero e submeter à aprovação do parlamento a aprovação (beneplácito) dos documentos provenientes de Roma. Esse formato confirma a aceitação da intervenção estatal em questões religiosas; tendência à formação de Igrejas nacionais (CHRISTOPHE, 1997, p. 59). O Rei Luís XIV é o protótipo do espírito do galicanismo. Pretende estender a todo o reino o direito de regalia que exerce nas dioceses situadas a norte do Loire. Com isso deveria receber os rendimentos dos bispados e abadias momentaneamente desprovidos de titular. Em conflito com o papado, reúne uma assembleia em 1682 e publica a famosa *Declaração dos Quatro Artigos*. Um autêntico manifesto galicano. O terceiro artigo afirma que as regras, os costumes e os estatutos do reino e da Igreja na França estão em vigor e os costumes dos antecessores devem permanecer inalterados.

O limite extremo do galicanismo será a Constituição Civil do Clero (1792), querendo reformar a Igreja na França independente do papa. Napoleão Bonaparte, necessitando de Pio VII para obter a demissão de todos os bispos, voltará a introduzir o galicanismo nos *Artigos Orgânicos*, acrescentados à concordata de 1801.

O galicanismo doutrinal tem sua expansão nos concílios de Constança (1414-1418) e de Basileia (1431-1442) que pretendem limitar os poderes do papa ao seu papel de garantir a unidade e afirmam em particular que a autoridade de um concílio reunido é superior ao papa, conciliarismo. Em 1682 a assembleia do clero aprovou uma declaração redigida por Bossuet, bispo de Meaux. Luís XIV impôs a todas as escolas teológicas o ensinamento dos quatro artigos galicanos.

Quatro artigos galicanos

- Independência absoluta dos reis nas questões temporais: os papas receberam de Deus apenas o poder espiritual; nas coisas temporais, os reis e príncipes não estão sujeitos a nenhum poder eclesiástico; por isso não podem ser depostos em virtude do poder eclesiástico das chaves, assim como seus súditos não podem ser desvinculados do juramento de fidelidade.
- Superioridade do concílio sobre o papa: a plenitude dos poderes da Sé Apostólica é limitada pelos decretos de Constança acerca da autoridade dos concílios, decretos que possuem valor permanente, não limitado ao tempo do cisma.

> • Inviolabilidade das antigas e veneráveis usanças da Igreja galicana: o exercício do poder pontifício é regulado pelos cânones eclesiásticos; como estes permanecem em vigor, assim também os princípios e tradições da Igreja galicana vigentes há tempos.
>
> • Infalibilidade do papa condicionada ao consenso do episcopado: no julgamento sobre questões de fé, o papa certamente possui uma parte preponderante, mas sua decisão não será irreformável se não estiver em conformidade com o consenso da Igreja.

Nos séculos XVII, XVIII e XIX, a concepção absolutista do poder do Estado sobre a Igreja espalhou-se largamente. Conhecida pela denominação de regalismo, adotou um nome particular quando foi utilizada na Áustria. O josefismo indica a política de José II (1765-1790) que queria afrouxar os laços da Igreja austríaca com Roma para submetê-la ao controle do Estado (MARTINA, 1994, p. 193).

Quietismo

Originária de uma palavra latina que significa repouso, o quietismo é uma doutrina baseada na obra do teólogo espanhol que estudou em Roma, Miguel de Molinos (1628-1696). Publicou em 1675 seu *Guia espiritual*. O texto é a síntese do seu pensamento para o público em geral. Recomendava uma atividade espiritual de não pensar em nada, abandonar-se a Deus na oração passiva, de maneira que a alma fique num estado de repouso perfeito que a dispensa de qualquer outra atividade e de fazer esforço. A alma passivamente entregue nas mãos de Deus não pode pecar mesmo que pareça proceder contra a lei de Deus.

O pensamento de Molinos se situa na confluência de diversas correntes místicas. O Papa Inocêncio XI condena a doutrina em

1687. Reprova a contemplação adquirida, o abandono passivo a Deus, o papel secundário das obras, o amor puro que não quer pensar nem no paraíso e nem na eternidade. Na França, a Senhora Guyon, Joana Maria Bouvier de La Motte (1648-1717), relançou a doutrina do puro amor de Deus, do abandono passivo nas suas mãos, na fixação da alma na indiferença para não querer senão a Deus e o que Ele quis desde a eternidade. Suas ideias encontraram um defensor em Fénelon, preceptor do duque de Borgonha. Bossuet, encarregado de examinar os escritos da Senhora Guyon, preside a uma comissão cujos membros chegam a um acordo sobre um texto de compromisso.

Francisco Fénelon defende a doutrina do puro amor na *Explicação das máximas dos santos* (1697). Bossuet, adversário da Senhora Guyon, justifica a sua posição na *Instrução sobre os estados de oração* (1697). Fénelon e Bossuet tiveram uma dura e grande discussão. A controvérsia terminará em 1699 quando o Papa Inocêncio XII condenará o texto *Máximas dos santos*. O breve *Cum Alias* nada acrescentava às condenações anteriores, porém levantaria grandes suspeitas sobre toda essa corrente mística. O livro foi censurado, mas não denunciadas as heresias nele contidas. Fénelon submete-se com dignidade. Este, que havia sido nomeado arcebispo de Cambrai em 1695, volta-se totalmente às atividades de sua diocese.

Febronianismo

Em 1763 o bispo coadjutor de Trevis, Nicolau von Hontheim, publicou, com o pseudônimo de Febrônio, o *De statu Ecclesiae et legitima potestate Summi Pontificis liber singularis ad reuniendos dissidentes in religiones compositus*. Seu objetivo era o de redimensionar a autoridade papal em relação ao episcopado (tb. é dado o nome de episcopalismo à sua teoria). Assim, poderia ser possível a reunificação de protestantes e ortodoxos. As ideias expostas no seu texto eram estas: a autoridade suprema da Igreja está no concílio e no colégio episcopal. O papa possui somente uma preeminência de honra e de direção no sentido de fazer respeitar as decisões do colégio episcopal. Todos os outros poderes são o resultado de uma longa série de usurpações e devem ser restituídos aos bispos. O poder político é chamado a colaborar para este fim por meio de uma utilização maior do uso do *placet* e do *exequatur* e a convocação de concílios nacionais. Por trás dessa concepção estavam o modelo de Igreja primitiva e aquele da idade constantiniana.

Imediatamente este texto foi inserido no *Index* dos livros proibidos. Pouco tempo depois, as ideias de Febrônio tiveram na Alemanha duas aplicações práticas. A primeira tem seu registro em 1773 quando os príncipes eleitores elencaram as *gravamina* de seus territórios, lamentando que Roma não respeitava a concordata de 1448 e pedindo que fossem retirados os pesos e abusos. A segunda foi quando da ereção da nunciatura em Munique (1785), em sinal de protesto, os príncipes eleitores eclesiásticos, os bispos de Mainz, Trevis e Colônia, se encontraram em Bad Sem (1786) para redigir em 23 artigos uma *Declaração de guerra* aos núncios. Entre estes era rebatida com veemência a independência episcopal e a autoridade dos metropolitas. Para muitos bispos que preferiam a autoridade romana bem distante, mesmo representada pelos núncios. A Declaração se tornou somente um desafio à autoridade de Roma devido a agitação na França e em seguida a eclosão da Revolução Francesa (1789).

XXVI
Século das Luzes

Introdução

Este capítulo retrata as consequências que a filosofia iluminista trouxe para a Igreja Católica especialmente no século XVIII, o Século das Luzes. A instituição religiosa era acusada de ser um obstáculo para o desenvolvimento da ciência e do progresso. Interessante é perguntar: O que é progresso? O que é ciência? O progresso e a ciência sempre devem contribuir para o bem-estar de todos, para a dignidade da pessoa e o cuidado com a obra da criação. Dentre as situações provocadas pelo Iluminismo está a supressão da Companhia de Jesus, os jesuítas. Por esse acontecimento é possível verificar a mínima influência da Igreja na sociedade desse período.

Iluminismo e a emergência do pluralismo

A filosofia moderna não investiu na centralidade da metafísica teocêntrica explicitante de uma teologia imbuída de uma lógica racional que partia do *status quaestionis*, passava pelas objeções e elaborava precisas conclusões. Enveredou-se pelo caminho do desenvolvimento da razão subjetiva e da razão instrumental, que proporcionaram a emergência do Iluminismo como uma nova filosofia incidente na cultura vital do Ocidente (FISICHELLA, 1995, p. 15-18). Interessa neste momento conceber o Iluminismo como um fenômeno que se impôs enquanto estado de espírito de uma época, desenvolvimento e aprofundado em toda a Modernidade.

O Iluminismo caracterizava-se por apresentar uma nova visão de mundo, com o objetivo de superar a ontologia pré-moderna baseada no dogmatismo e no absolutismo da metafísica teológica. A base fundamental dessa filosofia era a razão moderna que deveria encarnar-se no modo de pensar de uma civilização, na sua constituição estatal e na sua organização sociocultural. A razão iluminada é aquela que estabelece uma nova moral não mais baseada na autoridade de princípios divinos, mas fundamentada na regularidade da natureza. Declinava-se a razão tradicional apoiada na autoridade transcendental e elevava-se um método radicado na ciência moderna de princípio empírico e na consciência emergente de princípio antropocêntrico. A religião com sua axiologia sobrenatural perdia seu posto para a religião natural; a filosofia da divinização dava lugar à filosofia humanística; o princípio da Cristandade universal testemunha o triunfo da secularização. Diante da fé no transcendente e da consciência comunitária, surgiam também a prática do ateísmo e a consciência individualista pretendente de garantir os direitos particulares de cada pessoa como contraposição à ética intrínseca na religião pré-moderna. Conforme alusão acima, o Iluminismo como sistema filosófico de explicitação de uma nova visão de mundo, tornou-se a base das mudanças sociopolíticas da Europa e de sua expansão em outras terras.

Dessa mentalidade filosófico-cultural emergiu a autonomia do pensamento moderno, aberto à possibilidade do pluralismo das formulações teóricas. No imaginário tradicionalista, a autoridade baseada em um princípio divino tinha a função de promover a unidade e a ordem de uma determinada organização social. No imaginário liberal, fruto do Iluminismo, emergiu uma nova potencialidade revolucionária no âmbito cultural amplo, que desenvolveu a perspectiva da liberdade como expressão da subjetividade humana estranhada na condição de objetividade social. O comportamento moral humano – que na Pré-modernidade era regido pela ética religiosa – passou a ser dirigido pela razão moderna, caracterizada pela emergência da consciência individual, dos direitos privados e da experiência fenomênica do sujeito humano. Por esse motivo, as ideias tradicionais da religião cristã – Igreja como sociedade visível irremediável, imutabilidade dos dogmas cristãos, inquestionabilidade das autoridades eclesiásticas – passaram a viver um processo de crise. Emergia o pluralismo filosófico imbuído de um novo modo de experimentar a religião e de uma nova maneira de negá-la. Esse pluralismo desenvolveu-se em diversas correntes, as quais merecem destaque: o idealismo moralista, o idealismo romanticista, o racionalismo teológico e o fideísmo. O desenvolvimento de cada uma destas correntes explicitou indubitavelmente um novo espírito consolidado no século XIX, de centralidade antropocêntrica e empírica, exigindo da teologia um novo método e da Igreja uma nova postura prática.

Supressão e restauração da Companhia de Jesus

O Iluminismo e o absolutismo diminuem a influência da Igreja nas cortes dos príncipes. Esse fato é bem claro no caso da Companhia de Jesus, os jesuítas. Em 1749, a Companhia contava com 22.600 membros, repartidos em 39 províncias, dirigia 669 escolas superiores e fornecia os professores de quase todas as cortes. Em breve começará a perseguição. Os jesuítas eram diretores e confessores dos reis e rainhas, realizavam um valioso e enorme trabalho na educação na Europa e em colônias como o Brasil e condenavam a escravidão indígena. Em 1759 foram expulsos de Portugal e do Brasil, depois da grande campanha de difamação do Marquês de Pombal. Em 1762 o parlamento francês decide a supressão na França. Isso foi confirmado pelo rei em 1764. Na Espanha foram expulsos em 1767, bem como no reino de Nápoles. O

Papa Clemente XIV cede à pressão dos Bourbons e declara supressa a Companhia de Jesus pelo breve *Dominus ac Redemptor* (1773): esses infelizes clérigos não tinham mais o direito de receber noviços, estavam condenados a desaparecer – termos do Breve. Na Rússia e na Prússia, Catarina II e Frederico II se negam a publicar o breve papal. O interesse era nas atividades da educação que os jesuítas lá realizavam. A supressão será um desastre para a Companhia de Jesus, mas também para toda a instituição religiosa, revelando o seu enfraquecimento diante do poder temporal. A Companhia era o "único trunfo intelectual de que a Igreja dispunha" (O'MALLEY, 2017, p. 97). Esse evento é resultado das alianças realizadas pela instituição religiosa com a instituição temporal. Ao longo da história esse tipo de relação sempre custou um preço altíssimo para a Igreja. Em 1814, sob pressão dos príncipes, a Companhia de Jesus é restaurada pelo Papa Pio VII com o breve *Sollicitudo Omnium Ecclesiarum*. Ironia da história, no século XXI será eleito Bergoglio, primeiro papa jesuíta, Francisco.

PARTE V

CATOLICISMO E SOCIEDADE CONTEMPORÂNEA

XXVII
Revolução Francesa (1789-1799) e a Igreja Católica

Introdução

A Revolução Francesa foi um acontecimento inesperado para a Igreja Católica, mas gestado no berço do Iluminismo. No seu desdobramento se sucederam outras revoluções até a ditadura militar de Napoleão Bonaparte. A finalidade do capítulo é analisar as reações e relações do catolicismo diante desta grande avalanche de mudanças de mentalidade no interior da sociedade num confronto não só prático para a instituição religiosa, mas numa profunda inversão de rota das mentalidades nesta mudança de época.

Revolução inspirada no Iluminismo

Na transição dos séculos XVIII-XIX a sociedade europeia entra no enorme palco de transformações impulsionado pelas revoluções Iluminista (pensamento), Francesa (social burguesa) e Industrial (econômica capitalista). O Iluminismo, no "século das Luzes" (XVIII), rompe com o determinismo religioso, imprime força incondicional na ação crítica da razão, questiona a obediência submissa, organiza o saber criando métodos de pesquisa, critica autoridade e poder. Suas críticas não pouparam a

Igreja Católica: abismo social entre alto e baixo clero, indiferença diante das dificuldades do povo. A revolução social francesa afetou todo o Ocidente deixando profundas marcas no catolicismo. A luta está alicerçada nos resultados da sociedade medieval (clero, nobreza, artesãos) e a sociedade industrial (burguesia e trabalhadores). A revolução econômica provocou mudanças no sistema de produção: o capitalismo explora as riquezas naturais, se beneficia do avanço científico, mas o progresso porta consigo consequências gravíssimas para a sociedade. Dentre elas a exploração humana: longas jornadas de trabalho, êxodo rural, fim dos artesãos, divisão social do trabalho, concentrações urbanas, precariedade nas condições de vida, prostituição, alcoolismo, criminalidade, epidemias e uma imensidão de despossuídos.

No seu primeiro momento, a Revolução Francesa não foi anticlerical. Quando os Estados Gerais se reuniram, a 5 de maio de 1789, em Versalhes, existia grande convergência entre o Terceiro Estado e o clero, que compunha o Primeiro Estado. Em 23 de junho de 1789, 149 padres e quatro bispos associaram-se ao Terceiro Estado, quando este se constitui em Assembleia Nacional. No momento da Tomada da Bastilha (14 de julho de 1789), ainda não estavam em discussão os interesses religiosos, embora na província começassem a ser queimados palácios, igrejas e conventos. Na noite do sacrifício, 4/5 de agosto de 1789, o clero incitou na Assembleia Nacional a nobreza a abdicar dos seus antigos direitos feudais e dos seus privilégios a favor da burguesia e dos camponeses. A ordem medieval da Igreja francesa ruiu de uma só vez. Nesse momento já não mais existiam diferenças entre ordens. Os cidadãos eram iguais perante a lei. Em 27 de agosto de 1789, os Direitos do Homem e do Cidadão foram solenemente elevados à condição de lei estatal: "liberdade, igualdade, fraternidade". O artigo 10º concedia a todos os franceses a liberdade de religião e de culto.

Constituição Civil do Clero (1790)

O decorrer dos acontecimentos acelerou a questão da divergência quanto aos bens eclesiásticos. Com a finalidade de cobrir as necessidades financeiras do Estado, a Assembleia Nacional aprovou a proposta do Bispo Talleyrand (1754-1838) de expropriar todos os bens da Igreja, utilizando-os como meio de pagamento das despesas públicas. As opiniões dividiram-se no momento do debate referente à decisão. O clero abandonou a assembleia em sinal de protesto. A extrema-esquerda saudou ironicamente esse gesto e a situação alterou-se completamente. No dia 13 de fevereiro de 1790 foram abolidas todas as ordens e mosteiros não caritativos. No mesmo ano, em 14 de abril, foi promulgado o decreto que determinava a expropriação e a secularização de todos os bens da Igreja. A 12 de julho, a nova constituição estabelece a *Constituição Civil do Clero* (FURET, 1997, p. 554), que fixava a Igreja francesa numa base preeminentemente nacional, separando-a de Roma e integrando-a ao Estado francês. Em novembro de 1790, foi exigido do clero o juramento dessa constituição. Quando dois terços do mesmo se recusaram a pronunciá-lo, sucederam-se perseguições sangrentas, com padres presos, deportados ou executados. Era o clero refratário. Nesse mesmo ano foram supressas as ordens religiosas que não cuidavam da assistência aos doentes, da educação ou da ciência.

Em setembro de 1792, iniciava-se a fase do terror, que duraria até outubro de 1795. Danton e Marat governavam o país. No ano de 1793 seriam executados os reis Luís XIV e Maria Antonieta. Nesse mesmo ano, o cristianismo era abolido na França e instituído o "culto à razão". Em 1795, a separação entre o Estado e a Igreja era elevada a lei e, repetiam-se as perseguições e deportações de eclesiásticos. As perseguições ao cristianismo só terminaram quando o jovem general vitorioso Napoleão Bonaparte derrubou o diretório com o golpe de Estado de 9 de novembro de 1799. Napoleão tratava a religião como um fator político.

Concordata (1801)

O século XIX inicia para a Igreja com um novo pontificado, Pio VII (1800-1823). Após várias tratativas o papa assina juntamente com Napoleão a concordata (1801) (MERCATI, 1954, p. 561-565). No preâmbulo determinava-se que a religião católica, apostólica e romana constituía a confissão da maioria dos cidadãos franceses, devendo, por isso ser restaurada. O documento é uma tentativa de recuperar as relações diplomáticas entre ambos estados. Assim, a Igreja renunciava aos bens expropriados e aceitava que a remuneração do clero fosse efetuada pelo Estado francês. O objetivo era também recuperar a ordem na França. Bonaparte, secretamente, acrescentou à concordata 77 "artigos orgânicos", que aboliam em parte suas conquistas. Em 1804, Napoleão nomeava-se imperador dos franceses; o Papa Pio VII procedeu à sua unção, mas foi o próprio Napoleão que se coroou. O protesto do papa não surtiu efeito. E Pio VII ainda sofreria outras humilhações por parte de Napoleão. Em 1808 ordenou a ocupação de Roma e do Estado Pontifício. O papa excomunga Napoleão e este fez Pio VII prisioneiro em Fontainebleau, sendo pressionado a abdicar o Estado Pontifício. Com a queda de Napoleão, na sequência da Campanha da Rússia (1812) e da Batalha de Leipzig (1813), e de tropas aliadas terem invadido Paris (1814), a reordenação da Europa pode ser empreendida pelo Congresso de Viena (1814-1815).

Tempos difíceis

No início do século XIX, o papado parecia atravessar um dos momentos mais difíceis da era moderna. Pio VI havia morrido (1799) só e abandonado, prisioneiro da Revolução Francesa. O episcopalismo parecia triunfar, sendo o sistema papal e a infalibilidade, segundo alguns autores alemães e franceses, questões antiquadas e sem importância histórica. Nenhum outro acontecimento histórico contribuiu tanto para o triunfo do papado no Vaticano I (1869-1870) como a Revolução Francesa. Com Pio VII realiza-se a reorganização da Igreja francesa (1801), em que 36 bispos que viviam fora da França foram depostos, demonstrando, apesar de tudo, que o papado possuía poder. Esse foi um passo para o ultramontanismo.

As atrocidades cometidas por Napoleão em relação a Pio VII somente reforçaram o prestígio do papa. Durante o Congresso de Viena, 1815, não houve grandes dificuldades em restabelecer o Estado Pontifício, saqueado por Napoleão. Restava enfrentar a Itália com seu anseio de unidade nacional. A fermentação revolucionária, na península, começava a manifestar-se entre as associações secretas dos *carbonari* e da maçonaria, não podendo conciliar-se com a ideia da existência de um Estado religioso. Juntou-se a isso a escolha dos papas seguintes, Leão XII (1823-1829), Pio VIII (1829-1830) e Gregório XVI (1831-1846) o fato de terem seguido a via reacionária de Metternich, não só deixando escapar-lhes o movimento nacional do *Risorgimento*, redespertar, como se tornando uma força a ela adversa. No meio dessa efervescente situação sobe ao trono pontifício Pio IX (1846).

As perseguições religiosas na Revolução Francesa	
04/08/1789	Abolição dos direitos feudais e supressão do dízimo.
02/11/1789	Confisco dos bens do clero para saldar déficit nacional.
12/07/1790	Aprovada a Constituição Civil do Clero.
26/11/1790	Decreto fixando o prazo de dois meses para o juramento dos padres em exercício à constituição.
03/1793-03/1796	Revolta da Vendeia e guerrilha camponesa dos Chouans.
07/11/1793	Abjuração do bispo de Paris, marca o início da descristianização.
21/11/1793	Intervenção de Robespierre, refreando a descristianização violenta.
24/11/1793	Convenção Nacional adota o Calendário Republicano, determinando a data de 22/09/1792 como início do ano I da República.
07/05/1794	Relatório da Convenção que define as relações entre Estado e Igreja.
27/07/1794	Queda de Robespierre, sucedido por anticlericais que haviam participado da descristianização violenta.
18/08/1797-17/09/1797	Início da política de perseguição religiosa.
07/1801	Concordata assinada entre Napoleão e o Papa Pio VII.
31/12/1805	Abolição do Calendário Republicano por Napoleão.

XXVIII
Catolicismo e o processo de restauração (1814-1846)

Introdução

Após a Revolução Francesa e as primeiras movimentações do século XIX, a instituição religiosa acredita que o seu antigo projeto de Cristandade seja o melhor modelo de relacionamento entre Igreja e sociedade. Lutar com todas as suas forças para restaurar uma sociedade carcomida num processo longo desde a Reforma Protestante. Esta que teve um suporte forte do humanismo e entrou completamente no território da Modernidade. No seu desdobrar três elementos que surgem como força do capitalismo que apresentava suas raízes no mundo medieval: revoluções Industrial, Francesa e a gigantesca e acelerada mudança social. O capítulo apresenta a continuidade num crescente forte dos ataques da instituição religiosa à sociedade. O primeiro grande pontificado do século XIX, 15 anos, será somente o começo de uma estratégia de combate à sociedade que tomara grande contorno no pontificado de Pio IX, o sucessor de Gregório XVI.

Restauração, um conceito

Com o término da Revolução Francesa e do período napoleônico, a Europa estava numa situação política, cultural e religiosa de total desordem. Era fundamental, pensavam a instituição religiosa e vários membros da sociedade, restabelecer a ordem restaurando os princípios da autoridade, da religião e da moral, assim como eram antes, no Antigo Regime. O processo histórico não terá possibilidade de retornar ao passado, esse é o presente e é com ele que se deve dialogar, é, por exemplo, o que se aprendeu com as divergências entre Igreja e sociedade nesse período.

Estratégia agressiva contra a Modernidade

O programa de restauração é evidente no pontificado do Papa Leão XII (1823-1829). Sua preocupação era recuperar tudo o que a secularização e a revolução haviam destruído. A intenção nunca foi a de adaptar a Igreja às exigências dos novos tempos, mas uma restauração aos tempos anteriores. Seu sucessor, Pio VIII (1829-1830), não era um papa de objetivos diferentes. Sua ação era defensiva da Igreja e da fé católica, defender dos erros daquelas doutrinas, segundo ele, mentirosas e perversas que atacavam a fé. A educação deveria estar nas mãos da religião católica. Era evidente que esse pontificado ficaria numa escala de transição. A grande reviravolta viria com seu sucessor.

Gregório XVI (1831-1846)

Bartolomeo Alberto Cappellari nasceu em Belluno em 1765. Ingressou na ordem dos cenobitas camaldulenses. Em 1825 o abade Cappellari foi criado cardeal e, no ano seguinte, nomeado prefeito da Congregação *De Propaganda Fide*. O conclave que o elegeu teve a duração de quase dois meses. Eleito, escolheu o nome de Gregório para homenagear Gregório VII, deseja seguir os passos medievais em plena sociedade contemporânea. Além da encíclica condenatória *Mirari Vos* publicou outros escritos na mesma variável. Procurou reorganizar a Congregação *De Propaganda*

Fide e estimulou a construção de seminários para o clero local nos variados lugares de missão. Cuidou com dedicação para manter os bens culturais do Estado Pontifício. Faleceu em junho de 1846.

Mirari Vos (1832)

A reação agressiva da instituição católica contra a Modernidade não tardaria. Gregório XVI, o novo papa, realizou um pontificado dentro de uma linha programática da situação cultural e política de seu tempo. A cultura era dominada pelo Iluminismo, anticlericalismo, maçonaria e pelo elemento antirreligioso, enquanto na política oficial predominava a restauração. Dentro da Igreja há um grupo de católicos que simpatiza com as novidades originárias da Revolução Francesa. Acreditam que os seus valores são perfeitamente aceitáveis para um cristão: liberdade de opinião, de associação, de consciência e de ensino. Um dos protagonistas desses católicos liberais é o padre francês Hugo Félicité de Lamennais (1782-1854). Divulga essas ideias por meio de seu jornal, *L'Avenir*. Defende a total separação entre Igreja e Estado como condição para a Igreja ser verdadeiramente livre no desempenho de sua missão evangelizadora. Neste contexto o papa publica a encíclica *Mirari Vos* [*MV*] (1832), um programa de pontificado. Entre as temáticas tratadas, em termos duríssimos, estão as duas fontes do mal: liberdade de imprensa e o indiferentismo religioso. Na mentalidade da Cristandade medieval e da sociedade perfeita, reinantes, o papa não consegue constatar nenhum sinal positivo em seu tempo e, por sua vez, não identifica as situações preocupantes dentro da instituição religiosa que necessitam de transformação. A ideia de renovação da Igreja é rejeitada, considerada um ultraje. Condena as ferrovias, pontes, energia elétrica. Tudo sinal da Modernidade e, por consequência, erros que devem ser condenados. Afirmou que aquele momento da história era "a hora do domínio das trevas" (*MV* 4). Duramente dizia que se combate "a divina autoridade da Igreja e, pisando seus direitos, se quer sujeitá-la às razões terrenas e com grande injustiça se tenta torná-la odiosa aos povos, enquanto fica reduzida a ignominioso cativeiro" (*MV* 5). Para o pontífice os erros estão somente fora da Igreja. O modelo Igreja-Cristandade prevalecerá durante todo o século XIX. Esta foi uma boa estratégia para a instituição religiosa no seu relacionamento com a difícil sociedade contemporânea?

Retornar ao passado e vivê-lo no presente historicamente não é possível. Estudar o passado a partir do presente e perguntar se se quer realizar uma continuidade ou descontinuidade é possível e necessário. Trazer elementos do passado é possível? Sim, mas se está em outro contexto. Numa sociedade industrial os desafios são outros. A descristianização, tema de discussões e textos necessita de perguntas, dentre elas, como foi a cristianização, houve lacunas? Sempre se aprende com o passado, com o que deu certo e com o que deu errado. Se é cristianismo, essa análise sempre parte não do feudalismo ou do capitalismo, mas do Evangelho.

Um aspecto significativo desse período foi a vitalidade da ação missionária da Igreja por meio de muitas comunidades religiosas e um interessante florescimento de novas congregações, sobretudo no campo da educação, da assistência aos enfermos e empenho missionário. As contradições da história se sucedem no decorrer do século XIX. Se por um lado um segmento da instituição constrói um embate com a Modernidade, outros setores se veem dentro de uma febre missionária, de fundadores de congregações dedicadas exclusivamente às missões, assim como a preparação para as futuras Igrejas locais.

XXIX
Catolicismo e o combate ao liberalismo (1846-1878)

Introdução

O final do pontificado de Gregório XVI foi, para os romanos, uma libertação. O papa e o seu secretário de Estado, Cardeal Lambruschini, não eram amados e seu governo foi considerado tirânico e obscurantista. Todos esperavam um novo papa capaz de enfrentar, de maneira diplomática, a situação social e política. Eleito Pio IX (1846-1878), os liberais e democratas construíram a imagem do papa liberal, mas depois foi acusado de inimigo da liberdade de consciência e de culto e de promover uma Igreja hostil à sociedade moderna. Defendia a plena independência do papa e da Igreja em relação ao Estado, opositor combativo do galicanismo. Se, por um lado, os anticlericais se tornaram grandes inimigos do papa, especialmente a partir da segunda metade do século XIX; por outro lado, os ultramontanos cultuavam tão exageradamente o papa que atribuíam a ele o título de "Grande". São três os pontos fundamentais de seu pontificado: Proclamação do dogma da Imaculada Conceição (1854); publicação da encíclica *Quanta Cura* e seu anexo *Syllabus* (1864) e o Concílio Vaticano I (1869-1870).

Pio IX (1846-1878), o mais longo pontificado da história

No conclave de 14 de junho de 1846, após apenas 48 horas, é eleito o Cardeal Giovanni Maria Mastai Ferretti, que escolhia para si o nome de Pio IX. Se tornaria o mais longo pontificado da história do papado, sem contar São Pedro. O novo papa nasceu em Senigalia no dia 13 de maio de 1792. Filho de uma nobre família marquesã (da atual Região das Marcas). Havia recebido uma ótima formação científica e humanística dos padres escolápios de Volterra. No final de 1809 foi enviado a Roma para continuar seus estudos. Devido aos distúrbios políticos que aconteciam na cidade de Roma (o Papa Pio VII chegou a ser deportado para a França – era o período napoleônico) e à sua saúde (distúrbios epiléticos) Mastai Ferretti interrompeu os seus estudos por cinco anos. Passado esse período, retomou o seu cotidiano normal de estudos e, no dia 10 de abril de 1819, foi ordenado sacerdote.

O novo sacerdote dá início à sua carreira eclesiástica com uma viagem ao Chile. Nessa viagem acompanha o novo visitador apostólico, Giovanni Muzi. Encerrada a missão de Muzi, Mastai pede permissão para permanecer na América Latina como missionário, mas tal possibilidade lhe é negada. Voltando para a Itália o Papa Leão XII o nomeia presidente do Hospital Apostólico de San Michele e secretário dos conservatórios de Roma. No ministério sacerdotal se dedicava à pregação. Em Roma ficou bastante conhecido e estimado por suas pregações. Em 1827 o Papa Leão XII nomeia Mastai Ferretti bispo de Spoleto. Em 1832, o novo Papa Gregório XVI o transfere para a Diocese de Ímola. Foi feito cardeal em 1840.

Pio IX não era de uma personalidade forte como será o seu sucessor Leão XIII. O historiador Giacomo Martina o descreve como pessoa afável, cordial, emotivo, impulsivo, dotado de bom humor, mas também de um certo fatalismo. A doença superada antes da ordenação sacerdotal deixou as marcas da emotividade, uma enorme sensibilidade difícil de controlar, uma ansiedade e a facilidade de ficar impressionado positiva ou negativamente com os episódios durante o seu pontificado.

O serviço que Mastai Ferretti prestou à Igreja de seu tempo é essencialmente um serviço de fé e caridade. A certeza da singular e alta dignidade de seu ministério o torna seguro no governo da Igreja, corpo místico de Cristo e sacramento de salvação. Contudo, não sendo possível retirar a difícil tarefa entre o poder espiritual (vigário de Cristo) e o seu poder temporal (monarca terreno) foi conduzido a tomar atitudes que algumas vezes custaram caro à Igreja. Roger Aubert, historiador, afirma que Pio IX era privado de um profundo conhecimento teológico e também distante das práticas hermenêuticas das ciências históricas e bíblicas. Devido a essa situação tomou atitudes nem sempre de bom-senso. Afirma Aubert que seus assessores não eram munidos da devida capacidade para orientá-lo a tomar justas medidas diante das inúmeras situações que se apresentavam em seu contexto.

Pio IX, desde o início de seu sacerdócio, foi um homem profundamente caridoso. Ao contrário dos padres jovens de sua época, preenchia o seu tempo percorrendo os orfanatos, sem nenhuma preocupação com uma carreira eclesiástica. Como bispo, surpreendeu seus diocesanos com um enorme ardor apostólico. Eleito papa, continuou sua ação como padre e pastor. Lutou de maneira grandiosa contra o laicismo e o racionalismo. Falecido em 1878 foi enterrado na cripta do Vaticano. Em 1880, de acordo com seu desejo, foi transferido para San Lorenzo in Verano. O translado do corpo foi realizado à noite, para evitar o tumulto dos anticlericais. Mesmo assim, o cortejo fúnebre que vinha da Basílica de São Pedro foi atacado perto do Castelo Sant'Ângelo e o corpo quase foi atirado no Rio Tibre. O Papa João Paulo II o beatificou no dia 3 de setembro de 2000.

Catolicismo e liberalismo

Pio IX não aceitava o regime constitucional, não somente por entender que não era apto para a Igreja, mas o julgava ruim em si mesmo. Enorme era sua aversão aos católicos liberais. O auge de sua política antiliberal se dá com a publicação da *Quanta Cura* e *Syllabus*. A encíclica tem por objetivo apontar os "erros modernos" que colocam a fé da Igreja em perigo e demonstrar sua superação, afirmando a autoridade da Igreja, fundamentada na autoridade divina. Esses erros, decorrentes da emergência das filosofias modernas como teorias de um novo estado de espírito, distorcem a consciência humana e a consciência eclesial. Perderam-se os valores morais e o caráter sacral da sociedade atual. Os erros modernos em destaque são o naturalismo e o panteísmo, o liberalismo, o comunismo e o socialismo, a dissociação entre Igreja e Estado. O anexo da encíclica, o *Syllabus*, é uma relação de 80 erros da Modernidade que já haviam sido expostos e condenados em documentos anteriores. O documento é publicado quando há uma dissonância entre os católicos. Além das motivações da sociedade para elencar esses erros, o papa analisa de maneira negativa os católicos que estavam abertos ao diálogo com a sociedade moderna, democráticos, progressistas, constitucionais. Contudo, os papistas, tradicionalistas e ultramontanos estavam cultuando demasiadamente o passado.

Quanta Cura e *Syllabus*

Aos 8 de dezembro de 1864, o Papa Pio IX lança a sua carta encíclica *Quanta Cura* com o objetivo de apontar os "**erros modernos**" que colocam a fé da Igreja em perigo e demonstrar sua superação, afirmando a autoridade da Igreja, fundamentada na autoridade divina (EE, vol. 2, n. 318). Esses erros, decorrentes da emergência das filosofias modernas como teorias de um novo estado de espírito, distorcem a consciência humana e a consciência eclesial. Perderam-se os valores morais e o caráter sacral da sociedade atual (EE, vol. 2, n. 319).

Os erros modernos em destaque são o naturalismo e o panteísmo, o liberalismo, o comunismo e o socialismo, a dissociação entre Igreja e Estado. O primeiro extingue a religião da sociedade, absolutiza a natureza, eliminando a preponderância do sobrenatural na revelação divina. O segundo, fruto do desaparecimento da religião na sociedade civil, elimina a justiça e o direito humano e os substitui pela força material. Ao livrar-se da religião e da verdade, a sociedade civil está exposta à desordem por meio da procura desenfreada da riqueza, da perseguição às famílias religiosas e às obras de caridade praticadas, acusando-as de serem empecilho para a edificação de uma ótima economia pública. O terceiro aniquila a religião da família e da vida pública. A doutrina comunista e socialista procura banir a religião da vida dos homens, exaltando a matéria, eliminando os direitos individuais em função da primazia da vontade coletiva de uma nação. O quarto denota a submissão da autoridade da Igreja e da Sé Apostólica de Roma à autoridade civil. São negados à Igreja todos os seus direitos, cedendo-os à ordem exterior do mundo. A autoridade do papa, o bispo de Roma, fica submetida ao poder civil, o qual determina àquela os procedimentos civis corretos a serem efetuados. Partindo do princípio herético, os adeptos desse erro separam a autoridade eclesiástica da autoridade civil e afirmam não ter a Igreja poder suficiente para sobrepor-se como autoridade ao poder público (EE, vol. 2, n. 319 322).

A carta encíclica reprova e condena todos estes erros perigosos à fé afirmada pela Igreja (EE, vol. 2, n. 322). Ressalta a necessidade de afirmar a supremacia da Igreja, vocacionada a governar o mundo ao lado de Deus, ratificando-se como a religião de Estado. Essa premissa permite confirmar a relevância da recuperação do sobrenatural da Revelação cristã ao combater o naturalismo, da moral cristã no confronto com o liberalismo, da afirmação da fé católica diante do comunismo e do socialismo e a supremacia da Igreja diante das instâncias temporais (EE, vol. 2, n. 323-327).

Para fortalecer a carta encíclica *Quanta Cura* em suas premissas e em suas decisões fundamentais, o Papa Pio IX elaborou um **elenco dos erros** modernos (*Syllabus*) em sua peculiaridade, explicitando sua condenação e reforçando o objetivo de reafirmar a autoridade da Igreja no mundo.

O **primeiro** elenco dos erros refere-se ao panteísmo, ao naturalismo e ao racionalismo absoluto. Afirma-se a não distinção hierárquica entre Deus e o mundo, realçando a razão como o instrumento necessário ao homem para discernir o verdadeiro do falso. Todas as verdades religiosas derivam da força nativa da razão humana, a qual é a norma principal para o homem conseguir o conhecimento de quaisquer verdades. Realça-se ainda a imperfeição da revelação divina, a continuidade permanente do progresso humano por meio da razão e a contradição entre fé em Cristo e a razão humana (EE, vol. 2, n. 329-335).

O **segundo** elenco refere-se ao racionalismo moderado. Este afirma serem os dogmas, objeto da ciência natural ou da filosofia em função da dimensão ampla inerente à razão humana para compreender tal objeto de investigação. A filosofia e a ciência não são campos de ocupação da Igreja, a qual se mantendo na firmeza da escolástica, não possui condições de compreender autenticamente o real saber moderno. Este não está necessariamente associado à revelação sobrenatural, defendida e pregada pela Igreja (EE, vol. 2, n. 336-343).

O **terceiro** elenco elucida o indiferentismo, compreendido como liberalismo que permite aos homens a prática da fé em qualquer religião, não fazendo realce à religião católica como a verdadeira religião.

O **quarto** elenco, manifestado apenas em forma de exposição, é referente ao comunismo, ao socialismo, às sociedades secretas, às sociedades bíblicas e às sociedades clérico-liberais (EE, vol. 2, n. 348).

O **quinto** alude aos erros em relação à Igreja e aos seus direitos. São erros que afirmam não ser a Igreja uma sociedade perfeita e livre, imbuída de seus próprios e permanentes direitos que lhe foram conferidos por Deus. O papa e os concílios ecumênicos ultrapassaram os seus limites, tolhendo a liberdade de ação dos príncipes. Eles erraram também ao proferir definitivamente coisas de fé e de moral. A Igreja não contém o poder temporal direto ou indireto e seus ministros devem ser excluídos do cuidado temporal. A autoridade episcopal não deve estar ligada à autoridade do governo civil. A autoridade de um conselho nacional é soberana e não admite a intromissão do poder religioso no interior do poder civil. Toda nação possui o direito a ter a sua Igreja sem necessariamente estar ligada ao pontífice romano, o qual historicamente foi a figura culpável da divisão da Igreja entre o Ocidente e o Oriente (EE, vol. 2, n. 349-368).

O **sexto** elenco se reporta aos erros da sociedade civil em sua relação com a Igreja. Esses são referentes à afirmação de ser a doutrina católica contrária ao bem-estar social e o poder do Estado, a origem e fonte de todos os direitos do homem. Cabe também à autoridade civil, a compreensão da religião, os costumes e o regime espiritual. Esse poder julga as regras publicadas pelos pastores da Igreja e averigua sua eficácia social em termos de produção do bem à consciência humana. Pode ainda interferir na formação eclesiástica desenvolvida nos seminários e pode também impedir que os bispos e o povo crente tenham livre e recíproca comunicação com o pontífice romano. E, em função de sua autonomia e de sua supremacia, o Estado deve estar separado da Igreja. São duas esferas distintas, autônomas e independentes entre si (EE, vol. 2, n. 369-385).

O **sétimo** elenco enuncia os erros sobre a ética natural e cristã. Prega a autonomia da ciência filosófica diante da autoridade divina e eclesiástica. As leis morais constituem-se em uma esfera diferenciada e independente daquela religiosa. A força maior da vida humana está na matéria, na natureza das coisas que rege os desejos e os direitos humanos. Toda autoridade fundamenta-se na força material que se sobrepõe às coisas espirituais. Toda vez que a matéria se impuser à lei e à moral, sobretudo aquelas de autoridade divina, a adesão humana à força material não deve ser condenada (EE, vol. 2, n. 386-394).

O **oitavo** elenco refere-se aos erros relacionados ao matrimônio cristão. Este é concebido como um acessório ao contrato e aberto à separação. O sacramento da Igreja Católica é apenas uma bênção nupcial. Por isso, o matrimônio não é indissolúvel e o divórcio pode ser sancionado pela autoridade civil. O poder de impedir um matrimônio compete ao Estado e não à Igreja (EE, vol. 2, n. 395-405).

O **nono** elenco realça os erros relativos à soberania temporal do pontífice romano, ressaltando a disputa da compatibilidade do reino temporal com o espiritual pelos filhos da Igreja cristã e católica e a sua felicidade ao buscar eliminar o principado civil (EE, vol. 2, n. 406-408). Outros erros que poderiam ser levantados, foram já devidamente suscitados, desenvolvidos e recusados pela Igreja em outros escritos do papa.

O **último** elenco atinge o liberalismo hodierno que realça a emergência de outras religiões, negando a religião católica como a única religião de Estado. Afirma ser público o exercício do culto específico de cada religião, tendo cada pessoa a liberdade de escolha religiosa. Não se fecha a possibilidade ao pontífice romano de tornar-se amigo do progresso, do liberalismo e da civilização moderna (EE, vol. 2, n. 409-412).

As críticas de Pio IX objetivavam salvaguardar a fé da Igreja e a própria autoridade da Igreja na sociedade contemporânea. Sua apologética, incluindo o dogma da Imaculada Conceição (1854), realçou a postura da Igreja em defender-se da Modernidade e em afirmar sua identidade, construída no Concílio de Trento (1545-1563). As críticas serviram também para apontar os maximalismos tanto dos defensores quanto dos opositores da Modernidade. Essa apologética possibilitou estabelecer um clima necessário para buscar o equilíbrio na relação entre Igreja e Estado, fé e razão. Não resta dúvida que toda esta documentação é condicionada por seu contexto histórico. O *Syllabus* "só é honestamente compreensível em função da situação histórica e mesmo, em grande parte, na situação italiana; os documentos indicados nesse catálogo estão cheios de alusões à conjuntura social e política europeia" (CONGAR, 1970, p. 888).

XXX
Concílio Vaticano I (1869-1870)

| Anúncio 29/06/1867 | Convocação 29/06/1868 | Abertura 8/12/1869 |

Introdução

O intento deste capítulo é apresentar a preparação e as discussões anteriores ao concílio. A fisionomia da assembleia conciliar começou a tomar um determinado contorno a partir da organização das cinco comissões preparatórias. Essas comissões chegaram a reunir 114 membros, escolhidos em períodos diferentes. O primeiro grupo foi formado por membros da Cúria Romana e professores das universidades romanas. Num segundo momento, sobre pressão de prestigiosos membros da hierarquia, como o arcebispo de Praga, Schwarzenberg, foram chamados teólogos, juristas e historiadores residentes fora da Itália. Um dos convidados foi Henry Newman, este declinou o convite. A prevalência, no entanto, sempre foi de italianos, eram 76, enquanto 38 consultores eram de outros países, mas moravam em Roma. Essas comissões produziram 50 textos para serem discutidos no concílio.

O estudo neste capítulo prosseguirá apresentando o desenvolvimento do concílio e um estudo sobre as duas constituições dogmáticas promulgadas: *Dei Filius* e *Pastor Aeternus*, portanto trazendo à luz a teologia presente nessa assembleia conciliar.

Convocação

No dia 29 de junho de 1868 (Festa dos Apóstolos Pedro e Paulo) o Papa Pio IX publicou a bula, *Aeterni Patris* [Do Eterno Pai] convocando o Concílio do Vaticano. A data da abertura estava marcada para 8 de dezembro de 1869, na Basílica São Pedro, em Roma. O propósito do concílio, afirmava o papa na bula de convocação, era defender a fé que era atacada desde o Concílio de Trento, revisar a vida clerical, o matrimônio cristão, a educação da juventude, o relacionamento Igreja e estados. O objetivo principal que transparecia nesta convocação era enfrentar a questão desdobrada a partir do início do século XIX, ou seja, enfrentar a Modernidade que tomara outros rumos com a evolução de pensamentos e práticas oriundos da tríade revolucionária: Iluminismo, Revolução Francesa e Revolução Industrial. Desejava Pio IX que a infalibilidade papal e o primado fossem definidos e proclamados nesta assembleia conciliar.

Preparação

A proclamação do dogma da Imaculada Conceição (1854) (*CivCatt* 6,1855, 678-688; EE, vol. 2, n. 972-1.007), o *Syllabus* (1864) e o Concílio Vaticano I (1869/1870) são três momentos sucessivos, mas ligados à mesma campanha: realizar contra o racionalismo teórico e prático do século XIX o mesmo que o Concílio de Trento havia feito contra o protestantismo.

Aos 6 de dezembro de 1864, Pio IX revelou sua intenção aos componentes da Sagrada Congregação dos Ritos (*Mansi* 49, 9-10; *Collectio Lacensis* VII, 1013) e depois ao Sacro Colégio de convocar um concílio. O parecer de todos foi favorável (*Mansi* 49, 9-94), com exceção do Cardeal Francesco Pentini (*Mansi* 49, 64; *Collectio Lacensis* VII, 1013). Tendo um parecer favorável, o papa confirmou seu propósito e começou a tomar as devidas providências para a realização do concílio, instituindo organismos para darem andamento à preparação do concílio. Em 1865, constituiu uma comissão central (*Mansi* 49, 97; *Collectio Lacensis* VII, 1013). Em sua primeira reunião, a comissão percebeu que seria necessário constituir comissões auxiliares. O Cardeal Bizzarri propôs que fossem constituídas comissões para cada matéria a ser tratada no concílio. A comissão central aprovou a ideia e foram constituídas cinco comissões preparatórias (*Mansi* 49, 103-106), presididas por cardeais que eram membros da comissão central (*Mansi* 49, 239-240; 477; consultores 467-475). A essas cinco comissões se acrescentou a do cerimonial (*Mansi* 49, 103-106, 478; *Collectio Lacensis* VII, 1015-1017). O Cardeal Caterini convidou a todos os bispos para assistirem em Roma às festas de São Pedro e São Paulo (*Mansi* 49, 239-242; *Collectio Lacensis* VII, 1027). O papa aproveitou a festa de 29 de junho de 1867 para anunciar oficialmente o seu desejo de convocar em Roma um concílio ecumênico (*Mansi* 49, 243-248; *Collectio Lacensis* VII, 1029-1032). Foram consultados somente alguns bispos sobre a possibilidade ou não da realização desse evento. Para o secretário de Estado, Giacomo Antonelli, o acontecimento poderia provocar dificuldades para a Santa Sé, devido à situação política daquele momento. O Cardeal Giovanni Battista Pitra, da Cúria Romana, candidamente confessava seu temor: um concílio iria diminuir a importância do clero romano na Igreja. Para outros, era inútil o concílio e diziam: "não temos o papa? O papa não tem o poder de decidir todas as questões? Para que um concílio?"

As comissões preparatórias

As comissões preparatórias, juntamente com a comissão central, tinham a função de coordenar os trabalhos. No início, os consultores eram funcionários da cúria pontifícia e docentes eclesiásticos das universidades romanas. Para agilizar o trabalho, sessenta consultores deveriam ser escolhidos (moradores de Roma) e 36 deveriam ser chamados do exterior (*Mansi* 49, 177-180, 182-202). A escolha tornou-se um problema, inicialmente era unilateral, escolhendo-se somente aqueles que eram fiéis às posições romanas, excluindo-se todos os teólogos alemães, exceto Hettinger e Hergenrother; Joseph Karl von Hefele só seria convocado mais tarde. A exclusão dos teólogos alemães provocou protesto de diversos bispos. Ao Cardeal Henry Newman o convite foi feito, mas este recusou alegando questões de saúde. Os núncios ficaram encarregados de convidar estes estudiosos do exterior e nem sempre a escolha foi a mais inteligente (Vaticano, In: *DTC* XV, col. 2537). Foram escolhidos somente ultramontanos, cuja competência, em alguns casos, era relativa. Os arcebispos de Praga e Breslávia queriam que se convidasse o historiador Johann Joseph Ignaz von Döellinger, mas o Cardeal Reisach recusava. Isso só fez com que este aumentasse sua crítica a Roma. A preparação seguia seu curso, mas com determinado teor secreto, descontentando alguns ambientes. Nesse ponto, pode-se constatar uma tentativa da cúria de realizar um concílio antes do concílio.

Comissão	Presidente (cardeais)	Destaque
Questões dogmáticas	Luigi Bilio	Importância dos jesuítas por meio da participação dos professores do Colégio Romano.
Disciplina eclesiástica	Prospero Caterini	Não compreenderam que a sociedade havia mudado.
Ordens religiosas	Giuseppe Andrea Bizzarri	Viam claramente a necessidade de uma reforma.
Missões e Igrejas orientais	Alessandro Barnabó	Tendência latina. Reduzir as Igrejas orientais à latina, unificando a disciplina.
Igreja e Estado	Carlo Augusto von Reisach	Questão da nomeação dos bispos feita pelo Estado.

Comissão teológica

Esta comissão (*Mansi* 49, 617-736) era presidida pelo Cardeal Bilio (*Mansi* 49, 479; 619) e composta por teólogos "romanos". Sua base de estudo eram as seções do *Syllabus*. Os pontos vitais do *Syllabus*, que serviram como pontos de partida dos esquemas das constituições dogmáticas conciliares, eram o panteísmo, o naturalismo, o racionalismo, o indiferentismo, o socialismo, o comunismo e as sociedades secretas. A comissão central delegou a esta comissão de recolher os erros que surgiram depois do Concílio de Trento e formular cânones de condenação e expor a doutrina católica (*Mansi* 49, 654-655), seguindo o método tridentino (*Mansi* 49, 103-104). A comissão teológica preparou quatro esquemas: o primeiro sobre a doutrina católica contra os erros derivados do racionalismo, o segundo sobre a Igreja, o terceiro sobre o romano pontífice e o quarto sobre o matrimônio cristão (*Mansi* 49, 739-750). O primeiro esquema foi transformado na constituição dogmática *Dei Filius* promulgada na terceira sessão do dia 24 de abril de 1870 (*Mansi* 49, 429-436); o segundo e terceiro foram apresentados unificados em um único esquema sobre a Igreja, depois desmembrados em outros dois esquemas distintos, um sobre a Igreja em geral e outro sobre o romano pontífice em particular: somente este último chegará à definição, transformado na constituição dogmática *Pastor Aeternus*; o quarto sobre o matrimônio cristão e outros 48 esquemas preparados pelas outras comissões (*Mansi* 53, 715-914) ficaram somente como esquemas sem chegar a uma promulgação conciliar.

Em 11 de fevereiro de 1869, discutia-se um *Memorial* de mais de 100 páginas sobre o tema da infalibilidade, apresentado por Dom Cardoni, arcebispo titular de Edessa, consultor de algumas congregações romanas. Os membros da comissão mostraram-se favoráveis à oportunidade de definir a doutrina, mas pensavam que uma proposta de tal teor deveria ser conduzida pelo papa. A decisão da comissão foi de não tomar a iniciativa, mas de esperar o pedido da parte dos bispos (*Mansi* 49, 669).

Comissão Disciplina eclesiástica

Seu objetivo era ligar-se ao Concílio de Trento por meio de uma análise dos decretos disciplinares (*Mansi* 49, 748-932). Seriam assuntos em destaque: a vida do clero e a pastoral, o ministério dos bispos; acrescentar-se-ia a esses temas a legislação matrimonial, a formação de um catecismo único para toda a Igreja Católica, a posição a assumir em relação ao magnetismo e ao espiritismo.

Comissão Ordens religiosas e missões e Igrejas orientais

Esta comissão deveria tratar das questões relativas às ordens e congregações religiosas (*Mansi* 49, 940-979); apresentou 18 projetos e decretos que não foram discutidos (*Mansi* 49, 979-984). A quarta comissão discutiu a possibilidade da aplicação das normas tridentinas às Igrejas orientais (*Mansi* 49, 985-1.162), produziu um esquema de constituição sobre as missões (*Mansi* 53, 152-156) e projetos de constituição sobre os ritos e sobre o ministro extraordinário do Sacramento da Confirmação (*Mansi* 53, 893-914).

Comissão Igreja e Estado

Esta comissão tratava da política eclesiástica. Era a única comissão presidida por um cardeal não italiano, Reisach, que morreu no início do concílio (*Mansi* 50, 160). Dentro desse tema, as relações da Igreja com o Estado, falou-se sobre a administração dos bens da Igreja, dos seminários, das cartas pastorais, dos sínodos provinciais, do matrimônio, da tolerância religiosa e dos cultos. A comissão produziu 18 decretos (*Mansi* 49/50, 1.173-1.206; 1.207-1.210), nenhum deles foi discutido na sala conciliar

(*Mansi* 53, col. 867-872). O material produzido foi vasto, dentre estes um texto sobre a ajuda para ser prestada à miséria dos pobres e aos operários. As comissões prepararam cerca de **50 esquemas**, somente seis foram discutidos e dois promulgados (*Dei Filius* e *Pastor Aeternus*), um catecismo único para toda a Igreja foi aprovado, mas não promulgado.

Chefes de Estado

Na fase preparatória surge uma grande dificuldade, os chefes de Estado seriam ou não convidados para participarem do concílio? Excluí-los? Interromperia a tradição, pois todos os concílios precedentes haviam feito o convite. Era possível evitá-los: o rei da Itália estava excomungado, vários presidentes da América do Sul pertenciam à maçonaria. A decisão foi a seguinte: os chefes de Estado não seriam expressamente convidados a participar das deliberações conciliares, mas os termos da bula que eles receberiam usaria palavras que permitiriam uma certa cooperação, se desejassem.

"Irmãos separados"

Outra questão pertencente à fase preparatória era relativa aos "irmãos separados". Decidiu-se enviar junto com a bula de convocação cartas aos bispos de rito oriental e aos protestantes e anglicanos que não estavam em comunhão com a Santa Sé para convidá-los a retornar à unidade romana aproveitando a ocasião do concílio. Os bispos orientais acolheram a carta do papa com um silêncio ensurdecedor. Os ortodoxos lamentaram que a carta dirigida a eles tivesse sido primeiro divulgada pela imprensa. Aqui, uma reprodução de trechos da carta *Arcano Divinae Providentiae* (08/09/1868) enviada aos orientais:

> [...] voltamos o nosso olhar e os nossos sentimentos paternos a essas Igrejas que um tempo estiveram estrei-

tamente ligadas a essa sede apostólica, vínculo de unidade, brilharam pela grande santidade e magnificência da celeste doutrina e produziram excelentes frutos para a glória de Deus e para a salvação das almas; agora pelas forças maléficas e pelas tramas daquele que por primeiro suscitou um cisma no céu, esses se encontram, com grande dor nossa, separados e divididos da comunhão da Santa Igreja de Roma, que é difusa por toda a terra (*Mansi* 50, 1.255-1.261; *Collectio Lacensis* VII, 7-8; EE, vol. 2, n. 1.072-1.085; DZ 2.997-2.999).

Os protestantes consideraram a carta uma provocação. Os luteranos e alguns anglicanos aceitaram o convite do papa. Tudo isso prova pouca habilidade da parte de Roma ao tratar assuntos tão delicados. A seguir trechos da carta *Iam Vos Omnes* (13/09/1868) enviada aos protestantes:

> [...] por ocasião do futuro concílio, não poderíamos deixar de dirigir as nossas paternas e apostólicas palavras a todos que reconhecem o mesmo Jesus Cristo como redentor e se gloriem de levar o nome de cristãos, mesmo não professando a verdadeira fé de Cristo e não seguem a comunhão da Igreja Católica. E fazemos isto para vivamente admoestá-los, exortá-los com zelo e caridade para que reflitam seriamente se seguem o caminho indicado por Jesus.
> Ninguém coloca em dúvida ou nega que Jesus Cristo edificou na terra sobre Pedro a única Igreja, que é una, santa, católica e apostólica e a ela foi conferido o poder necessário para conservar íntegro e inviolável o depósito da fé.
> Todos prestem atenção e reflitam sobre a situação em que vivem as várias sociedades religiosas, em discórdias entre si e separadas da Igreja Católica [...] em nenhuma dessas sociedades religiosas pode ser reconhecida a Igreja única e Católica que Cristo edificou; e não se poderá dizer que sejam membros e parte da Igreja até o momento em que permanecerem separadas da unidade católica.

Por esse motivo, aproveitando a ocasião do concílio [...] esses devem empenhar-se para sair desse estado no qual não podem ser seguros da própria salvação (*Collectio Lacensis* VII, 8-10; EE, vol. 2, n. 1.078-1.085).

Infalibilidade papal

O anúncio do concílio foi recebido com algum fervor, depois com o passar do tempo causou em muitos ambientes uma inquietude (*Collectio Lacensis* VII, 1.254-1.255; VII, 1.132-1.134). Aparecia claramente nas discussões o problema da infalibilidade pessoal do papa. Alguns bispos pediam a sua definição. As discussões antes da convocação da assembleia contribuíram para sua preparação. A discordância sobre alguns pontos e sobre a infalibilidade estourou violentamente com a publicação, no dia 6 de fevereiro de 1869, pela revista *La Civiltà Cattolica* do artigo "Correspondência da França". O texto tinha a explícita aprovação do papa (uma carta do diretor da revista, conservada no arquivo dos jesuítas em Bruxelas, comprova a aprovação).

O artigo retratava a opinião favorável de alguns católicos franceses que esperavam não só uma aprovação das doutrinas expostas no *Syllabus*, mas a definição por aclamação da infalibilidade do papa. As ideias do texto davam a entender que essa era a opinião de Roma, da cúria. A diplomacia da Cúria Romana fez pensar que ali reinava uma opinião mais moderada, distante dos extremos. Com isso, os acontecimentos na preparação começam a criar uma expectativa enorme do que seria tratado na *aula* [sala] conciliar. Depois da publicação do artigo, há uma agitação da parte daqueles contrários à infalibilidade, pois pensavam que a definição poderia atrapalhar as relações entre a Igreja e o Estado, aumentando o abismo entre a Igreja e a sociedade contemporânea. Uma definição por aclamação implicava sérios riscos: tirava a possibilidade de clarear o significado exato dos termos; posteriormente poderia causar discussões intermináveis sobre a validade e os limites da definição.

Para alguns bispos a preocupação era de não separar o papa do resto da Igreja, o chefe do corpo; para outros, a preocupação consistia no temor de que uma definição da infalibilidade pessoal do papa constituísse um atentado aos direitos dos bispos, reduzidos em posição inferior diante do Pastor supremo. Os bispos chegariam a Roma como príncipes da Igreja e voltariam para suas dioceses como funcionários de um monarca absoluto. O assunto sobre uma definição já havia sido tratado em diversas ocasiões e em diversos documentos do episcopado, muitos já haviam expressado sua opinião. Entre estes estava o bispo de Orleans, Félix Antoine Philibert Dupanloup, que em novembro de 1869 publicou o texto *Observations sur la controverse soulevée relativement à la définition de l'infaillibilité au prochain concile*. Reassumia todos os argumentos contra a definição e defendia a tese que tal definição era inoportuna. A Igreja vivera dezoito séculos sem esse dogma, criaria problemas na questão ecumênica com o governo. Dentre outras afirmações, concluía dizendo que continuavam firmes os três fundamentos: a infalibilidade da Igreja, o primado do papa, a perpetuidade da Tradição. É necessário dizer que todos os anti-infabilistas eram zelosos e usavam do direito que lhes assistia na época.

No mês de setembro de 1869, os bispos alemães reunidos em Fulda, para sua reunião anual da Conferência Episcopal Alemã, enviaram ao papa uma carta confidencial sublinhando a inoportunidade da definição do dogma. Pio IX recebeu a carta com tristeza. Outra posição sobre o assunto é também assumida em setembro com a publicação do livro do decano da Faculdade de Teologia da Sorbonne, Dom Henri Louis Charles Maret, sob o título *Du concile générale et de la paix religieuse*. Era um dos poucos que ousavam defender um galicanismo moderado. Embasado no pensamento de Santo Antonino de Florença, afirmava que a autoridade da Igreja consta de dois elementos: o principal é o papa, o outro subordinado ao primeiro é o episcopado. A infalibilidade reside no papa unido aos bispos e não separado deles, *utens consilio et requirens adiutorium universalis Ecclesiae*. O decano levava à opinião pública todos os elementos contrários à infalibilidade. A sua obra, como a de outros, ajudou a favor da definição, pois uma vez que a discussão tornar-se-ia pública, o problema não poderia ficar sem solução, para não deixar dúvidas para a população.

Na linha contrária à definição da infalibilidade, encontra-se o texto de um professor de Teologia em Munique, na Alemanha. O Professor Ignazio von Döllinger publicava, sob o pseudônimo de "Janus", um opúsculo contendo cinco artigos com o título *O papa e o concílio*. O autor ultrapassava o nível das posições críticas e fazia um ataque radical ao papado e à Igreja. Criticava a tese francesa publicada na revista *Civiltà Cattolica*, criticava o primado de jurisdição. Para ele, a autoridade pontifícia seria fruto das usurpações da Idade Média, do tempo do pontificado de Gregório VII. A população alemã ficou agitada diante destes artigos. Com o intuito de acalmar os ânimos, um historiador alemão, Hergenrother, escreveu o *Anti-Janus*. O chanceler da Baviera afirmava que o concílio constituiria um perigo e sugeriu uma reunião de uma conferência internacional que estabelecesse uma linha de defesa. Sua opinião, porém, não teve resultados práticos. Os chefes de Estado decidiram pela neutralidade, desde que o concílio não criasse perigos para o Estado. O cenário estava pronto para o início do Vaticano I.

XXXI
O desenvolvimento do Concílio Vaticano I

Introdução

O concílio teve seu início na data significativa de 8 de dezembro de 1869 (Festa da Imaculada Conceição, dogma proclamado por Pio IX). Realizado na Basílica de São Pedro, sob a presidência de Pio IX. A assembleia conciliar propunha-se além da condenação dos erros modernos, a definição da doutrina sobre a Igreja. O que se realizou nas três sessões foi a discussão e aprovação de duas Constituições: *Dei Filius* e *Pastor Aeternus*. As discussões e aprovação desta última constituição foi realizada sob vários contrastes, que desembocaram, de maneira especial na Alemanha, na separação de grupos chamados velhos católicos. O estouro da Guerra Franco-prussiana (1870) causou a suspensão do concílio, que nunca mais foi retomado, mas, oficialmente, não foi fechado. O número de participantes foi relevante, e pela primeira vez na história acontecia a participação de bispos não europeus.

Abertura do concílio

Na quarta-feira (08/12/1869) acontece a cerimônia de inauguração do concílio. A celebração da missa, o discurso do pregador apostólico Puecher Passavalli, a obediência (cada padre conciliar deveria prestar obediência ao papa), a alocução pronunciada pelo pontífice, duraram cerca de 6 horas. Os atos finais da celebração consistiram na votação de dois decretos: o primeiro para proclamar a abertura do concílio e o segundo para fixar a primeira sessão. Depois de cada pergunta sobre os atos anteriores, nem sempre bem entendidas pela maioria dos padres conciliares, seguiu-se um *placet* pronunciado por poucos, mas foi tido como suficiente. A medida foi motivo de suspeitar-se de que as próximas decisões seriam tomadas daquela maneira, adotando uma prática de ratificação não tanto clara. A celebração inicial, além de religiosa, representava a universalidade da Igreja. A assembleia contava com bispos de diversas nacionalidades. Na primeira cerimônia participaram 700 padres conciliares. Esse número permaneceu constante no decorrer das sessões. Depois foi diminuindo, principalmente após a Páscoa de 1870. Em julho o número chegava a 600.

Neste concílio, o episcopado mostrava uma variedade de proveniência geográfica nunca vista antes. A assembleia contava com dois terços de europeus, com a justificativa de que a grande maioria dos fiéis morava no *antigo* continente. Eram em torno de 250 os bispos provenientes de outras partes do mundo: 121 do continente americano, 41 da Ásia, 18 da Oceania e 9 da África. O Rito Oriental levou ao concílio 61 prelados. Ausentes foram os bispos do Império Russo, que foram proibidos de viajar até Roma; ausentes os bispos de Goa, Angola e Macau, por grandes dificuldades naqueles territórios. A prevalência do elemento europeu, latino, permanecia.

Discussões sobre a futura constituição *Dei Filius*

O início do concílio foi bastante difícil. As primeiras discussões foram sobre o esquema, relativo aos erros do racionalismo, redigido pelos jesuítas Franzelin e Schrader. O exame do texto se deu até os primeiros dias de janeiro e teve êxito negativo. O texto foi considerado obscuro, prolixo, polêmico e muito escolástico. Para surpresa da cúria e do papa o esquema foi devolvido à comissão para ser reelaborado. Foi um golpe para Pio IX: o concílio começava a seguir um caminho diferente daquele imaginado por ele. O papa ficou muito emocionado, mas não quis restringir a liberdade das discussões. Enquanto a comissão preparava um novo texto foram discutidas na sala conciliar questões disciplinares, porém sem nenhuma aprovação. O concílio discutiu questões sobre os bispos, vigários gerais, a vacância das sedes episcopais, a vida e a moralidade do clero, questões secundárias e vistas numa ótica tradicional.

As tendências se apresentavam cada vez mais acirradas dentro da sala conciliar. Uma era mais preocupada com os direitos do episcopado (sobretudo os orientais) e outra, majoritária, estava preocupada com a autoridade do sumo pontífice. Nesse mesmo período, os padres conciliares tomaram outras decisões que modificariam o prosseguimento do concílio. A mudança procurava conciliar a liberdade de discussão e ao mesmo tempo apressar o desenvolvimento dos trabalhos. Os padres conciliares não proporiam observações gerais, mas somente emendas escritas aos textos em discussão. A votação seria realizada por meio da postura sentados/em pé. Para a aprovação de um esquema era suficiente a metade mais um dos votos. Com esta última decisão se abandonava o princípio de unanimidade moral. Esse ponto sublinhava uma visão eclesiológica em que o aspecto jurídico parecia mais acentuado.

De 18 de março a 24 de abril desenvolveu-se o exame do novo esquema elaborado. O novo texto era obra dos bispos Pie, Dechamps, Martin, com a ajuda especial do jesuíta Kleutgen. No dia 22 de março, Strossmayer fez um discurso em tom provocativo que suscitou polêmica. Strossmayer, bispo croata de Diakovar, lamentou a presença, no texto, de algumas expressões pouco respeitosas em relação aos protestantes, sobretudo onde se dizia que o protestantismo era a fonte de todos os erros e de todos os males, e, depois de elencar uma série de erros doutrinários que não estavam ligados ao protestantismo, terminava dizendo que havia uma multidão de protestantes que amavam Jesus Cristo e aos quais podia-se aplicar as palavras de Santo Agostinho: erram, erram, mas em boa-fé (*Mansi* 51, cols. 42-48). O bispo em sua intervenção havia observado que os germes do racionalismo podiam ser encontrados no humanismo e no laxismo, fenômenos que precediam o protestantismo, e que o ataque mais forte contra a religião fora feito por Voltaire e pelos enciclopedistas, que não tinham nenhuma ligação com o mundo protestante.

O bispo croata aproveitou a polêmica na assembleia para denunciar a introdução do princípio de maioria simples nas votações e para defender o retorno ao princípio da unanimidade moral. Não conseguiu, mas a sua intervenção levou a uma melhoria do texto, do qual foram eliminadas as passagens menos respeitosas em relação aos protestantes (*Mansi* 51, cols. 74-77). Essa foi a sessão mais movimentada do concílio. Strossmayer, depois do ataque ao sistema de votação adotado no concílio e em meio a gritaria cada vez maior e grande confusão, foi convidado pelos presidentes da assembleia a ater-se ao tema, e, depois, a descer da tribuna (com o repetido tilintar da campainha) e, enfim, a calar-se. Assim, foi obrigado a interromper o discurso, apesar de seus veementes protestos.

Nos desdobramentos dos trabalhos, as discussões mantiveram-se mais serenas, abordando apenas detalhes, como a questão se era preferível dizer *Romana Catholica Ecclesia* ou *Sancta Catholica Apostólica Ecclesia*, para evitar a pretensão dos anglicanos, que defendiam a tese de uma só Igreja dividida em três ramos: o romano-católica, o anglo-católico e o greco-ortodoxo. Alguns gostariam de introduzir a condenação do ontologismo, outros, uma menor severidade em relação ao tradicionalismo; mas, afinal, o esquema que foi aprovado unanimemente e promulgado no dia 24 de abril. O *placet* votado por todos os presentes fora negado apenas por Strossmayer, que assim pretendia protestar contra o novo regulamento; por isso, durante a solene cerimônia em São Pedro, ele resolveu fazer um passeio pela Via del Corso, no centro de Roma.

Discussões sobre a futura constituição *Pastor Aeternus*

O fato de realizar uma assembleia ampla proporcionava uma grande diferença de mentalidades, culturas e preocupações pastorais. Os temas tiveram discussões acaloradas, sobretudo aquela em relação à **infalibilidade papal**. Os bispos se reuniam por nacionalidades, mas dentro destes grupos, de maneira especial, o francês. Surgiam divergências de pensamento: eclesiológico, político. De relevância era a preparação cultural e histórica do episcopado alemão e húngaro e a competência do espanhol no âmbito da teologia escolástica. É necessário assinalar que aconteciam reuniões fora do período conciliar. Os grupos reuniam-se por interesses, dividindo-se em subgrupos regionais, como foi o caso dos italianos, ou em círculos distintos de acordo com a convergência sobre determinadas teses teológicas.

Uma questão inclusive tratada por jornalistas foi relativa às divisões entre a maioria e minoria na assembleia. Os próprios bispos falavam com naturalidade de "partidos". Nas *Memórias* do Monsenhor Tizzani são encontradas expressões como "partido predominante e potente", os "bispos da minoria", os "partidos do concílio". O Cardeal Capalti, um dos cinco presidentes, usava termos como "facção" (PÁSZTOR, 1969, p. 441). Pode-se constatar três grupos. Por um lado, a "maioria", formada por bispos que durante a preparação do concílio solicitavam a repulsa aos valores modernos, segundo o que determinava o *Syllabus*, a direção da Igreja perante a sociedade e o valor da autoridade eclesiástica, sobretudo do papa. De outro lado, um número inferior, o grupo moderado e de ideias críticas em relação à infalibilidade pontifícia. Ainda podia ser notada a presença de um "terceiro partido", este não radical com relação à infalibilidade, mas desejoso de recuperar as doutrinas teológicas antigas sobre a tese. Mostrava-se contrário no que dizia respeito às posições radicais nas relações Igreja e Estado. Essas posições foram assumidas também por alguns "infabilistas" moderados como o secretário do concílio, Joseph Fessler, bispo austríaco de Sankt Polten, pelo arcebispo de Baltimore, Martin Spalding, por um grupo de bispos franceses, tendo à frente o arcebispo de Rouen. No entanto, foram as duas primeiras formações que polarizaram as discussões dentro e fora do concílio.

Os aspectos traçados são mínimos diante da grande assembleia, mas reveladores do clima conciliar. A maioria dos bispos, sendo italianos, espanhóis, irlandeses e latino-americanos, via na definição da infalibilidade uma maneira óbvia de responder a um sentimento difuso de devoção ao papa, um meio eficaz para dirimir controvérsias teológicas ligadas ao galicanismo e ao regalismo. A própria veneração por Pio IX fazia concluir que esse gesto baseado na tradição eclesiástica serviria para compensar as "perseguições" e os ataques dos liberais, especialmente os italianos. Outros, como o arcebispo de Malines, Dechamps, o bispo de Poitier, Pie, o bispo de Birmingham, Ullathorne, pendiam para a definição da infalibilidade movidos por motivos de convicção teológica, porém o dogma deveria sofrer limitações. Os bispos de Losanna, de Ratisbona, de Westminster, assumiam uma atitude drástica: a proclamação do dogma deveria ser incondicionada na sua acepção mais ampla. Estas últimas proposições são refletidas em algumas passagens do *Diário* de Padre Franco, jesuíta e escritor da *Civiltà Cattolica* (FRANCO, 1972, p. 292, 294).

Pio IX alinhava-se com essa posição, favorecendo-a por diversas vezes (HASLER, 1983, p. 55-93; MARTINA, p. 175, 198). No episcopado alemão e austro-húngaro prevaleciam motivações de ordem histórica e teológica. Monsenhor Hefele tinha presente os casos dos papas Libério e Honório que induziam a concluir como o magistério pontifício não estava isento de pronunciamentos errôneos. O historiador alemão Dollinger, que foi um dos grandes opositores à infalibilidade, não estava no grupo dos *experts* do concílio. O bispo de Mainz, Ketteler, inspirado-se na própria eclesiologia do modelo corporativo medieval inclinava-se a um moderado episcopalismo, não se dando conta da centralização do poder do papa. O croata Strossmayer, bispo de OsieK, que se revelou um hábil orador durante as sessões conciliares, salientava que, se as discussões caminhassem por esse rumo, comprometeriam o retorno dos eslavos ortodoxos à Igreja Católica.

O grupo francês contrário à definição da infalibilidade trazia à frente o bispo de Orleans, Dupanloup e o arcebispo de Paris, Darboy. Estes apresentavam uma variedade de opiniões. Os bispos orientais, americanos e italianos em cujos países residiam teses jansenistas, pertenciam ao grupo anti-infalibilistas. Os comentários da imprensa, variados, receberam críticas de alguns bispos (BECQUET, 1994, p. 98-104; CECCUTI, 1970). Os comentários, especialmente no ambiente da Cúria Romana, sobre um rápido desenrolar dos trabalhos e que o concílio seria breve, começaram a ser desmentidos. No mês de dezembro de 1869 começaram as tentativas para inscrever o tema da infalibilidade como ordem do dia. A comissão recebeu no dia 18 e no dia 20 pedidos em tal direção de dois padres conciliares (*Mansi* 51, col. 639-643). Além disso, corria um projeto de petição que foi redigido e difundido para recolher assinaturas. À frente desta iniciativa estavam Senestrey, Dechamps e outros "infalibilistas". Por outro lado, a minoria fazia circular pedidos em sentido contrário (*Mansi* 51, col. 645-650).

Após longas e acaloradas discussões no dia 18 de julho de 1870, às quatro da tarde, enquanto caía sobre Roma uma terrível tempestade (que os opositores da definição interpretavam como um sinal do céu), foi proclamada a constituição *Pastor Aeternus*. O concílio apenas começara: restavam para exame 48 esquemas, dos quais 28 de natureza disciplinar; mas a maioria deles ainda nem tinha sido distribuída aos padres conciliares. Os acontecimentos políticos (Guerra Franco-prussiana) precipitaram a decisão em sentido contrário. Além da guerra, no dia 20 de setembro deu-se a tomada de Roma por parte das tropas italianas e, um mês depois, a 20 de outubro, o concílio foi prorrogado *sine die*.

Quanto aos resultados conciliares, foi progressiva a adesão dos padres que não tinham presenciado, por protesto ou por outros motivos, a sessão do dia 18 de julho: foi rápida a submissão do episcopado francês (MARTINA, 1991, p. 216-218), lenta foi a adesão dos episcopados alemão e austro-húngaro. Alguns grupos na Alemanha realizaram um congresso em Munique (setembro de 1871) e se reportaram à profissão de fé de Pio V, eliminando todas as prerrogativas pontifícias, acentuando o papel dos leigos na Igreja. Isso desencadeou uma Igreja cismática, como ficou assinalado acima pelos chamados velhos católicos. Nesse mesmo ano o teólogo Ignaz von Dollinger foi excomungado pelo arcebispo de Munique por não se submeter às decisões do concílio.

XXXII
As constituições do Vaticano I

Introdução

O Concílio Vaticano I promulgou duas constituições: *Dei Filius* e *Pastor Aeternus*. A finalidade deste capítulo é apresentar e analisar o conteúdo dessas importantes constituições do concílio.

A constituição dogmática *Dei Filius*

A constituição dogmática sobre a Revelação Divina *Dei Filius*, aprovada no Concílio Vaticano I aos 24 de abril de 1870, se situa no contexto de combate à Modernidade presente na forma do racionalismo e do naturalismo. Nesse sentido, as encíclicas *Qui Pluribus* (1846) e *Quanta Cura* e o *Syllabus* (1864), agregadas à bula *Ineffabilis Deus* (1854) sobre a proclamação do dogma da Imaculada Conceição, todas escritas por Pio IX, constituem-se juntas a perspectiva da referida constituição dogmática.

O esquema inicial dessa constituição trata sistematicamente dos erros racionalistas e se articula em dezoito capítulos, sendo os dois primeiros dedicados à condenação do racionalismo e do tradicionalismo, os nove seguintes são referentes à metodologia teológica e os sete últimos rejeitavam os erros do semirracionalismo, especialmente os de inspiração de A. Günther, relativos aos principais dogmas cristãos. Em função de que o esquema *De Ecclesia* tomou lugar principal nos debates, por causa do tema da infalibilidade papal, o esquema da constituição *Dei Filius* retornou com vigor ao debate aos 18 de março de 1870, após já estar assentada a *professio fidei* conciliar, confirmando a tradição da *fides ecclesia*. Desta forma, o debate conduziu à estruturação da referida constituição em um proêmio, quatro capítulos, conclusão e dezoito cânones, tendo sido aprovada aos 24 de abril de 1870, com 667 votos *placet*, sem nenhuma abstenção e nenhum voto contrário, havendo aprovação imediata do papa (ALBERIGO, 1995, p. 365-388; MARTINA, 1991, p. 200-227).

Dei Filius, a constituição

No **proêmio**, a constituição confirma a estreita relação entre Cristo e a Igreja e, por conseguinte, a tarefa da Igreja em zelar pela verdade que dele recebeu. Por isso, seu fundamento principal é o Concílio de Trento que expôs intensamente os dogmas cristãos, condenou os erros modernos, restabeleceu e reafirmou a disciplina eclesiástica, estimulou o clero ao amor à ciência e à piedade, fundou seminários para a formação dos candidatos à vida clerical, reformulou os costumes cristãos mediante a instrução moral e a celebração dos sacramentos. Disso decorre a estreita comunhão dos membros da Igreja com o papa, "cabeça" visível da Igreja, para tornar vigoroso o corpo místico de Cristo, multiplicando essa família religiosa e outras instituições da piedade cristã (EE, vol. 2, n. 821). A afirmação dessa riqueza do Concílio de Trento encontra oposição no racionalismo ou naturalismo, doutrina que se desdobra no materialismo, no panteísmo e no ateísmo, e se constituem em ameaças e críticas à religião cristã (EE, vol. 2, n. 824-826). Por isso, torna-se necessário que a Igreja continue a exercer a sua tarefa de procurar e transmitir a verdade da revelação divina, presente no salutar ensinamento de Jesus Cristo (EE, vol. 2, n. 827).

No **primeiro capítulo**, intitulado "De Deo rerum omnium creatore", inicia-se com a profissão de fé em "um só Deus, verdadeiro e vivo, criador e Senhor do céu e da terra, onipotente, eterno, imenso, incompreensível, infinito no seu intelecto, na sua vontade, e em toda perfeição" (EE, vol. 2, n. 828). Disso decorre a afirmação da tradição cristã acerca de Deus como substância espiritual, única e singular, absolutamente simples e imutável, declarado distinto do mundo, Soberano e Inefável, elevado acima de tudo o que pode ser concebido fora dele (EE, vol. 2, n. 828). Por isso, esse Deus é o criador de todas as coisas, tendo exercitado o seu ato de criar, com inteira liberdade, a partir do nada, direcionando-se para todas as criaturas, a espiritual – os anjos – e a corporal – o mundo –, salvaguardando que o homem foi criado de alma e corpo. Assim sendo, Deus é o governador e o protetor de toda a criação, não havendo nenhuma força que retire a sua autoridade suprema de criador de todas as coisas (EE, vol. 2, n. 829). Deste modo, o panteísmo e o naturalismo são criticados, negados e superados pelo magistério eclesiástico.

No **segundo capítulo**, denominado "De revelatione", o concílio afirmou a possibilidade da revelação a ser efetivada mediante a luz natural da razão a partir da contemplação inteligente das coisas criadas, mas a revelação sobrenatural e plena se realiza em Cristo. Essa revelação sobrenatural é Palavra de Deus pronunciada no Antigo Testamento e selada definitivamente na encarnação de seu Filho, Palavra que se tornou carne e que orienta o homem a um fim sobrenatural. A fé nessa revelação sobrenatural de Deus está, conforme afirma a tradição tridentina, contida na Sagrada Escritura, com seus livros sagrados e canônicos, escritos por inspiração do Espírito Santo, garantindo desse modo Deus como seu autor por excelência. A Igreja, por sua vez, é guardiã e fiel transmissora de seu conteúdo, imbuída do senso verdadeiro para compreender a Sagrada Escritura e, por conseguinte, de realizar a autêntica interpretação (EE, vol. 2, n. 833-834). Tem-se a aqui a fé vivida e ensinada pela Igreja, cuja consequência principal é combater o racionalismo que prescinde da fé e da Igreja, culminando no ateísmo, na secularização, no laicismo, situações já condenadas no *Syllabus* de Pio IX.

No **terceiro capítulo**, intitulado "De fide", o concílio conceituou a fé como virtude sobrenatural que provém de Deus, propiciando ao homem acreditar nos acontecimentos de revelação. Nesse sentido, a fé é fundamento das coisas esperadas e provadas daquelas que não são visíveis (EE, vol. 2, n. 835). Mediante a fé, acredita-se na revelação tanto no âmbito interior quanto no exterior, sendo este último o conjunto de milagres e profecias, considerados grandes sinais da revelação divina. A credibilidade da fé, porém, não é da ordem natural do homem, mas da sobrenatural, oriunda da iluminação e a da inspiração do Espírito Santo. A fé é então dom de Deus e o ato de fé é uma obra referente à salvação do homem que, em sua liberdade, obedece a Deus e, por conseguinte, coopera com a graça divina. O desenvolvimento da fé está relacionado ao fato de que Deus dirige sua palavra ao homem, exigindo deste crer nessa palavra e obedecê-la pela fé. A salvaguarda para que o homem possa abraçar a fé é a Igreja, instituída por Deus e, por conseguinte, imbuída exclusivamente com todos os sinais numerosos e miraculosos de fundamento divino, para tornar clara a credibilidade da fé cristã (EE, vol. 2, n. 836-839). A própria Igreja é constituída de missão divina e motivo de credibilidade, em função de sua propagação, santidade, fecundidade em todo bem, unidade e estabilidade. Por isso, a Igreja testemunha e defende a verdade diante dos errantes e dos que pregam uma falsa religião, na esperança de conversão e de acolhimento à salvação que ela proclama (EE, vol. 2, n. 840).

No **quarto capítulo**, denominado "De fide et ratione", o concílio confirma as duas vias de revelação: a razão, concebida como luz natural, com função fundamental no tempo anterior a Cristo, e a fé, conceituada em caráter sobrenatural que encontra em Jesus

Cristo a plenitude da revelação (EE, vol. 2, n. 841). Não há dúvida de que a razão é uma luz natural para compreender a revelação, mas a sabedoria divina misteriosa só pode ser desvelada pela fé. Isso implica na possibilidade de articulação entre fé e razão, havendo a razão a função de explicitar as verdades da revelação proferidas pela fé, mas abrindo-se à iluminação dessa mesma fé. A iluminação da razão pela fé propicia que permeada por zelo, piedade e moderação, mediante o dom de Deus, alcança-se a um conhecimento profundo dos mistérios seja pela analogia seja pelos nexos dos próprios mistérios entre si, que têm o homem como seu fim último (EE, vol. 2, n. 842).

Nesse sentido, é clara a articulação e a ajuda mútua entre fé e razão: a reta razão explicita os fundamentos da fé e, iluminada por esta, tem condições de cultivar as ciências das coisas divinas. A fé, por sua vez, libera e protege a razão dos erros e enriquece a sua múltipla organização. É esse o motivo que faz com que a Igreja não se oponha aos estudos das artes e das disciplinas humanas, porque reconhece a sua riqueza própria e também uma maior riqueza, contida na condução da graça de Deus no desenvolvimento de tais estudos (EE, vol. 2, n. 843). A doutrina da fé, revelada por Deus, não se reduz a um sistema filosófico a ser aperfeiçoado, mas é efetivamente um *depositum*, confiado à Igreja, esposa de Cristo, para guardá-lo com fidelidade e proclamá-lo infalivelmente (EE, vol. 2, n. 844). Disso resulta a necessária relação entre fé e razão, salvaguardando a função de cada instância e a preponderância da fé.

A constituição dogmática *Dei Filius* é concluída com 18 cânones que estabelecem juridicamente as afirmações dogmáticas e os anátemas para os discordantes, evidenciando o seu caráter dogmático, no combate da Igreja ao racionalismo, na crítica ao fideísmo concebido como outro extremo à veracidade da fé, e na afirmação da autoridade eclesiástica e da relevância da fé diante da Modernidade.

A constituição dogmática *Pastor Aeternus*

A constituição dogmática *Pastor Aeternus*, promulgada aos 18 de julho de 1870, foi elaborada em circunstâncias próprias, em que o Papa Pio IX defendia uma eclesiologia apologética, concebendo a Igreja como *societas perfectas*. Nessa eclesiologia, já havia a tradição do primado e da infalibilidade do papa, assaz defendida pelos ultramontanos. Por isso, deduz-se que Pio IX desejava tornar densa essa tradição com a proclamação do dogma da infalibilidade papal, cuja forma foi o intenso debate, proporcionado de um lado, por adeptos de uma infalibilidade pessoal e de outro, por anti-infalibilistas, incluindo adeptos do galicanismo.

O esquema *De Ecclesia* era originalmente constituído por quinze capítulos e vinte e um cânones. Dessa estrutura surgiram as proposições de que "A Igreja é o corpo místico de Cristo" (proêmio); que o cristianismo só pode ser praticado na Igreja (cap. II); que a Igreja é uma *societas perfectas*, verdadeira, espiritual e sobrenatural (cap. III), visível (cap. IV) e única (cap. V); que *extra ecclesia nulla salus* (caps. VI-VII); que a Igreja é indefectível (cap. VIII) e infalível (cap. IX); que possui poder absoluto (cap. X) e temporalmente soberano (cap. XII) e que, por conseguinte, o papa possui o primado (cap. XI); que Igreja e sociedade possuem concórdia (cap. XIII) e que a Igreja tem direitos especiais em relação à sociedade civil (cap. XV). Verifica-se então que, nesse esquema, estiveram ausentes os temas da infalibilidade papal, motivo das mais densas discussões no concílio, e do episcopado e sua relação com o papa.

Esse esquema foi criticado e rejeitado, cabendo uma nova redação, construída a partir de 9 de fevereiro de 1870 e consolidada com o Cardeal Bilio em 1º de março, em que seriam incluídos os temas ausentes, mencionados acima. Estava em jogo, a medida do poder do papa tanto no primado da jurisdição quanto na infalibilidade, e, por conseguinte, a medida do poder dos bispos, como sucessores dos apóstolos e "chefes" de sua respectiva diocese. Para superar o impasse, elaborou-se o esquema *De romano pontífice*, estruturado em quatro capítulos que, com modificações oriundas de intensos debates, se consolidaram na constituição dogmática *Pastor Aeternus*. No bojo do debate, estava uma interrogação crucial: como relacionar a capacidade do papa em proclamar infalivelmente uma doutrina com o consenso do corpo eclesial e do *corpus episcopalis* em particular?

Seriam os bispos totalmente subordinados ao papa e este teria um primado absoluto e seria pessoalmente infalível? O desafio estaria em colocar o poder dos bispos e o poder do papa como dois poderes distintos e simultaneamente supremos, com a respectiva particularidade de cada um acerca da supremacia. Esse desafio esteve presente na redação final elaborada pelo teólogo jesuíta J. Kleutgen e levada ao plenário para debate e votação, tendo sido aprovada aos 18 de julho, com apenas dois votos de *non placet*, após ter recebido 88 votos *non placet* e 65 *placet iuxta modum*, na primeira votação ocorrida em 13 de julho (ALBERIGO, 1995, p. 365-388).

Pastor Aeternus, a constituição

No **proêmio** da constituição dogmática *Pastor Aeternus*, a Igreja era apresentada como edificada segundo a vontade de Cristo, diferindo-se de qualquer outra instituição, e sendo única, indicava do desígnio divino de unidade. E não é possível afirmar e consolidar essa unidade de todo o episcopado e de todos os cristãos, sem o princípio perpétuo e o fundamento visível dessa unidade: o Apóstolo Pedro, cuja sucessão se encontra nos papas escolhidos pela ação do Espírito Santo. Por isso, o propósito fundamental dessa constituição era estabelecer claramente a doutrina do primado de jurisdição e a infalibilidade do papa. Nesse sentido, recorda-se de uma definição tradicional importante: Pedro é o vigário de Cristo, estando unido a Cristo para edificar a sua Igreja e pastorear o seu rebanho. E como Pedro tem nos papas os seus sucessores, então cada papa é também vigário de Cristo, a quem todo o episcopado e todos os cristãos estão unidos. Essa unidade de Cristo com Pedro está na fundação mesma da Igreja, enquanto a unidade de Cristo com cada papa, concebido como sucessor de Pedro, está na continuidade da Igreja.

A consolidação do primado não é meramente pessoal, mas eclesial em função de que a Igreja pertence a Cristo e o vicariato de Cristo só pode ser exercido pelo papa, *in Ecclesia*. Disso resulta que se o primado do papa está relacionado a Pedro, considerado como o "príncipe dos apóstolos", e, por conseguinte, um apóstolo em meio aos demais apóstolos. Nessa lógica, inclui-se aqui a relação do papa com os demais bispos da Igreja, também considerados como sucessores dos apóstolos, que por sua vez, dão corpo ao caráter hierárquico da Igreja concebida como sociedade visível (EE, vol. 2, n. 858).

O **primeiro capítulo**, intitulado "De apostolici primatus in beato Petro institutione", traz à tona a tese de que Pedro foi constituído por Cristo "príncipe" de todos os apóstolos e chefe da Igreja militante. Essa honra é concedida a Pedro em função da sua primazia alcançada na *professio fidei* em Cristo, concedida divinamente (EE, vol. 2, n. 859). Essa superioridade dada a Pedro deve ser compreendida não apenas na sua relação com cada apóstolo singularmente concebido, mas com todos os apóstolos juntos, enquanto formam um colégio apostólico. Isso fundamenta a afirmação de que Pedro é a "cabeça" da Igreja militante, por ser o "príncipe" dos apóstolos, concebidos como "Cabeças" das Igrejas particulares e, por conseguinte, responsáveis pela Igreja universal. Outra tese presente nesse capítulo é a de que o primado de Pedro é de jurisdição, por tê-lo recebido diretamente de Cristo e pelo qual possui um primado de honra. Importante é realçar que Pedro recebeu diretamente de Cristo o primado, o que possibilita a afirmação do primado na autoridade da relação entre Cristo e Pedro, sendo Cristo a "Cabeça" invisível da Igreja que confere a Pedro o seu "vicariato" para ser a "cabeça" visível dessa mesma Igreja. No entanto, não se deve confundir o "vicariato" petrino de Cristo com o "vicariato" eclesial. O Pastor da Igreja, por excelência é Cristo que tem Pedro como seu "vigário" e "cabeça" do colégio apostólico.

O **segundo capítulo** se intitula "De perpetuitate primatus beati Petri in romanis pontificibus". Pedro é concebido como coluna da fé e fundamento da Igreja (EE, vol. 2, n. 860), cuja perpetuidade de poder é imprescindível para a solidez da Igreja. Por isso, deve ter sucessores no exercício de seu primado, instituído por direito divino, sendo essa instituição uma verdade de fé. O primado perpétuo de Pedro está relacionado à perpetuidade da Igreja e vice-versa, havendo entre ambos extensão e coexistência profundas de modo que, apesar de distintos, são inseparáveis. Disso decorre que o primado deve ser em seu todo idêntico na pessoa de Pedro e na pessoa dos seus sucessores, tendo como uma das consequências a presidência do colégio episcopal por parte de Pedro na singularidade de cada um de seus sucessores. Isso significa afirmar que o ministério de Pedro subsiste no pontífice romano, enquanto é um ministério de governo de toda a Igreja.

Nesse sentido, o primado na sucessão é uma realidade perpétua consolidada juridicamente, que possibilita que cada papa receba de Cristo tudo aquilo que Pedro já havia recebido, quando na instituição do primado. Então, todo sucessor de Pedro é herdeiro do seu primado, mas não é vigário de Pedro. O papa é vigário de Cristo, "cabeça" invisível da Igreja, que se visibiliza em Pedro e em seus sucessores. Esse primado petrino, exercido por vontade de Cristo, encontra nos papas os seus sucessores de direito, e sua sede se encontra em Roma, lugar da morte de Pedro e, por conseguinte, sede do ministério petrino. Assim sendo, a sucessão de Pedro como "cabeça" da Igreja se situa na Sé Romana, uma vez que essa se identifica com Pedro e, por conseguinte, com seus sucessores.

Então, o pontífice romano é não só sucessor de Pedro, mas também o bispo de Roma e esta é a sé de toda a Igreja (EE, vol. 2, n. 861-862).

No **terceiro capítulo**, intitulado "De vi et ratione primatus romani pontificis", é retomada a tradição acerca do primado do pontífice romano, sendo exaltada a Sagrada Escritura como fundamento da verdade e a tradição como modo de apropriação da verdade contida nessa mesma Sagrada Escritura. Isso significa que o concílio afirmou o primado tanto do papa quanto de Roma, com base na Sagrada Escritura e na Tradição, confirmando ser o papa sucessor de Pedro, o vigário de Cristo, cabeça de toda a Igreja, pai e doutor de todos os cristãos, com o poder, em função da sucessão petrina, de apascentar, reger e governar a Igreja universal (EE, vol. 2, n. 863). Em função da natureza do primado do papa, a Sé Romana também tem o primado de poder ordinário sobre as outras Igrejas particulares, implicando que os outros bispos e os fiéis dessas Igrejas estão subordinados hierarquicamente ao pontífice romano e à Sé Romana, nas questões referentes à fé, aos costumes, à disciplina e ao governo da Igreja difundida sobre toda a terra (EE, vol. 2, n. 864).

Ao estabelecer hierarquicamente o primado do papa e de Roma, o concílio apresenta a relação entre o papa e os bispos, explicitando que o papa possui o poder, no exercício de seu ofício, junto aos bispos e aos respectivos fiéis de toda Igreja, de instruir e governá-los na via da salvação. Trata-se de dar intensidade ao primado em senso positivo, dando ao papa um caráter de imprescindibilidade eclesial na constituição do colégio episcopal, inclusive no que tange às definições e decisões. O colégio episcopal, por sua vez, em função de possuir a sucessão apostólica e uma relação direta com o papa, está imbuído de suprema autoridade eclesiástica, também deliberativa em questões de fé e costumes. Dessa forma, evidencia-se que na Igreja impera uma monarquia eclesiástica, sendo o primeiro monarca o papa e em seguida os bispos que constituem um colégio episcopal que tem o papa como "cabeça". A autoridade eclesiástica do papa se fundamenta em Cristo, mas sua eleição é uma simples designação da pessoa para exercer a autoridade transmitida e legitimada pelo próprio Cristo. O mesmo argumento vale para os bispos, com o seu respectivo poder em sua respectiva Igreja particular e sua pertença ao colégio episcopal, com relação de subordinação com o papa (EE, vol. 2, n. 865-866).

No **quarto capítulo**, intitulado "De romani pontificis infallibili magisterio", objetiva-se a proclamação dogmática da infalibilidade do papa. Com base no primado, realça-se a tarefa da Igreja em guardar a *regula fidei* e a extensão do primado apostólico ao poder supremo do magistério eclesiástico. Utilizando-se da fundamental do Concílio de Florença (cf. DZ 1.307), explicitou-se o primado da Igreja de Roma e do pontífice romano sobre toda a Igreja Católica, a qual possui a plenitude da verdade revelada, recebida do próprio Cristo, na pessoa de Pedro, o príncipe dos apóstolos e que tem no papa o seu sucessor.

Desse modo, as disputas referentes à fé devem ser resolvidas pelo papa, uma vez que possui o poder, instituído por Cristo, de ser a "cabeça", doutor e mestre de todos os cristãos, imbuído também do poder de apascentar, reger e governar a Igreja universal (EE, vol. 2, n. 869). Essa condição do pontífice romano, dotada da assistência divina, possibilitou historicamente uma atuação para propagar e defender a doutrina de Cristo, honrando a *regula fidei*, mediante a luta contra os errantes, reparando e superando os erros cometidos e afirmando retamente a mencionada doutrina. Essa assistência divina é assistência do Espírito Santo dada aos sucessores de Pedro para que guardassem fielmente a revelação concedida por Cristo aos apóstolos e, por esses, transmitida a todos os homens de boa vontade. Por isso, possui o pontífice romano um carisma de verdade e de fé, indefectível, a fim de que o exerça para tornar crível a doutrina celeste, de modo que a transmissão da salvação, a ser feita pela Igreja, se efetiva com toda fidelidade e verdade necessárias.

Nessa perspectiva, a infalibilidade do papa é proclamada dogmaticamente *ex cathedra* em matéria de fé e de costumes (EE, vol. 2, n. 871). Isso significa que a infalibilidade é eclesialmente situada na *professio fidei* e na moralidade cristã, destinadas a todos os cristãos. Nesse sentido, não houve maximalismo na proclamação da infalibilidade e nem a afirmação da falibilidade que poderia elevar o episcopalismo ou o conciliarismo ao grau máximo de valoração teológica. A infalibilidade *ex cathedra* realçou a eclesialidade do papa e, por conseguinte a configuração da verdade infalível oriunda do *sensus fidelium* de toda a Igreja, mas também o caráter pneumatológico de seu ministério, uma vez que sua ação infalível só é possível em função da assistência divina recebida do Espírito Santo.

Vaticano I e seus condicionamentos

A realização do Concílio Vaticano I se insere no contexto da relação entre Igreja e Modernidade, marcada pela contradição entre ambas e pelo espírito eclesiástico antimoderno, já apresentado pelo magistério eclesiástico anteriormente, principalmente por Pio IX. A preparação esteve marcada por esse clima antimoderno e também pela distância de 400 anos sem um concílio, o que implicava avaliar com precisão o modo de formulação das regras. Além disso, o debate sobre a infalibilidade do papa e o contexto histórico de emergência dos estados nacionais tomaram conta do cenário preparatório.

A despeito da enorme quantidade de esquemas preparados pelas comissões, o assunto principal tinha a perspectiva eclesiológica e correspondia ao primado e à infalibilidade do papa. Por isso, o esquema sobre os erros do racionalismo, convertido na constituição dogmática sobre a revelação divina *Dei Filius*, só alcançou êxito no debate, em função de que o debate referente ao esquema *De Ecclesia* já havia aquecido o espírito do concílio: proporcionar que a Igreja mostrasse ao mundo sua assentada posição referente ao papa, a si mesma e ao conceito de revelação. Ainda que a perspectiva antimoderna tivesse mostrado grande força, a constituição dogmática *Dei Filius* apresentou as convicções teológicas e eclesiais sobre a revelação, incidindo na superação não só do racionalismo, mas também o fideísmo, evitando uma formulação de fé isenta da fé autêntica ou isenta de racionalidade.

Desta forma, afirmou-se Deus como criador de todas as coisas para superar o panteísmo e o naturalismo, a doutrina tridentina sobre a Sagrada Escritura enquanto revelação escrita e testemunhada na tradição, e sobre a fé como virtude sobrenatural. Nessa esteira articulou-se a fé com a razão, explicitando que uma é distinta da outra, mas que não podem estar desvinculadas uma da outra. Assim sendo, a *lumen fidei* não prescinde da *ratio fidei* e vice-versa.

A constituição dogmática sobre a Igreja *Pastor Aeternus* foi realizada em circunstâncias que a condicionaram ao debate sobre a infalibilidade e a necessidade de retomar uma teologia do papado, para superar historicamente as tendências ao episcopalismo e ao conciliarismo e a contradição entre galicanismo e ultramontanismo. Por isso, o esquema composto de quinze capítulos em que se constatava a ausência dos temas da colegialidade episcopal e da infalibilidade papal teve sua rejeição, emergindo um novo esquema sobre o pontífice romano que originou a constituição supramencionada. A forma concreta "com que a constituição [...] revestiu a afirmação dos privilégios do papa explica-se, em parte, pela psicologia com que os promotores da definição abordaram a questão" (AUBERT, 1970, p. 899).

Verifica-se que dois temas foram tratados na constituição: o do primado de jurisdição e o da infalibilidade do papa. Ao primeiro foram dedicados três capítulos que, fundamentados na tradição cristã, afirmaram o primado de jurisdição do papa como sucessor legítimo de Pedro e Roma como sede da Igreja universal. Ao segundo dedicou-se o quarto capítulo que, fundamentado no primado e, por conseguinte, na maestria do papa em matéria de fé e costumes, afirmou-se e proclamou-se dogmaticamente a infalibilidade do papa *ex cathedra*. Isso significa que o papa é infalível quando fala em matéria de fé e de costumes, na condição de mestre e doutor de todos os cristãos. Dessa forma, a infalibilidade associa-se à indefectibilidade da Igreja, confirmando a unidade indissociável entre o papa, vigário de Cristo, e a Igreja.

A despeito de o Concílio Vaticano I não ter sido concluído, em função de circunstâncias históricas, seu legado se situa na evidente e necessária relação entre fé e razão, sem que uma prescinda da outra, na confirmação do primado de jurisdição do papa em clara relação com os outros bispos – o que proporcionou que posteriormente se desenvolvesse uma teologia da colegialidade episcopal – e na proclamação do dogma da infalibilidade do papa *ex cathedra*, trazendo à tona a responsabilidade papal e eclesial em relação à fé e aos costumes de todos os cristãos. Esse legado propiciou que, tanto no magistério eclesiástico quanto na investigação teológica, se buscasse aprofundar o sentido da relação entre fé e razão, mediante categorias que tornassem a fé verdadeiramente contemporânea de uma época histórica; algo que se evidenciou no Concílio Vaticano II.

Na Festa da Imaculada de 1869 foi aberto o Concílio Vaticano I que se organizou dentro de um objetivo principal: completar e confirmar a obra de exposição doutrinal anterior contra o racionalismo teórico e prático do século XIX. Duas constituições foram aprovadas, uma sobre a fé católica e outra sobre o papel do romano pontífice e sua autoridade doutrinal. Em julho de 1870 a Guerra Franco-prussiana obrigou a suspensão do Vaticano I que nunca mais foi reaberto. Também em 1870 o Estado Pontifício é anexado oficialmente ao território italiano. Situação tão conflitiva que o papa excomungou o Rei Vítor Emanuel e se refugiou em sua residência, o Quirinal. Pio IX não autorizava os italianos a serem candidatos ou votarem nas eleições. Essa situação durou mais de trinta anos. Estava iniciada a questão romana (1870-1929).

Apesar das polêmicas historiográficas, o Papa João Paulo II solicitou a continuidade do processo de beatificação de Pio IX. Esta ocorreu, juntamente com a do Papa João XXIII, em 3 de setembro do ano 2000.

XXXIII
Questão social e o catolicismo

Introdução

A Questão (Doutrina) Social da Igreja tem um histórico antigo que remonta ao profetismo bíblico. Os Santos Padres buscaram transformar a doutrina evangélica em práxis, encarnando-a no cotidiano das comunidades. Os papas e os teólogos elaboraram textos de enorme importância tendo referência central a questão social. A instituição religiosa estabelecida no meio do mundo, procura ser fermento na massa e, assim encontrou e encontra situações sociais profundamente complexas. O capítulo apresentará o precursor na sociedade contemporânea da Doutrina Social da Igreja, Leão XIII. E também um histórico do século XIX como raiz da questão social e o apontamento das encíclicas sociais que serão apresentadas em outros capítulos dentro de seus contextos.

Leão XIII (1878-1903) e a questão social

Este pontificado conseguiu alcançar um prestígio não alcançado em tempos anteriores. A conjuntura final do século XIX coincidiu com um conjunto de mudanças radicais no campo político, econômico e social e científico. Em 1892 o papa orienta os franceses a aceitar a república significando o final, para o mundo católico, da Cristandade. Seu magistério tratou de diversos assuntos de grande importância naquele contexto da vida religiosa à social. A sociedade estava dividida pelo conflito entre o capital e o trabalho: eis a questão social. Essa preocupação social havia começado na segunda metade do século XIX, quando em diversos países foram fundados associações e círculos em favor dos operários. Leão XIII publicará um emblemático documento que tratou de maneira objetiva a questão operária e social: a encíclica *Rerum Novarum*.

O protagonista da questão social: Leão XIII

Depois de um longo e difícil pontificado que foi o de Pio IX (1846-1878), o conclave de fevereiro de 1878 escolhe o Cardeal Vincenzo Gioacchino Pecci como novo papa. Este toma o nome de Leão XIII. Nasceu em março de 1810 em Carpineto Romano nos arredores de Roma. Estudou com os jesuítas em Viterbo e depois no Colégio Romano. Ordenado sacerdote foi enviado como legado apostólico em Benevento e depois foi trabalhar na Bélgica. O contato com o ambiente cultural belga e com o catolicismo além dos Alpes abriram novos horizontes seja no seu pensar sobre as relações entre Igreja e Estado, seja na vitalidade do catolicismo, livre dos vínculos temporais; demonstrava uma extraordinária capacidade de irradiação no campo social e cultural.

Quando voltou da Bélgica em 1846 foi nomeado bispo de Perugia. Por 32 anos permanece nessa localidade, saindo dali para o pontificado. Sua permanência nessa cidade provinciana possibilitou longas pausas de reflexões e de estudo dos problemas da atualidade e que percebesse as exigências da Igreja para aquele tempo histórico. Em cartas pastorais de 1874 e 1877 afirmava a possibilidade de conciliação entre a Igreja e a sociedade moderna. Falava do progresso humano e das conquistas da ciência e da técnica com entusiasmo. A técnica é vista como uma libertação do trabalho difícil, a força criativa do homem é uma centelha do mesmo Criador.

Em 1877 recebeu a nomeação de cardeal camerlengo da Igreja. Num conclave que durou apenas 36 horas, foi eleito sucessor de Pio IX. O novo papa tinha 68 anos e uma saúde bastante frágil. A impressão geral com a eleição do Cardeal Pecci era a chegada de um novo tempo e de uma nova mentalidade. Os diocesanos de Perugia se orgulhavam de duas cartas pastorais em que seu pastor manifestara o desejo de reaproximar a Igreja e as sociedades contemporâneas. Contatos concretos com o liberalismo católico, o mundo industrial e a realidade social já houve no período da nunciatura, na Bélgica. É sintomático que Leão XIII escreverá, durante seu pontificado, nada menos do que 46 encíclicas sobre os assuntos mais variados.

A característica mais marcante de seu pontificado é a preocupação de reconciliar a Igreja com a sociedade moderna, abandonando o confronto sempre negativo que distinguia os governos de seus antecessores. O papa era uma pessoa repleta de vigor que nunca deixou de se interessar vivamente pelos problemas que os novos tempos colocaram, fugindo assim do estreito "doutrinismo" de muitos eclesiásticos de seu tempo.

Um dos sinais de abertura do novo papa foi a resolução de tornar acessíveis os arquivos do Vaticano às pesquisas de historiadores de todos os credos e nações. A ousadia de tal medida alarmou os imediatos colaboradores do papa, convencidos de que era um verdadeiro perigo revelar ao mundo os segredos do passado. Leão XIII afirmava quais deveriam ser os direitos e deveres do historiador: *Non dire nulla di non vero, non nascondere nulla de vero*, mesmo que isso fosse desfavorável à Igreja ou ao papado.

Leão XIII não deve ser visto como um papa liberal. É notório que ele foi um daqueles que sugeriram o *Syllabus* de 1864, e num sínodo em Úmbria (1849) mandou compilar um elenco dos erros da época. Nunca escondeu sua predileção pela teologia de Santo Tomás de Aquino. Sentia, efetivamente, a necessidade de compreender e guiar a realidade existencial partindo de uma base unitária. Quis aplicar a doutrina do tomismo às novas condições de vida (*Aeterni Patris*, 1879. In: EE, vol. 3, 1997, p. 49-110).

Quanto à reivindicação do Estado eclesiástico mostra-se tão intransigente como Pio IX. Na sua primeira encíclica *Inscrutabili Dei Consilio* (1878) afirma que todas as vezes que se vai de encontro ao poder temporal da Sé Apostólica, viola-se ao mesmo tempo a causa do bem e a salvação do gênero humano (EE, vol. 3, 1997, p. 1-20). Nos últimos anos de vida acentuaram-se os sinais de recuo e conservadorismo, antecipando o antimodernismo de Pio X. Leão XIII morreu em 1903 com 93 anos de idade.

Início da ação social católica

Sem dúvida a figura do capitalista assim como a do novo proletário e assalariado (desenraizado dos campos, jogado nas periferias urbanas, empregado em trabalhos desumanos de até 16 horas diárias, preso nas fábricas até mesmo em dias festivos) eram figuras novas, inteiramente estranhas ao universo mental e religioso do catolicismo da época. As crises socioeconômicas são atribuídas, de maneira genérica, aos males da época: o capitalismo era tido como fruto do liberalismo, e este da Revolução Francesa que, por sua vez, seria a consequência natural e lógica do abandono dos princípios religiosos do Antigo Regime. No fundo, toda a problemática social é reduzida às supostas causas religiosas e morais.

Em âmbito eclesiástico confundia-se facilmente o novo proletário com o pobre e este último sempre existiria conforme a palavra de Jesus: "Na verdade, sempre tereis os pobres convosco" (Mt 26,11). A desigualdade social era vista como dado natural e mesmo providencial. É impressionante o desconhecimento radical do clero em relação aos fatores econômicos que causam a miséria dos operários. Chega-se ao absurdo de defender que a existência de pobres é uma necessidade social que beneficia a salvação dos ricos. Ao pobre se pede invariavelmente a resignação e a submissão à vontade de Deus, aceitando integralmente sua sorte. O filme *Daens, um grito de justiça* apresenta esta eclesiologia dominante e, ao mesmo tempo, uma eclesiologia de um segmento minoritário voltada para as escandalosas situações sociais em que vivia a maioria da população.

Leão XIII segue, em vários de seus documentos anteriores a 1891, a mesma linha de pensamento apresentada nos parágrafos anteriores sobre a linha determinista da pobreza. Assim, na encíclica *Auspicato Concessum* (1882 – sobre São Francisco de Assis e a necessidade da propagação dos terceiros franciscanos) escreve:

> [...] a questão das relações entre o rico e o pobre, que tanto preocupa os economistas, será perfeitamente deslindada se à pobreza não faltar dignidade; que o rico deve ser generoso e cheio de misericórdia; o pobre contente com a sua sorte e satisfeito do seu trabalho [...] [todos] devem subir ao céu, um pela paciência e outro pela liberalidade (EE, vol. 3, 1997, p. 292-322 [trad. nossa]).

E em outra encíclica *Quod Apostolici Muneris* (1878) argumenta;

> [...] a Igreja, essa piedosa mãe, não despreza o cuidado pelos pobres, nem se descuida de prover às suas necessidades, porque abraçando-os com a sua ternura maternal e sabendo que eles representam o próprio Jesus Cristo, que considera como feito a Ele o bem que por qualquer for feito ao mais ínfimo dos pobres, os tem em grande consideração. Ela os ajuda por todos os meios possíveis, toma a seu cargo mandar levantar por todo o mundo casas e hospícios para recebê-los, sustentar e tratar e os toma debaixo da sua proteção. Além disso, impõe como rigoroso dever aos ricos dar o supérfluo aos pobres, e ameaça-os com o juízo de Deus que os condenará aos suplícios eternos se não acudirem às necessidades dos indigentes. Enfim, alerta e consola sobremaneira o coração dos pobres, que

lhes apresentado o exemplo de Jesus Cristo que sendo rico, quis fazer-se pobre por nós, quer lembrando-lhes as suas palavras, pelas quais declara felizes os pobres e ordena-lhes que esperem as recompensas da felicidade eterna. Quem não verá, na verdade, que é este o melhor meio de apaziguar a antiga questão entre os pobres e os ricos? Porque, a própria evidência das coisas e dos fatos bem o demonstra, desprezado ou rejeitado este meio, terá de acontecer necessariamente uma de duas coisas: ou a maior parte do gênero humano será reduzida à ignominiosa condição de escravos, como o foi por muito tempo entre os pagãos, ou a sociedade será agitada por perturbações contínuas e desolada pelos roubos e assassínios [...] (EE, vol. 3, 1997, p. 21-48 [trad. nossa]).

Assistência ao pobre

Apesar do individualismo que caracteriza, globalmente, a vida social e religiosa do século XIX, não faltavam numerosíssimas iniciativas no campo da caridade, entendidas principalmente como assistência ao pobre. Inegavelmente encontram-se obras que revelam uma grande generosidade e abnegada dedicação, como por exemplo a Sociedade de São Vicente de Paulo, fundada por Frederico Ozanan em 1833.

No início o catolicismo social apresenta-se essencialmente conservador: propugna-se uma volta à antiga ordem moral e social, cuja modalidade pode ser sintetizada no seguinte trinômio: contra revolução, restauração e tradição. Na linha da encíclica *Quanta Cura* (1864) de Pio IX condenam-se tanto a imoralidade do liberalismo quanto o falso socialismo estatal. As obras caritativas mantêm-se numa orientação nitidamente paternalista, insistindo nos princípios da ordem/autoridade, da propriedade e da moral cristã.

Parece paradoxal que entre os católicos sociais da segunda metade do século XIX encontrem-se vários representantes da aristocracia rural, ferrenhos adversários do liberalismo. Viam na ação social um meio de conseguirem a adesão das massas populares para a sua causa, para a sua luta contra a oligarquia burguesa anticlerical, por eles duplamente detestada: porque era anticlerical e porque pretendia substituir as antigas autoridades sociais pelo poder do dinheiro. Compreende-se então, o fato de as preocupações dos católicos sociais terem sido geralmente inspiradas por um ideal nostálgico de volta ao passado patriarcal e corporativo, muito mais do que por uma adaptação realista à nova e irreversível situação criada pela Revolução Industrial.

Entre os católicos de maior projeção no campo de assistência ao operariado encontram-se:

a) **Conde Albert de Mun** (1841-1914), francês, fundador dos círculos católicos de operários (1871) que conheceram um rápido crescimento em toda a França (30 mil membros em 1878). Os círculos visavam ao mútuo entendimento e colaboração de operários e patrões, numa visão corporativa e sob a tutela da Igreja. Descobriu que a solução para os grandes problemas sociais estava no catolicismo reeducador dos povos. A hostilidade ao espírito de 1789 era evidente e as nobres intenções do empreendimento não escondiam o saudosismo dos tempos da Cristandade. Não obstante essas reais limitações, a obra exerceu influência duradoura na evolução do movimento social cristão na Europa. Mun entrou para a vida política e se fez célebre por seus discursos parlamentares em defesa da Igreja e contra a progressiva laicização da sociedade.

b) **Léon Harmel** (1829-1915), outro francês, tornou-se o modelo de patrão cristão. Promoveu iniciativas inéditas na sua fábrica de têxteis em Val-de-Bois, na França. Seu ponto de partida é a confiança depositada no trabalhador. Constituiu um conselho da usina (regulamento de 1909) que prevê uma real cooperação dos operários na direção profissional e disciplinar da fábrica. Os trabalhadores, eleitos por seus companheiros, se reúnem cada 15 dias com o patrão e nessa ocasião são convidados a darem sua opinião sobre todas as coisas que afetam a vida da usina. Do conselho geral depende uma série de comitês específicos, tendo em vista o bom funcionamento da empresa e o bem-estar dos operários. O Bom Pai, como é cognominado, promove, igualmente, todo um sistema de segurança social: assistência médica; uma sociedade de seguro mútua. Foi um dos maiores divulgadores da *Rerum Novarum*. Levou a Roma, em 1891, 20 mil operários franceses. Profundamente religioso, foi terceiro franciscano.

Todo esse conjunto de iniciativas pode parecer hoje bastante paternalista, mas na época era único no seu gênero. Nota-se certa instrumentalização da obra social em benefício do bem moral e dos valores religiosos, aliás perfeitamente em sintonia com as diretrizes católicas da época. Harmel não se limitou a melhorar as condições de vida dos operários, mas também a sua promoção cultural e religiosa. Junto com um operário convertido do socialismo deu início aos círculos cristãos de estudo social, projeto bem diferente dos círculos de Albert de Mun. Nessa nova modalidade de participação, os próprios operários discutem entre si seus problemas e tomam decisões. Os círculos de Harmel conhecem grande sucesso. Em 1893 se realiza o I Congresso, onde aparece claramente a ideia do sindicalismo operário cristão (CÁRCEL, 2009, p. 172-173).

Aos exemplos supracitados se poderiam acrescentar muitos outros. O século XIX é particularmente fecundo em obras caritativas, como mostra o grande número de congregações religiosas fundadas nessa época para atender os pobres, nos mais diversos setores. A título de exemplo é fundada a Congregação Salesiana de Dom Bosco (1815-1888). Outra obra nessa mesma linha da assistência social é a de Adolf Kolping (1813-1865), organizador de associações católicas de operários alemães com a finalidade de oferecer aos jovens trabalhadores uma formação completa. Fundada em 1849, a obra se espalhou rapidamente pela Europa Central e atingiu os Estados Unidos. Kolping não era um teórico, mas um sacerdote prático, preocupado com a sorte da juventude, sobretudo na sua dimensão moral e religiosa.

Os ideais de Harmel inspiraram na Alemanha a Volksverein, uma associação católica de trabalhadores, fundada em 1890 por Franz Hitze (1851-1921) e Ludwig Windthorst (1812-1891), tendo por objetivo primordial melhorar a situação das massas operárias por meio de uma reforma social e a criação de organismos para elevar o nível profissional. Segundo Hitze, os operários deveriam tornar-se econômica, moral e mentalmente capazes de cooperar com o Estado e com a sociedade, na qualidade de pessoas maduras e responsáveis.

A conscientização social

Uma figura de grande influência no desabrochar do catolicismo social é o bispo de Mogúncia, na Alemanha, Dom Wilhelm Emmanuel von Ketteler (1811-1877). Na sua principal obra *A questão operária e o cristianismo* (1864) lança, de forma sistemática, os princípios de uma reforma social de inspiração cristã. Ketteler polemiza de um lado contra os socialistas, particularmente contra seu conterrâneo Ferdinand Lassalle (1825-1864), que viam solução somente numa transformação radical das estruturas sociais. A propósito da famosa frase socialista "*a propriedade é um roubo*", Ketteler observa: "Isso não é propriamente uma mentira. Sem deixar de ser uma mentira, contém uma profunda verdade [...]. De fato, do direito de propriedade nasceu a falsa teoria do comunismo" (apud MATOS, 1990, p. 83). Somente o verdadeiro cristianismo pode oferecer uma solução adequada da questão social e restituir ao homem o autêntico significado do trabalho. Ketteler vê no movimento de associação dos operários o único instrumento eficaz e compatível com a liberdade para conduzir o mundo do trabalho a seu natural posto de protagonista social. Surge assim como o primeiro teórico católico do organismo social com base sindicalista, ideia adotada por Leão XIII e expressa na *Rerum Novarum*.

As ideias sociais de Ketteler recebem respaldo do próprio episcopado alemão que declara em sua conferência, realizada em Fulda (1869), que a Igreja deve trabalhar com todas as suas forças para resolver a questão social. É esse o problema mais importante deste período. Se a Igreja não é capaz de encontrar e aplicar o remédio, deve-se temer que uma solução pacífica da questão social não seja possível.

Na França, em 1823, o já citado Lamennais denuncia a escravidão do operariado reduzido à condição de máquina, como também a falsa liberdade que serve de álibi aos patrões. Também Jean-Baptiste-Henri Lacordaire (1802-1861) reclama por uma legislação do trabalho e a associação operária. Numa conferência na Notre-Dame, em Paris (1846), fala da miséria institucionalizada. Em outra ocasião se opõe radicalmente à desigualdade social como decorrente da vontade de Deus. O protesto do episcopado francês parte, quase sempre, de preocupações de ordem moral, sobretudo da impossibilidade de o operário santificar o domingo; mas, em alguns, o protesto se dirige contra a exploração do homem pelo homem. Vigorosa é a palavra do arcebispo de Lião, Dom De Bonald, que escreve nas suas *Instruções de Quaresma* do ano de 1842:

> O que é o homem para a ambição? Uma máquina que funciona; uma roda que acelera o movimento; uma alavanca que suspende; um martelo que quebra a pedra; uma bigorna que trabalha o ferro. E a criança? Ela não vê na criança senão uma peça da engrenagem que não tem ainda todo seu poder. Eis a seus olhos toda a dignidade da natureza humana. Aos domingos, vós não sofreis com a interrupção dos trabalhos públicos; é necessário que as construções se

levantem, que se cavem os canais, que as máquinas funcionem. A religião vos clama: mas as forças do operário se esgotam! Vossas entranhas não se comovem. Mas o cansaço embrutece sua alma e abrevia sua existência. Vós só sabeis responder: precisamos de produtos e de dinheiro! Mas, a infância fenece. Uma criança baixa ao túmulo, outra toma seu lugar na oficina. É necessário que nossos tesouros se acumulem e que as encomendas fiquem prontas! (apud MATOS, 1990, p. 83).

O sucessor de Dom Belmas, na sede episcopal de Cambrai, Dom Giraud, exclama com indignação na carta pastoral de 1845:

> Será mesmo necessário que o operário morra de corpo e alma para que o patrão chegue mais depressa ao máximo da opulência? A religião protesta contra semelhante opressão da fragilidade do sexo e da idade, que relembra os piores dias de violência pagã e obriga os pais infortunados a imolar seus filhos e filhas, dia e noite, aos demônios da usina, cruel Moloch, insaciável Mamon, que devoram as gerações em flor e matam nelas todo raio de inteligência e todo germe de virtude [...]. E contra essa opressão ainda mais odiosa da consciência, condenada à cruel necessidade, ou de dobrar-se sob as suas ímpias ordens, ou de deixar morrer uma família nas angústias da fome [...] e contra esse código monstruoso de delitos e penas insolentemente arbitrárias que taxa a oração, tarifa as horas dedicadas à instrução cristã, multa a assistência ao serviço divino e fecha a porta da oficina a todos os que, estimando suficientemente sua alma, não querem descer ao estado de bruto ou de máquina [...] (apud MATOS, 1990, p. 83).

Como se pode observar por detrás de preocupações morais esconde-se um real protesto social que no decorrer dos anos ganha uma força e extensão. São essas e muitas outras as inspirações que estarão na encíclica *Rerum Novarum* (1891) de Leão XIII iniciando a Doutrina Social da Igreja. Esses foram alguns aspectos importantes que estão na raiz da elaboração da Doutrina Social da Igreja.

Rerum Novarum (1891), a condição dos operários

A encíclica conferiu à Igreja Católica uma espécie de carta de cidadania. Sem dúvida, a encíclica foi para a ação social cristã aquilo que foram o *Manifesto do Partido Comunista* e *O capital* de Karl Marx para a ação socialista. O documento trata da questão operária, contendo os princípios básicos da Doutrina Social da Igreja que serão retomados, aprofundados e aplicados em sucessivos documentos e pronunciamentos do magistério. A encíclica é o primeiro texto do magistério eclesiástico a estudar seriamente o problema social ocasionado pela industrialização. O texto ao mesmo tempo condenava o liberalismo e o socialismo, mas reconhecia o direito natural à propriedade e sublinhava seu valor social, atribuía ao Estado o papel de promotor do bem comum, da prosperidade pública e da privada, superando o absolutismo social do Estado liberal, reconhecia ao operário o direito a um salário justo, condenava a luta de classes e aceitava o direito de o operário associar-se para defender seus interesses.

A encíclica foi publicada 44 anos depois do aparecimento do *Manifesto* de Marx e aparentemente não foi tão importante para o movimento de emancipação dos operários. Muitas vezes utiliza uma linguagem abstrata, sem analisar a situação real criada pelo capitalismo e também não apresenta uma análise estrutural das causas da miséria da classe operária. Apesar dessas e outras lacunas, o documento representa uma importante postura na história da Igreja Católica.

Essas mudanças na postura da Igreja produziram também dificuldades: não foram poucas as pessoas que pediam a conversão de Leão XIII, que o consideravam entregue às teses marxistas. A outra face da moeda é que em países como a França, Bélgica e Itália nasceu um movimento que se denominou democrata cristão, unindo às aspirações apostólicas a vontade de reformas sociais e uma preocupação política não sempre clara, mas favorável à democracia.

Ao longo do século XX a Igreja Católica tratará inúmeras vezes a questão social por meio de encíclicas, exortações apostólicas, sínodos. A constituição pastoral *Gaudium et Spes* analisa de maneira magistral essa temática social.

Principais encíclicas sociais

Título	Data	Papa
Rerum Novarum	1891	Leão XIII
Quadragesimo Anno	1931	Pio XI
Mater et Magistra	1961	João XXIII
Pacem in Terris	1963	João XXIII
Populorum Progressio	1967	Paulo VI
Octogesima Adveniens	1971	Paulo VI
Laborem Exercens	1981	João Paulo II
Sollicitudo Rei Socialis	1987	João Paulo II
Centesimus Annus	1991	João Paulo II

XXXIV
Condenação do modernismo e reformas intraeclesiais

Introdução

Este capítulo tem por finalidade apresentar, no início do século XX, a crise religiosa modernista e o pontificado de Pio X. O intuito da instituição religiosa era estigmatizar as tendências de determinados exegetas, teólogos, filósofos, historiadores que pretenderam utilizar os métodos de crítica histórica e literária e encontrar pontos de concordância com as descobertas da ciência. A crise atinge sobretudo o universo dos clérigos, seminaristas e intelectuais, mas não o grande público. Surge dentro de uma ciência eclesiástica, há muito tempo paralisada pela desconfiança, incompreensão e as ciências religiosas, alimentadas pela cultura laica e por essas descobertas científicas, elaboradas à margem da ortodoxia. Nesse cenário é eleito Giuseppe Sarto (lema de pontificado "Restaurar tudo em Cristo") no primeiro conclave do século XX, 1903. O novo papa, dentre outras atividades, usará de uma repressão antimodernista. Segundo o historiador italiano, Benedetto Croce, a aceitação das ideias modernistas levariam a Igreja Católica a se transformar em uma pura sociedade humana.

Contra o modernismo

O modernismo e sua consequente crise tiveram seu início nos tempos de Leão XIII, mas seu ponto fulcral se deu no pontificado de Pio X (1903-1914). Esse movimento surge em ambiente universitário liberal. Elaborou um pensamento que consistia na aplicação dos métodos modernos de investigação científica à teologia. O objetivo era abrir o cristianismo às exigências filosóficas e históricas da sociedade contemporânea. Uma tentativa de acolher o pensamento modernista foi realizada na obra filosófica de Maurice Blondel, *L'Action* (1893).

As ideias do modernismo foram aplicadas à teologia e à Sagrada Escritura. As proposições aplicadas no campo eclesiológico tendiam a reduzir a Igreja a uma forma democrática. O modernismo foi a tentativa de conciliar a Igreja Católica com os resultados conseguidos pela crítica histórica. Nesse sentido a Igreja não é hierarquia, mas é originária da consciência coletiva, nascida não da vontade divina, mas da necessidade. Gerada de baixo para cima. As proposições modernistas foram censuradas pela Igreja, mas encontraram adesão pois afastava-se do projeto de Cristandade. Alguns representantes do modernismo tiveram suas obras submetidas ao *Index*. Alguns se reconciliaram com a Igreja e outros foram excomungados. Dois dos protagonistas são o padre francês Alfred Loisy (1857-1940) e o jesuíta inglês George Tyrrell (1861-1909). O primeiro, excomungado, interpretava em sentido escatológico a pregação de Jesus; negava a imutabilidade e o valor objetivo dos dogmas; reduzia o valor da autoridade eclesiástica, com total separação entre a fé e a história. O segundo afirmava que se poderia ficar no catolicismo sob condição de distinguir entre a fé viva e a teologia morta, entre a Igreja real e a autoridade que a governa. Foi expulso da Companhia de Jesus e não foi aceito em nenhuma diocese. Mais tarde foi decretada sua exclusão aos sacramentos, mas não a excomunhão.

Na Itália os protagonistas foram Ernesto Buonaiuti (1881-1946) e Romolo Murri (1870-1944). O primeiro, professor de História da Igreja no Seminário Apolinário, e, a partir de 1925, na Universidade de Roma. Rejeitou o intelectualismo escolástico, entrou no campo de pensamento que reduzia o cristianismo a uma tentativa de reforma social e ao radicalismo. Excomungado três vezes (1920, 1924, 1926), foi afastado do ensino e destinado às pesquisas históricas. Em 1931 foi totalmente afastado por se recusar a prestar juramento de fidelidade ao fascismo. Morreu em 1946, recusando-se a reconciliar-se com a Igreja. O segundo, padre e um dos principais animadores da Democracia Cristã. Em 1905, colaborou para a criação da Liga Democrática Nacional, desautorizada por Pio X. Reivindicou a autonomia dos católicos no campo político. Excomungado em 1909, morreu reconciliado com a Igreja.

O pensamento de Pio X e o modernismo

Através da encíclica *Pascendi Dominici Gregis* e do decreto *Lamentabili* (1907) o papa não surpreendeu com o teor desses documentos. Em seu episcopado na Diocese de Mântua já havia se posicionado contra as conclusões falsas das novas correntes científicas. O decreto era basicamente um novo *Syllabus*. São 65 proposições de condenação, retiradas em grande parte dos escritos de Alfred Loisy. Eram denunciadas as novidades perigosas, de maneira especial na arqueologia, na história e na área bíblica. Afirmava a origem divina da Igreja e dos sacramentos. Por sua vez, a encíclica apresentava uma "síntese das heresias"; condenava a rejeição das provas clássicas da existência de Deus e o método exegético da demitização. Recomendava medidas contrárias a essas novidades, como o estudo da filosofia escolástica, dura censura a obras teológicas, distanciamento de docentes filo-modernistas. Para a opinião pública isso foi uma verdadeira caça às bruxas. O ápice foi a criação do *Sodalitium Pianum* (1909-1921), fundado pelo monsenhor Umberto Benigni da Secretaria de Estado, apoiado pelos cardeais DeLai e Vives y Tuto. O organismo foi assim denominado como homenagem a Pio V. Era uma sociedade secreta de delatores de modernistas ou supostos modernistas.

Pio X apresenta, portanto, uma forte condenação ao modernismo. Reprimindo a reconciliação da doutrina cristã com a ciência e o conhecimento moderno. Foi realizada uma caça formal à heresia contra os teólogos reformistas, de maneira especial a exegetas e historiadores. São excluídas do ensinamento as obras de Lagrange, Funk, Delehaye, Duchesne. Em 1910 é imposto aos professores de seminários o juramento antimodernista. Esse juramento deveria ser repetido todos os anos pelos professores. Essas disposições permaneceram durante o pontificado de João XXIII, somente foram retiradas por Paulo VI em 1967. São realizadas visitas apostólicas nos seminários italianos resultando em relatórios às vezes duros por parte dos visitadores. Um dos avaliados nessas visitas foi Ângelo Roncalli, futuro João XXIII. Mais tarde, já no pontificado, João XXIII, ao visitar o Santo Ofício encontrou o seu *dossier* pessoal onde se lia: "*Esse Roncalli permanece sempre como suspeito de modernismo*". João XXIII fez nele a seguinte anotação: "*Eu, Roncalli, Papa João XXIII, posso lhes assegurar que nunca fui modernista*". Essas afirmações estão na entrevista concedida por Bernhard Häring a Valentino Salvoldi (SALVOLDI, 1998, p. 48).

> Depois do Vaticano II, o fenômeno modernista foi reinterpretado com uma atenta leitura crítica, com o objetivo de compreender melhor suas causas e captar seus efeitos. Desse modo, chegou-se a algumas conclusões hoje largamente aceitas: o modernismo não pode ser reduzido à síntese oferecida pela *Pascendi*, porque é um fenômeno amplo e com inumeráveis nuanças; além disso, não pode ser adequadamente compreendido se não se levar em conta também o antimodernismo, isto é, o integrismo que o combateu; a obediência de algumas pessoas foi mais profícua para a Igreja do que a desobediência: à distância no tempo, pode-se dizer que a condenação de Loisy foi justificada e vantajosa para a Igreja, enquanto as

manobras dos integristas, que tiveram como efeito o bloqueio da pesquisa teológica, o aumento das discórdias e serviram de pretexto para as intemperanças no campo exegético e teológico, não ajudaram em nada (ZAGHENI, 1999, p. 260).

Reformas intraeclesiais (*ad intra*)

O Papa Sarto foi um dos grandes reformadores da Igreja. É de sua iniciativa a organização legislativa da Igreja por meio do Código de Direito Canônico. Sua apresentação final realizou-se em 1917 no pontificado de Bento XV. Outras reformas foram na catequese e na liturgia. Organizou um catecismo da doutrina cristã. Na liturgia lançou documentos sobre a música sacra (restauração do canto gregoriano), Breviário (harmonizar Breviário e ano litúrgico) e sobre a Eucaristia (comunhão frequente e idade para primeira eucaristia). Pio X foi canonizado por Pio XII em 1954.

Esse papa veio da gaveta, foi capelão em Tombolo, pároco em Salzano, chanceler do bispado de Treviso, bispo de Mântua e patriarca de Veneza (TRAMONTIN, 1992, p. 99). Eleito no conclave de 1903, cujo favorito era o Cardeal Rampolla, secretário de Estado do Papa Leão XIII. No título de seu lema de pontificado *Instaurare omnia in Christo* e na sua primeira encíclica *E Supremi Apostolatus Cathedra* deixou bem claro quais seriam as conotações principais de seu pontificado. Reconduzir a humanidade a uma ordem eclesial, condenar as conclusões falsas da nova corrente científica. Daqui sairão uma série de reformas e condenações.

Uma das reformas mais importantes do ponto de vista estrutural foi a reestruturação da Cúria Romana. A reforma, segundo o papa, deveria seguir três direções: suprimir os organismos inúteis, alguns relativos à administração do Estado Pontifício (de 20 congregações restaram 11), fixar as atribuições de cada um dos dicastérios (particularmente a Congregação consistorial, responsável pela nomeação dos bispos, governo das dioceses e seminários), distinguir o poder administrativo do judiciário, de responsabilidade de três tribunais: Rota, Penitenciaria e da *Signatura* Apostólica.

Juntamente com a reforma da cúria, deveria ser realizada uma compilação do Código de Direito Canônico. A Igreja necessita de um código, assim como o fez Napoleão e os estados modernos. Era uma obra de grande fôlego, prevista para durar vinte anos, graças ao monsenhor Pietro Gasparri e seus colaboradores, durou treze. Pio X não chegou a ver o resultado e, seu sucessor, Bento XV, em 1917, em plena Guerra Mundial, o promulgou. Naquele tempo foi considerado um verdadeiro monumento da ciência jurídica, mesmo se seu conteúdo é relativo a uma Igreja rígida dentro de uma estrutura hierárquica inspirada no Concílio Vaticano I e nas encíclicas leoninas.

Aqui se revelam as premissas para uma reforma da vida interna da Igreja. Tudo começando pela formação cristã das crianças e adultos. Havia a necessidade de começar uma eficaz instrução catequética e Pio X na encíclica *Acerbo Nimis* (EE, vol. 4, 1905) frisou a importância dessa formação com uma série de prescrições práticas para a preparação para a primeira comunhão e Crisma. Afirmou que era necessário explicar o catecismo todos os domingos e festas do ano durante uma hora (*Acerbo*, n. 14). Era urgente fundar associações denominadas Congregação da Doutrina Cristã em todas as paróquias, para a preparação de bons catequistas leigos, especialmente para as escolas (*Acerbo*, n. 17-18). O papa afirma que "se é coisa vã esperar colheita de terra que não foi semeada, como se pode esperar gerações adornadas de boas obras, se oportunamente não foram instruídas na doutrina cristã?" (*Acerbo*, n. 12). No ano de 1905 também foi publicado um novo compêndio de catequese obrigatório para a Diocese de Roma e para a Região do Lácio, e em 1912 foi publicado o Catecismo de Pio X, em duas edições, uma completa e outra resumida para as crianças.

Esse catecismo apresentava um apêndice elencando as principais festas litúrgicas. Assim, reordenou o calendário com uma redução das festas de preceito. Revalorizou o ciclo litúrgico, com lugar especial dado ao domingo, considerado como o centro das celebrações litúrgicas. A restauração do canto gregoriano e as minúcias sobre a música sacra com a encíclica *Musicae Sacrae* (1903). Em relação à prática sacramental, especialmente a eucarística, Pio X publicou dois documentos fundamentais: o decreto *Sacra Tridentina Synodus* (1905), se reportando às exortações do Concílio de Trento e superando a mentalidade jansenista, exortava os fiéis a se aproximarem mais frequentemente à Eucaristia; o outro documento *Quam Singular Christus Amore* (1910), resgatou um conceito tomista e estabeleceu que para uma criança receber a Eucaristia era suficiente distinguir o pão de casa daquele eucarístico. Assim fixou a data para a admissão ao sacramento entre 7 e 8 anos de idade.

Reformou as normas para a eleição papal introduzindo o dever de maior segredo e abolindo qualquer direito a veto vindo de fora do conclave. O conclave que o elegeu foi o último com intervenção externa. Por obra do papa, a Diocese de Roma foi a primeira do mundo a ter um ofício para a Ação Católica, supondo assim a estima que Pio X tinha em relação aos leigos. Para o papa, os leigos deveriam colaborar no setor estritamente religioso: catequese, devoções, caridade. Assim, restringia o campo de atuação do laicato.

Relações *ad extra*

Pio X demonstrava reservas em relação ao sindicalismo, não lhe pareciam sequer cristãs certas formas de lutas, como as greves e a ocupação de terras. Devido às suas atitudes conservadoras provocou conflitos que levaram a rupturas. Em 1904 a França rompeu a relação diplomática com o Vaticano e em 1905 publicou uma legislação de laicização. Isso levou à revogação da concordata de 1801 e a separação entre Estado e Igreja. Com isso, a Igreja ficou completamente privada de sua influência na escola, o patrimônio eclesiástico foi nacionalizado, a Igreja reduzida a uma simples associação privada. Algumas soluções foram apresentadas, sempre em aliança com o Estado, para salvar a estrutura religiosa. O papa não aceitou e preferiu uma Igreja pobre, mas livre. A ação resultou positiva, em pouco tempo o catolicismo na França cresceu e retomou sua energia. De 1906 a 1914 somente na Diocese de Paris foram construídas mais de cem igrejas, as ordens religiosas e as escolas privadas da Igreja puderam continuar funcionando e multiplicaram.

Sua política externa rejeitou as tendências democráticas e parlamentaristas e permitiu que laços políticos e diplomáticos com a França e a Espanha fossem rompidos. Na Itália, sancionou medidas contra os democratas cristãos e, na Alemanha, tomou partido das associações de trabalhadores católicos contra os sindicatos cristãos. Reprimiu a reconciliação da doutrina católica com a ciência e o conhecimento moderno. Fez uma espécie de caça formal à heresia contra todos os teólogos reformistas, de maneira especial, aos exegetas e historiadores, citados acima. Em 1913 o papa determinou que a renovada Congregação do Santo Ofício deveria assumir o adjetivo *suprema*. No início do século XX, a Igreja coloca nas mãos do papa a direção desse organismo burocrático e centralizador, à procura de condenação dos erros. A discussão deve ser estabelecida ao se perguntar: esse gesto é uma antecipação dos estados ideológicos ou passo na redução radical do pluralismo, da diversidade, sob o pretexto de erro? (ALBERIGO, 1975, p. 1.209-1.222). A notícia do começo da Primeira Guerra Mundial (1914), deixou Pio X profundamente perturbado. Faleceu aos 20 de agosto de 1914. Foi sepultado nas grutas vaticanas. Na Basílica São Pedro foi construído um monumento em sua honra.

XXXV
Movimentos de renovação

Introdução

Os movimentos bíblico, litúrgico e ecumênico foram a porta de entrada do sujeito moderno na Igreja. Surgem no século XIX e deslancham no século XX. Os albores do Vaticano II também têm sua gestação nesses movimentos. O movimento ecumênico, por exemplo, nasceu fora da Igreja Católica. Em Edimburgo (Escócia) em 1910, missionários protestantes organizaram uma conferência para estudar as possibilidades e os meios de união em vistas de uma única evangelização cristã. Nascia o movimento ecumênico. Em 1960, no pontificado de João XXIII foi criado o Secretariado para a União dos Cristãos, presidido pelo cardeal jesuíta alemão Augustin Bea. O movimento nasce no mundo protestante por razões de evangelização e assume relevância na Igreja Católica à medida que teólogos desposam tal projeto.

A apresentação sintética desses movimentos de renovação tem por objetivo demonstrar que, antes do Vaticano II, uma nova teologia nasce e terá influência não somente no seu tempo, mas aterrissará no concílio. O estudo desses movimentos também ajuda a refletir sobre as práticas na atualidade.

Teologia e os movimentos bíblico, ecumênico e litúrgico

As questões relativas ao mundo teológico (COLOMBO, 1974, p. 99-101) tomaram muito tempo de Pio XII prejudicando outras atividades. A influência da Cúria Romana funcionou praticamente durante quase todo seu pontificado. Exemplo disso é o caso dos padres operários franceses, experiência interrompida por Roma. Outro fato foi a proibição de lecionar e publicar imposta a teólogos de renome, já citados. O livro de Chardin, *O fenômeno humano*, acabou impresso numa editora não católica. Esses e outros casos idênticos pareciam justificar a queixa frequentemente ouvida de que dentro da própria Igreja existia uma opressão espiritual. A crise já estava estabelecida e era desejo do papa convocar um concílio. Discretamente foram realizados os primeiros preparativos, mas seu estado de saúde, cada vez mais precário, impossibilitou a continuação dos planos.

O evento que estava por vir apresentaria, para o interior da Igreja, grandes novidades. O Vaticano II tornou-se célebre por ter, ainda que *a posteriori*, revalorizado a reflexão teológica do dominicano Yves Congar, próximo dos padres operários; a teologia dos jesuítas Henri de Lubac e Jean Daniélou, colocados de lado durante o pontificado de Pio XII. Esses teólogos não cessaram, no entreguerras, de invocar uma abertura da Igreja em relação ao mundo moderno, pagando um preço alto por seu pensamento e posturas.

O *aggiornamento* proposto pelo concílio abriu as portas do Vaticano para o mundo e deixou o espírito do tempo penetrar seus aposentos e suas estruturas. A Igreja Católica do século XXI necessita continuar nesse barco como ponto de partida e relacionar no eterno diálogo com a sociedade contemporânea. A tendência tridentina cada vez mais vai se tornando minoria. E, dentro do processo histórico que foi sendo gestado, vão sendo colocados os pilares do diálogo com a Modernidade. Diálogo ecumênico que terá seu evento maior no Vaticano II, Concílio da Modernidade que teve a arte de reconciliar a Igreja Católica com o mundo moderno.

Os movimentos bíblico, ecumênico e litúrgico, dominaram as décadas de 1920 e 1930, e inspiraram a consciência crescente por toda a década de 1940. Mesmo com toda sua rigidez, Pio XII teve iniciativas de abertura.

A **exegese bíblica**, que ficara para trás em relação à ciência bíblica protestante, aprendeu desta o aproveitamento das ciências auxiliares, como por exemplo, a linguística, a arqueologia e a ciência de religiões comparadas. Aceitou-se a questão dos diversos gêneros literários da Escritura como um elemento para interpretá-la. Em 1947, iniciou-se um conjunto de descobertas junto ao Mar Morto, num antigo mosteiro da região de Khirbet Qumran, de manuscritos bíblicos do Antigo Testamento e das Regras de Vida que regulavam a vida de monges de tradição essênia. Esses manuscritos também oferecem uma contribuição para um melhor conhecimento da situação sociorreligiosa do período da constituição do Novo Testamento. Pio XII incentiva os trabalhos corajosos dos exegetas católicos, sobretudo os do Pontifício Instituto Bíblico de Roma. Será confessor do papa o Padre Bea (jesuíta, alemão), reitor do instituto e importante exegeta. Mais tarde será cardeal e um grande protagonista do diálogo ecumênico. Na carta encíclica *Divino Afflante Spiritu* (1943) (EE, vol. 6, 1995), o papa valoriza as conquistas da ciência moderna: arqueologia bíblica, papirologia, descoberta de novos manuscritos, conhecimento e interpretação dos gêneros literários antigos. Nesse sentido, abre-se uma nova era para o estudo da Escritura.

O **movimento ecumênico** no século XVI desencadeou uma experiência marcante na história do cristianismo: cisão pela Reforma Protestante. A Igreja Católica responde a esse acontecimento com o Concílio de Trento (1545-1563) que levou à Contrarreforma. Junto com a Reforma Protestante despontava a Modernidade. A Igreja rejeitará todos os aspectos do mundo moderno. O movimento ecumênico romperá com esse império pré-moderno introduzindo na Igreja elementos da Modernidade.

Esse movimento nasce fora da Igreja Católica. Em Edimburgo, na Escócia em 1910, missionários protestantes organizaram uma Conferência para estudar possibilidades e os meios de união em vistas de uma única evangelização cristã. Nascia o movimento ecumênico. No entanto, a Igreja Católica conhecia unicamente a teologia do retorno. Pio XI, no documento *Mortalium Animos* (1927) apoiava a "verdadeira união religiosa". Afirmava que se os católicos apoiassem os encontros ecumênicos eles dariam aval a uma falsa religião muito estranha à única verdadeira Igreja de Cristo. Aos poucos essa posição foi mudando. Em 1960, no pontificado de João XXIII foi criado o Secretariado para a União dos Cristãos, presidido pelo Cardeal Bea. "Como os protestantes tinham desenvolvido muito mais do que os católicos os estudos bíblicos, o movimento ecumênico entrelaçou-se com o movimento bíblico. A proximidade exegética facilitou a confessional e vice-versa. Os dois movimentos fecundaram-se mutuamente" (LIBANIO, 2005, p. 31). Assim, o movimento ecumênico nasce no mundo protestante por razões de evangelização e assume relevância na Igreja Católica à medida que teólogos desposam tal projeto.

O **movimento litúrgico** vinha sendo germinando há muito tempo na Igreja. O monge beneditino de Solesmes (França), Dom Guéranger (1805-1875), havia lançado as sementes do que será no século XX o movimento. Em 1909, Dom Lambert Beauduin apresenta no Congresso de Malines (Bélgica) um estudo sobre a participação dos fiéis no culto cristão. As suas ideias desencadeiam o movimento litúrgico. O Mosteiro de Mont César (Bélgica) será o polo irradiador com publicações enviadas a vários lugares. O movimento não inventa coisas novas, mas enverada-se pelo caminho de ir às fontes históricas, arqueológicas e filológicas da liturgia. A centralidade está em desenvolver uma espiritualidade comunitária, ressuscitando a força das celebrações e tempos litúrgicos, em oposição ao individualismo religioso, alicerçado em devoções particulares.

A Primeira Guerra (1914-1918) interrompeu o impulso do movimento litúrgico, que reacende sua chama depois da guerra. Da Bélgica, irradia-se para a Holanda, Itália, Áustria e Alemanha. A Abadia de Maria Laach na Renânia, sob a direção do teólogo liturgista Odo Casel, leva o movimento a grandes momentos de esplendor.

Paris, depois da Segunda Guerra (1939-1945), constitui-se num viveiro de novas experiências litúrgicas. O Centro de Pastoral Litúrgica e mais tarde o Instituto Superior de Liturgia de Paris irradiam com seus cursos, ministrados por renomados professores, novo espírito.

O movimento litúrgico empenha-se na tradução dos textos litúrgicos que se tinham tornado cada vez menos inteligíveis à medida que os povos se afastavam da língua original. O Papa Pio XII entra no movimento ao publicar a encíclica *Mediator Dei* (1948) (EE, 6, 1995). Seu pensamento é um nítido contraste com o imobilismo e rubricismo da Congregação Romana dos Ritos, defensora da intangibilidade da liturgia. O papa proclama o valor espiritual e pastoral da liturgia, portanto, incentiva o movimento litúrgico. Está aberto o caminho para que o Vaticano II faça a renovação litúrgica em profundidade.

Outro fator importante foi o reencontro com os Santos Padres e o estudo da história eclesiástica que beneficiaram a dogmática e o movimento litúrgico. A influência do pensamento medieval e de Tomás de Aquino deram lugar a um diálogo com o existencialismo moderno e a filosofia fenomenologista. O jesuíta francês Pierre Teilhard de Chardin (1881-1955) empreendeu uma tentativa inédita de conciliar fé e ciência: sua visão evolucionista do mundo e da humanidade inspirou uma nova e mais ampla inteligibilidade da existência humana, também em sua dimensão religiosa.

XXXVI
Catolicismo e a explosão da violência: guerras e totalitarismos

Introdução

A finalidade deste capítulo é apresentar a violência que causou a Primeira Guerra Mundial, os totalitarismos do entreguerras, a Segunda Guerra Mundial e a reação do catolicismo diante dessas atrocidades. A escalada da violência nessa primeira parte do século XX causa horrores numa sociedade que se supunha cidadã e construtora do ideário democrático. As crises econômicas geraram uma enorme instabilidade política na Europa. Vários países participaram diretamente na Primeira Guerra, movidos por objetivos expansionistas, por força dos tratados, por temor de perder posições conquistadas, por prejuízos econômicos. Os participantes principais foram: de um lado, Sérvia, Rússia, França, Bélgica, Inglaterra, Japão, Itália e Estados Unidos; do outro, Áustria-Hungria, Alemanha, Império Turco e Bulgária. Praticamente todo o mundo sofreu, de uma forma ou de outra, as consequências da grande guerra. Essa é uma das razões por que essa tragédia é denominada Primeira Guerra Mundial. As potências diretamente envolvidas no conflito mantinham relações mais ou menos estreitas com todos os países e o resultado obrigatoriamente afetaria a todos os territórios. No período intermediário os totalitarismos se fortaleceram e a Europa viu a ascensão de regimes ditatoriais em seu território, os que serão tratados aqui são o nazismo e o fascismo. Sempre analisando a relação e reação do catolicismo. O papa sucessor de Pio XI, Pio XII (1939-1958) confrontou-se por primeiro com a continuidade da violência que foi a Segunda Guerra Mundial. Seu pontificado está num emaranhado de discussões historiográficas. Durante o conflito não condenou oficialmente aos países em luta, preferindo intervenções indiretas e diplomáticas.

Catolicismo e a Primeira Guerra Mundial

Numa linha intermediária e de grande importância histórica para a compreensão da Modernidade está o pontificado de Bento XV (1914-1922). O papa envolveu-se na mediação com a Primeira Guerra Mundial, mas sem sucesso. O caos global da guerra (1914-1918) tornou evidente que os principais valores da Modernidade estavam em crise: a absolutização moderna da razão, do progresso, da nação e da indústria. A total crença na razão, no progresso, no nacionalismo, no capitalismo e no socialismo fracassara. A Europa estava pagando um preço alto com os movimentos reacionários do fascismo, nazismo e comunismo. Esses movimentos idealizavam de uma maneira moderna, a raça, a classe e seus líderes impediram uma ordem mundial nova e melhor.

A Primeira Guerra colocou em marcha a revolução global que se tornaria explícita após a Segunda Guerra Mundial: a mudança do paradigma eurocêntrico de Modernidade, que tinha uma marca colonialista, imperialista e capitalista. O novo paradigma que começara a se desenvolver da Pós-modernidade seria global, policêntrico e de orientação ecumênica. A Igreja Católica reconhecera isso somente em parte e um pouco tarde (ZAGHENI, 1999, p. 213-214).

O papa e a guerra

Giacomo Della Chiesa, eleito em 3 de setembro de 1918, de família nobre, ligada aos duques de Spoleto. Foi secretário de

Monsenhor Rampolla, na nunciatura de Madri. Em 1907 foi nomeado arcebispo de Bolonha. Será basicamente o papa da guerra, um dos pontificados mais difíceis do século XX. Em sua primeira encíclica *Ad Beatissimi Apostolorum Principis* (1914) ao se referir à guerra escrevia,

> mas não é somente a atual e sangrenta guerra que aflige as nações e amargura o nosso espírito. Há outra furibunda guerra, que corrói por dentro a sociedade moderna: guerra que assusta todas as pessoas de bom-senso, porque além de ter acarretado e de ainda acarretar para o futuro tantas ruínas para as nações, deve ser considerada ela própria a verdadeira origem da funestíssima batalha atual (EE, vol. 4, n. 374).

A guerra coincide com a queda da civilização ocidental do século XIX. Esse conceito é ilustrado com objetividade pelo historiador Eric Hobsbawm que, ao analisar o século XIX, divide-o em idade das catástrofes, idade de ouro e nova idade de catástrofe.

> A Primeira Guerra Mundial marcou o fim da civilização ocidental do século XIX. Essa civilização era capitalista na economia, liberal na estrutura institucional e jurídica, burguesa na imagem característica da classe que detinha a hegemonia social. Era uma civilização que se vangloriava dos progressos da ciência, do saber e da instrução; que acreditava no progresso moral e material; estava profundamente convicta da centralidade da Europa, lugar de origem das revoluções nas ciências, nas artes, na política e na indústria; a sua economia espalhara-se por todo o mundo, assim como os seus soldados tinham conquistado e submetido a maioria dos continentes. [...] Os decênios que vão da explosão da Primeira Guerra Mundial aos resultados desastrosos da Segunda foram, para essa sociedade, uma idade catastrófica. Durante quarenta anos ela passou de uma calamidade a outra... (HOBSBAWM, 1996, p. 18-19).

Bento XV na sua primeira mensagem de 8 de setembro de 1914 condenava a guerra e a definia como "espetáculo monstruoso", "flagelo da ira de Deus". Na sua primeira encíclica citada anteriormente, afirmava que a guerra é um "tremendo fantasma", "espetáculo atroz e doloroso" e uma "horrenda carnificina que desonra a Europa", "um mundo feito ossuário e hospital". Na sua nota de 1º de agosto escrevia que a guerra era a mais "inútil tragédia". Nos escritos há uma dura e decidida condenação à guerra. Nessa nota de agosto lançou uma série de propostas: desarmamento simultâneo e recíproco, liberdade dos mares, recíproca condenação dos danos da guerra, restituição dos territórios ocupados. Todas as partes envolvidas na guerra instrumentalizaram as propostas de Bento XV.

Diante dos apelos e propostas falidos, não restava outra medida que a de aliviar os danos morais e materiais produzidos pela guerra: troca de prisioneiros, busca pelos dispersos, ajuda econômica calculada em mais de 82 milhões de liras (moeda italiana antes do Euro) às populações que mais estavam sofrendo privações e sofrimentos devido ao conflito. O seu discurso para o Natal de 1921 é praticamente um testamento espiritual que contém apelos para uma paz justa, para a organização de tratados não punitivos, para uma organização internacional. Com a tragédia da guerra é colocado em xeque o colonialismo europeu e também a ação missionária. O Papa Bento XV com a encíclica *Maximum Illud* (1919) adequa a atividade missionária com a constituição de Igrejas indígenas, com um clero autóctone-indígena.

Nesse pontificado terminou a atividade antimodernista e no ano de 1921 fechou o *Sodalitium Pianum* e, particularmente, aprovou a constituição do Partido Popular italiano, aconfessional, mas de inspiração cristã, fundado em 1919 pelo Padre Luigi Sturzo.

Situação da Europa no entreguerras

Entre as décadas de 1920 e 1940, uma profunda crise econômica atingiu diferentes países do mundo, e as potências econômicas passaram por transformações sociais. Nesse período, na Europa, cresceu em alguns setores sociais a crença na "superioridade de uma raça", transformada, na Alemanha, em doutrina de Estado que levou à discriminação e até mesmo ao extermínio dos considerados "diferentes". Essas situações, dentre outras, fizeram surgir um Estado totalitário e este se generalizou na Europa. O primeiro Estado a adotar esse tipo de governo foi a Itália, com Benito Mussolini, que implantou o fascismo no país. Em seguida, Adolf Hitler instalou o nazismo na Alemanha, cujo regime pode ser apontado como exemplo extremo do totalitarismo de direita.

A Itália, depois da Primeira Guerra Mundial pretendia anexar alguns territórios como compensação de suas perdas na guerra. Não conseguiu e a população estimulada por vários políticos entrou numa fase perigosa de exaltação nacionalista. Em 1920, os fascistas iniciaram sua prática de métodos violentos: invadiram as sedes dos partidos de esquerda e dos sindicatos, destruindo tudo e matando os líderes. O Deputado Giacomo Matteotti, um desses líderes denunciou em sessão parlamentar esses métodos violentos dos fascistas e também as fraudes eleitorais. Em seguida foi sequestrado por milicianos fascistas e assassinado (1924), assim como os outros que manifestaram oposição ao regime. Em janeiro de 1925, Mussolini anunciou o estabelecimento de um regime totalitário. Ele tornava-se o ditador absoluto da Itália.

A Alemanha, uma grande perdedora da guerra, estava mergulhada numa confusão política e em grandes dificuldades econômicas. Nesse quadro caótico surgiu Adolf Hitler e seu nacional-socialismo, o nazismo. Em 1925 publicou seu livro *Minha luta*, base de sua doutrina e filosofia política do futuro Estado nazista. Pregava a superioridade do povo alemão e um nacionalismo extremado. Atribuía os males da Alemanha aos judeus. A crise na Alemanha se aprofundou a partir de 1930, devido à Crise de 1929 (queda da bolsa de Nova York), criando assim as condições para o crescimento dos partidos Nazista e Comunista. Nas eleições os nazistas elegeram 107 deputados, os comunistas 77. Em 1932, Hitler perdeu as eleições. A alta burguesia pressionou o Presidente Hindenburg que acabou convidando Hitler para a chefia de governo. Em 1933, este mandou incendiar o Parlamento alemão e pôs a culpa nos comunistas, iniciando a repressão, o Partido Comunista foi declarado fora da lei. Nas eleições de 1933, os nazistas conseguiram 44% dos votos, dando a Hitler plenos poderes. Em 1934, com a morte de Hindenburg, Hitler não convocou novas eleições. Um plebiscito confirmou a decisão e legalizou o totalitarismo na Alemanha. O totalitarismo também foi instalado em outros países europeus como Espanha (Francisco Franco).

Catolicismo, Pio XI e os totalitarismos

O sentido do pontificado de Pio XI, Ambrogio Damiano Achille Ratti (1922-1939), no entreguerras, deve ser compreendido dentro dos acontecimentos políticos de seu tempo: uma humanidade oprimida pelos totalitarismos gerados pela sociedade de massa, as profundas diferenças ideológicas que tornaram particularmente durante a guerra civil, os valores cristãos e a Igreja hostilizados e perseguidos. O desenrolar desse pontificado acontece durante a dramaticidade de grandes eventos que marcam o mundo contemporâneo: fascismo, nazismo, totalitarismo stalinista. Todo esse contexto justificava, de certo modo, sua política concordatária realizada na Itália por meio dos Pactos Lateranenses (1929). O desenvolvimento de suas atividades será explicitado por suas encíclicas: *Non Abbiamo Bisogno* (1931), *Quadragesimo Anno* (1931), *Mit brennender Sorge* (1937), em seguida a condenação do comunismo ateu, *Divini Redemptoris* (1937).

Pactos Lateranenses – Tratados de Latrão (1929)

Os Pactos Lateranenses encerram a Questão Romana iniciada em 1870 quando da não aceitação de Pio IX da unificação italiana.

A Santa Sé reconhece o novo reino da Itália e esta, a soberania da Cidade do Vaticano (29km²), a religião católica como religião do Estado italiano, as prerrogativas jurídicas para órgãos e pessoas do governo da Igreja, direito de legação, liberdade para conclaves e concílios. Outro documento que compõe esses tratados é a concordata entre Santa Sé e Itália. Os artigos afirmam a liberdade de exercício do poder espiritual, privilégios eclesiásticos, reordenação da propriedade eclesiástica, comunicação ao governo das nomeações episcopais e juramento de fidelidade ao poder civil, efeito civil do matrimônio religioso, restrição da Ação Católica ao âmbito espiritual, ensino religioso nas escolas públicas, padres e bispos deviam falar a língua italiana. Com o não cumprimento de diversos artigos da concordata, Pio XI condena o regime fascista com a encíclica *Non Abbiamo Bisogno* (1931). Condena sobretudo o uso da violência e a concessão monopolista na educação da juventude.

Concordata da Santa Sé com a Alemanha (1933)

A Igreja Católica estava diante de um enorme dilema, ou assinava uma concordata com a Alemanha ou seria eliminada do *Reich* (império). Assim, a concordata é assinada e alguns de seus artigos afirmam a liberdade de comunicação com a Santa Sé, escolas confessionais, controle da Igreja na formação do clero, dar a conhecer ao Estado os bispos nomeados, juramento de fidelidade, os membros do clero deveriam ser de nacionalidade alemã, coincidência entre as circunscrições eclesiásticas e as fronteiras políticas, proibição aos eclesiásticos de se filiar a partidos políticos (o objetivo era atingir o Zentrum, partido político orientado por valores católicos).

A partir de 1934 vários militares e lideranças da Ação Católica foram assassinados, iniciando uma forte perseguição às organizações católicas. Após diversos protestos (34 vezes em quatro anos) contra a ruptura da concordata e contra o totalitarismo do Estado, Pio XI escreveu uma encíclica dirigida ao povo alemão, *Mit brennender Sorge* (Com profunda preocupação – 1937). O texto foi preparado em sigilo com a colaboração do Cardeal Michael von Faulhaber e introduzida clandestinamente na Alemanha e lida no Domingo de Ramos. A encíclica denunciava as violações da concordata e a luta aberta contra a Igreja, condenava a doutrina nazista (tendência panteísta: divinização da raça, do povo e do chefe de Estado) e denunciava a hostilidade ao Antigo Testamento e a recusa de reconhecimento de uma moral objetiva universal. A Gestapo (polícia secreta de Estado) recolheu os exemplares e fechou doze gráficas. Não houve um protesto coletivo do episcopado alemão. Quando Hitler foi a Roma em 1938, Pio XI deixou a cidade em protesto.

Poucos dias após a publicação da encíclica contra o nacional-socialismo o papa condenava o totalitarismo comunista com a encíclica *Divini Redemptoris* (1937). Reprovava a visão materialista do ser humano, o absolutismo da luta de classes, o totalitarismo dos regimes comunistas; oposição absoluta entre cristianismo e marxismo. A denúncia do ateísmo está muito mais relacionada às manifestações stalinistas do que à doutrina marxista em si.

Diante das medidas racistas baixadas na Itália, em junho de 1938 e também porque na Alemanha o problema judaico ia se agravando, Pio XI confiou ao padre jesuíta americano John La Farge a tarefa de preparar um texto sobre a unidade do gênero humano, destinada a condenar em especial o racismo e o antissemitismo. O esboço do texto chegou às mãos do papa somente no final de 1938. O papa estava doente e, em seguida morreria, a encíclica *Humani Generis Unitas* (A unidade do gênero humano), que jamais foi publicada oficialmente. Anos depois historiadores a encontraram e o texto foi publicado com um longo comentário e é de enorme atualidade. No Brasil a encíclica (e este longo comentário) foi publicada pela Editora Vozes com o título *A encíclica escondida de Pio XI, uma oportunidade perdida pela Igreja diante do antissemitismo.*

Ação Católica

A Ação Católica (movimento de leigos), organizada nesse pontificado, está na base da preparação do Concílio Vaticano II. Apesar dessa intenção inicial, os leigos da Ação Católica levaram os colegiais (JEC), os universitários (JUC), os operários (JOC, ACO), o mundo rural (JAC) e pessoas dos meios independentes (JIC) a inserirem-se nos seus ambientes específicos a tal ponto que eles trouxeram para dentro da Igreja toda a problemática e reflexão moderna que em tais situações se vivia. Essa atuação do laicato no mundo, seu engajamento, assumindo compromissos políticos, levaram a uma maior participação dentro da Igreja, requerendo uma maior formação espiritual e teológica. É aí que esse laicato se defronta com os problemas da Modernidade. Os grandes pensadores Yves Congar, Jacques Maritain e Emmanuel Mounier desenvolveram reflexões teológicas sobre a presença do leigo cristão na Igreja e no mundo. Toda essa mentalidade estava caracterizada pelos sinais da Modernidade.

Ainda o Papa Pio XI, como seu antecessor, encorajou o clero autóctone nas missões (encíclica *Rerum Ecclesiae*, n. 175-179). Numa encíclica antiecumênica, *Mortalium Animos* (1928), explicou longamente por que os católicos foram proibidos de participar da grande conferência de Lausanne, realizada pela Organização Fé e Ordem, uma predecessora do Conselho Mundial de Igrejas, em 1929. Na encíclica o papa apresentou duas razões: o indiferentismo religioso e a concepção escatológica de unidade que reinava naquele momento no movimento ecumênico protestante. Em 1930 lança o documento *Casti Connubii*, reitera a santidade do matrimônio e proíbe aos católicos o uso de qualquer forma artificial de controle da natalidade e reafirma a proibição ao aborto. Uma encíclica de enorme valor foi publicada em 1931, *Quadragesimo Anno*, reafirma o pensamento de Leão XIII e examina os novos desenvolvimentos econômicos para descobrir a raiz da crise social. O intuito era comemorar os quarenta anos da *Rerum Novarum*. O documento apresenta temas fundamentais da organização econômica da sociedade, do direito de propriedade, do salário, do comunismo e do socialismo, propondo uma restauração da ordem social segundo o Evangelho. Conceitos novos no estudo do campo social também são apresentados nesse texto: justiça social, bem comum, defesa da propriedade privada, o justo salário. A encíclica teve enorme repercussão no mundo católico e contribuiu para a preparação de um laicato maduro no campo político e social.

Catolicismo, Pio XII e a Segunda Guerra Mundial

A Segunda Guerra Mundial (1939-1945), dentro de sua brutalidade irracional, provocou a morte de milhões de pessoas entre civis e militares. Alguns historiadores calculam que o conflito produziu cerca de 55 milhões de mortos, 35 milhões de feridos, 20 milhões de órfãos e 190 milhões de refugiados. A guerra alterou profundamente a correlação de forças no mundo: a Europa perdeu sua importância política, social e econômica, enquanto os Estados Unidos e a União Soviética saíram fortalecidos e centros da política internacional. O surgimento dos novos países da África e da Ásia, alguns desligados do Ocidente e do Oriente, fez com que as grandes potências estendessem até eles suas disputas. Dentro desse entrechoque de interesses nasceu a ONU (Organização das Nações Unidas) para resolver os problemas e disputas internacionais, especialmente para evitar uma guerra atômica, que seria catastrófica para a humanidade.

Pio XII (1939-1958), sucessor de Pio XI, fazia ressurgir o projeto de uma civilização cristã. Eugenio Maria Giuseppe Giovanni Pacelli, que havia sido núncio em Munique teve um pontificado de extremos. Isso se explica pelo notável contraste entre sua figura e orientação e as de seu sucessor João XXIII (o papa do século). Representava a encarnação do papado em toda a sua dignidade e superioridade. Herdara de seu antecessor uma Igreja fortemente centralizada. As atividades deste papa foram tendo outro tom diante, principalmente, de suas relações com a Alemanha e o nazismo. Nesse sentido seu pontificado foi extremamente criticado – por uns que afirmavam a ausência de manifestações públicas do papa na questão judaica do holocausto – e defendido – por aqueles que diziam que o papa estava realizando tudo o que estava a seu alcance por vias diplomáticas.

O magistério de Pio XII poderá ser compreendido por meio de suas mensagens, discursos e encíclicas. Seu pontificado pode ser considerado como o último da era antimoderna medieval. Teve diversos aspectos autoritários: rejeitou as doutrinas evolucionistas, existencialistas, historicistas e suas infiltrações na teologia católica foram de grande relevância, como as censuras aos estudiosos como Maritain, Congar, Chenu, De Lubac, Mazzolari, Milani e os padres operários franceses.

A situação mundial e mesmo, em muitos aspectos, no interior da Igreja respirava um ar desejoso de novidades. Pio XII via de forma positiva as reformas, mas sua atitude tendia para uma prudência exagerada. Tinha profunda intuição das radicais mudanças que se anunciavam no mundo e da necessidade, por parte da Igreja, de não perder o contato vital com essa realidade. No entanto, a sua extrema prudência transparente em seus atos não era apenas devido ao seu caráter e formação. Dentro do ambiente conservador da Cúria Romana e pelas circunstâncias históricas pode-se ter um quadro amplo de suas atitudes.

Sua preocupação cada vez maior para com uma Igreja envolvida num mundo de agitações e tensões revolucionárias explica, em parte, por que começou a concentrar o governo em suas mãos. Pacelli via na exposição da doutrina da Igreja em face dos muitos problemas do mundo moderno sua missão mais importante. Publicou grande número de encíclicas. Em 1947 a *Mediator Dei*, sobre a liturgia, situada entre tendências arqueológicas e novidades quase revolucionárias, é um prelúdio da reforma litúrgica encaminhada em 1951 com a nova tradução do Saltério, a nova liturgia da Semana Santa, a permissão de celebrar missas vespertinas, a nova disciplina do jejum eucarístico, a faculdade de usar para os sacramentos rituais bilíngues. Em 1943, durante a guerra foram publicadas as encíclicas *Mystici Corporis*, também um combate à nova teologia (*nouvelle théologie*), e a *Divino Afflante Spiritu*; era possível visualizar a tentativa de uma nova eclesiologia, definindo e descrevendo uma verdadeira Igreja de Cristo, exortando a um maior e mais rigoroso contato com a Palavra de Deus, uma encíclica sobre os estudos bíblicos. É um impulsionar positivo que encorajava os biblistas a estudarem e oferecerem um progresso às ciências bíblicas. É um marco importante no estudo da Sagrada Escritura e de relevância para o futuro Concílio Vaticano II. A encíclica *Fidei Donum* (1957) apresentava uma nova figura de missionário, dentro de sua diocese e no território de missão; a *Provida Mater Ecclesia* (1947) reconhecia oficialmente a existência de institutos seculares que reuniam sacerdotes. A constituição apostólica *Sponsa Christi* (1952) abria aos claustros a possibilidade de um apostolado externo. A *Humani Generis* (1950) determina a posição do pontífice a respeito da moderna teoria evolucionista, contendo recusa a algumas hipóteses da escola de Teilhard de Chardin (sem citar nomes). Era necessário frear os frutos venenosos oriundos da nova teologia. Uma especial atenção dispensou à mariologia. Em 1950, proclamou o dogma da Assunção de Nossa Senhora.

As questões relativas ao mundo teológico (COLOMBO, 1974, p. 99-101) tomaram-lhe muito tempo prejudicando outras atividades. A influência retrógrada da cúria funcionou praticamente durante quase todo seu pontificado. Exemplo disso é o caso dos padres operários franceses, experiência interrompida por Roma. Outro fato foi a proibição de lecionar e publicar imposta aos teólogos de renome, já citados. Estes que teriam papel importante no Concílio Vaticano II. O livro de Chardin, *O fenômeno humano*, acabou impresso numa editora não católica. Esses e outros casos idênticos pareciam justificar a queixa, frequentemente ouvida, de que dentro da própria Igreja existia uma opressão espiritual. A crise já estava estabelecida e era desejo do papa de convocar um concílio. Discretamente foram realizados os primeiros preparativos, mas seu estado de saúde, cada vez mais precário, impossibilitou a continuação dos planos.

A tendência tridentina cada vez mais vai se tornando minoria. E, dentro do processo histórico que foi sendo gestado, vão sendo colocados os pilares do diálogo com a Modernidade. Diálogo ecumênico que terá seu evento maior no Vaticano II, concílio da Modernidade que teve a arte de reconciliar a Igreja Católica com o mundo moderno. As encíclicas e discursos serão de grande valor para o concílio (MONDIN, 1995, p. 54). Em outubro de 1958 faleceu Pio XII, depois de uma longa enfermidade.

XXXVII
João XXIII (1958-1963)
Transição e renovação, o papa cristão

Introdução

O pontificado de João XXIII se caracterizou por sua eclesiologia profética e sua pastoralidade em continuidade à tradição da Igreja. Seus primeiros gestos pastorais indicavam uma nova orientação para a Igreja. Em 1959 anunciou três acontecimentos eclesiais como projeto de pontificado: Sínodo Diocesano de Roma, revisão do Código de Direito Canônico e um concílio, o Vaticano II. Seu pontificado de *aggiornamento* marcou uma mudança de direção devido à sua intuição na convocação do concílio.

Roncalli, o personagem

Angelo Giuseppe Roncalli nasceu no povoado de Sotto il Monte na Província de Bérgamo, norte da Itália, no dia 25 de novembro de 1881, de família pobre de camponeses. O jovem Roncalli estudou os dois primeiros anos de teologia no seminário de Bérgamo, sendo admitido no ano de 1896 na Ordem Franciscana Secular [então Ordem Terceira], onde professou as regras em maio de 1897. Com uma bolsa de estudos que ganhou de sua diocese foi aluno do Pontifício Seminário Romano onde recebeu a ordenação sacerdotal em agosto de 1904. No ano de 1905 foi nomeado secretário do bispo de Bérgamo, Dom Giacomo Radini Tedeschi, o que lhe possibilitou fazer inúmeras viagens, visitas pastorais e colaborar com múltiplas iniciativas apostólicas como sínodos, redação do boletim diocesano e obras sociais. Colaborou com o jornal católico da Diocese de Bérgamo e foi assistente da Ação Católica Feminina e professor de História da Igreja e Patrologia. Foi como professor no seminário da mesma diocese que aprofundou seus estudos sobre três pregadores católicos: São Francisco de Sales, São Gregório Barbarigo (na ocasião era beato e que depois foi canonizado pelo próprio Roncalli no ano de 1960), e São Carlos Borromeu, de quem publicou as atas das visitas realizadas na Diocese de Bérgamo no ano de 1575. Após a morte do bispo de sua diocese, no ano de 1914, do qual foi secretário, o Padre Roncalli prosseguiu seu ministério sacerdotal em sua diocese, onde pretendia permanecer.

Em 1915 Roncalli foi à guerra defender seu país; pois, nos anos de seminarista em Roma, havia prestado um ano de serviço militar. Roncalli foi convocado como sargento sanitário e nomeado capelão militar dos soldados feridos que regressavam da linha de combate, quando a Itália, após o Tratado de Londres (26/04/1915) renunciou ao acordo com a Tríplice Aliança, entrando na guerra.

A segunda fase de sua vida teve início no ano de 1921 com sua convocação pelo Papa Bento XV (1914-1922) para integrar o Conselho das Obras Pontifícias para a Propagação da Fé, do qual foi presidente, função que o obrigou a percorrer inúmeras dioceses italianas organizando círculos missionários. Mas a fase romana e a vida aparentemente tranquila de presbítero não duraram por muito tempo. No papado de Pio XI (1922-1938) o padre do pequeno vilarejo de Sotto il Monte foi elevado ao episcopado no ano de 1925 e nomeado como visitador apostólico para a Bulgária. Em 1934 foi nomeado para a função de delegado apostólico na Turquia e na Grécia, e ao mesmo tempo administrador do Vicariato Apostólico de Istambul onde se destacou no diálogo com os muçulmanos e os ortodoxos. Em 1944 Pio XII nomeou Roncalli para ser núncio apostólico em Paris. Sua nomeação teve a intervenção direta do pró-secretário de Estado, Monsenhor Montini. Aos 53 anos de idade Roncalli foi alçado a cardeal e dois anos mais tarde patriarca de Veneza. Aos 77 anos chegou ao conclave e foi eleito Papa João XXIII. Sua encíclica *Pacem in Terris* (1963) foi o último ato de um pontificado tão breve, mas intenso, dinâmico e incisivo.

A morte de João XXIII

No dia 3 de junho de 1963 morria o Papa Roncalli. Grande foi a comoção em todo o mundo. O pranto era maior fora do que dentro da Igreja. No seu breve pontificado, João XXIII, paralelamente ao concílio, havia indicado em muitas encíclicas novos caminhos a serem seguidos. Na encíclica sobre as missões, *Princeps Pastorum* de 28 de novembro de 1959, pronunciou-se a favor do clero indígena e do apostolado leigo nas missões e aprovou a adaptação às culturas não europeias (*AAS* 51, 1959, p. 833-864; EE, vol. 7, p. 168-221). A *Mater et magistra*, de 15 de maio de 1961, continuava a tradição das grandes encíclicas sociais, publicadas a partir de Leão XIII (*AAS* 53, 1961, p. 401-464; EE, vol. 7, p. 222-481). Dentre os temas tratados estão: a transformação no mundo industrial e o desequilíbrio do mundo agrícola; o crescente desvario entre populações desenvolvidas e em desenvolvimento; a dimensão internacional dos problemas econômicos com inevitáveis reflexos sobre a paz; o problema demográfico. Uma grande herança deixada por Roncalli foi a encíclica *Pacem in Terris*, 11 de abril de 1963 (*AAS* 55, 1963, p. 257-304; EE, vol. 7, p. 541-712). Fixa os quatro pontos essenciais para a paz: a verdade, a justiça, o amor e a liberdade, que todos devem defender e promover. Foram incisivas suas atitudes na Cúria Romana em relação à disposição sobre o sacro colégio: aos bispados suburbicários foram designados bispos residenciais. Os cardeais-diáconos receberam a sagração episcopal; na Quinta-feira Santa do ano de 1962, o próprio papa os consagrou (*AAS* 54, 1962, p. 253-258). Em cinco consistórios o papa nomeou 52 novos cardeais, superando assim o número máximo de 70, fixado por Sisto V.

A morte do papa – Dia de Pentecostes – foi recebida com grande comoção em várias partes do mundo católico. Impressionante neste momento, diferente de outros tempos, homens e mulheres de todos os países e de todas as religiões choraram a sua morte. João XXIII foi canonizado no mês de abril de 2014, pelo Papa Francisco. De acordo com o Código de Direito Canônico vigente, o concílio foi suspenso com a sua morte (*AAS* 38, 1946, p. 65-99; 54, 1962, p. 632-640). O arcebispo de Milão, Giovanni Battista Montini, eleito papa no dia 21 de junho de 1963, escolhendo o nome de Paulo VI, dissipou qualquer dúvida que poderia existir sobre a continuidade do concílio, decidindo pela sua continuação.

XXXVIII
Vaticano II (1962-1965)
A preparação

Introdução

Este capítulo apresentará uma visão sintética da preparação ao Concílio Vaticano II: a consulta preliminar, as comissões preparatórias. Esses eventos são de grande importância para se compreender as discussões durante os quatro períodos do concílio (1962-1965) e os desdobramentos no pós-concílio.

A preparação do Concílio Vaticano II, a consulta preliminar

Depois do inesperado anúncio do concílio, o Papa João XXIII enfrentou os problemas iniciais no que se refere à preparação do mesmo. Em diversas ocasiões João XXIII afirmou que a ideia do concílio nascia de uma inspiração do Espírito Santo. Depois de cinco dias de eleito, o papa havia comunicado a ideia ao Cardeal Ernesto Ruffini. Este que já havia tratado sobre esse assunto durante o conclave que elegeu João XXIII, com o Cardeal Alfredo Ottaviani. O cardeal secretário de Estado, Domenico Tardini, depois de sua audiência com o papa em 20 de janeiro de 1959, resumia o conteúdo do encontro: João XXIII estava pensando em inserir três metas em seu pontificado: (1) um sínodo romano, (2) um *aggiornamento* do Código de Direito Canônico, (3) um concílio ecumênico. Essas metas foram anunciadas aos 17 cardeais presentes no domingo 25 de janeiro de 1959, na sacristia da Basílica de São Paulo Fora dos Muros, em Roma. O Cardeal Tardini posteriormente explicará a jornalistas e estrangeiros o futuro concílio.

Num clima repleto de espera e esperança, mas também de perplexidade e incertezas, seja na Igreja latina, seja no mundo cristão e, em geral, na opinião pública. Após o anúncio realizado os cardeais reagiram com um impressionante e devoto silêncio. Os demais cardeais, 57, receberam essas informações do secretário de Estado, apenas um terço reagiu ao discurso. Cardeais como Giacomo Lercaro (Bolonha) e Giovanni Battista Montini (Milão), futuro Paulo VI, ficaram bastante desconcertados. Lercaro afirmou que era uma imprudência e inexperiência a convocação de um concílio. Montini, num primeiro momento havia dito que o papa estava colocando a mão num vespeiro. Num segundo momento comunicou aos seus diocesanos que esse era um grande acontecimento que poderia trazer muitos frutos.

Elaborou-se uma proposta de constituir uma *comissão* com uma secretaria que, antes de tudo, enviasse um questionário para a consulta dos bispos. No início se pensou em elencar uma série de perguntas, mas depois se deixou plena liberdade para o envio de sugestões. O risco da dispersão foi compensado pela vantagem de se conhecer o pensamento dos futuros padres conciliares. Sua finalidade poderia ser constatada em algumas partes específicas que foram elencadas: relações com os irmãos separados, o apostolado sacerdotal, as missões, os problemas de ordem moral e a doutrina social da Igreja. Uma primeira hipótese de trabalho fixava como membros das comissões os secretários e assessores da Cúria Romana. A presidência das comissões foi confiada ao secretário do Santo Ofício, Cardeal Alfredo Ottaviani.

Com o quadro anterior, a centralização ficava nas mãos do Santo Ofício, o que já havia sido constatado com uma sondagem do Papa Pio XII em vistas de uma possível convocação conciliar. João XXIII, por sua vez, decidiu de outra maneira, confiou à presidência das comissões ao secretário de Estado, Domenico Tardini e o secretário foi Monsenhor Pericle Felice, prelado da Sacra Romana Rota. Interessante é o fato narrado pelo Cardeal Confaloniere. Quando João XXIII anunciou aos cardeais seu desejo de convocar um concílio, na Basílica São Paulo, o Cardeal Canali lhe perguntou se a presidência das comissões seria do Santo Ofício. O papa respondeu: "O presidente do concílio é o papa" (AA, I, vol. I, 22-23).

Em seguida à nomeação, foram elencadas as suas tarefas: recolher as propostas do episcopado, dos dicastérios da Santa Sé, das faculdades de Teologia e Direito Canônico, traçar as linhas gerais dos argumentos a serem tratados no concílio, sugerir a composição dos diversos organismos destinados a cuidar da preparação dos trabalhos (AA, I, vol. I, 22-23). A primeira iniciativa da comissão foi de redigir um questionário e enviar às pessoas e entidades acima mencionadas para que pudessem comunicar sua opinião. O documento constava de cinco parágrafos e os títulos revelavam como era o desejo para a futura assembleia.

As respostas à consulta foram chegando, muitas com grande atraso. Foram 2.109 respostas. Eram 2.594 bispos, 62 faculdades e 156 superiores de ordens e institutos religiosos, todos incluídos na consulta. O material era vasto e de extrema variedade. A quantidade de textos trouxe à luz o pensamento dominante na Igreja pré-conciliar. A insistência sobre problemas canônicos e administrativos, a preocupação com a salvaguarda da doutrina tradicional. Com a fragmentariedade das propostas é impossível apresentar um conjunto único. O Cardeal Suenens, um dos protagonistas do concílio, afirmava de maneira severa que a impressão que se dava, folheando esses textos era que as esperanças de reforma giravam somente ao redor da ordem canônica e litúrgica e que o vento inovador de Pentecostes não era sentido ali. Por outro lado, aparecem sugestões bastante oportunas: a reforma da Cúria Romana, proveniente de diversas partes; as notas eclesiológicas, de maneira especial sobre a colegialidade episcopal, as sugestões dos bispos da América do Norte para se tratar o tema da liberdade de consciência, a solicitude ecumênica dos bispos orientais e alguma abertura no campo do *aggiornamento* da Igreja. Importante a sugestão do bispo brasileiro Helder Câmara: tratar a questão social.

As comissões preparatórias e o Secretariado para a Unidade dos Cristãos

No dia de Pentecostes de 1960, o *motu proprio Superno Dei Nutu* (*AAS* 52, 1960, p. 433-437) dava ao concílio o nome de Vaticano II e instituía dez comissões e dois secretariados. As dez comissões: (1) Teológica, (2) Administração das dioceses, (3) Clero e povo, (4) Sacramentos, (5) Liturgia, (6) Estudos eclesiásticos, (7) Ordens, (8) Igrejas orientais, (9) Missões, (10) Apostolado dos leigos e os Secretariados para os Meios de Comunicação Social e o Secretariado para a Unidade dos Cristãos. O Secretariado para a Unidade dos Cristãos trazia uma contribuição para agilizar a participação de personagens que estavam fora dos *muros* do Vaticano. O secretariado e todo o desenvolvimento de suas atividades foram possíveis graças à iniciativa do jesuíta Agostino Bea, reitor do Pontifício Instituto Bíblico de Roma, nomeado cardeal em 28 de janeiro de 1960 e do arcebispo de Paderborn, Lorenz Jaeger. O projeto de formar um organismo *pro motione oecumenica* ou *pro unitate christianorum* encontrou aprovação sem reservas do Papa João XXIII, sendo um novo sinal do céu.

Com a finalidade de acompanhar e coordenar o trabalho das comissões preparatórias foi constituída uma *comissão central*, presidida pelo papa. Seus membros além do papa eram os presidentes das dez comissões, algum outro cardeal, bispos e conselheiros selecionados com a supervisão do papa. A comissão central foi constituída em 16 de junho de 1960, era uma grande novidade para a história da Igreja, sobretudo em relação ao Vaticano I. Suas reuniões eram um verdadeiro concílio em miniatura. Nessas sessões havia mais padres do que nas sessões do Concílio de Trento. O tema da primeira reunião foi a organização do concílio: (a) quem seria membro do concílio; (b) o papel que deveria ser designado aos peritos, teólogos e canonistas; (c) a sistematização da *aula* conciliar; (d) tipo de votação; (e) a língua a ser usada (desde o início havia o desejo, especialmente nos Estados Unidos, pedindo a renúncia do uso exclusivo do latim ou que se fizesse tradução simultânea: a proposta foi rejeitada).

No dia 14 de novembro de 1960 a fase preparatória teve seu início com um discurso pronunciado pelo papa na Basílica de São Pedro. No final de 1961, o número de pessoas que trabalhavam na preparação do concílio chegava a 846. A maioria dos postos-chave eram ocupados por membros da Cúria Romana e por professores das universidades romanas. A composição das comissões era internacional, mas com cerca de 80% de europeus. Antes de publicar o nome dos convocados para trabalhar nas comissões se pedia ao Santo Ofício para verificar se não existia nada em contrário em relação ao *futuro* membro da comissão. A presença internacional era assim composta: 53 asiáticos, 17 africanos, 87 da América do Norte, 64 da América Central e do Sul e 11 da Oceania. As Igrejas orientais participavam com 48 membros, entre patriarcas, bispos, sacerdotes e religiosos. Com a atualização do número desses participantes, realizada em 1961, ficam assim configuradas as comissões: a comissão central contava com 92 membros (sendo 49 cardeais, 5 patriarcas e 4 superiores religiosos) e 28 consultores (1 patriarca, 8 arcebispos, 13 padres e 6 religiosos). As dez comissões preparatórias e os dois secretariados contavam com 299 membros e 280 consultores.

Em novembro de 1961, com os novos componentes das comissões o resultado era este: 79 países representados, 174 italianos (1/4), 82 franceses, 70 norte-americanos, 60 alemães, 45 espanhóis, 38 belgas (o país mais bem representado em relação à demografia populacional), 22 holandeses, 43 asiáticos (destes, 10 eram libaneses), 14 africanos (12 destes eram de origem europeia, mas residiam na África), 48 latino-americanos e 7 australianos. As Igrejas orientais unidas a Roma eram bem representadas: 48 patriarcas, bispos, padres e religiosos provenientes de 22 grupos étnicos diferentes. Eram cerca de 300 bispos, 146 professores e 11 reitores de universidades, 44 responsáveis de instituições, 17 diretores de revistas ou de jornais, 353 religiosos (entre estes uns 60 cardeais e bispos), pertenciam a 70 ordens e congregações (na maioria eram jesuítas e dominicanos). O mais interessante e revelador foi que nessas comissões não figuravam muitos leigos, nem mesmo na comissão para o apostolado dos leigos. Outra ausência gritante está relacionada à pouca presença de mulheres mesmo na comissão para os religiosos e religiosas.

O trabalho das comissões preparatórias

As comissões realizavam seu trabalho que consistia na elaboração de textos para serem submetidos à aprovação do concílio. As redações consistiam em milhares de argumentos, fragmentados e, muitas vezes, sem importância. A *Revista Eclesiástica Brasileira*, por meio da organização de Boaventura Kloppenburg, publicou o elenco completo (em português), em ordem sistemática, dos projetos preparados para o Vaticano II. Prevalecia a orientação dos ensinamentos doutrinais e disciplinares dos últimos pontífices, especialmente de Pio XII.

Os textos preparados por essas comissões eram chamados de esquemas (AP III/1-2). Esses esquemas, em número de 70, foram reunidos em 119 opúsculos, num total de mais de 1.050

páginas. Em período conciliar, chamam-se esquemas de decretos e de cânones os textos que são distribuídos aos padres em tempo útil para que possam ser discutidos e eventualmente emendados. O processo dos exames era o seguinte: (1) Cada esquema a ser discutido era apresentado à congregação geral por um relator designado pelo presidente da comissão interessada. (2) Cada um dos padres que pretendesse intervir para aprovar ou rejeitar, ou emendar o texto, apresentava o pedido ao secretário-geral, e, chegada a sua vez, expunha os motivos da sua intervenção, entregando, depois, por escrito, as eventuais emendas propostas – aos padres conciliares era feito pedido de não ultrapassarem os dez minutos na explicação do seu pensamento. (3) A congregação geral, após a réplica do relator, exprimia seu voto sobre as propostas de emendas, julgando se deveriam ser rejeitadas ou, ao contrário, inseridas no esquema. (4) Se as emendas fossem aceitas, o relator, depois que o texto tornasse à comissão conciliar, deveria reapresentar a nova formulação ao julgamento da congregação geral. (5) Se o esquema emendado ainda não fosse aprovado, em algumas de suas partes, pela congregação geral, deveria repetir-se o mesmo trâmite, para seu ulterior aperfeiçoamento.

Regulamento do concílio

O regulamento conciliar era o que se poderia chamar o código do concílio. Estabelecia as normas para o desenvolvimento do Concílio Vaticano II. Compunha-se de três partes, subdivididas em 24 capítulos e 70 artigos. A primeira trata das pessoas que participam do concílio ou prestam o seu concurso para o desenvolvimento dele. A segunda parte fixava as regras a serem observadas durante o concílio; a terceira indicava o modo de proceder aos trabalhos. O regulamento foi tornado público a 5 de setembro de 1962. O regulamento foi aprovado no dia 6 de agosto de 1962 por meio do *motu proprio Approprinquante Concilio*. Regia diferentemente do Vaticano I, salvo disposições em contrário do pontífice, que a maioria dos dois terços dos sufrágios fosse requerida não só para o voto no âmbito das congregações gerais, mas também no interior das comissões conciliares. No Vaticano I bastava a maioria absoluta. A modificação foi introduzida para que os textos não fossem aprovados somente por uma maioria europeia. Nos primeiros concílios da Igreja não tinha havido regulamento, e procedia-se um pouco conforme as situações e os casos. Antes da abertura de Constança (1414), os teólogos pediram ao papa que se dignasse a fixar algumas normas para melhor prosseguir os trabalhos. O Concílio de Trento (1545-1563) abriu-se sem normas especiais.

Em um ano e meio, dez comissões e os dois secretariados prepararam 75 projetos, de valor desigual, sem perspectivas de futuro: as transformações culturais da sociedade ocidental, os graves problemas sociais da América Latina e as consequências produzidas pela descolonização sobre a Igreja asiática e africana eram praticamente ignoradas, enquanto predominavam a preocupação de salvaguardar o centralismo romano e de reagir contra tudo o que pudesse lembrar um renascimento do modernismo. A comissão central iria rever todos esses esquemas. O concílio não iria somente ratificar, mas tomando pulso da situação, iria traçar um perfil diferenciado da Igreja diante do mundo moderno.

Outra importante atividade de preparação ao concílio foi a sondagem de opinião entre o episcopado mundial. Pediu-se a todos os bispos e universidades católicas que elaborassem listas de assuntos que, em sua opinião, deveriam ser tratados. A intenção do papa era clara: a assembleia conciliar não poderia limitar-se a certo número de assuntos, previamente selecionados por Roma. A oportunidade foi aproveitada, chegando mais de duas mil respostas a Roma.

Comissões preparatórias do Concílio Vaticano II

Comissões	Presidentes
Teológica	Cardeal Alfredo Ottaviani (secretário do Santo Ofício)
Bispos e governo das dioceses	Cardeal Paolo Marella (Arcipreste da Basílica Vaticana e já núncio em Paris)
Disciplina do clero e do povo cristão	Cardeal Pietro Ciriaci (Prefeito da Sagrada Congregação do Concílio)
Religiosos	Cardeal Valerio Valeri (Prefeito da Sagrada Congregação dos Religiosos)
Disciplina dos Sacramentos	Cardeal Benedetto Aloisi Masella (bispo de Palestrina, prefeito da Sagrada Congregação da Disciplina dos Sacramentos, ex-núncio apostólico no Brasil)
Liturgia	Cardeal Gaetano Cicognani (até 05/02/1062) Cardeal Larraona (Prefeito da Sagrada Congregação dos Ritos)
Estudos e seminários	Cardeal Giuseppe Pizzardo (bispo de Albano e prefeito da Sagrada Congregação dos Seminários e das Universidades)
Igrejas orientais	Cardeal Amleto Giovanni Cicognani (secretário da Sagrada Congregação para a Igreja Oriental, em 1961 nomeado secretário de Estado)
Missões	Cardeal Gregório Pedro Agagianian (Patriarca da Cilícia, Armênia, Prefeito da Sagrada Congregação da *Propaganda Fide*)
Apostolado dos leigos	Cardeal Fernando Cento (ex-bispo de Aireale, antes de ser núncio em Bruxelas e Lisboa)
Secretariado da Imprensa e do espetáculo	Cardeal Joao Martinho O'Connor (arcebispo de Laodiceia, Síria)
Secretariado para a União dos Cristãos	Cardeal Agostinho Bea, SJ (Reitor do Pontifício Instituto Bíblico, Roma)

XXXIX
Concílio Vaticano II
Primeiro período

Introdução

O primeiro período conciliar (11/10-08/12/1962) é resultado de um processo de continuidade e descontinuidade, especialmente a partir do Vaticano I. As modificações internas e externas da Igreja, duas guerras mundiais, refletirão no decorrer dessas discussões. O período será de intensos debates e chegará a seu término, para a frustração de João XXIII, sem nenhum texto aprovado. O positivo é perceber que o concílio não estava pronto antes do concílio, os padres conciliares serão os grandes responsáveis pelo resultado. O Vaticano II é um evento dialógico. É uma Igreja no contexto das transformações tecnocientíficas e socioculturais da Contemporaneidade.

Abertura e o discurso de João XXIII

A sessão pública de abertura do Concílio Vaticano II aconteceu no dia 11 de outubro de 1962. Participaram 2.540 padres conciliares com direito a voto na sessão de abertura: um número nunca antes alcançado. Esse número sofrerá alterações para mais e para menos, dependendo do período conciliar. João XXIII atravessou a porta de bronze, sendo levado pela cadeira gestatória até o ingresso da Basílica São Pedro. Um novo concílio e uma nova simbologia. O papa não estava usando a tiara, e sim a mitra. O rito que se seguiu não trouxe grandes novidades: o canto do *Veni Creator* e a missa celebrada pelo cardeal decano, Tisserant. Em seguida, a entronização do Evangelho, a recitação do credo, a oração do concílio *Adsumus* (AS, I/1, p. 156-159). O Evangelho cantado (Mt 28,18-20 e 16,13-18), em latim, grego antigo, eslavo e árabe.

Em 11 de outubro de 1962, João XXIII abriu o primeiro período do concílio. O texto de abertura (*Documentos*, 2001, p. 21-32) é de fundamental importância (*Gaudet Mater Ecclesia* – Alegra-se a Santa Mãe Igreja), e exerceu profunda influência na redação de todos os documentos conciliares. Três pontos merecem destaque. Em primeiro lugar o papa dirige-se aos profetas que anunciam apenas desgraças, vendo na sociedade contemporânea somente declínio e catástrofes, comportando-se como se não aprendessem nada da história. Em segundo lugar, o ponto central do concílio. Não será somente uma discussão de um ou outro artigo da doutrina fundamental da Igreja, repetindo e proclamando o ensino dos padres e dos teólogos antigos e modernos, pois se supõe que isso já seja bem presente e familiar. Para isso não haveria necessidade de um concílio. Trata-se de uma renovada, serena e tranquila adesão a todo o ensino da Igreja. Em terceiro lugar, a Igreja sempre se opôs aos erros; muitas vezes até condenou com maior severidade. A Igreja, porém, levando por meio do concílio o facho da verdade religiosa, deseja mostrar-se mãe amorosa de todos, benigna, paciente, cheia de misericórdia com seus filhos dela separados.

Nesse discurso de abertura, o papa reafirmava a sua finalidade: aproximar as pessoas, no modo mais eficaz possível, ao sagrado patrimônio da tradição, levando em consideração as mudanças das estruturas sociais; não condenar os erros, mas mostrar a "validade da doutrina" da Igreja (*doctrinae vim uberius explicando*). Ao concílio confiou a tarefa de aprender a conhecer a unidade querida por

Cristo na verdade (*conferee operam ad magnum compledum mysterium illius unitatis*). João XXIII convida a olhar com confiança as relações entre Igreja e mundo. O concílio deveria percorrer a estrada do *aggiornamento* (EV I, n. 55) da fé às exigências do mundo. O papa concluiu com uma oração invocando a assistência divina.

Os padres conciliares, reunidos na nave principal da Basílica de São Pedro, representavam o concílio mais universal de toda a história da Igreja. Os cinco continentes estavam representados. A Europa, absoluta durante a Idade Média, representava pouco menos da metade dos participantes com direito a voto (1.041); o continente americano, que não foi representado em Trento e muito pouco no Vaticano I, havia enviado 956 bispos; a Ásia mais de 300; e a África 379. A superioridade numérica dos italianos, que em Constança realizou a votação por nação e levou grandes tensões ao Concílio de Trento, havia sido cancelada: os 379 bispos italianos não chegavam a representar a quinta parte dos padres conciliares, ainda que os cardeais da cúria e outros funcionários exercessem uma forte influência. A presença da imprensa e de todos os meios de comunicação era grandiosa, mas somente a partir da segunda sessão a imprensa foi admitida na *aula* conciliar. As notícias publicadas de maneira sintética constituem uma fonte histórica, mas devem ser utilizadas com cautela.

O Vaticano II não deve ser analisado somente com base em seu resultado: os textos conciliares. A análise deve ser do conjunto: preparação, evento conciliar e pós-concílio. A preparação dos textos, a votação e a publicação dos documentos são o resultado de grandes discussões entre as forças "conservadoras" e "progressistas". O primeiro grupo, bastante fraco, tinha sua base na Cúria Romana; o segundo grupo era composto pelos bispos da Europa Central e Ocidental, da América do Norte e dos países de "missão". De grande importância foram as conferências episcopais nacionais e regionais, grande parte delas constituídas somente no início do concílio.

Início das atividades conciliares

Na primeira congregação geral (CG), no dia 13 de outubro, foi preciso eleger os membros das comissões conciliares. Além das dez fichas que indicavam dezesseis nomes, os padres conciliares receberam elencos daqueles que fizeram parte das comissões preparatórias, os quais, na sua maioria, eram candidatos da cúria. Foram contra esse procedimento o Cardeal Liénart (Lille) e o Cardeal Frings (Colônia) (*AS*, I/1, p. 207). A eleição era importante e os candidatos se conheciam pouco. Foi feito um pedido de adiá-la, e a proposta foi aprovada unanimemente.

As conferências episcopais se reuniram e prepararam as listas dos seus candidatos. A mais interessante foi a da Europa Central e da França. Elencava candidatos de todas as partes do mundo (*AS*, I/1, p. 41-44). O episcopado italiano apresentou uma lista de 62 nomes, todos italianos (*AS*, I/1, p. 45-47). Dos 160 membros eleitos para as comissões, no dia 16 de outubro, 26 eram da América Latina, 25 da América do Norte, 19 da Ásia e da Oceania, 7 da África; a Europa contava com 20 italianos, 16 franceses, 11 alemães, 10 espanhóis, 5 poloneses e 21 das outras nações (*AS*, I/1, p. 225-229, 259-261, 343). O peso italiano aumentou com a nomeação pontifícia (*AS*, I/1, p. 559-562) de 9 membros para cada comissão. Entre os dias 15 e 18 de outubro, João XXIII nomeou cinco subsecretários para o trabalho nas comissões conciliares, sendo que o *ordo* previa a nomeação de somente dois. Essas nomeações também aparecem como um interesse de internacionalização das comissões.

Esquema sobre a liturgia

O esquema da liturgia (*AS*, I/1, p. 262-303; 304-364; I/2, p. 7-769) (16 de outubro, início da discussão – *AS*, I/1, p. 214) que foi aprovado pela comissão preparatória havia acolhido as ideias fundamentais do movimento litúrgico: os fiéis não devem *assistir passivamente* às funções sagradas, mas devem participar ativamente; não só escutar, mas rezar e celebrar juntos; deveria ser introduzido o vernáculo na liturgia da Palavra, na missa e na administração dos sacramentos. O texto ainda afirmava que deveria ser realizada uma reforma dos livros litúrgicos e a reintrodução, em determinadas circunstâncias, da comunhão sob as duas espécies. Essas questões trouxeram à luz o contraste entre tradicionalistas e progressistas. A favor do esquema pronunciaram-se os cardeais e os bispos dos países em que se difundiu o movimento litúrgico: os cardeais Frings (arcebispo de Colônia, Alemanha), Döpfner (arcebispo de Munique), Feltin (arcebispo de Paris), Lercaro (arcebispo de Bolonha) (*AS*, I/1, p. 311-312), Montini (arcebispo de Milão) (*AS*, I/1, p. 313-316), Ritter (bispo de Saint Louis, Estados Unidos). Contra o esquema eram aqueles que se opunham à substituição do latim pelo vernáculo e à atribuição de tais tarefas à conferência episcopal (*AS*, I/1, p. 325-326; 349-350).

O Cardeal Ottaviani lembrou a assembleia de que estavam sendo discutidas questões "sagradas" e propôs que o texto fosse reelaborado pela comissão teológica, da qual era presidente. Alguns bispos se declararam favoráveis a essa proposta, entre eles Cardeal Ruffini, de Palermo, os prelados da Cúria Romana Parente, Staffa, Dante e os americanos Spellman (arcebispo de Nova York) e McIntyre (bispo de Los Angeles). Outros importantes prelados desaprovaram a proposta: os cardeais Gracias (arcebispo de Bombaim, Índia); Rugambwa (*AS*, I/1, p. 333-334 – bispo de Bukoba, Tanzânia); o chinês Lokuanga (bispo de Taipe). O bispo de Duschak di Calapan, Mindoro, nas Filipinas chegou a propor uma *missa ecumênica*.

Os bispos da América Latina, da Ásia e da África, mesmo tendo sido formados, grande parte, em Roma, revelaram-se na sua maioria progressistas devido à sua experiência pastoral. Algo difícil de acreditar começava a ser aceito pela maioria: a finalidade pastoral desejada pelo Papa João XXIII para o concílio.

Durante os debates sobre a liturgia foram apresentados muitos pedidos que já vinham sendo discutidos no movimento litúrgico: a adaptação das orações do Breviário à espiritualidade do clero de todo o mundo; uma melhor escolha e divisão das leituras da Sagrada Escritura; a abolição das festas dos santos do calendário litúrgico em favor do ano cristocêntrico; a reforma do calendário, da música sacra e da arte cristãs e a colocação da Páscoa como ponto fixo. A votação do dia 14 de novembro aprovou com grande maioria dos votos (2.162 favoráveis, 46 contrários, 7 abstenções) (*AS*, I/3, p. 55) uma nova elaboração do esquema levando em consideração as propostas apresentadas durante as discussões. A comissão era presidida pelo Cardeal Larraóna e doze dos dezesseis componentes pertenciam ao grupo da Europa Central. Antes do término da primeira sessão, o concílio aprovou a primeira parte do novo texto da comissão (180 votos foram *placet iuxta modum*).

Esquema sobre as fontes da Revelação

As discussões (*AS*, I/3, p. 27-370) sobre o esquema da revelação (*AS*, I/3, p. 14-26), preparado pela comissão teológica (presidida pelo Cardeal Ottaviani) (*AS*, I/3, p. 27-32), também tiveram debates acalorados. A discussão girava em torno de duas importantes questões: era necessário afirmar, contra os protestantes, que são duas as fontes da Revelação: a Escritura e a Tradição? Era necessário afirmar que alguns dogmas fundamentados somente na Tradição ou afirmar que a única fonte da Revelação é a Palavra de Deus que é alcançada por meio de dois canais, a Escritura inspirada pelo Espírito Santo e a Tradição transmitida pela Igreja? Esse tipo de afirmação agravaria a situação com os protestantes e ameaçava a reconciliação ecumênica. Além disso, abriu-se uma controvérsia entre os professores da Pontifícia Universidade Lateranense e os membros do Pontifício Instituto Bíblico.

Diferentemente daquilo que havia acontecido com o esquema sobre a liturgia que suscitara a oposição dos tradicionalistas, agora eram os progressistas que protestavam. Alguns padres conciliares, entre eles os cardeais Frings (*AS*, I/2, p. 34-36), Dofner, Konig e Alfrink, refutaram completamente o esquema e propuseram um outro que já estava pronto. Outros, como os cardeais Suenens (*AS*, I/3, p. 45-46) e Bea e o bispo de Bruges, De Smedt (*AS*, I/3, p. 184-187), solicitaram uma reelaboração completa e expuseram os pontos fundamentais que deveriam ser considerados no trabalho de revisão. O Cardeal Gracias, arcebispo de Bombaim, solicitou uma nova revisão. Nela dever-se-ia se afirmar que se poderia constituir base de anúncio do cristianismo toda a humanidade: cristãos e não cristãos. O chinês Vito Chang Tso-Huan, seguindo uma observação do arcebispo de Berlim, Bengsch, interrogou sobre a possibilidade de se falar sobre a revelação original, a "protorrevelação", antes daquela realizada por Abraão ao povo eleito (*AS*, I/3, p. 166-167; p. 267-268; p. 87-88).

Na opinião do bispo de Livorno, Emilio Guano, era preciso ressaltar a importância cristológica, sugerindo a reconstrução inicial e fundamental do capítulo sobre o duplo reconhecimento da centralidade do mistério de Cristo, por um lado, e o papel insubstituível da Escritura e da vida cristã para o concreto testemunho da revelação, por outro (*AS*, I/3, p. 260-262). O Cardeal Urbani apresentou a proposta sobre o estilo do texto: deveria ser mais pastoral e ecumênico. Já o Cardeal Ruffini afirmava que era indispensável uma exposição precisa sobre a natureza da revelação (*AS*, I/3, p. 79-80; p. 249-250).

A comissão teológica, que havia preparado o esquema, demonstrou um repúdio às sugestões que foram elencadas anteriormente (*AS*, I/3, p. 220), porém o conselho de presidência decidiu realizar a primeira votação pedindo aos padres conciliares que votassem *placet* ou *non placet* ao item. A votação, que aconteceu no dia 20 de novembro sobre o esquema no seu complexo, a primeira desse estilo (depois de se ter esclarecido que aqueles que eram a favor da interrupção do exame do esquema deveriam votar *sim*), chegou ao seguinte resultado: 1.368 *placet*, 822 *non placet* e 19 votos nulos. Os opositores do esquema não conseguiram chegar à maioria dos dois terços, necessária para uma nova formulação (*AS*, I/3, p. 254-255). Contudo, havia ficado claro que o esquema, como redigido, jamais obteria a aprovação.

Essa situação, que não foi prevista pelo regulamento do concílio, foi resolvida pelo próprio papa, que encarregou uma comissão mista presidida pelos cardeais Ottaviani e Bea para a reelaboração do esquema (*AS*, I/3, p. 259). Com tal presidência ficavam representadas ambas as tendências. Essa providência, num primeiro instante acolhida com bastante ceticismo, demonstrou-se eficaz: depois de longas discussões encontrou-se um meio-termo.

Esquema sobre os meios de comunicação

Nos debates sobre os esquemas relativos à liturgia e à revelação, as partes adversárias tiveram grandes e violentos desencontros. O concílio passou a ter, no dia 23 de novembro (25 congregações), uma certa tranquilidade quando começou a tratar do esquema sobre os meios de comunicação (jornal, cinema, rádio e televisão) (*AS*, I/3, p. 374-416, esquema, e p. 417-650, intervenções), elaborado pelo secretariado dos meios de comunicação social. A comissão conciliar, presidida pelo Cardeal Cento e seu relator, o Arcebispo Stourm (Sens), recomendou a aprovação do texto, porém no debate o texto encontrou oposição: o esquema colocava em evidência de maneira unilateral o direito de a Igreja desfrutar dos modernos instrumentos de comunicação, mas dava pouco direito de as pessoas obterem uma informação objetiva e verdadeira e não condenava de modo duro a utilização abusiva dos meios de comunicação.

Alguns oradores, dentre eles o Cardeal Wyszybsky e o Bispo Charrière (Friburgo), apresentaram propostas para um aprofundamento teológico, filosófico e sociológico (*AS*, I/3, p. 460-461). O bispo de Camerino, D'Avack, observou que o texto estava carregado de um moralismo e uma ingenuidade otimista (*AS*, I/3, p. 438-440). Outros acenaram para uma maior consideração e colaboração do laicato nesse campo.

O Cardeal Bea propôs a fusão das agências católicas de informação numa única agência mundial. O bispo de Indore, na Índia, Simons, sugeria ao concílio que não limitasse as reivindicações dos direitos só para os católicos, alargando em favor de qualquer pessoa, em particular sustentando a liberdade de cada um em seguir livremente a própria consciência no âmbito das opções religiosas (*AS*, I/3, p. 465-466; p. 523-524). Uma forte intervenção sublinhando a questão das diversidades culturais no setor dos meios de comunicação foi feita por escrito por um bispo do Burundi, Ntuyahaga (*AS*, I/3, p. 592-593).

No dia 27 de novembro, o concílio aprovou, em grande maioria (2.138 favoráveis, 15 contrários e 7 nulos), a relevância do esquema, mas sugeriu uma redução e uma limitação a princípios doutrinais de fundo e uma direção pastoral (*AS*, I/3, p. 527). Apesar das discussões, ficava claro que o tema não era de grande importância para os padres conciliares, estes ainda não haviam percebido com clareza que se tratava de um problema pastoral de primeiro plano (*AS*, I/3, p. 501).

Esquema sobre as Igrejas orientais

Este esquema foi apresentado no dia 26 de novembro e, imediatamente se pode perceber que o trabalho preparatório havia sido realizado de maneira insuficiente. A comissão – presidida pelo Cardeal Amleto Cicognani, depois secretário de Estado, e secretariada pelo Padre Welykyi – havia preparado, além do esquema *De ecclesiae unitate*, outros 14 textos breves. A primeira parte do esquema (*AS*, I/3, p. 653-837) que tratava da unidade da Igreja sob a direção de um único pastor, continha pontos, como foi observado pelo Patriarca Máximos IV, que se prestavam mais para irritar do que para conquistar os ortodoxos. O Cardeal Bea propôs uma fusão entre o projeto apresentado e o elaborado pelo secretariado pela unidade dos cristãos. No dia 1º de dezembro o concílio decidiu enviar os textos para a comissão com o objetivo de fundi-los (2.068 votos favoráveis e 36 contrários).

A natureza e a estrutura da Igreja eram os temas centrais do esquema *De ecclesia*. Até aquele momento nenhum outro tema havia merecido tantas discussões. O esquema de 123 páginas ligava a visão da Igreja como instituição, ideia dominante a partir de Roberto Belarmino, com a concepção apresentada na encíclica sobre a Igreja de Pio XII. Os seus 12 capítulos, como observou no decorrer do debate o Cardeal Montini, eram justapostos e não desenvolvidos de maneira coerente e orgânica.

A doutrina da colegialidade episcopal era tratada superficialmente. Um dos tradicionalistas, o bispo de Segni, Dom Carli, defendeu o esquema e aproveitou a ocasião para criticar os "ecumênicos" e os "pastoralistas" que por medo de escandalizar circulavam ao redor dos dogmas e dos elementos fundamentais da piedade católica como um tabu. Outros criticaram o texto porque era carregado de jurisdicismo e triunfalismo (De Smedt, Bruges) ou lamentavam a falta de um aprofundamento sobre a relação de Cristo com a Igreja (Cardeal Montini) e da doutrina da Igreja como Povo de Deus. Estes solicitavam que fossem completamente refeitos o esquema e uma nova ordenação da matéria antepondo a Igreja na sua natureza e na sua estrutura interna à Igreja na sua missão no mundo (Cardeal Suenens). Assim, o esquema voltou para a comissão conciliar e deveria ainda percorrer um longo e tortuoso caminho até a redação definitiva.

No dia 8 de dezembro o papa suspendeu temporariamente o concílio. Nenhum dos cinco esquemas discutidos estavam prontos para a publicação. João XXIII confortou os padres conciliares afirmando que era compreensível que para se chegar a um consenso seria necessário um tempo maior. A opinião pública ficou desiludida por não serem apresentados resultados concretos. Muitos católicos se escandalizaram com a discórdia dos padres conciliares, o que acontecera em todos os concílios anteriores.

Um resultado importante se podia constatar: o episcopado havia aprendido a prática da unidade, reconhecendo o concílio como sendo seu, manifestando sua vontade de contribuir em cada decisão do dele. Se o concílio tivesse sido encerrado naquele momento, já havia deixado marcada sua forte presença na Igreja. Querendo chegar a resultados concretos, deveria fixar as suas prioridades e reduzir, na extensão, os esquemas elaborados. Essas tarefas foram confiadas a uma comissão de coordenação instituída no dia 6 de dezembro pelo próprio papa. A comissão era assim composta: o presidente era o Cardeal Cicognani (desde o dia 12 de agosto era o novo secretário de Estado no lugar do Cardeal Tardini, que havia morrido) e os cardeais Confalonieri, Dofner, Liénart, Spellman, Suenens e Urbani. A comissão trabalharia em estreita ligação com a secretaria do concílio e com as comissões conciliares, mas sempre em contato com os padres conciliares que o papa havia chamado para colaborar em uma carta do dia 2 de fevereiro de 1963. Os esquemas completamente reformulados foram apresentados aos padres conciliares no início de maio. Nesse momento começava a definição do concílio. De fato, os padres conciliares tomaram a direção do concílio. A retomada do concílio estava prevista para o dia 8 de setembro, mas João XXIII não a veria.

O evento conciliar teve duas grandes personalidades à sua frente: João XXIII, que morreu após o primeiro período do concílio, aos 82 anos, e Paulo VI (1963-1978), que o substituiu.

Montini (Paulo VI – beatificado em 2014 e canonizado em 2018 pelo Papa Francisco) tomou a sério sua grande tarefa de continuidade do concílio, evidentemente com uma tônica diferente. Roncalli (João XXIII) era pastor e Montini era personagem da cúria. Nesse sentido a análise do pós-concílio merece uma reflexão sobre os avanços e os retrocessos dentro do próprio evento conciliar. Apesar das concessões sobre a reforma da liturgia, a renovação da Igreja Católica e o diálogo ecumênico com as outras Igrejas cristãs, desejado por João XXIII, o concílio não teve um avanço, mas sim uma estabilidade. Historicamente era muito cedo, apesar da janela aberta, para perceber na prática cotidiana relações de transformações absolutas, abrindo a janela, portas, limpando o grande pó dos móveis e principalmente dos seus interiores. Já era um grande passo para o diálogo com a Modernidade. Algumas vezes tornou-se, novamente, monólogo. Morrendo João XXIII, eleito Paulo VI, o concílio terá sua continuidade.

XL
Paulo VI, reformador e incompreendido (1963-1978)

Introdução

"Em nome do Senhor" ("*In nomine Domini*") era o lema de pontificado do Papa Paulo VI. O novo papa era conhecidíssimo e de muito prestígio na Itália e no exterior. O início de seu pontificado apresenta duas questões de destaque dentro e fora da Igreja: o Concílio Vaticano II e a situação internacional com grandes e rápidas mudanças numa vida cada vez mais materialista e consumista e com o perigoso atrito entre Estados Unidos e União Soviética; o comunismo ateu; secularização dos estados; o terrorismo sanguinário. O capítulo discorre sobre os antecedentes e o grande pontificado de Paulo VI, reformador e incompreendido em seu período. Hoje, santo da Igreja.

Montini, antes do pontificado

No romance *O conclave* escrito pelo sociólogo Fabrizio Battistelli, baseado no conclave que elegeu o Papa Bento XIV (1740-1758) no século XVIII, há um diálogo bastante sugestivo em relação à realidade vivida por Dom Montini no papado de Pio XII, "Não creio que Sua Excelência Apolloni tenha probabilidades de se tornar cardeal neste pontificado. Vejo-o destinado a evangelizar uma diocese de qualquer ilha perdida no Mediterrâneo" (BATTISTELLI, 2013, p. 168). Entre os cardeais da Cúria Romana o nome de Montini surgia como papável já no ano de 1958. Porém, como no romance, o fato real é que o Papa Pacelli em 1954 o havia exilado surpreendentemente – ele, por muitos anos seu aluno – em Milão, numa sede cardinalícia, mas sem nomeá-lo cardeal" (DESCHNER, 2011, p. 370). O Papa Pio XII não exilou seu discípulo numa remota ilha do Mediterrâneo, mas também não o elevou ao cardinalato, como no romance.

O motivo talvez tenha sido sua suposta tendência política de centro-esquerda em meio a uma cúria conservadora e anticomunista, talvez! Outra situação importante foi a relação de Montini com Pio XII depois da publicação da encíclica *Humani Generis* (1950), julgada por este como muito drástica na relação com a "nova teologia". Nos ambientes da cúria, Montini era tachado de progressista. Esse é mais um fator que explica sua transferência para a Arquidiocese de Milão. O fato é que somente após a elevação de Roncalli ao papado, que por muitos anos pairou sob a sombra de Montini, então subsecretário de Estado, é que este se tornou cardeal, o primeiro dos cardeais nomeados pelo Papa João XXIII. Mas de onde veio e que caminho trilhou Montini? Homem forte durante a maioria do tempo em que Pio XII esteve no trono de Pedro, mas que não pode se tornar papa com a morte de seu mentor, apesar de já estar figurando entre os favoritos ao trono pontifício.

Para Deschner, já em 1958 o nome de Montini, se fosse cardeal, seria um dos favoritos a ocupar o trono vacante. O colégio cardinalício estava muito dividido: padres provenientes do aristocrático Colégio Capranica e do mais democrático Seminário Lateranense, em tradicionalistas e reformistas, em italianos e estrangeiros, correntes que frequentemente se "comunicavam". Montini, ainda na condição de bispo, poderia ser considerado um papa *de iure*, mas não *de facto*, devido à sua forte influência entre boa parte do colégio cardinalício, com isso o sucesso de Roncalli foi uma vitória pessoal de Montini (DESCHNER, 2011, p. 369-395).

Paulo VI, o papa e outros antecedentes

O Papa Paulo VI, Giovanni Battista Enrico Antonio Maria Montini, nasceu em Concesio, próximo a Bréscia, no ano de 1897. De família abastada, sua mãe, muito católica, era presidente da Associação Católica Feminina de Bréscia, o pai era doutor em direito, escritor e fundador do diário *Il cittadino di Brescia*, foi presidente da União Eleitoral Católica de Bréscia, e deputado no parlamento pelo Partido Popular do qual era um dos fundadores. Ordenado sacerdote em 1920, Montini estudou Direito Eclesiástico na Universidade Gregoriana, após um exame de admissão tornou-se professor por um curto período. Longinotti, amigo de seu pai, e subsecretário de Estado no Ministério do Trabalho, interveio junto ao Cardeal Gasparri para que esse fosse admitido na Escola de Diplomacia Pontifícia, chamada na ocasião de "Academia dos Nobres". O aluno dedicado foi alçado em pouco tempo para trabalhar na Secretaria de Estado do Vaticano.

> Montini ocupou cargos importantes no âmbito da diplomacia pontifícia, entre os quais se destacou sua atuação como subsecretário de Estado no pontificado de Pio XII. Trabalhou na Secretaria de Estado por cerca de 30 anos [...] liberal e progressista, durante o pontificado alternou posições progressistas e posições conservadoras, recebendo o apelido de Hamlet, conhecida personagem shakespeareana que demonstrava indecisão frente a escolhas importantes [...] sua formação anterior que o preparava a ocupar o lugar deixado pelo Papa João XXIII. Uma tarefa difícil o esperava, pois João XXIII foi o papa que lançara a Igreja num turbilhão de reformas. Reformas essas, que, se de um lado encontraram a oposição do grupo conservador da Cúria Romana, de outro despertavam na maioria dos bispos e cardeais – sobretudo dos outros

continentes – a esperança na renovação da Igreja Católica [*sic*] (CARLETTI, 2012, p. 126).

Battista Montini, como arcebispo de Milão (1955-1963), aproximou-se dos operários e das reivindicações da esquerda que atuavam na sua arquidiocese, também não se esqueceu dos que estavam afastados da Igreja. Um dos eventos de maior importância que realizou em Milão foi a *Missão de Milão* (05-24/11/1957). Foi um enorme trabalho pastoral que envolveu esta imensa cidade. Preparada durante dois anos, contou com a participação de 500 agentes de pastoral, 2 cardeais, 24 bispos, 7 mil intervenções e palestras nas igrejas, estabelecimentos industriais, entidades culturais. O tema central de todas as pregações foi Deus Pai. O Arcebispo Montini participou diretamente dessas atividades por rádio, escritos e conferências. Procurou implantar uma reforma pastoral favorecendo a renovação da liturgia e promovendo a construção de novas igrejas. Consagrou 72 igrejas no período em que permaneceu em Milão. No momento de sua eleição pontifícia, outras 19 igrejas estavam em construção.

No dia seguinte à sua eleição, Paulo VI anunciava, por meio de uma mensagem radiofônica, a sua intenção de continuar o concílio e fixou a data para reiniciar os trabalhos: 29 de setembro de 1963. No dia 12 de setembro anunciou algumas modificações para abertura. Escolheu alguns cardeais como delegados-moderadores do concílio, que receberiam a incumbência de dirigir as congregações gerais: Agagianian, Suenens, Döpfner e Lercaro (*AS*, II/1, p. 9-13). As prerrogativas dessa nova figura institucional foram apresentadas na sessão V e VI da comissão de coordenação, as quais aconteceram nos dias 25 e 26 de setembro. A tarefa facilitaria um encaminhamento do concílio e uma coordenação eficaz entre o papa e a assembleia (*AS*, V/1, p. 687, 692-697; II/1, p. 49-56).

Demonstrou suas intenções ecumênicas, enviando um representante na celebração do jubileu de ouro do patriarca de Moscou,

Alessio. Contrariando a expectativa de alguns purpurados conservadores que preferiam ver o concílio encerrado, o Papa Paulo VI frustrou-os ao elencar entre suas principais tarefas a de dar continuidade ao Vaticano II convocado e iniciado pelo seu antecessor. A eleição de Montini era um triunfo do que havia sido rejeitado nos ambientes romanos nos anos de 1950. A escolha de Roncalli para o cardinalato do arcebispo de Milão e o início do Vaticano II começará a mudar a vida de Montini. Os ventos contrários a ele na Cúria Romana através de uma rejeição da sociedade contemporânea começam a soprar em outra direção. Como um historiador e diplomata, Montini foi capaz de superar a ansiedade por mudanças rápidas e passageiras e esperar ativamente pelas mudanças graduais no processo histórico. Afirmam Aubert e Soetens que o conclave não escolheu o progressista e atuante no concílio Cardeal Lercaro (Bolonha), mas também não escolheu o conservador arcebispo de Gênova, Cardeal Siri. Os cardeais preferiram um progressista moderado (AUBERT, 2000, p. 53). As ações de Montini foram marcadas não apenas pela popular figura de João XXIII, mas também pela experiência que havia acumulado com os papados de Pio XI e Pio XII. O Concílio Vaticano II demonstrou na prática como seria marcado seu pontificado. Segundo Carletti,

> durante as sucessivas sessões conciliares, a luta interna entre progressistas e conservadores manteve-se constante. Nessas circunstâncias, Paulo VI devia alternar abertura com conservadorismo num jogo diplomático ao qual estava acostumado pela trajetória precedente. Talvez por isso, o novo pontífice preferiu adotar, no seu governo, um projeto de reforma moderado limitando suas naturais tendências progressistas (CARLETTI, 2012, p. 135).

O Concílio Vaticano II foi encerrado solenemente no dia 8 de dezembro de 1965 com a carta apostólica *In Spiritu Sancto* (*EV* I, n. 532) do Papa Paulo VI. O tom pastoral empregado por João XXIII foi seguido pelo seu sucessor. No percurso dos trabalhos conciliares os embates foram frequentes, coisa natural em toda instituição composta por centenas, milhares de homens e mulheres responsáveis pelo pastoreio de milhões de seguidores no mundo. Nessa data foi finalizada a etapa burocrática que se fazia necessária para *aggiornare* o catolicismo. Pela frente ainda estava por vir um longo processo de recepção e assimilação por parte dos católicos dessa revolução provocada pelo Papa João XXIII na Igreja.

Paulo VI no mesmo espírito de distensão política empregado pelo Papa Roncalli, não foi hostil aos comunistas. No ano de 1963, por ocasião da assinatura do Tratado de Proibição de Testes Nucleares, o papa enviou telegramas aos chefes de Estado envolvidos nessa negociação, inclusive para o presidente do Conselho de Ministros da então União Soviética. Intercedeu junto ao presidente americano Lyndon Johnson pelo fim dos conflitos com o Vietnã. Paulo VI também empreendeu viagens nunca antes ensaiadas pelos seus antecessores, como para Israel e Índia. Em sua visita aos Estados Unidos aceitou o convite do presidente da ONU para falar aos membros das Nações Unidas.

Documentos relevantes de Paulo VI

Da América Latina, o papa, recebeu denúncias da situação aviltante das populações empobrecidas que viviam em situação miserável e em grande parte sob regimes ditatoriais funestos, apoiados pelo capitalismo "democrático" americano. O papa não ficou alheio a essa situação, lançou a encíclica *Populorum Progressio* (1967) que provocou grande debate nos meios eclesiais, e fora dele, principalmente entre os conservadores da cúria que achavam que o papa havia excedido em suas colocações à esquerda, como, por exemplo, quando citou e questionou a supremacia da propriedade privada em detrimento dos direitos coletivos: "O bem comum exige por vezes a expropriação, se certos domínios formam obstáculo à propriedade coletiva, pelo fato da sua extensão [...] da miséria que daí resulta para as populações, do prejuízo considerável causado aos interesses do país" (*PP* 24). A encíclica afirma que o desenvolvimento dos povos deve ser um empenho primário da Igreja, sendo um importante caminho para a paz. O progresso econômico deve ser colocado a serviço da humanidade. O pão cotidiano deve ser distribuído a todos, como sinal de fraternidade.

Uma importante decisão tomada por Paulo VI foi a criação, no âmbito da Cúria Romana, de um secretariado para os não cristãos (1964). Na sua primeira encíclica *Ecclesiam Suam* (1964) foram afirmadas as grandes tarefas da Igreja, ou seja, aprofundar a consciência que a Igreja deve ter de si própria e da verdade que sempre cuida, a necessidade de sua renovação de acordo com as mudanças do contexto histórico e o diálogo com a sociedade contemporânea. O papa publicou outras encíclicas, mas a que trouxe maiores discussões foi a *Humanae Vitae* (1968). A encíclica tratava de um assunto altamente complexo para a sociedade: o controle de natalidade. Nunca uma encíclica provocou tantas polêmicas externas e internas. O texto trata da temática da sexualidade humana. A afirmação é de que a sexualidade deve ser vista não como prazer animalesco. A incompreensão do documento é, sobretudo devido a uma leitura reducionista da encíclica, levando em consideração sobre a proibição da pílula e ignorando outra parte altamente positiva: a função criativa da sexualidade, não só biológica, mas personalisticamente.

A exortação apostólica *Evangelii Nuntiandi* (1975), resultado do sínodo dos bispos de 1974, cujo tema foi a evangelização no mundo contemporâneo é um dos grandes textos do pontificado de Paulo VI. A exortação apresenta um panorama pluriforme da ação evangelizadora da Igreja na atualidade, chamando a atenção dos missionários para não subordinar a evangelização somente à promoção humana, ao progresso material, à libertação sociopolítica. A evangelização, apesar de ser uma "realidade rica, complexa e dinâmica" (*EN* 17), e difícil de ser sintetizada numa definição, consiste em "levar a Boa-nova a todas as parcelas da humanidade, em qualquer meio e latitude, e pelo seu influxo transformá-las a partir de dentro e tornar nova a própria humanidade [cuja finalidade] é precisamente esta mudança interior" (*EN* 18). Evangelizar é missão de toda a Igreja, povo de Deus; deve estar fincada na concretude das realidades humanas, considerando suas dimensões histórico-culturais.

Viagens de Paulo VI

As viagens de Paulo VI assumiram uma dimensão emblemática, reaparecendo nelas a linha que havia traçado em sua primeira encíclica. Em Jerusalém (1964) abraçou com o Patriarca Atenágoras o diálogo com todos os cristãos. No Congresso Eucarístico de Bombaim (Índia – 1964) marcou presença no encontro com os fiéis católicos. Discursou na ONU (1965) diante de 117 delegados dos diversos países, marcando assim o diálogo com a sociedade. Celebra missa em Fátima, Portugal, em 1967 comemorando os 50 anos da aparição de Maria aos pastorinhos. No Congresso Eucarístico de Bogotá (1968) abre a II Conferência do Episcopado Latino-Americano de Medellín, é um encontro com os pobres do então Terceiro Mundo. No encontro de oração no Congresso Ecumênico das Igrejas em Genebra (1969), abraça a todos os irmãos cristãos de outras denominações.

Colegialidade episcopal

Dentre as numerosas questões que necessitavam de sua atenção se destacam estas de maneira especial: a colegialidade episcopal e a relação com o primado do sucessor de Pedro. Importante também a instituição do Sínodo dos Bispos, foi um testemunho eloquente, não único, de seus sentimentos. A questão da colegialidade foi para

Paulo VI fundamental por estar ligada a outra que o preocupava, o ecumenismo. A essas questões internas se junta a grande questão que na atualidade ainda é de enorme importância e a instituição religiosa tem dificuldade de lidar com a mesma: diálogo com a sociedade. Para encaminhar essas questões, tratadas no Vaticano II, o papa tinha consciência de que dentro da instituição havia dois polos opostos em alta conflitividade: novidade e tradição, verdade e caridade, historicidade e permanência, autoridade e liberdade, poder e fraternidade, superioridade e humildade, separação do mundo e unidade com o mundo. Paulo VI também tinha plena consciência de que deveria conciliar esse binômio. Ainda importante destacar que esse pontificado teve início dentro de um período conciliar e sua continuidade difícil nos primeiros anos de um pós-concílio.

Paulo VI faleceu no dia 6 de agosto de 1978 em Castel Gandolfo, com 81 anos de idade. Foi sepultado na cripta da Basílica São Pedro, numa tumba humilde, como ele mesmo pediu em seu testamento. Em outubro de 2018 foi canonizado pelo Papa Francisco.

XLI
Concílio Vaticano II
Segundo período

Introdução

Com um novo papa, Paulo VI, o Vaticano II tem sua continuidade (29/09-04/12/1963). O capítulo apresenta o importante discurso papal de abertura do segundo período e as temáticas debatidas nas sessões conciliares: Igreja, ecumenismo, liberdade religiosa, liturgia. O caminho de construção daqueles que serão os futuros documentos conciliares não é fácil, os debates sobre alguns desses temas não terminam nesse período. No discurso de encerramento o papa comunica, para grande surpresa dos padres conciliares, sua viagem a Jerusalém e a intenção de encontrar o Patriarca Atenágoras.

Discurso de abertura

No discurso de abertura (*EV* I, n. 133-201; *AS*, II/1, p. 183-200), no dia 29 de setembro de 1963, o Papa Paulo VI elencou os objetivos do concílio de maneira mais precisa do que seu antecessor: (1) a exposição da doutrina da natureza da Igreja; (2) a reforma interna da Igreja; (3) a importância da unidade dos cristãos; (4) o diálogo da Igreja com o mundo contemporâneo. A necessidade de expor a doutrina da natureza da Igreja se faz importante, pois, além de se ter uma definição dada por ela sobre si mesma, teria também a compreensão do papel do episcopado e sua relação com o papa (*EV* I, n. 149-155).

Depois de sua santificação interna, e só depois disso, a Igreja poderá mostrar seu rosto para o mundo inteiro afirmando: quem me vê, vê o Cristo. A tarefa era urgente: reformar, corrigir, esforçar para adequar-se ao seu divino modelo, que constitui o seu dever fundamental. O texto reconhece a acusação de que a Igreja é infiel ao pensamento do seu fundador (*EV* I, n. 160-165). A recomposição da unidade entre todos os cristãos é o outro grande objetivo do concílio. Este tende ao ecumenismo. Hoje na esperança; amanhã na realidade (*EV* I, n. 169-170). A assembleia conciliar precisa lançar uma ponte em direção ao mundo. A Igreja olha o mundo com compreensão, tem o propósito de valorizá-lo: e não de condená-lo, mas de salvá-lo (*EV* I, n. 183-190). A primeira congregação geral do novo período aconteceu no dia seguinte. O secretário explicou a nova edição do regulamento. Foram elaboradas até normas técnicas (*AS*, II/1, p. 36-46).

Esquema sobre a Igreja

O esquema sobre a Igreja (*AS*, II/1, p. 215-281; II/2, p. 9-913, II/3, p. 10-674 e II/4, p. 29-359; III/1, p. 467-801) reapresentado, agora reelaborado, articulava-se em quatro capítulos: a Igreja como mistério; sua estrutura hierárquica; Povo de Deus e leigos; e santidade da Igreja. No primeiro dia de debate o Cardeal Frings (*AS*, II/1, p. 343-346) propôs acrescentar no início do texto o conceito e o tema "Povo de Deus", porque a hierarquia e os leigos formam, juntos, a Igreja; recomendou a introdução de um capítulo sobre a dimensão escatológica da Igreja e a inserção do texto sobre a mãe de Deus.

No dia 1º de outubro foi realizada uma primeira votação sobre o esquema no seu conjunto, tendo como resultado uma maioria absoluta a favor da continuidade do exame sobre o esquema (2.231 votos favoráveis, 43 contrários – *AS*, II/1, p. 391). No decorrer do mês de outubro teve lugar o debate sobre cada um dos pontos do esquema. O Cardeal Lercaro observou que *Corpus Christi mysticum* e a Igreja visível não coincidiam: todos os batizados pertencem, em certo sentido, ao corpo místico de Cristo sem serem necessariamente membros da Igreja Católica visível (*AS*, II/2, p. 9-13). Essa discussão, de grande importância nas relações ecumênicas, logo foi colocada em segundo plano devido às discussões sobre o segundo capítulo: a estrutura hierárquica da Igreja. Essa discussão durou de 4 a 16 de outubro; 127 oradores apresentaram suas opiniões.

O ponto fundamental para uma minoria formada sobretudo de membros da Cúria Romana era a doutrina de que o colégio episcopal, agindo em estreita colaboração com o papa, divide com este a responsabilidade e o poder nas relações com toda a Igreja. Alguns oradores como o Cardeal Siri de Gênova (*AS*, II/1, p. 347), presidente da conferência episcopal italiana, o Arcebispo Staffa, secretário da Congregação dos Estudos, o Arcebispo Parente, assessor do Santo Ofício, o Bispo Carli de Segni (*AS*, II/1, p. 639), consideravam essa teoria um prejuízo ao primado papal (*AS*, II/2, p. 484-487) e contestavam que ela tivesse fundamento bíblico e na tradição. O grupo oposto, o da "colegialidade", cardeais Liénart e Léger, Bettazzi, bispo auxiliar de Bolonha, sustentavam que o primado do papa havia sido colocado em evidência em numerosos pontos do esquema segundo a definição do Vaticano I e que a doutrina do colégio episcopal se sustentava na Sagrada Escritura na missão dos doze e no fundamento da tradição dos textos da consagração episcopal e em outros testemunhos.

Uma segunda questão que não foi debatida com tanta vitalidade foi a restauração do diaconato permanente. Com as definições do Concílio de Trento (1545-1563), o diaconato permanente foi considerado um grau intermediário para o sacerdócio.

Com a escassez de sacerdotes, voltava-se a refletir sobre a figura dos diáconos.

O debate sobre o terceiro capítulo, "Povo de Deus e leigos", ofereceu a oportunidade de chamar a atenção sobre a responsabilidade dos leigos, enraizada no sacerdócio comum e no que diz respeito à superação do clericalismo. Não faltaram vozes que viam na "reavaliação" dos leigos um perigo para a autoridade eclesiástica. E não faltaram aqueles que defenderam que esse item deveria ser colocado depois do primeiro capítulo (*AS*, II/3, p. 92-95; 154-157).

No quarto capítulo, "Santidade da Igreja", tratou-se da vocação à santidade de todos os batizados, considerando em particular a vida religiosa e os conselhos evangélicos. Faltava uma sessão sobre os sacerdotes diocesanos e sobre sua vida de santidade, diferente, não na finalidade, mas nos meios, daquela dos religiosos e leigos. O quadro-geral sobre a Igreja apresentado no esquema não parecia em nada com a realidade, segundo o Cardeal Bea: não correspondia à realidade da Igreja peregrina.

O debate sobre o esquema relativo à Igreja durou o mês inteiro. A questão era: das emendas solicitadas, quais deveriam ser atendidas pela comissão de reelaboração do texto? Quais corresponderiam à maioria do concílio? Para resolver essa dúvida o Cardeal Suenens, moderador, anunciou na congregação geral no dia 15 de outubro uma pré-votação sobre os quatro pontos controversos. Mas ela não foi realizada. No dia 23 de outubro o conselho da presidência, devido ao pedido dos moderadores, pediu que se revisse o texto referente à proposição de cinco (e não quatro) pontos: (1) se a consagração episcopal tem caráter sacramental; (2) se na comunhão com o papa e com os bispos cada bispo legitimamente consagrado é *ipso facto* membro do *corpus episcoporum*; (3) se o colégio episcopal (*corpus seu collegium episcoporum*) é sucessor do colégio dos apóstolos e se junto com o seu chefe, o papa, e nunca sem ele, tem o poder supremo sobre toda a Igreja; (4) se esse poder é de direito divino; (5) se é oportuno, em relação às necessidades locais da Igreja, restaurar o diaconato como grau de consagração distinto e permanente. As cinco questões não possuíam um caráter de determinações definitivas, mas referiam-se à futura formulação do esquema por parte da comissão.

Panfleto e tensão

O clima ficou tenso devido a uma forte propaganda, com panfletos distribuídos em frente à *aula* conciliar e/ou textos enviados por correio (os organizadores não tomaram nenhuma medida). O panfleto (fora da assembleia se realizavam várias reuniões e, entre os padres conciliares, foi distribuído esse panfleto, no qual se sustentava que votar para se inserir o texto seria votar contra a Virgem). Não se sabe com exatidão a origem do panfleto. Trazia um texto contrário à inclusão no esquema (*AS*, II/3, p. 627). Somente no dia 30 de outubro votaram-se os cinco pontos. Os pontos 1 e 2 foram aprovados pela grande maioria, mas em relação aos outros três pontos os votos negativos cresceram: 1.808 favoráveis, 336 contrários; 1.717 favoráveis, 408 contrários; 1.588 favoráveis, 525 contrários. Apesar dessa situação, a futura aprovação de dois pontos – o diaconato permanente e a colegialidade – estava assegurada. A "crise" de outubro de 1963 havia sido superada. A congregação geral do dia 30 de outubro de 1963 tomava um outro rumo, diferente daquele de outubro de 1962.

O múnus pastoral dos bispos e o governo das dioceses

O contraste sobre a estrutura da Igreja influenciou a discussão do esquema relativo ao múnus pastoral dos bispos e o governo das dioceses (*AS* II/4, p. 263-292; 293-748; II/5, p. 9-411), que ocupou nove congregações gerais, de 5 a 15 de novembro. O esquema era resultado das fusões dos cinco textos da comissão preparatória e foi enviado aos padres conciliares no final de abril. Limitava-se às tarefas diretivas dos bispos: sua relação com as autoridades centrais de Roma, a posição dos bispos auxiliares, as conferências episcopais, a circunscrição e a reforma das dioceses e o poder e a administração das paróquias. É evidente que o esquema não partia das Igrejas locais, mas de cima para baixo. Depois de uma apresentação do Cardeal Marella, presidente da comissão conciliar permanente, e depois de um breve debate geral, o esquema foi assumido (com 447 votos contrários) como base para uma futura discussão sobre cada um dos pontos. Enquanto alguns padres conciliares pretendiam que no primeiro capítulo se levasse em consideração a votação sobre a colegialidade, outros (Ottaviani, Carli) contestavam o caráter da votação de 30 de outubro. Os principais problemas se revelavam: a reforma da Cúria Romana, a composição e os direitos das conferências episcopais, a posição dos bispos auxiliares e o limite de idade para os bispos renunciarem à diocese.

Apesar de que estava claro para a grande maioria que a questão da reforma da cúria podia ser resolvida somente pelo papa, e não pelo concílio, ainda assim, foram expressas muitas opiniões a respeito do tema: para o exercício da colegialidade poder-se-ia dar vida ao conselho episcopal (Alfrink) – esse era o pensamento de muitos – podendo-se transferir para essa instância o direito de eleição para papa. Muitos oradores lamentaram a burocracia da cúria sem fazer uma avaliação sobre a sua importância como depositária das experiências centenárias. O grande momento do debate foi quando o Cardeal Frings solicitou que o Santo Ofício, antes da condenação de uma doutrina ou de um livro, escutasse o ordinário competente e o acusado. O Cardeal Ottaviani defendeu com grande firmeza o tribunal que presidia. O ataque do cardeal de Colônia deu um sinal da necessidade de uma reforma no Santo Ofício.

As conferências episcopais existiam na Alemanha desde 1848 e foram sendo introduzidas em outros países; as conferências da

Itália e da França eram recentes. As conferências episcopais africanas se constituíram somente durante o concílio, com um secretário-geral sob a direção do Cardeal Rugambwa. A sua estrutura e as suas atribuições foram fixadas porque a elas foram atribuídas competências e o direito de tomar decisões sobre seus membros.

A doutrina de que com a consagração os bispos são membros do colégio episcopal, aprovada pela maioria no debate sobre a Igreja, fez com que os bispos auxiliares pedissem um melhoramento da sua posição de direito. Os bispos africanos se pronunciaram contra a nomeação de bispos auxiliares: temia-se que isso viesse a prejudicar a unidade do bispo diocesano. Também se criticou a nomeação de bispos titulares com única e exclusiva finalidade pessoal. Uma outra questão: a idade; se o bispo é pastor e mestre da sua diocese, seria correto fixar o limite de idade para a aposentadoria (75 anos)? Exemplos de bispos idosos e doentes que refutassem as demissões seriam fáceis de serem encontrados; mas o papa do concílio, João XXIII, não fora eleito para o pontificado com 77 anos? Porventura não estariam entre os conciliares homens de grandes ideias que já haviam ultrapassado os 80 anos? O elenco dos problemas não parava por aí: muitas eram as dioceses pequenas e desprovidas de recursos financeiros, outras, nas grandes metrópoles, que haviam crescido desordenadamente e com grande concentração populacional; atritos com as dioceses pessoais e de ritos orientais e com a organização dos capelães militares e, por fim, a penúria dos sacerdotes na América Latina.

Um dos grandes pontos positivos desses debates foi que os bispos *conversaram* por muito tempo, o que era raro, sobre esses problemas que atingiam toda a Igreja. Foram 158 os oradores que apresentaram sua opinião sobre o assunto. O debate foi encerrado no dia 15 de novembro, sem votação. O esquema foi enviado para a comissão reelaborá-lo. Antes da conclusão da sessão, o *moto proprio Pastorale Munus*, do dia 30 de novembro de 1963, conferiu aos bispos diocesanos quarenta poderes, e a todos os bispos titulares, uma série de privilégios, mediante os quais a função do bispo aumentava de importância em relação ao poder central pontifício e, ao menos em parte, voltava a ter sua extensão originária (*AAS* 56, 1964, p. 5-12).

Esquema sobre o ecumenismo

O esquema *De oecumenismo* (*AS* II/4, p. 612; II/5, p. 549), discutido do dia 18 de novembro ao dia 2 de dezembro, havia sido preparado e composto conforme a decisão conciliar do dia 1º de dezembro de 1962, por uma comissão mista, formada por membros do secretariado para a unidade dos cristãos e da comissão oriental. O texto tratava dos princípios católicos do ecumenismo (cap. 1), da sua configuração (cap. 2), das relações com as Igrejas orientais e, de maneira breve, com as Igrejas protestantes (cap. 3), da posição dos judeus na história da salvação (cap. 4) e da liberdade religiosa (cap. 5). O primeiro relator, Cardeal Cicognani, apresentava as aspirações ecumênicas do concílio como sendo com continuidade de quase todos os demais concílios: a paz e a unidade. O segundo relator, o arcebispo de Rouen, Martini, apresentou o esquema como algo absolutamente novo; o terceiro, o arcebispo de Belgrado, Bukatko, respondendo pelas Igrejas orientais, afirmava que o texto precisava ser melhorado.

No decorrer do debate foram sendo suscitadas algumas questões: o que é o ecumenismo católico? Não deveria a Igreja procurar uma ligação com o movimento ecumênico? A Igreja Católica Romana renunciaria a sua pretensão de ser a verdadeira Igreja e chamaria de "Igrejas" as comunidades eclesiais separadas?

O capítulo terceiro não agradou nem aos representantes das Igrejas orientais nem aos observadores protestantes. Afirmavam, orientais e protestantes que, de um lado, não fazia mais sentido –

como havia sido feito no Vaticano I – convidá-los para retornar à Igreja Católica e acentuar as diferenças existentes, mas que, de outro, não era conveniente esconder as diversidades doutrinais que existiam. O esquema se dirigia aos católicos exortando-os a fazer de sua Igreja um modelo e uma contínua busca da perfeição cristã. Recomendava uma recíproca vontade de aprender a conhecer-se e uma disponibilidade ao diálogo, à oração comum para a unidade, mas não a comum celebração dos mistérios. Foram, especialmente, os cardeais Bea (Reitor do Pontifício Instituto Bíblico, Roma) e Jaeger (arcebispo de Paderborn, Alemanha) aqueles que deram a ideia condutora do capítulo terceiro. Receberam o apoio da grande maioria dos bispos, exceções foram encontradas naqueles para quem a palavra "ecumenismo" representava um perigo.

O debate revelou uma abertura no pensar ecumênico; as práticas, ainda modestas, são frutos dessas discussões. Outras controvérsias permaneciam sobre os dois últimos capítulos: sobre os judeus e sobre a liberdade religiosa. Sobre o judaísmo não se tratava somente da história da salvação, mas também de questões do mundo contemporâneo: o antissemitismo. Requeria-se uma explicação profunda que corrigisse os erros precedentes em relação à Igreja. Expressaram a sua desaprovação, sobretudo, os bispos de países árabes, defendendo a ideia de que uma tal explicação poderia ser interpretada politicamente como uma tomada de posição a favor do Estado de Israel. Temiam, assim, um desdobramento intrincado da sua já difícil situação. Desejavam ainda que fosse inserida uma palavra sobre o islamismo.

Liberdade religiosa

O capítulo sobre a liberdade religiosa foi defendido pelo seu relator, De Smedt (bispo de Bruges), contra as objeções de natureza teológica. Muitos padres questionaram se esses capítulos estariam no lugar certo. Essas dúvidas e a resistência do mundo árabe explicam por que, mesmo se no seu todo o esquema havia sido aprovado pela grande maioria como base de trabalho (1.966 favoráveis e 86 contrários) (*AS* II/6, p. 306-309), na votação de 21 de novembro, sobre esses dois capítulos não se votou mais. Ficaram suspensos. Sobre seu conteúdo e sua colocação no contexto, encontravam ainda grandes contrastes.

Ecumenismo

No esquema sobre a Igreja e o ecumenismo, o concílio deparou-se com problemas decisivos para a autoconsciência da Igreja, mas não encontrou uma solução satisfatória. Mesmo assim, na conclusão dessa sessão, na terceira sessão pública, 4 de dezembro de 1963, foram promulgados dois textos: a constituição sobre a sagrada liturgia e o decreto sobre os instrumentos de comunicação social.

Liturgia

O esquema da liturgia (*AS* II/6, p. 409-439), que havia sido reelaborado com base nas reuniões da comissão conciliar entre os dias 23 de abril e 10 de maio, foi votado novamente por capítulos, enquanto se discutia o esquema relativo à Igreja. Sobre os capítulos 2 e 3 (missa e sacramentos) foram apresentadas muitas reservas que precisam ser refeitas. Só na votação conclusiva, no dia 22 de novembro, votou-se a constituição na íntegra, com o seguinte resultado: 2.158 votos favoráveis e 19 contrários. Na terceira sessão pública ela foi aprovada e proclamada pelo papa. Assim, foi aprovado o conceito de fundo *totius populi plena et actuosa partecipatio* no mistério pascal, ou seja, o conceito-base do movimento litúrgico. A consequência foi o poder, conferido às conferências episcopais, de autorizar que grande parte da liturgia da Palavra da missa, em particular as leituras da Bíblia e a oração comum depois do ofertório, fosse nas línguas "vulgares" (vernáculo). Mas a língua latina, como língua litúrgica, não foi abolida da Igreja ocidental. Os textos da Sagrada Escritura e a homilia foram reconhecidos como sendo de grande (de maior) importância e era preciso também se preocupar com o conteúdo do canto dos fiéis. Para ocasiões especiais foi concedido o direito de concelebração da missa por vários sacerdotes.

As normas de aplicação foram passadas para as conferências episcopais, com reserva de confirmação da parte da Santa Sé. Para a reforma dos livros litúrgicos, em particular do Missal e do Breviário, o papa constituiu uma comissão logo após o encerramento dessa sessão (25/01/1964). A reforma litúrgica assim encaminhada rompia com o rubricismo de muitos séculos.

Embora não com a mesma unanimidade da constituição sobre a liturgia, também foi aprovado o decreto sobre os meios de comunicação (*AS* II/6, p. 497-504). O novo texto precisou a posição da Igreja diante da imprensa, do teatro, do cinema, do rádio e da televisão, sem um grande aprofundamento teológico e sociológico; sentia-se a falta da elaboração de um texto sobre o direito do homem à informação, do dever de informar da parte do Estado e da Igreja. Alguns jornalistas falavam de um retrocesso, viam uma ameaça à liberdade profissional. No dia 17 de novembro, noventa padres conciliares apresentaram a proposta de ainda se fazer uma revisão do texto; não tiveram sucesso. Isso explica por que na votação conclusiva foram 503 os votos contrários, contra 1.598 favoráveis. É evidente que o decreto ainda permanecia num ambiente pré-conciliar, não se dando a devida importância aos meios de comunicação. Mesmo assim, o documento é um avanço. Basta verificar as condenações e o tratamento negativo em relação aos *mass media* nos períodos anteriores.

Discurso de encerramento do período

No discurso de encerramento dessa sessão (*AAS* 56, 1964, p. 31-40; *AS* II/6, p. 561-570; *EV* I, n. 202-234), Paulo VI afirmou que o resultado não correspondia a tudo que se esperava e, portanto, haveria muito trabalho ainda. No final do discurso comunicou, para a surpresa de muitos, sua peregrinação a Jerusalém (*EV* I, n. 222), estando previsto um encontro com o Patriarca Atenágoras. Sem dúvida, a peregrinação, que aconteceu entre os dias 4 e 6 de janeiro de 1964, e o encontro com o patriarca, acompanhados com bastante interesse pela opinião pública, consistiram, mais do que em palavras, num grande evento na direção do ecumenismo.

XLII
Concílio Vaticano II
Terceiro período

Introdução

O terceiro período (14/09-21/11/1964) do concílio foi aberto (*AS* III/1, p. 140-151) com uma missa concelebrada por 24 padres conciliares, a primeira concelebração durante o concílio. Nesse período aconteceria a maior crise conciliar. A comissão de trabalho guiada pela comissão de coordenação havia desenvolvido seis esquemas que estariam nas próximas discussões: Igreja, episcopado, ecumenismo (os três temas principais do segundo período), revelação (tratada no primeiro período), apostolado dos leigos e a Igreja no mundo contemporâneo. Paulo VI já havia escrito sobre o último tema na encíclica *Ecclesiam Suam* (1964), e concretizava-se a palavra de ordem de seu antecessor: *aggiornamento*. O discurso de abertura (*AAS* 55, 1963, p. 841-859; *EV* I, n. 254-255), pronunciado no dia 15 de setembro, falou sobre a Igreja e recordou a necessidade de completar a doutrina do Vaticano I sobre o tema. O objetivo deste capítulo é apresentar a continuidade dos debates conciliares e a divergência e consonância das opiniões no interior da assembleia.

Novo esquema sobre a Igreja

O novo esquema sobre a Igreja, que continha seis capítulos, recebeu outros dois: o capítulo 7, sobre o caráter escatológico da Igreja, e o capítulo 8, sobre a Virgem Maria. No mesmo momento em que aconteciam as votações sobre os seis primeiros capítulos, acontecia o debate sobre os dois últimos. Os dois primeiros (mistério da Igreja; o Povo de Deus) foram aprovados sem grandes contrastes (*AS* III/1, p. 395-398; 430, 438, 458). Discussões acaloradas tiveram lugar durante a discussão do terceiro capítulo, sobre a estrutura hierárquica da Igreja (*AS* III/1, p. 192). Para a votação, dos dias 21 a 30 de setembro, o texto foi apresentado por partes, (foi dividido) em 39 sessões e para cada uma delas era necessário votar (*AS* III/2, p. 218-221). Nas sessões sobre a colegialidade episcopal, que na sua forma atual havia sido defendida pelo Arcebispo Parente (*AS* III/2, p. 211-218) e refutada por Franic (*AS* III/2, p. 193-201) (Spalato), os votos contrários foram mais de 300: era um grupo influente, que via no texto um perigo para o primado do papa. Muito mais numerosos, mas de diferentes proveniências, foram os 629 votos contrários à questão do diaconato permanente. Aprovados com grande maioria foram os capítulos 4, sobre os leitos, 5, sobre a vocação à santidade, e 6, sobre os religiosos. O capítulo 7, apresentado pelo Cardeal Larraóna, foi substancialmente melhorado nos debates dos dias 15 e 16 de setembro. Maior oposição teve o capítulo 8. Para alguns, o texto era minimalístico; outros, entre eles o primaz da Polônia e os bispos espanhóis e italianos, recomendaram a inserção no texto de certas expressões: mãe da Igreja, medianeira. Os cardeais Bea e Frings apresentaram reservas sobre o tema, afirmando que era necessário permanecer no terreno dogmático.

Antes da votação desses capítulos, a discussão se fez ainda mais acirrada. O problema residia nas oposições sobre o segundo esquema, "a atividade pastoral dos bispos". O texto proposto era o resultado da abreviação do esquema sobre o episcopado, debatido no segundo período, e da fusão com um projeto sobre a estruturação da pastoral (março de 1964). O texto deveria ser discutido entre 18 e 22 de setembro. Carli (bispo de Segni, Itália) contestou a competência e a responsabilidade dos bispos no que diz respeito à Igreja universal, temas que eram a base do texto. Outros críticos, como o Cardeal Léger (arcebispo de Montreal, Canadá) e numerosos bispos franceses, diziam que o texto era demasiadamente jurídico, clerical e incompatível com a realidade. Foram apresentados diversos pedidos para as emendas. O esquema novamente emendado foi apresentado para debate entre 4 e 6 de novembro, mas as intervenções relativas ao capítulo 1 (852) e ao capítulo 2 (889) foram tantas que o texto não pôde ser revisto até o final desse período.

Debates e tensões

As tensões continuaram e se acaloraram quando no dia 23 de setembro foi apresentado o tema da liberdade religiosa e no dia 25 a declaração sobre os judeus, que originariamente entravam no esquema sobre o ecumenismo (*AS* III/2, p. 317-327; p. 353-381, 468-578, 611-752). O bispo de Bruges, Smedt (*AS* III/2, p. 348-352), informou que haviam sido elaboradas 380 propostas de emendas. Partindo da dignidade natural do homem, o decreto sustentava a liberdade de consciência no campo civil, mesmo quando a consciência erra. Os opositores compreenderam na sua exatidão o significado dessas afirmações. Rompia-se definitivamente com a ordem jurídica medieval, que exigia a eliminação dos heréticos mediante uma ação comum da Igreja e do Estado. No debate (de 25 a 29 de setembro) o Cardeal Ruffini fez a seguinte pergunta: Como pode a Igreja Católica, que é a verdadeira Igreja e a verdadeira depositária da verdade, renunciar a promover esta sua verdade, onde possível, também com a ajuda do Estado? Tolerância, sim; liberdade, não (*AS* III/2, p. 369-373). O Cardeal Ottaviani fez uma outra pergunta: Com essa declaração não se anulariam as concordatas da Santa Sé com países (como a Itália e a Espanha) que concediam uma posição privilegiada à Igreja Católica?

O esquema encontrou seus defensores, de modo especial no episcopado americano (cardeais Meyer e Ritter), mas também no arcebispo polonês Wojtyla (*AS* III/2, p. 531), de Cracóvia, que reconhecia seu valor diante do totalitarismo comunista. O debate foi encerrado sem votação. O texto foi submetido a cinco componentes da comissão teológica e depois a uma nova elaboração confiada ao secretariado para a unidade dos cristãos.

Declaração sobre os judeus

A declaração sobre os judeus (*AS* III/2, p. 327-352; 579-607; III/3, p. 11-55, 141-147, 155-178), apresentada, mas não debatida no segundo período, como capítulo 4 do ecumenismo, foi introduzida no dia 25 de setembro pelo Cardeal Bea. Para contemporizar com os muçulmanos, o islamismo foi expressamente nomeado. Para alguns, o texto afirmava que os judeus, não o povo judeu como entidade histórica, era absolvido da acusação de deicídio, 21 padres pediram o retorno à versão anterior do texto. Outros solicitaram o aprofundamento da exposição histórica da salvação (Frings, Lercaro, Heenan, Hengsbach) e a consideração sobre outras religiões monoteístas (Konig). A dificuldade maior permanecia sendo o equívoco político. Os estados muçulmanos interpretavam a declaração como uma tomada de posição a favor do Estado de Israel e faziam fortes pressões sobre os bispos dessas regiões. O Patriarca Máximo IV chegou a acusar os autores do texto de serem "vendidos". Explica-se, dessa forma, por que o secretário-geral do concílio, em carta do dia 8 de outubro ao Cardeal Bea, pediu ainda uma outra revisão do texto que deveria ser realizada por um grupo composto de três membros do secretariado para a unidade dos cristãos e de três da comissão teológica.

Esquema sobre a Revelação

Uma surpresa em tranquilidade foi o debate sobre o esquema da revelação (*AS* III/3, p. 69-123; 124-366, 425-511), de 30 de setembro a 6 de outubro. O texto havia sido revisto por uma comissão da qual faziam parte Philips, Ratzinger, Congar, Rahner e outros teólogos ilustres. Pontos de contraste foram aqueles relativos à infalibilidade da Bíblia e à historicidade dos evangelhos. Como na votação sobre o esquema da Igreja e no debate sobre a liberdade religiosa, também neste, a grande maioria concordava com as finalidades fixadas pelos papas João XXIII e Paulo VI. O grupo radical, ligado a Roma, era bastante influente, mas numericamente fraco.

Essa maioria encaminhou o concílio, determinando o destino dos nove textos apresentados entre os dias 7 de outubro e 20 de novembro. Dois desses retornaram para as comissões: no dia 14 foi apresentado o texto sobre o ministério e a vida do sacerdote, composto de doze pontos. No dia 9 de novembro o esquema sobre as missões retornou, embora no dia 6 o papa havia estado na *aula* e recomendado a sua aprovação. O esquema do apostolado dos leigos foi criticado porque não trazia as devidas consequências da doutrina do Povo de Deus, ou seja, a autonomia dos leigos, mas também porque não acentuava a responsabilidade e a espiritualidade deles. Pela primeira vez um leigo apresentou, no concílio, sua opinião: Patrick Keegan, presidente do Movimento Mundial dos Trabalhadores Cristãos.

Reforma da vida religiosa

As diretrizes da reforma da vida religiosa (debatidas entre 10 e 12 de novembro) e sobre a educação cristã (de 17 a 19 novembro) eram para muitos padres pouco concretas. Foram bem-acolhidas as 22 proposições sobre a formação sacerdotal, que confiavam às conferências episcopais uma adaptação para cada região. A discussão reacendeu somente sobre a questão da autoridade dada a Tomás de Aquino no ensino filosófico e teológico.

O debate entre os dias 20 de outubro e 9 de novembro foi sobre o texto da Igreja e o mundo contemporâneo, que havia recebido o nome de *Texto de Zurique*, pois a equipe havia-se reunido nesta cidade. Um esquema "romano" e um redigido em Malines (em francês) haviam precedido o texto apresentado. O esquema de Zurique, no qual havia colaborado Häring, tinha por base a teologia do serviço da Igreja ao mundo (cap. 2), pobreza, guerra e áreas superpovoadas (caps. 3 e 4). No decorrer do debate, o Cardeal Meyer afirmou serem necessários aprofundamentos teológicos, mas o texto foi aprovado pela grande maioria (1.576 favoráveis e 296 contrários) para o debate de cada ponto. Durante o debate o Cardeal Lercaro propôs que o concílio se pronunciasse sobre o tema *Igreja e culturas* (AS III/6, p. 249-253). Um leigo, James Norris, apresentou bastante material sobre o assunto. A encíclica *Ecclesiam Suam* (EE, vol. 7, p. 713-830), na sua terceira parte se referia ao diálogo da Igreja com o mundo e encorajava a prosseguir o trabalho.

Esquema sobre o matrimônio

O esquema sobre o matrimônio (*AS* III/5, p. 82-85) tratava em quatro capítulos os impedimentos para a realização do sacramento, os matrimônios mistos, o consenso matrimonial, a forma da celebração. O esquema foi introduzido pelo arcebispo de Bamberg, Scheneider, e discutido na *aula* entre os dias 19 e 20 de novembro, mas ao fim da congregação geral de 20 de novembro, o Cardeal Döpfner, na qualidade de moderador, propôs, em consideração da legislação sobre os matrimônios mistos que nos países pluriconfessionais se sentia como grande obstáculo à aproximação das confissões, que o voto fosse submetido ao papa para garantir a regulamentação o mais rápido possível. O concílio percebeu que a questão era bastante difícil do ponto de vista jurídico e pastoralmente poderia ser levantada, mas não resolvida. As situações nos países eram diferenciadas. Assim, 1.592 padres foram favoráveis a esta solução e 427 contrários.

Dos nove textos discutidos entre o mês de outubro e novembro, somente um chegou a um final depois de um breve debate (de 16 a 20 de outubro): o esquema sobre as Igrejas orientais. O texto foi promulgado na quinta sessão pública.

Esquema sobre a Igreja, o capítulo 3

Uma nova e áspera resistência, por parte da minoria extremamente ativa e influente no Vaticano, aconteceu quando se tratou do capítulo 3 do esquema sobre a Igreja. No dia 14 de novembro foi entregue aos padres conciliares um fascículo com os pedidos de emendas para os capítulos de 3 a 8, junto com as respostas da comissão teológica. Esse fascículo foi acompanhado de uma *Nota explicativa praevia*, que apresentava a doutrina do colégio episcopal desenvolvida no capítulo 3, não comprometendo a doutrina do primado papal. A nota, como declarou o secretário-geral, provinha de uma "autoridade superior" (*AS* III/8, p. 10-13), ou seja, do papa em pessoa. Assim, deveria favorecer a aceitação do texto por parte da minoria. O secretário afirmou que a nota não era parte constitutiva do texto.

A nota atingiu a sua finalidade: na sessão pública somente cinco padres votaram *non placet*. Reforçava-se a doutrina do primado do Vaticano I, mas não se cancelava nada sobre a origem divina do episcopado, nem da missão e responsabilidade do colégio relação em respeito à Igreja universal.

Declaração sobre a liberdade religiosa

Outra situação delicada foi comunicada no dia 19 de novembro pelo Cardeal Tisserant: a votação anunciada do dia anterior sobre a declaração da liberdade religiosa estava suspensa (*AS* III/8, p. 415). Na origem estava uma petição feita por duzentos bispos italianos e espanhóis que recorriam ao regulamento do concílio pedindo um tempo maior para estudar o texto. A votação foi adiada. A questão que se apresentava era a dificuldade de votá-la nesse período. Nesse momento e, não antes, viu-se muita excitação, irritação e emoção na *aula* conciliar. Muitos padres haviam abandonado o seu lugar e estavam em pé, discutindo em grupos de maneira acalorada.

Os bispos americanos fizeram uma petição que circulou rapidamente entre os padres; recolheram 441 assinaturas, pedindo que fosse votado ainda nesse período o texto sobre a liberdade religiosa. Depois da conclusão da congregação geral, os cardeais Meyer, Ritter e Léger se dirigiram ao papa e receberam a certeza de que a declaração seria o primeiro ponto a ser tratado na quarta sessão (*AS* V/3, p. 91-95).

O papa enviou ao presidente do secretariado para a unidade dos cristãos quarenta propostas de mudanças no texto. O Cardeal Bea, presidente, não conseguiu apresentá-las a todos os membros do secretariado por falta de tempo. Algumas modificações eram de estilo, nenhuma mudava de modo substancial o texto. No dia 21 de novembro o texto foi aprovado (decreto *Unitatis Redintegratio*) com onze votos contrários.

Aprovação da constituição *Lumen Gentium*

Outro texto que seria aprovado nesse período, a constituição *Lumen Gentium* (*AS* III/8, p. 784-836), constituía o vértice e o centro das decisões conciliares. Do ponto de vista histórico, concluía a procura da Igreja de sua própria natureza e de seu significado íntimo. Essa procura havia sido iniciada no final do século XIII, trazendo graves consequências aos concílios do século XV e em Trento, e não havia sido concluída no Vaticano I. À sua luz são interpretados todos os decretos do concílio. A definição da Igreja como Povo de Deus rompe com o conceito institucional unilateralmente jurídico e com a concepção de que a Igreja se identificava com o clero e de que os leigos desempenhavam um papel passivo.

O diaconato permanente foi restabelecido. A Igreja se sentia menos militante e ainda menos triunfante, e mais peregrina e inclinada à sua plenitude escatológica.

E, por fim, a promulgação do decreto *Orientalium Ecclesiarum Instituta* (*AS* 56, 1964, p. 1.107-1.118) promulgado na quinta sessão pública, que regulou essencialmente as questões práticas da vida eclesiástica comum (liturgia, administração dos sacramentos), mas desiludiu aos orientais nos artigos 7 a 9, sobre patriarcados: o ponto-chave de toda a questão oriental (*AS* III/8, p. 837-845). Esse período teve seu encerramento no dia 21 de outubro de 1964.

XLIII
Concílio Vaticano II
Quarto e último período

Introdução

No dia 4 de janeiro de 1965 o papa, que no início de dezembro havia participado do congresso eucarístico de Bombaim, fixou a data de 14 de setembro para o início do quarto período do concílio. Na encíclica *Mysterium Fidei* (EE, vol. 7, p. 845-919), de 11 de setembro de 1965, Paulo VI se manifestava contra a tentativa de enfraquecer o dogma da transubstanciação eucarística e sublinhava em vários pontos que a Igreja não tem nenhum motivo para renunciar à tradição. O período encerrou-se no dia 8 de dezembro de 1965.

Na abertura do quarto período (*AAS* 57, 1965, p. 794-805; *EV* I, n. 326-358), o papa surpreendeu o concílio declarando que convocaria um sínodo episcopal, podendo assim colaborar com a Igreja universal. A colaboração do episcopado será motivo de alegria para a Santa Sé e toda a Igreja, podendo ser útil ao trabalho cotidiano da Cúria Romana. No discurso afirmava que a Igreja não tem seu fim em si mesma, mas está a serviço de todos. Deve fazer o Cristo chegar a todos os indivíduos e ao povo: essa é sua missão. Ainda anuncia a sua visita à Organização das Nações Unidas. A finalidade do capítulo é a apresentação das discussões nesse último período do concílio e a promulgação dos documentos do Vaticano II.

Liberdade religiosa

No início do novo debate sobre a liberdade religiosa (15 de setembro, *AS* IV/1, p. 146-196; 196-199; 200-421; p. 605-884; IV/2, p. 207-209), o relator De Smedt esclareceu, mais uma vez, que o texto não equiparava a verdade ao erro e não retirava do indivíduo a obrigação moral de procurar a verdade, mas contemplava a liberdade de cada denominação religiosa no campo civil. Na votação final (21 de setembro), 224 padres foram contrários. Depois de uma correção do texto, o número de votos negativos aumentou. No dia 19 de novembro foram 249 votos contrários. No debate o cardeal polonês Wyszynsky e o cardeal tcheco Beran sublinhavam a importância da declaração para a Igreja da "cortina de ferro": os atos da consciência não podem ser ordenados e nem negados por um poder simplesmente humano.

A máxima *cuius regio, eius religio* era não só historicamente superada pela doutrina da Igreja, mas refutada. As grandes questões tratadas nas discussões do tema explicam por que o texto foi aprovado para publicação somente no último período.

Pastoral dos bispos

O decreto sobre o múnus pastoral dos bispos (*AS* IV/5, p. 564-583) apresentava a doutrina do magistério episcopal exposta na constituição sobre a Igreja. Às conferências episcopais foi reconhecido o direito de produzir estatutos próprios. Os bispos foram autorizados a nomearem vigários episcopais com competências específicas ou territoriais. A votação de 6 de outubro chegou quase à unanimidade (2.161 votos favoráveis e 14 contrários; na sessão pública os votos contrários foram somente 2).

Vida religiosa

O decreto sobre a renovação da vida religiosa (*AS* IV/5, p. 584-593 – *Perfectae Caritatis*) foi reelaborado e apresentado com sucesso na votação de 11 de outubro; os votos contrários foram somente treze e na sessão pública, somente quatro.

Formação sacerdotal

O texto sobre a formação sacerdotal trazia poucas reformulações devido à sua boa aceitação no terceiro período. O novo texto apresentado no dia 11 de outubro foi aprovado quase por unanimidade (2.196 votos favoráveis e 15 contrários). O decreto *Optatam Totius* (*AS* IV/5, p. 593-605) afirma, dentre outras tarefas, que as conferências episcopais devem preparar planos de estudo que sejam adequados ao nível espiritual e religioso de seu país.

A discussão solicitada pelos bispos latino-americanos foi julgada inoportuna pelo papa, em carta ao Cardeal Tisserant de 11 de outubro. Pouco antes, uma intervenção de um bispo brasileiro de origem holandesa, Pedro Paulo Koop (Lins, São Paulo), propunha, devido à escassez de sacerdotes, a ordenação de leigos casados há pelo menos cinco anos. A proposta foi rejeitada pelos moderadores.

Educação cristã

A declaração sobre a educação cristã, *Gravissimum Educationis*, mesmo reelaborada, encontrou notáveis críticas no debate de 17 a 19 de novembro (419 votos contrários). O arcebispo coadjutor de Estrasburgo, Elchinger, sublinhou a importância da formação dos professores e acenou sobre o perigo de o Estado impor nas suas escolas a sua ideologia aos alunos. A nova redação do texto, colocada em votação no dia 14 de novembro, obteve 1.912

votos favoráveis e 183 contrários. A declaração afirma (art. 7) que a maioria dos estudantes católicos frequenta escolas e institutos superiores leigos e que nestes também trabalham professores católicos (AS IV/5, p. 606-616).

Religiões não cristãs

A declaração sobre as relações da Igreja com as religiões não cristãs (AS IV/5, p. 616-619), chamada frequentemente de declaração sobre os judeus, não conseguiu contentar a todos os opositores. As votações do dia 14 e 15 de outubro teve 250 votos contrários e, na sessão pública, do texto inteiro, os votos contrários foram 88 (AS IV/4, p. 824). Tudo o que foi cometido durante a paixão de Cristo não pode ser atribuído aos judeus de sua época e muito menos aos do tempo presente. A morte de Cristo tinha como causa seu amor pela humanidade e, assim, dessa forma a Igreja também declarava sua deploração ao antissemitismo, execrando qualquer tipo de discriminação ou perseguição por motivos de raça e de cor, de condição social ou de religião.

Diálogo inter-religioso

O decreto sobre o diálogo inter-religioso reconhecia como ponto de contato com o islamismo seu monoteísmo, recordando as Cruzadas em que os muçulmanos foram combatidos com a espada como pagãos; o texto expressa seu desejo de esquecer este passado. No que se refere ao hinduísmo, foi reconhecido como positivo que aqueles que o professam "sondam o mistério divino" e que no budismo a tensão para liberar-se, mediante a ascese, deste mundo caído revela sua importância. Para todas as religiões do mundo é de extrema importância o pensamento do texto quando afirma que a Igreja Católica nada rejeita do que é a verdade que ilumina a todos.

Na sua homilia, Paulo VI, pronunciando-se sobre os cinco textos promulgados, afirmava: a Igreja está viva. Não é velha, mas jovem, prega, fala, cresce. O papa recordava a Igreja perseguida e com seus representantes concelebrou a Eucaristia (*AAS* 57, 1965, p. 899-903).

Sobre a Revelação e o apostolado dos leigos

A constituição dogmática sobre a revelação, futura *Dei Verbum*, ainda deveria lutar contra a oposição de uma minoria desejosa do retorno ao Concílio de Trento. Essa minoria se reduziu quando, por desejo do papa, precisou-se a infalibilidade da Escritura. Novamente foi definida a relação entre Escritura e Tradição (*AS* V/3, p. 352-355). A Tradição é o magistério vivo da Igreja, o qual tem autoridade para interpretar e integrar a Escritura. São confirmados a doutrina da inspiração e o caráter histórico dos evangelhos. O documento no seu complexo obteve 2.081 votos favoráveis e 27 votos contrários; estes últimos na sessão pública caíram para 6 votos (*AS* IV/5, p. 751-753).

No decreto sobre o apostolado dos leigos apresentado no dia 9 de novembro pelo bispo de Essen, Hengsbach, foram inseridas as emendas requeridas entre 23 e 27 de setembro. No dia 18 de novembro chegou-se praticamente à unanimidade. Se o tridentino defendera o sacerdócio sacramental, o sacerdócio comum dos fiéis encontrou a sua afirmação de direito neste decreto.

A constituição sobre a revelação (*AS* IV/6, p. 597-609) e o decreto sobre o apostolado dos leigos (*AS* IV/6, p. 609-632) foram promulgados na oitava sessão pública, do dia 18 de novembro de 1965. Na alocução o papa procurou dirimir as preocupações advindas da proximidade do término do concílio, recordando que as instituições pós-conciliares continuariam seus trabalhos e que o primeiro sínodo dos bispos estava previsto para 1967. Paulo VI pedia paciência para a reforma da cúria e afirmava que o importante era a renovação da vida cristã (*AAS* 57, 1965, p. 978-984).

Questões delicadas

Antes do encerramento do concílio deveriam ainda ser examinadas três difíceis e delicadas questões: o decreto sobre as missões, sobre o ministério e a vida sacerdotal e o esquema 13 (o esquema sobre a Igreja no mundo contemporâneo que ficará conhecido das suas primeiras palavras: *Gaudium et Spes*).

O superior dos verbitas, Johannes Schutte, nomeado vice-presidente da comissão para as missões, com a ajuda de peritos (Congar, Ratzinger, Seumois), havia elaborado um novo esquema com base na nova ciência missionária, portanto um documento que privilegiava o futuro. No debate (de 7 a 12 de outubro) o Cardeal Frings se pronunciou favoravelmente à manutenção do conceito clássico de missão, recebendo uma áspera crítica do superior-geral dos jesuítas, Pedro Arrupe. Alguns problemas permaneciam: a relação entre os religiosos, as relações com a congregação *De Propaganda Fide*, o financiamento, a concorrência com as missões não católicas. Quando se deu a votação, 712 padres se expressaram afirmando que os missionários deveriam participar das decisões da autoridade central (*AS* IV/5, p. 751-753).

Vida sacerdotal

No terceiro período, o esquema sobre o ministério e vida sacerdotal havia sido enviado à comissão competente para as emendas. A comissão preparou um novo esquema que foi apresentado e recebeu 157 novas propostas de emendas. A votação, depois de refeita, aconteceu nos dias 12 e 13 de novembro, mas ainda não aconteceria a sua aprovação. Somente no dia 2 de dezembro foi aprovado pela grande maioria: 2.243 votos favoráveis e 11 contrários (*AS* IV/4, p. 725-966; 685-689; *AS* IV/5, p. 11-71; 159-203; 209-541).

O decreto *Presbyterorum Ordinis* (*AS* IV/7, p. 704-732) não satisfez todas as expectativas. O texto, junto com partes da constituição sobre a Igreja e a sobre a liturgia, apresenta a missão do sacerdote, a relação com o bispo, com os outros sacerdotes e com os leigos. A lei do celibato era aprovada e confirmada.

Esquema 13

Uma dedicação maior requereu o esquema 13 (*AS* IV/1, p. 435-516). O novo texto apresentado recebeu no debate entre os dias 21 de setembro e 8 de outubro numerosas e variadas críticas devido à grande quantidade de afirmações gerais, pela linguagem em alguns pontos evasiva, pelo seu enorme otimismo em relação ao mundo e pela sua fé no progresso, sobretudo porque se expressava pouco sobre o papel da Igreja no mundo. O que está deveria oferecer. Konig lamentava a falta de uma exposição precisa sobre o ateísmo, em particular sobre o comunismo ateu. Houve um grande contraste de opiniões relativas a problemas concretos: guerra total, armas nucleares, desarmamento, objeção de consciência, paz. Evidente que o concílio não estava em condições de oferecer respostas claras sobre questões dessa natureza.

A participação de Paulo VI na reunião da ONU no dia 4 de outubro teve como finalidade tornar visível o empenho da Igreja em relação ao diálogo com o mundo contemporâneo, mas apesar da importância desta visita, o acontecimento não mudou em nada a problemática, estruturalmente condicionada, dessa organização, influenciada pelas grandes potências econômicas.

A comissão, articulada em dez subcomissões, trabalhou intensamente para preparar o texto. Eram mais de 3 mil propostas de emendas. O próprio nome, constituição pastoral, recebeu 541 *non placet* (*AS* IV/7, p. 632, 1.837 favoráveis, 293 contrários). O maior número de votos contrários, 140, receberam os artigos 54-56, sobre o matrimônio e o controle da natalidade). Na votação conclusiva, 6 de dezembro, sobre o esquema *De Ecclesia*, recebeu uma grande maioria de votos favoráveis: 2.211, contra 252 (*AS* IV/7, p. 641).

Alegrias e esperanças

A constituição pastoral *Gaudium et Spes* (*AS* IV/7, p. 733-803), o texto mais amplo de todo o concílio, foi colocada como o "coração do concílio" junto às outras três constituições. O documento é uma relação completamente nova da relação entre Igreja e mundo, relação de aproximação e não de distanciamento, como havia sido com o *Syllabus* de Pio IX (1864). Essa constituição foi recebida com entusiasmo, mas a sua história posterior tem demonstrado que o seu significado e a sua importância foram subestimados e que não se compreendeu quão profundamente o "mundo" que se queria ganhar para Cristo penetrou na Igreja. A Igreja permanece estática diante da Modernidade, ainda não encontrou caminhos adequados para um verdadeiro diálogo.

Quando o secretário-geral do concílio, na congregação geral de 6 de dezembro, anunciou que aquela (168) era a última sessão do concílio, um sonoro e vigoroso aplauso. O concílio, para os padres conciliares, havia cumprido seu trabalho. Na sessão pública do dia 7 de dezembro foram promulgados os seguintes documentos: *Gaudium et Spes, Dignitatis Humanae, Ad Gentes, Presbyterorum Ordinis*.

Revogação de excomunhão

Numa declaração comum, o Papa Paulo VI e o patriarca ecumênico revogaram a excomunhão recíproca de 1054. Na sua homilia (*AAS* 58, 1966, p. 51-59), Paulo VI admitiu que muitas questões ainda estavam ficando à espera de uma conveniente resposta. O Vaticano II era um porto de partida. Por outro lado, afirmou que o concílio havia conseguido realizar a finalidade assinalada pelo Papa João XXIII. Seu principal propósito não era *ad intra*, ficar olhando para si mesma, mas *ad extra* (não para que a Igreja ficasse olhando para si mesma, mas para o mundo), estando a serviço da humanidade.

> O concílio não pretendeu resolver todas as questões mais urgentes da vida atual; algumas ficaram reservadas para estudos mais profundos, que a Igreja levará depois a cabo; muitas outras foram tratadas em termos demasiado breves e gerais, e por isso admitem explicações mais profundas e aplicações diversas. A Igreja declarou-se como que a escrava da humanidade, precisamente no momento em que tanto o seu magistério eclesiástico como o seu governo pastoral adquiriram maior esplendor e vigor devido à solenidade conciliar; a ideia de serviço ocupou o lugar central. Por isso, todo este concílio se resume no seu significado religioso, não sendo outra coisa senão um veemente e amistoso convite em que a humanidade é chamada a encontrar, pelo caminho do amor fraterno, aquele Deus "de quem afastar-se é cair, a quem dirigir-se é levantar, em que permanecer e estar firme, a quem voltar é renascer, em quem habitar é viver" (AGOSTINHO. *Solil*, I, 3: PL 32, 870) (*Homilia*, 2001, p. 670-673).

No dia 8 de dezembro de 1965, numa grande cerimônia na Praça São Pedro, o concílio foi encerrado (*EV* I, n. 532 – Discurso do papa no encerramento do concílio). Foram lidas mensagens, em francês, para governantes, artistas, intelectuais, mulheres, pobres, doentes, trabalhadores e jovens. O Concílio Vaticano II foi um evento mundial. Foi um evento na história da humanidade? Essa pergunta pressupõe uma reflexão sobre os seus efeitos, o pós-concílio e seu processo de recepção.

Constituições, decretos e declarações

Os documentos conciliares não são todos iguais. Estão divididos em 3 grupos segundo a seguinte nomenclatura: 4 constituições, 9 decretos, 3 declarações.

Constituições – O concílio entende por *constituição* o documento que expõe verdades importantes de ordem doutrinal e pastoral. Essa é uma grande novidade no Vaticano II, elevou uma constituição, a *Gaudium et Spes*, a esta qualificação de constituição pastoral. Por meio da *Lumen Gentium*, uma dessas constituições, o Vaticano II apresentou uma concepção original da Igreja. É o documento central do concílio. A partir da definição do que é a Igreja é possível realizar a leitura de todos os documentos conciliares. A Igreja não está voltada para si mesma e em função unicamente de seus membros, mas uma Igreja em relação: em relação com a Trindade, com a sociedade contemporânea, com a missão, com as outras Igrejas cristãs e com as religiões. A Igreja é apresentada como Povo de Deus. Essa definição é de enorme importância porque evita restringir a tarefa profética, real e sacerdotal da Igreja somente ao papa, bispos e padres. A hierarquia está a serviço do Povo de Deus e não vice-versa.

Decretos – Um *decreto* apresenta disposições disciplinares e pastorais. São documentos de ordem prática. Nesses decretos se pode encontrar a aplicação concreta dos princípios doutrinais. Um de grande relevância é *Unitatis Redintegratio*, sobre o ecumenismo. A unidade de todos os cristãos é um dos objetivos do concílio. O decreto afirma que todos os católicos devidamente preparados devem adquirir um melhor conhecimento da doutrina e história, da vida espiritual e litúrgica, da psicologia religiosa e da cultura própria dos irmãos. Todos são chamados a uma obra comum no campo social. A Igreja Católica, no horizonte do concílio, participa e promove o diálogo ecumênico. A solicitude ecumênica diz respeito a todos, dela ninguém está excluído, sob pena de não manter fidelidade ao Evangelho. O Papa Paulo VI afirmava durante o concílio que o ecumenismo *"hoje é esperança e amanhã será realidade"*. É evidente que muito já foi realizado, inclusive no Brasil, pela questão ecumênica, porém ainda é longo o caminho a ser percorrido.

Declarações – As *declarações* são documentos que apresentam um juízo sobre determinado estado de coisas ou sobre um problema concreto. As declarações *Dignitatis Humane* e *Nostra Aetate* são significativas para a realidade atual. A primeira, sobre a liberdade religiosa e, a segunda, sobre a crescente importância do diálogo inter-religioso num mundo cada vez mais plural, muitas vezes em conflito do ponto de vista cultural e religioso. Ambas revelam que não é possível um diálogo ecumênico sem liberdade religiosa. A liberdade religiosa é um direito fundamental do ser humano. *Nostra Aetate* faz um avanço significativo na relação da Igreja Católica com as outras religiões. O documento exorta os fiéis católicos para que participem e promovam o diálogo e a colaboração com os membros das diferentes religiões, no respeito pelas diferentes formas de crer e na busca da fraternidade universal.

Uma das grandes mudanças provocadas pelo Vaticano II foi a definição da Igreja no mundo. Durante séculos a Igreja Católica combateu o mundo e afirmava ser necessário fugir das suas seduções e, portanto, fugir do mundo. O concílio entra numa outra perspectiva, a de dialogar com o mundo. E, ainda, numa linha de pensamento joanina: a Igreja veio não para condenar, mas para salvar o mundo. Voltar às fontes, romper com as alianças de Cristandade, estar atenta aos sinais dos tempos sendo sinal profético em sua inserção no mundo é a busca do *aggiornamento* da Igreja.

Documentos do Concílio Vaticano II		
Tipo	**Título**	**Síntese do conteúdo**
CONSTITUIÇÃO	Lumen Gentium	Trata do oferecimento a todos católicos e não católicos do ensinamento sobre a natureza e a missão da Igreja de Cristo.
	Dei Verbum	Apresenta a doutrina da Revelação Divina (Palavra de Deus) e sua transmissão através da história.
	Gaudium et Spes	Trata da presença da Igreja no mundo de hoje.
	Sacrosanctum Concilium	Faz a memória dos princípios e estabelece as normas para a renovação da liturgia.
DECRETO	Unitatis Redintegratio	Propõe os meios, caminhos e modos para restaurar a unidade entre todos os ramos cristãos.
	Orientalium Ecclesiarum	Especifica alguns pontos para que as Igrejas orientais católicas floresçam e realizem com novo vigor sua missão.
	Ad Gentes	Especifica os princípios que devem orientar a ação missionária.
	Christus Dominus	Orienta a missão pastoral dos bispos na Igreja.
	Presbyterorum Ordinis	Profunda orientação sobre a vida dos presbíteros e como devem agir para exercer da melhor forma o ministério.
	Perfectae Caritatis	Apresenta as orientações para a vida e disciplina dos institutos religiosos.
	Optatam Totius	Declara a importância da formação sacerdotal e alguns de seus princípios.
	Apostolicam Actuositatem	Apresenta estudo profundo sobre a natureza do apostolado dos leigos e apresenta os princípios e instruções pastorais para uma ação mais eficiente.
	Inter Mirifica	Trata das questões relativas aos meios de comunicação social e orienta a doutrina da Igreja como base.
DECLARAÇÃO	Gravissimum Educationis	Orientação aos católicos sobre a forma de como educar de forma cristã as pessoas.
	Dignitatis Humanae	Apresenta e aprofunda a doutrina sobre os direitos da pessoa humana e a ordenação jurídica da sociedade.
	Nostra Aetate	Apresenta o respeito da Igreja com as religiões não cristãs e busca orientar para a unidade e a caridade entre os seres humanos e os povos.

Pacto das Catacumbas

No dia 16 de novembro de 1965, quando o Concílio Vaticano II já se aproximava de seu término, 40 bispos reuniram-se na Catacumba de Santa Domitila, em Roma, para celebrar a Eucaristia e assinar um documento em que expressavam o seu compromisso pessoal com o ideário do Vaticano II: viver um estilo de vida simples e exercer seu ministério pastoral de acordo com critérios evangélicos. Eis o princípio do Pacto das Catacumbas: manter a radicalidade e a fidelidade na vivência do Evangelho, por uma Igreja servidora e pobre. O documento foi assumido posteriormente por cerca de 500 bispos que participaram do concílio. A seguir os títulos dos treze itens do compromisso assinado pelos bispos na Catacumba de Santa Domitila revelando a intenção desse episcopado.

Pacto das Catacumbas (título dos itens)

1) Procuraremos viver segundo o modo ordinário da nossa população, no que concerne à habitação, à alimentação, aos meios de locomoção e a tudo o que se segue (cf. Mt 5,3; 6,33; 8,20).

2) Para sempre renunciaremos à aparência e à realidade da riqueza, especialmente no traje (fazendas ricas, cores berrantes), nas insígnias de matéria preciosa (devem esses signos ser, com efeito, evangélicos) (Mc 6,9; Mt 10,9s.; At 3,6). Nem ouro nem prata.

3) Não possuiremos imóveis, nem conta em banco etc., em nosso próprio nome; e, se for preciso possuir, poremos tudo em nome da diocese, ou das obras sociais ou caritativas (cf. Mt 6,19-21; Lc 12,33s.).

4) Cada vez que for possível, confiaremos a gestão financeira e material em nossa diocese a uma comissão de leigos competentes e cônscios de seu papel apostólico, em mira a sermos menos administradores do que pastores e apóstolos (cf. Mt 10,8; At 6,1-7).

5) Recusamos ser chamados, oralmente ou por escrito, com nomes e títulos que significam a grandeza e o poder (Eminência, Excelência, Monsenhor...); preferimos ser chamados com o nome evangélico de Padres (cf. Mt 20,25-28; 23,6-11; Jo 13,12-15).

6) No nosso comportamento, nas nossas relações sociais, evitaremos aquilo que pode parecer privilégios, prioridades ou mesmo uma preferência qualquer aos ricos e aos poderosos (ex.: banquetes oferecidos ou aceitos, classes nos serviços religiosos) (cf. Lc 13,12-14; 1Cor 9,14-19).

7) Do mesmo modo, evitaremos incentivar ou lisonjear a vaidade de quem quer que seja, com vistas a recompensa, ou a solicitar as dádivas, ou por qualquer outra razão. Convidaremos nossos fiéis a considerarem as suas dádivas como uma participação normal no culto, no apostolado e na ação social (cf. Mt 6,2-4; Lc 15,9-13; 2Cor 12,4).

8) Daremos tudo o que for necessário do nosso tempo, reflexão, coração, meios etc., ao serviço apostólico e pastoral das pessoas e dos grupos laboriosos e economicamente fracos e subdesenvolvidos, sem que isso prejudique as outras pessoas e grupos da diocese. Ampararemos os leigos, religiosos, diáconos ou sacerdotes que o Senhor chama a evangelizarem os pobres e os operários, compartilhando a vida operária e o trabalho (cf. Lc 4,18s.; Mc 6,4; Mt 11,4s.; At 18,3s.; 20,33-35; 1Cor 4,12; 9,1 27).

9) Cônscios das exigências da justiça e da caridade, e das suas relações mútuas, procuraremos transformar as obras de "beneficência" em obras sociais baseadas na caridade e na justiça, que levem em conta todos e todas as exigências, como um humilde serviço dos organismos públicos competentes (cf. Mt 25,31-46; Lc 13,12-14.33-34).

10) Poremos tudo em obra para que os responsáveis pelo nosso governo e pelos serviços públicos decidam e ponham em prática as leis, as estruturas e as instituições sociais necessárias à justiça, à igualdade e ao desenvolvimento harmônico e total do homem todo em todos os homens e, por aí, ao advento de outra ordem social, nova, digna dos filhos dos homens e dos filhos de Deus (cf. At 2,44s.; 4,32-35; 2Cor 8–9; 1Tm 5,16).

11) Achando a colegialidade dos bispos sua realização a mais evangélica na assunção do encargo comum das massas humanas em estado de miséria física, cultural e moral – dois terços da humanidade –, comprometemo-nos: (a) a participar, conforme nossos meios, dos investimentos urgentes dos episcopados das nações pobres; (b) a requerer junto ao plano dos organismos internacionais, mas testemunhando o Evangelho, como fez o Papa Paulo VI, na ONU, a adoção de estruturas econômicas e culturais que não mais fabriquem nações proletárias num mundo cada vez mais rico, mas sim permitam às massas pobres saírem de sua miséria.

12) Comprometemo-nos a partilhar, na caridade pastoral, nossa vida com nossos irmãos em Cristo, sacerdotes, religiosos e leigos, para que nosso ministério constitua um verdadeiro serviço, assim: (a) esforçar-nos-emos para "revisar" nossa vida com eles; (b) suscitaremos colaboradores para serem mais uns animadores segundo o espírito, do que uns chefes segundo o mundo; (c) procuraremos ser o mais humanamente presente, acolhedores [...]; (d) mostrar-nos-emos abertos a todos, seja qual for a sua religião (cf. Mc 8,34s.; At 6,1-7; 1Tm 3,8-10).

13) "Tornados às nossas dioceses respectivas, daremos a conhecer aos nossos diocesanos a nossa resolução, rogando-lhes ajudar-nos por sua compreensão, seu concurso e suas preces. *Ajude-nos, Deus, a sermos fiéis!*".

XLIV
João Paulo II (1978-2005) e Bento XVI (2005-2013)
O santo criticado e seu continuador

Introdução

Habemus papam. Um papa não italiano após 455 anos, um pontificado longo, 27 anos. O capítulo apresenta esse novo papa antes e durante seu pontificado e discorre sobre as atividades que levaram a Igreja à unidade e as discordâncias que também provocou em seu interior, não na totalidade, mas que gerou uma conflitividade especialmente em setores da América Latina. O prefeito da Congregação da Doutrina da Fé, Joseph Ratzinger, será seu sucessor e trará um fato, não inédito, mas de enorme repercussão: sua renúncia. A segunda parte do capítulo analisa Ratzinger e o Papa Bento XVI, assim como João Paulo II, uma grande personalidade da Igreja Católica na segunda metade do século XX e no primeiro decênio do século XXI.

João Paulo II (1978-2005)

Karol Józef Wojtyla, o Papa João Paulo II eleito em 1978 após a morte repentina de João Paulo I (era o primeiro a usar um nome duplo para homenagear os papas do Vaticano II) com 33 dias de pontificado, recebeu a herança espiritual deixada por Paulo VI e o espírito pastoral do Vaticano II. O arcebispo de Cracóvia, de 58 anos, era o primeiro polonês (primeiro eslavo) no trono pontifício e, após 455 anos de um papa não italiano, desde Adriano VI (1522). Seu longo pontificado (1978-2005) é marcado por diversos fatores, um deles é o religioso. Devido a esse caráter religioso o papa propôs uma nova evangelização. Escreveu 14 encíclicas (3 sociais) e outros documentos e catequeses. O Código de Direito Canônico (1983) e o Catecismo da Igreja Católica (1992) foram o auge de um processo iniciado e enriquecido nesse pontificado. Apresentou duras críticas ao sistema totalitário comunista e ao capitalismo. Incentivou o ecumenismo e o diálogo inter-religioso. Visitou 114 países arrebanhando multidões. A visita ao Reino Unido (1982) foi um marco importante, pois foi a primeira desde a Reforma. O jubileu no ano 2000 foi uma grandiosa celebração e incentivo à nova evangelização. Canonizou 482 santos, visitou 317 Igrejas de Roma e efetuou 146 visitas pastorais a cidades italianas.

 O pontificado de Wojtyla também sofreu críticas, como as do jesuíta brasileiro João Batista Libanio (2005) sobre o código e o catecismo que se referem às pontes que não criaram na continuidade ao Vaticano II. Vários teólogos apresentaram suas observações sobre o Sínodo Extraordinário de 1985 que foi convocado para avaliar o Vaticano II, visto, porém, como um retorno ao pré-concílio. João Paulo II é criticado, apesar da afirmação da colegialidade, pela centralização tendo como centro a Cúria Romana, com uma eclesiologia hierárquica, desfavorecendo a concretização da Igreja Povo de Deus. São questionadas as restrições feitas às mulheres nos diversos níveis ministeriais e a condenação a inúmeros teólogos. Renasce um autoritarismo e clericalismo durante o pontificado sendo o contrário das diretrizes do Vaticano II. Mesmo assim, no início do pontificado, em 1980, emitiu uma provisão pastoral, permitindo que padres anglicanos convertidos casados se tornassem sacerdotes católicos.

João Paulo II foi um dos líderes mais influentes do século XX. Exerceu um papel fundamental para o fim do comunismo na Polônia. Um dos líderes que mais viajou, visitou 129 países, excelente em expressar-se em outras línguas.

O papa enfrentou diversos sofrimentos particulares relativos à sua saúde, inclusive um atentado em 1981 em plena Praça de São Pedro. Sua saúde passou por diversos momentos de dificuldades levando a um sofrimento geral dos fiéis nos últimos anos de seu pontificado. Sua saúde se tornou frágil devido ao agravamento da doença de Parkinson. Uma multidão acompanhou o seu longo velório em Roma e pedia que fosse feito santo imediatamente. Sua canonização ocorreu em 2014 juntamente com João XXIII, no pontificado do Papa Francisco.

Bento XVI (2005-2013)

Joseph Aloysius Ratzinger nasceu em Marktl, povoado bávaro na Alemanha, em 1927. O pai, mesmo sendo policial, se opôs firmemente ao nazismo. O filho foi incorporado às Juventudes Hitlerianas como estipulava a lei. Em 1945, juntamente com seu irmão, Georg, ingressou no Seminário de São Miguel de Traunstein. Em 1951 foi ordenado padre pelo Cardeal Faulhaber de Munique. Dois anos depois se doutorou com uma tese sobre Santo Agostinho, na Universidade de Munique. Em 1959 obteve a cátedra na Universidade de Bonn. E, em 1963, aceitou trabalhar na Universidade de Munique. Participou do Vaticano II como teólogo consultor do Cardeal Frings (Colônia) e depois como perito nomeado pelo Papa João XXIII. No primeiro período do concílio apresentou uma versão alternativa ao texto sobre as fontes da revelação (futura *Dei Verbum*). Os bispos alemães apoiaram essa versão apresentada pelo jovem teólogo considerado "progressista". Enquanto o concílio prosseguia, Ratzinger teve dúvidas sobre o alcance proposto no Vaticano II sobre algumas orientações fundamentais. O futuro papa, junto com alguns bispos alemães, se opôs ao futuro documento *Gaudium et Spes* por não ser, segundo eles, bastante teológico e nem o bastante consciente da difusão do pecado no mundo (O'MALLEY, 2018, p. 63). O texto foi revisado e depois aprovado.

Em 1966, se instalou na Universidade de Tübingen. Ali suas opiniões teológicas entraram em conflito com colegas professores, dentre eles Hans Küng. Em 1967 foi para a Universidade de Ratisbona, mais conservadora. Sua carreira acadêmica foi interrompida quando em 1977 foi nomeado arcebispo de Munique, sem praticamente nenhuma experiência pastoral. Três anos mais tarde, já cardeal, o novo papa, João Paulo II, o nomeou prefeito da Congregação para a Doutrina da Fé. E foi seu prefeito durante 24 anos. Durante esse tempo foram censurados teólogos como Leonardo Boff e Jacques Dupuis. Algumas revistas católicas foram submetidas a um exame e censura: *Stimmen der Zeit* (Alemanha), *Études* (França) e *America* (Estados Unidos). No ano de 2000 publicou a declaração *Dominus Iesus*, que ratificava o papel exclusivo de Cristo na salvação humana e considerava os adeptos de outras religiões em uma situação gravemente deficitária. O texto ofendeu aos protestantes ao afirmar que suas instituições não eram verdadeiras Igrejas, mas comunidades eclesiais.

Atuou energicamente, em seu pontificado, contra o Padre Marcial Maciel Degollado (Legionários de Cristo), pedófilo. Em sua visita aos Estados Unidos (2008) realizou encontros com vítimas de abusos sexuais e foi bastante elogiado por sua grande sensibilidade. Publicou três encíclicas próprias e uma em conjunto com o Papa Francisco. A primeira, *Deus Caritas Est* (2005), afirmava que os seres humanos, criados à imagem de um Deus que é amor, eram capazes de um dom total de si mesmos a Deus e aos demais ao receber e experimentar o amor de Deus na contemplação. Em 2007 publicou *Spe Salvi*, uma reflexão teológica para um mundo em crise, dominado pelo ceticismo em relação às questões relacionadas com o transcendente. *Caritas in Veritate* (2009) foi dedicada ao desenvolvimento humano integral na caridade e na verdade, atualiza a Doutrina Social da Igreja. A caridade não pode cair no sentimentalismo.

A renúncia de Bento XVI

O sucessor de João Paulo II foi seu braço direito na Cúria Romana, o prefeito da Congregação para a Doutrina da Fé, o cardeal alemão Joseph Ratzinger. A escolha feita no conclave foi recebida com inúmeras reservas em âmbitos eclesiásticos. Enfrentou diversas dificuldades e passará para a história como o papa teólogo e o que renunciou. Iniciou o pontificado com 78 anos de idade.

No dia 11 de fevereiro de 2013, na Cidade do Vaticano, na Sala do Consistório, Bento XVI presidiu um consistório público para a canonização de beatos. Em seguida, continuou lendo uma breve declaração em latim que levava a sua assinatura e a data do dia anterior, na qual anunciava sua decisão de renunciar ao pontificado por motivos de idade, comunicando que a Sé de Pedro ficaria vacante a partir das 20:00h do dia 28 de fevereiro. A declaração consta de 22 linhas, linhas destinadas a mudar a história da Igreja. Sua renúncia é um grande gesto que se tornará revolucionário. Bento XVI trouxe o papado para os tempos modernos.

O conhecido filósofo italiano da atualidade, Giorgio Agamben, reconhece que com esse gesto da renúncia o papa deu prova não de vileza, mas de uma coragem que adquire um sentido e um valor exemplares. O estudioso vai além quando afirma que a decisão chama a atenção para dois princípios essenciais da tradição ético-política: a legitimidade e a legalidade. Aprofunda a questão quando sustenta que a grave crise da sociedade atual é por ela não só não questionar a legalidade das instituições, mas também a sua legitimidade (AGAMBEN, 2015, p. 9-11).

Assim, a renúncia de Bento XVI é "muito mais do que um gesto pessoal e pontual [...] o gesto desmistificou a figura do papado e sinalizou o imperativo de outro perfil do primado... mais pastoral do que jurídico". Além disso, a atitude do papa "expôs à luz do dia os porões da Cúria Romana", revelando que estava "envolta em lutas de poder, corrupção e outros escândalos, organismo que tem sido o principal responsável pelo estancamento da renovação conciliar e pelo gradativo processo de involução eclesial nas últimas três décadas" (BRIGHENTI, 2014, p. 13). Seu pontificado passará à história "como o momento de crise mais grave, na história da Igreja contemporânea, para a autoridade e a reputação da Cúria Romana: é um fato que se lê no quadro de cinquenta anos de 'revisões', ou seja, de reformas frustradas" (FAGGIOLI, 2014, p. 38; KASPER, 2015, p. 12-13). O papa emérito se instalou em um convento na Cidade do Vaticano.

Pontificado e dificuldades

Seu pontificado foi extremamente difícil. Carregado de obstáculos, ataques, crises, escândalos (pedofilia) e tensões no governo da Cúria Romana, carreirismo, lutas internas, problemas financeiros ligados ao IOR (Instituto de Obras Religiosas). Seus poucos anos de pontificado foram marcados por outras situações polêmicas: relacionamento com os bispos lefebvrianos; a autorização da missa em latim por meio do *motu proprio Summorum Pontificum* (2007), trazendo à tona a oração pela conversão dos judeus; as discussões sobre as hermenêuticas do Vaticano II; o discurso em Regensburg (Alemanha, 2006); o caso Richard Williamson da Fraternidade Sacerdotal São Pio X, excomungado por João Paulo II e reabilitado pelo Papa Ratzinger; as notificações da Congregação da Doutrina da Fé para vários teólogos. Dentre eles estão: Roger Haight, Jon Sobrino, Peter Phan, Torres Queiruga, José Antônio Pagola.

Alguns projetos iniciados por Bento XVI foram paralisados, da "reforma da reforma" da liturgia à relação com os lefebvrianos, passando pelo diálogo ecumênico. O caso Vatileaks, no último ano do pontificado, trouxe à tona uma complexa realidade, certamente não limitada somente à traição do mordomo Paolo Gabriele entregando documentos sigilosos a terceiros não autorizados, sendo depois publicados. Essa é a conjuntura em que o Papa Bento XVI renuncia e, ao mesmo tempo, é o cenário de crise em que é eleito Jorge Mario Bergoglio, o Papa Francisco. Sua eleição (2013) parece evocar aquela visão de oito séculos atrás: Vai, Francisco, e restaura a minha Igreja em ruínas. Sua missão, outorgada pelos seus cardeais eleitores, é a de mudar a arranhada imagem da Igreja e a reforma da Cúria Romana, que tem sido uma questão recorrente nos últimos 700 anos.

XLV
Francisco de Assis, Francisco de Buenos Aires

Introdução

Francisco é o tema deste capítulo. O primeiro papa latino-americano, argentino, jesuíta. Eleito no conclave de 2013 num período extremamente delicado para a instituição religiosa: escândalos morais, financeiros e o vazamento de documentos de dentro do Vaticano. A seguir, em síntese, uma apresentação histórica sobre Bergoglio, o Papa Francisco: sua biografia, seus escritos e a esperança de uma reforma para que a instituição siga fielmente os passos de Jesus de Nazaré. Seu lema episcopal: *Miserando atque eligendo* (Olhando-o com misericórdia o elegeu), foi retirado de uma homilia de São Beda o Venerável (*Homilia* 21; CCL 1,22, 149-151), em que comenta o episódio da vocação de São Mateus.

O personagem

Eleito em 2013, Francisco é o primeiro papa jesuíta e latino-americano (Argentina) em 20 séculos da Igreja Católica. Seu nome é um programa de pontificado: proximidade aos empobrecidos e compromisso de renovação da Igreja. O Papa Bergoglio nasceu em 1936, no bairro de Flores, coração de Buenos Aires. Em 1957 entra para a Companhia de Jesus. Seus anos de estudo de teologia e filosofia se deram na Argentina e no Chile. Em dezembro de 1969 foi ordenado padre. Não é possível defini-lo como um grande carreirista, foi provincial dos jesuítas na Argentina de 1973 a 1979. Entre 1980 e 1986, foi reitor da Faculdade de Teologia em San Miguel. No ano de 1992 foi nomeado bispo auxiliar da Arquidiocese de Buenos Aires, guiada pelo então Cardeal Antonio Quarracino. A partir de 1998, com a morte de Quarracino, Bergoglio será o novo arcebispo de Buenos Aires. Foi criado cardeal por João Paulo II em 2001. Em seu diálogo com o Rabino Skorka se pode perceber o futuro Francisco: "ao observarmos a história, vemos que as formas religiosas do catolicismo se modificaram de modo evidente. Basta pensar, por exemplo, no Estado eclesiástico, em que o poder secular estava indissoluvelmente ligado com o poder espiritual". E acrescenta: "isso era uma deformação do cristianismo, não correspondendo ao que Jesus queria. Se ao longo da história a religião pôde passar por mudanças tão grandes, por que não se haveria, então, de pensar que ela pode se adaptar à cultura dos tempos também no futuro" (BERGOGLIO & SKORKA, 2013, p. 178).

Na tarde de 13 de março de 2013, na Capela Sistina, Cidade do Vaticano, às 16:30h, na quarta votação é eleito o novo papa. Francisco terá pela frente uma missão imensa, não só pelo serviço em si, mas pelas enormes dificuldades que a instituição vive nesse contexto. São desafios que o papa jesuíta sabe bem que é importante plantar a semente, mas não é necessário colher os frutos no tempo presente, pois, afirma Francisco, "desconfio das decisões tomadas de modo repentino" (SPADARO, 2013, p. 11). No primeiro ano de pontificado foi lançada a encíclica *Lumen Fidei*, iniciada por Bento XVI.

Pensamento de Francisco

Em tempos de neoliberalismo nada é tão atual quanto elaborar ensinamentos sociais em situações sempre novas e aí anunciá-

-los profética e criticamente. O Papa Francisco, preocupado com essa tarefa incompleta do Vaticano II e em andamento, afirma que "o mandamento não matar põe um limite claro para assegurar o valor da vida humana, assim hoje devemos dizer 'não à economia da exclusão e da desigualdade social'" (*EG* 53). Essa exortação apostólica, publicada em 2013, já causou um enorme debate mundo afora. De um lado muitos analisam o documento como um grande passo na questão social e, por outro lado, empresários, especialmente norte-americanos, ficaram extremamente descontentes com as críticas feitas ao capitalismo – que João Paulo II já havia realizado. Na exortação, Francisco denuncia que "o ser humano é considerado, em si mesmo, como um bem de consumo que se pode usar e depois lançar fora" (*EG* 53). Portanto, é uma declaração e, ao mesmo tempo, uma necessidade de atualizar o Vaticano II, valorizando a dignidade da pessoa e dizendo, sem medo, um enorme não à sacralização do mercado. Não a um dinheiro que governa ao invés de servir. O documento trata as temáticas da paz, homilética, justiça social, família, respeito pela criação (ecologia) e o papel das mulheres na Igreja. Critica o costume da sociedade capitalista e insiste que o principal destinatário da mensagem cristã são os pobres.

O que o papa está realizando foi um sonho de João XXIII, ou seja, que a Igreja saísse do Vaticano II bem próxima dos pobres, de modo que estes se sentissem em casa no seu seio, mas no acervo documental do concílio os pobres se perdem. Os empobrecidos não podem sair da ótica de uma Igreja que segue as inspirações do Vaticano II. Esse tema é evangelicamente sempre atual, embora muitas vezes fosse silenciado na sociedade e mesmo no interior da Igreja em determinados setores eclesiásticos. O papa tem demonstrado sua capacidade de se relacionar com os judeus, islâmicos e de diversas denominações religiosas. Na perspectiva de uma eclesiologia missionária: Igreja em saída, voltada para a sociedade e a serviço da humanidade. Igreja que saiba escutar e realizar a urgente enculturação da fé, enculturação que foi obstaculizada nos últimos anos devido à centralização.

O papa esclarece: "Quando insisto na fronteira, de modo particular, refiro-me à necessidade de o homem da cultura estar inserido no contexto em que opera e sobre o qual reflete. Está sempre à espreita o perigo de viver em um laboratório", e ainda continua Francisco afirmando que "nossa fé não é uma fé-laboratório, mas uma fé-caminho, uma fé histórica. Deus revelou-se como história, não como um compêndio de verdades abstratas [...] é preciso viver na fronteira" (SPADARO, 2013, p. 33-34).

Um evento histórico e emblemático do início de seu pontificado foi a celebração da XXVIII Jornada Mundial da Juventude (julho de 2013), no Rio de Janeiro, sua primeira viagem. Seus discursos, homilias, gestos e a presença imensa de fiéis revelaram o relacionamento que já marca este pontificado: próximo ao povo não só no discurso e de uma sadia rebeldia diante de sua segurança pessoal. Visitou periferias da cidade maravilhosa e celebrou no Santuário de Aparecida, no interior de São Paulo. Encontrou com argentinos na Catedral de São Sebastião do Rio de Janeiro. Por onde passou deixou um sinal diferente do bispo de Roma no caminho de Assis em busca de reformas da Igreja e de uma Igreja missionária. Ainda em 2013 realizou visitas na Itália, Cagliari, Assis e a emblemática visita a Lampedusa e seu pronunciamento diante da tragédia global da imigração e das inúmeras mortes no mar devido aos naufrágios, especialmente de africanos.

O papa visitou em 2014 a Turquia, Tirana (Albânia), o Parlamento Europeu, Coreia do Sul e a Terra Santa. Na Itália realizou visitas em 2014: Redipuglia, Caserta, Campobasso e Boiano, Isernia-Vesafro e Cassano allo Jonio. Convocou e participou do Sínodo Extraordinário sobre a Família em 2014, que teve sua continuidade e término em outubro de 2015. Na alocução a esse sínodo,

Francisco falou da necessidade da sinodalidade na Igreja, mostrou seu fundamento teológico. Desde os primeiros séculos a estrutura colegial era importante e atuante. Na *Evangelii Gaudium* afirmou que "uma Igreja sinodal é uma Igreja que escuta, consciente de que escutar é mais do que ouvir" (171). Em 2018, realizou o Sínodo da Juventude que teve como tema "Os jovens, a fé e o discernimento vocacional". Em outubro de 2019 houve o Sínodo para a Pan-Amazônia. A Igreja retoma a frase célebre do Papa Paulo VI: "Cristo aponta para a Amazônia". O tema do Sínodo: "*Amazônia: novos caminhos para a Igreja e para uma ecologia integral*". Antes de sua realização o Sínodo recebeu críticas externas e internas. Nos últimos 150 anos os papas sofreram todo tipo de críticas, Francisco não é o único. O que não se pode negar é que essa é uma pauta urgente: a situação da Amazônia.

Em 2015, Francisco visitou as Filipinas com mais de 6 milhões de pessoas na missa realizada em Manila e no Sri Lanka; e visitou também Equador, Bolívia, Paraguai, Bósnia, Cuba, Estados Unidos e a ONU. No final desse ano visitou: Quênia, Uganda e República Centro-Africana. Na Itália, visitou Prato, Florença, Turim, Pompeia e Nápoles. Visitou vários outros países, como Israel, Jordânia, Palestina, Coreia do Sul, Albânia, França, Turquia (2014), Cuba, México, Grécia, Armênia, Polônia, Geórgia, Azerbaijão, Suécia (2016), Egito, Portugal, Colômbia, Mianmar, Bangladesh (2017), Chile, Peru, Irlanda, Lituânia, Letônia, Estônia (2018), Panamá, Emirados Árabes Unidos, Marrocos, Bulgária, Macedônia do Norte, Romênia (2019) e, ainda, em 2019, Francisco visitou Moçambique, Madagascar e Ilhas Maurício.

Na encíclica de 2015, *Laudato Si' – Sobre o cuidado da casa comum*, o papa oferece uma grandiosa reflexão para os debates sobre a temática da ecologia integral. O texto apresenta uma análise do que está acontecendo no planeta (poluição, clima, água, biodiversidade, deterioração da vida e degradação social). Em seguida trata da criação e aborda a questão da raiz humana da crise ecológica. É, sem dúvida, um documento do magistério que apresenta enorme contribuição e críticas ao sistema econômico gerador das crises da integralidade ecológica. Na sua bula *Misericordiae Vultus* (2015) convida para a realização do Ano Santo do Jubileu extraordinário da Misericórdia a ser realizado entre 8 de dezembro de 2015 (Festa da Imaculada Conceição) e 20 de novembro de 2016 (Festa de Cristo Rei). Em 2016 publicou a exortação apostólica *Amoris Laetitia*, resultado do Sínodo sobre a Família. O documento merece destaque devido à possibilidade concedida a divorciados que estão em segunda união de receber a comunhão, serem padrinhos e ensinarem a catequese da Igreja Católica. Não se trata de uma regra geral, mas da possibilidade da permissão a critério dos respectivos confessores. O texto gozou de aceitação por uma parte da Igreja e rechaço de outra parte. Em 2018 publicou a exortação apostólica *Gaudete et Exsultate*, sua terceira exortação sobre a santidade no mundo de hoje, com o foco de encorajar a santidade na vida cotidiana. Ainda nesse ano publicou a constituição apostólica *Veritatis Gaudium*. O documento segue a *Evangelii Gaudium* com seu horizonte teológico e pastoral, apresentando uma sugestão para a preparação dos estudos eclesiásticos. Em suma, trata do ordenamento fundamental das universidades, faculdades eclesiásticas. O pedido de uma abertura da teologia caracteriza a primeira parte do documento e a segunda uma série de normativas para as mesmas instituições. Em 2019 é publicada a exortação apostólica *Christus Vivit*, resultado do sínodo sobre os jovens em 2018. No documento composto por nove capítulos divididos em 299 parágrafos o papa explica que se deixou inspirar pela riqueza das reflexões e diálogos do sínodo dos jovens para escrever o texto.

O que os cristãos necessitam é realizar a vivência do Evangelho, próximo daqueles que mais sofrem. Isso é o que pode mudar a sociedade e inclusive a Igreja. O Evangelho só pode ser compreendido nos acontecimentos da história. A pretensão de estar fora e acima da história, como por vezes a instituição religiosa procurou fazer, significou a renúncia de estar em sintonia com a sociedade contemporânea. Para comunicar o Evangelho se faz necessário escancarar as portas ao diálogo com a sociedade. Francisco, consciente que os métodos utilizados até o momento não se revelaram eficazes, decidiu mudar a estratégia. A misericórdia constitui o núcleo profundo do Evangelho e na vida coletiva marcada pela difusão dos problemas dramáticos em nível planetário, o testemunho levará à credibilidade. A aparência fornece somente a visibilidade. A Igreja não é autossuficiente, mas depende da graça de Cristo: "sem mim nada podeis fazer" (Jo 15,5).

Referências

Livros

AGAMBEN, G. *O mistério do mal*. São Paulo: Boitempo/Edufsc, 2015.

ALBERIGO, G. O sentido do Concílio de Trento na história dos concílios. *REB* 231, 1998, p. 543-564.

_____. "O Concílio Vaticano I (1869-1870)". In: *História dos concílios ecumênicos*. São Paulo: Paulus, 1995, p. 365-388.

_____. La condanna della collaborazione dei cattolici con i partiti comunisti. *Concilium* 11, 1975, p. 1.209-1.222.

_____. Novas fronteiras da história da Igreja? *Concilium* 57/7, 1970.

ARRUDA, J.J.A. *História antiga e medieval*. São Paulo: Ática, 1977.

AUBERT, R. & SOETENS, C. "Le déroulement du concilie". In: *Histoire du Christianisme* – Vol. 13: Crises et renouveau de 1958 à nos jours. Paris: Desclée, 2000.

AUBERT, R. A história da Igreja, chave indispensável à interpretação das decisões do magistério. *Concilium*, 57/7, 1970.

_____. "La teologia cattolica durante la prima metà del XX secolo". In: *Bilancio della teologia del XX secolo*. 13-71.

BARROS, J.A. *Papas, imperadores e hereges na Idade Média*. Petrópolis: Vozes, 2012.

BATTISTELLI, F. *Il Conclave*. Turim: Einaudi, 2013.

BAUS, K. *Storia della Chiesa* – Vol. I: Le origini. Milão: Jaca Book, 1992.

BECQUET, J. Les Limousins – L'Univers et le premier concilie du Vatican 1869-1870. *Revue d'histoire ecclésiastique* 89, 1994, p. 98-104.

BENNASSAR, B. *Storia dell'Inquisizione Spagnola dal XV al XIX secolo.* Milão: BUR, 1995.

BEOZZO, J.O. *Pacto das Catacumbas* – Por uma Igreja servidora e pobre. São Paulo: Paulinas, 2015.

BERGOGLIO, J. & SKORKA, A. *Sobre o céu e a terra.* São Paulo: Paralela, 2013.

BERNARDO, J. *A inquisição* – História de uma instituição controvertida. Vozes: Petrópolis, 1959.

BETHENCOURT, F. *História das Inquisições* – Portugal, Espanha e Itália (séculos XV-XIX). São Paulo: Companhia das Letras, 2000.

BETTENSON, H. *Documentos da Igreja Cristã.* São Paulo: Aste, 1998.

BIHLMEYER, K. & TUECHLE, H. *Storia della Chiesa.* Vol. 1. Bréscia: Morcelliana, 1989.

BLOCH, M. *Introdução à história.* Portugal: s./d. [Coleção Saber].

BOVI, G. "Inquisição". In: MANCUSO, V. (org.). *Lexicon*: Dicionário Teológico Enciclopédico, 2003.

BRAUDEL, F. *Civilização material, economia e capitalismo*: séculos XV-XVIII. São Paulo: Martins Fontes, 1995.

BRIGHENTI, A. "Perfil pastoral da Igreja que o Papa Francisco sonha". In: SILVA, J.M. (org.). *Papa Francisco* – Perspectivas e expectativas de um papado. Petrópolis: Vozes, 2014.

BURKE, P. *O Renascimento.* Lisboa: Texto & Grafia, 2008.

_____. "A exploração da informação". In: *Folha de S. Paulo* – Caderno Mais, 16/07/2000.

CAPITANI, O. *L'eresia medievale.* Bolonha: il Mulino, 1971.

CAPPA, R. *La inquisición espanõla.* Madri: Pérez Dubrull, 1888.

CÁRCEL, V. *Historia de la Iglesia.* Vol. III. Madri: Palabra, 2009.

CARLETTI, A. *O internacionalismo do Vaticano e a nova ordem mundial.* Brasília: Fundação Alexandre de Gusmão, 2012.

CECCUTI, C. *Il Concilio Vaticano I nella stampa italiana (1868-1870).* Roma: 1970.

CHENU, M.-D. Contestação sem cisma na Igreja medieval. *Concilium* 88, 1973, p. 950-958.

CHRISTOPHE, P. *Pequeno Dicionário da História da Igreja.* São Paulo: Apelação, 1997.

COLOMBO, G. La teologia italiana – Dogmatica 1950-1970. *La Scuola Católica* 102, 1974, p. 99-101.

CONGAR, Y. *Vera e falsa reforma della Chiesa.* Milão: Jaca Book, 1972.

_____. A história da Igreja, "lugar teológico". *Revista Concilium* 57/7, 1970, p. 886-894.

COTRIM, G. *História global.* São Paulo: Saraiva, 2007.

CRISTIANI, M. *Breve história das heresias.* São Paulo: Flamboyant, 1962.

D'ALÈS, A. (dir.). *Dictionnaire apologétique de la foi catholique, contenant les preuves de la vérité de la religion et les réponses aux objections tirées des sciences humaines.* Tomo II. 4. ed. Paris: Gabriel Beauchesne, 1925.

DEANESLY, M. *A History of the Medieval Church 590-1500.* Londres: Methuen, 1969.

DEL ROIO, J.L. *Igreja medieval* – A Cristandade latina. São Paulo: Ática, 1997.

DELLA VENERIA, C.R. *L'inquisizione medioevale ed il processo inquisitorio.* 2. ed. Turim: Lice, 1951.

DELUMEAU, J. *A civilização do Renascimento.* Lisboa: Edições 70, 2011.

_____. *O cristianismo vai morrer?* Lisboa: Bertrand, 1978.

_____. *Il Cattolicesimo dal XVI al XVIII secolo.* Milão: Mursia, 1976.

DESCHNER, K. *La Politica dei Papi nel XX Secolo* – Tomo II: Da Pio XII 1939 a Giovanni Paolo II 1991. Milão: Ariele, 2011.

Dicionário Patrístico de Antiguidades Cristãs. São Paulo/Petrópolis: Paulus/Vozes, 2002.

Documentos de Paulo VI. São Paulo: Paulus, 1997.

DONINI, A. *História do cristianismo.* Lisboa: Edições 70, s./d.

DREHER, M. *De Luder a Lutero* – Uma biografia. São Leopoldo: Sinodal, 2014.

_____. *A crise e a renovação da Igreja no período da Reforma.* São Leopoldo: Sinodal, 1996.

DREHER, M.N. *A Igreja no mundo medieval.* Vol. 2. São Leopoldo: Sinodal, 1994.

DUBY, G. *Ano 1000, ano 2000* – Na pista dos nossos medos. São Paulo: Unesp, 1998.

Enciclopédia do Ocultismo – As ciências proibidas. Penha: Século Futuro, 1987.

ERASMO. *Elogio da Loucura.* Porto Alegre: L&PM, 2010.

FAGGIOLI, M. "Reforma da cúria no Vaticano II e depois do Vaticano II". In: TANNER, N. et al. *Reforma da Cúria Romana.* Petrópolis: Vozes, 2014.

FISICHELLA, R. *Storia della Teologia.* Vol. III. Bolonha: Dehoniane, 1995.

FLICHE, A. *La Réforme Grégorienne* – Grégoire VII. Lovaina: Spicilegium Sacrum Lovaniense, 1926.

FRANCO, G.G. *Appunti storici sopra il Concilio Vaticano.* Roma, 1972.

FURET, F. "Constitution civile du clergé". In: *Dictionnaire critique de la Révolution française*, 1997, p. 554-561.

GADAMER, H.G. *Truth and Method.* Nova York: Continuum, 1975.

GONZAGA, J.B.G. *A inquisição em seu mundo.* 5. ed. São Paulo: Saraiva, 1993.

GONZÁLEZ, J.L. *Uma história do pensamento cristão.* Cristã, 2004.

HAMMAN, A.G. *A vida cotidiana dos primeiros cristãos (95-197).* São Paulo: Paulus, 1997.

HASKINS, C.H. *A ascensão das universidades*. Curitiba: Danúbio, 2015.

HASLER, A.B. *Come il papa divenne infallibile* – Retroscena del Concilio Vaticano I (1870). Turim, 1983.

HELLO, H. *A verdade sobre a Inquisição*. Petrópolis: Vozes, 1936.

HERNAEZ, F.J. *Colección de bulas, breves y otros documentos relativos a la Iglesia de América y Filipinas*. Vol. II, Bruxelas, 1879.

HOBSBAWM, E.J. *Il secolo breve* – 1914-1991: l'era dei grandi cataclismi. Milão: Rizzoli, 1996.

HOVE, B. Oltre il mito dell'Inquisizione. *La Civiltà Cattolica*, 3.419, 1992, p. 458-467.

JEDIN, H. *Breve storia dei concili*. Bréscia: Morcelliana, 1996.

_____. *Manual de historia de la Iglesia*. Tomo V. 1972, 1975.

JEDIN, H. (dir.). *Storia della Chiesa* – Civitas Medievale: La scolastica, gli ordini mendicanti (XII-XIV). Vol. V/1. Milão: Jaca Book, 1993.

KASPER, W. *El Papa Francisco*: revolución de la ternura y el amor. Maliaño: Sal Terrae, 2015.

KNOWLES, D. & OBOLENSKY, D. *A Idade Média*. 2. ed. Petrópolis: Vozes, 1983 [Nova História da Igreja].

LE GOFF, J. *As raízes medievais da Europa*. Petrópolis: Vozes, 2007.

_____. *A civilização do Ocidente medieval*. Vol. I. Lisboa: Estampa, 1995.

_____. *A civilização do Ocidente medieval*. Vol. II. Lisboa: Estampa, 1984.

LENZENWEGER, J. et al. *História da Igreja Católica*. São Paulo: Loyola, 2006.

LIBANIO, J.B. *Concílio Vaticano II*. Em busca de uma primeira compreensão. São Paulo: Loyola, 2005.

_____. *A volta à grande disciplina*. São Paulo: Loyola, 1983.

LINDBERG, C. *História da Reforma*. Rio de Janeiro: Thomas Nelson Brasil, 2017.

LLORCA, B. *La inquisición española*. Palencia: Universidad Pontificia Comillas, 1953.

LOYN, H.R. (org.). *Dicionário da Idade Média*. Rio de Janeiro: Zahar, 1997.

LUTERO, M. *Magnificat* – O louvor de Maria. Aparecida: Santuário, 2016.

_____. *Da liberdade do cristão (1520)*. São Paulo: Ed. Unesp, 1997.

MACEDO, J.R. *Religiosidade e messianismo na Idade Média*. São Paulo: Moderna, 2000.

MANCUSO, V. (org.). *Lexicon:* Dicionário Teológico Enciclopédico. São Paulo: Loyola, 2003.

MARINI, A. *Storia della chiesa medievale*. Casale Monferrato: Piemme, 1991.

MARTINA, G. *História da Igreja* – De Lutero a nossos dias. Vol. I. São Paulo: Loyola, 2014.

_____. *La Chiesa nell'età del liberalismo*. Bréscia: Morcelliana, 1991.

_____. *La Chiesa nell'età della Riforma*. Bréscia: Morcelliana, 1990.

_____. *Pio IX (1867-1878)*. Roma, 1990.

_____. *Pio IX (1851-1866)*. Roma, 1986.

_____. *Pio IX (1846-1850)*. Roma, 1974.

MATEOS, F. Bulas portuguesas y españolas sobre descubrimientos geográficos. *MH* 19, 1962, p. 5-38; 129-168.

MATOS, H.C.J. *Estudos e documentos*. Belo Horizonte: O Lutador, 1992.

_____. *História do cristianismo* – Estudos e Documentos. Vol. IV: Período Contemporâneo. Belo Horizonte, 1990.

MAYER, M.J. (org.). *Histoire du Christianisme*. Vol. 10. Paris: Desclée, 1997.

MERCATI, A. *Raccolta di concordati su materie ecclesiastiche tra la Santa Sede e le autorità civili*. Roma, 1954.

MONDIN, B. *Dizionario Enciclopedico dei Papi* – Storia e insegnamenti. Roma: Città Nuova, 1995.

MONDONI, D. *E os cristãos se dividiram* – Das reformas ao Vaticano II. São Paulo: Loyola, 2015.

_____. *O cristianismo na Idade Média*. São Paulo: Loyola, 2014.

MÖNNICH, C.W. A história da Igreja no conjunto das ciências do homem. *Concilium* 57/7, 1970.

MURRAY, B. *As ordens monásticas e religiosas*. Lisboa: PEA, 1986.

NOVINSKY, A. *A inquisição*. 7. ed. São Paulo: Brasiliense, 1990.

O'MALLEY, J.W. *Historia, Iglesia y Teología*. Cómo nuestro pasado ilumina nuestro presente. Maliaño: Sal Terrae, 2018.

_____. *Uma história dos jesuítas*. São Paulo: Loyola, 2017.

_____. *Trento ¿Qué pasó en el Concílio?* Burgos: Sal Terrae, 2015.

ORLANDIS, J. *Historia de la Iglesia*. Vol. 1. Madri: Palabra, 2012.

PAIS, M.A.O. *O despertar da Europa* – A Baixa Idade Média. São Paulo: Atual, 2013.

PÁSZTOR, L. Il Concilio Vaticano I nel diario del Cardinale Caplati. *Archivum historiae pontificiae* 7, 1969, p. 441.

PAULO VI. "Homilia na conclusão solene do Concílio". In: *Documentos do Concílio Ecumênico Vaticano II*. São Paulo: Paulus, 2001.

PEÑA, G.A. *História da Igreja* – Vinte séculos caminhando em comunidade. São Paulo: Ave Maria, 2014.

RAHNER, K. *Che cos'è l'eresia*. Bréscia: Paideia, 1964.

RICHARD, P. *Morte das cristandades e nascimento da Igreja*. São Paulo: Paulinas, 1982.

RICHTMANN, F.P. *A Inquisição*. São Leopoldo: Mensageiro da Fé, 1960.

ROPS, D. *A Igreja dos tempos bárbaros*. São Paulo: Quadrante, 1991.

SALVOLDI, V. *Haring* – Uma autobiografia à maneira de entrevista. São Paulo: Paulinas, 1998.

SARAIVA, A.J. *Inquisição e cristãos-novos*. Lisboa: Estampa, 1985.

SENARCLENS, J. *Herdeiros da Reforma*. São Paulo: Aste, 1970.

SORGE, G. "Documenti pontifici dei sec. XV-XVI sul padroado ed espansione coloniale portoghese". In: *Congresso Internacional de Historia Missionação portuguesa e encontro de culturas Igreja, Sociedade e Missionação*. Vol. III. Braga, 1993, p. 597-605.

SOUTHERN, R.W. *A Igreja medieval* – História da Igreja. Lisboa: Ulisses, 1970.

SOUZA, N. *Piedade popular*. São Paulo: Paulinas, 2019 [Teologia do Papa Francisco].

_____. *Cristianismo, a vida dos primeiros cristãos*. São Paulo: Palavra e Prece, 2010.

_____. "Contexto e desenvolvimento histórico do Concílio Vaticano II". In: BOMBONATO, V.I. & GONÇALVES, P.S.L. (orgs.). *Concílio Vaticano II análise e prospectivas*. São Paulo: Paulinas, 2004.

SOUZA, N. et al. Aspectos da inquisição medieval. *Revista de Cultura Teológica* 73, 2011, p. 59-88.

SOUZA, N. & GOMES, E.S. (orgs.). *Trento em movimento* – Contexto e permanências. São Paulo: Paco, 2018.

SOUZA, N. & GOMES, E.S. Os papas do Vaticano II e o diálogo com a sociedade contemporânea. *Teocomunicação* 44, 2014, p. 5-27.

SOUZA, N. & GONÇALVES, P.S.L. *Catolicismo e sociedade contemporânea*. São Paulo: Paulus, 2013.

SPADARO, A. *A proposta do Papa Francisco* – O futuro rosto da Igreja. São Paulo: Loyola, 2013.

TANNER, N.P. *I concili della Chiesa*. Milão: Jaca Book, 1999.

TOURAULT, P. *História concisa da Igreja*. Sintra: Europa-América, 1996.

TRAMONTIN, S. *Storia della Chiesa*. Vol. 7. Casale Monferrato: Piemme, 1992.

TREVOR-ROPER, H. *Religião reforma e transformação social.* Lisboa: Presença, 1972.

TROELTSCH, E. *El protestantismo y el mundo moderno.* México: Fundo de Cultura Económica, 2005.

WALKER, W. *História da Igreja Cristã.* São Paulo: Aste, 2006.

WEILER, A. História da Igreja e nova orientação da Historiologia. *Revista Concilium* 57/7, 1970.

WILLIAMS, T. *Cronologia da história eclesiástica em gráficos e mapas.* São Paulo: Vida Nova, 1993.

WILSON, D. *Reforma* – O cristianismo e o mundo 1500-2000. São Paulo: Record, 1997.

WOLTER, H. "Celestino V e Bonifacio VIII". In: JEDIN, H. (dir.). *Storia della Chiesa.* Vol. V/1. Milão: Jaca Book, 1993.

ZAGHENI, G. *A Idade Contemporânea* – Curso de História da Igreja. Vol. IV. São Paulo: Paulus, 1999.

_____. *L'età Moderna* – Corso di storia della Chiesa. Vol. III. Milão: San Paolo, 1995.

Meios eletrônicos

CAMMILLERI, R. *La leggenda nera dell'inquisizione* [Disponível em: http://www.storialibera.it/epoca_medioevale/inquisizione/articolo.php?id=1139&titolo=La%20leggenda%20nera%20dell'inquisizione – Acesso: 26/11/2018].

DUMONT, J. *L'inquisizione tra miti e interpretazioni* [Disponível em: http://www.storialibera.it/epoca_medioevale/inquisizione/articolo.php?id=251&titolo=L'inquisizione%20tra%20miti%20e%20interpretazioni – Acesso: 26/03/2019].

GUIRAUD, J.-B. *Elogio dell'Inquisizione* [Disponível em: http://www.documentacatholicaomnia.eu/03d/1866-1939,_Guiraud._Jean,_Baptiste-Elogio_Dell'Inquisizione,_IT.pdf – Acesso: 20/11/2018].

PAPPALARDO, F. *L'Inquisizione medioevale* [Disponível em: http://www.storialibera.it/epoca_medioevale/inquisizione/articolo.php?id=1141&titolo=L'Inquisizione%20medioevale – Acesso: 26/03/2019].

SOCCI, A. *La conta delle streghe* [Disponível em: http://www.storialibera.it/epoca_medioevale/inquisizione/articolo.php?id=252&titolo=La%20conta%20delle%20streghe – Acesso: 26/11/2018].

SOUZA, N. *Catolicismo contemporâneo* [Disponível em: http://theologicalatinoamericana.com/?p=1357 – Acesso: 08/09/2019].

VENEMA, C.P. Predestinação e eleição. In: BARRET, M. *Teologia da Reforma*. Rio de Janeiro: Thomas Nelson, 2017, p. 209-243.

COLEÇÃO INICIAÇÃO À TEOLOGIA
Coordenadores: Welder Lancieri Marchini e Francisco Morás

- *Teologia Moral: questões vitais*
  Antônio Moser
- *Liturgia*
  Frei Alberto Beckhäuser
- *Mariologia*
  Clodovis Boff
- *Bioética: do consenso ao bom-senso*
  Antônio Moser e André Marcelo M. Soares
- *Mariologia – Interpelações para a vida e para a fé*
  Lina Boff
- *Antropologia teológica – Salvação cristã: salvos de quê e para quê?*
  Alfonso García Rubio
- *A Bíblia - Elementos historiográficos e literários*
  Carlos Frederico Schlaepfer, Francisco Rodrigues Orofino e Isidoro Mazzarolo
- *Moral fundamental*
  Frei Nilo Agostini
- *Direito Canônico – O povo de Deus e a vivência dos sacramentos*
  Ivo Müller, OFM
- *Estudar teologia – Iniciação e método*
  Henrique Cristiano José Matos
- *História da Igreja – Notas introdutórias*
  Ney de Souza
- *Direito Canônico*
  Pe. Mário Luiz Menezes Gonçalves

CULTURAL

Administração
Antropologia
Biografias
Comunicação
Dinâmicas e Jogos
Ecologia e Meio Ambiente
Educação e Pedagogia
Filosofia
História
Letras e Literatura
Obras de referência
Política
Psicologia
Saúde e Nutrição
Serviço Social e Trabalho
Sociologia

CATEQUÉTICO PASTORAL

Catequese
  Geral
  Crisma
  Primeira Eucaristia

Pastoral
  Geral
  Sacramental
  Familiar
  Social
  Ensino Religioso Escolar

TEOLÓGICO ESPIRITUAL

Biografias
Devocionários
Espiritualidade e Mística
Espiritualidade Mariana
Franciscanismo
Autoconhecimento
Liturgia
Obras de referência
Sagrada Escritura e Livros Apócrifos

Teologia
  Bíblica
  Histórica
  Prática
  Sistemática

REVISTAS

Concilium
Estudos Bíblicos
Grande Sinal
REB (Revista Eclesiástica Brasileira)

VOZES NOBILIS

Uma linha editorial especial, com importantes autores, alto valor agregado e qualidade superior.

VOZES DE BOLSO

Obras clássicas de Ciências Humanas em formato de bolso.

PRODUTOS SAZONAIS

Folhinha do Sagrado Coração de Jesus
Calendário de mesa do Sagrado Coração de Jesus
Agenda do Sagrado Coração de Jesus
Almanaque Santo Antônio
Agendinha
Diário Vozes
Meditações para o dia a dia
Encontro diário com Deus
Guia Litúrgico

CADASTRE-SE
www.vozes.com.br

EDITORA VOZES LTDA.
Rua Frei Luís, 100 – Centro – Cep 25689-900 – Petrópolis, RJ
Tel.: (24) 2233-9000 – Fax: (24) 2231-4676 – E-mail: vendas@vozes.com.br

UNIDADES NO BRASIL: Belo Horizonte, MG – Brasília, DF – Campinas, SP – Cuiabá, MT
Curitiba, PR – Fortaleza, CE – Goiânia, GO – Juiz de Fora, MG
Manaus, AM – Petrópolis, RJ – Porto Alegre, RS – Recife, PE – Rio de Janeiro, RJ
Salvador, BA – São Paulo, SP